JN447792

2012년 국회의원선거 분석

나남
nanam

나남신서 1666

2012년 국회의원선거 분석

2012년 12월 20일 발행
2012년 12월 20일 1쇄

편저자 • 朴贊郁 • 康元澤
발행자 • 趙相浩
발행처 • (주) 나남
주소 • 413-120 경기도 파주시 회동길 193
전화 • (031) 955-4601 (代)
FAX • (031) 955-4555
등록 • 제 1-71호(1979.5.12)
홈페이지 • http://www.nanam.net
전자우편 • post@nanam.net

ISBN 978-89-300-8666-0
ISBN 978-89-300-8001-9(세트)
책값은 뒤표지에 있습니다.

서울대학교 한국정치연구소 한국정치연구총서 008

2012년 국회의원선거 분석

박찬욱 · 강원택 편

나남
nanam

Analyzing the 2012 National Assembly Election in South Korea

Edited by

Chan Wook Park
Won-Taek Kang

nanam

머리말

선거는 대의민주주의의 가장 중요한 제도적 기반이다. 선거는 행정권력 혹은 입법권력을 담당할 정치세력을 선택함으로써 일정한 기간 동안 정치 공동체가 나아가야 할 방향을 결정하게 해주는 기능을 한다. 따라서 누가 선거에서 승리하는가는 언제나 그 공동체 구성원 모두에게 커다란 관심의 대상이 될 수밖에 없다. 그러나 선거가 더욱 흥미로운 점은 유권자들의 집단적 결정의 결과를 사전에 쉽게 예상하기 어렵다는 데 있다. 여론조사나 정치적 증권시장(*political stock market*), 혹은 보다 복잡한 예상 방정식 등 다양한 방법이 고안되고 시도되었지만 선거결과를 사전에 예측한다는 것은, 경쟁이 치열하면 할수록, 그만큼 더욱 쉽지 않은 일이다. 그만큼 유권자의 투표 결정에는 다양하고 복잡한 요인이 작용한다.

2012년 국회의원선거 역시 그러한 특성을 잘 보여주었다. 이명박정부 임기 말에 치러지는 선거였고 대통령 주변과 관련된 스캔들 등 불리한 사건이 적지 않아 총선 전에는 많은 사람들이 집권당의 패배를 예상했지만, 선거결과는 그와는 달리 새누리당이 단독으로 과반 의석을 얻으면서 승리했다. 야당들은 여러 세력과 통합하여 새로운 모습으로 변신했고 야권연대까지 구성했지만 승리할 수 없었다. 유권자들은 왜 그러한 선택을 했을까? 이 책은 2012년 국회의원선거에서 드러난 유권자들의 정치적 선택의 원인과 의미를 다양한 관점에서 분석하고자 한 것이다.

이와 함께 2012년 총선은 한국 정치가 변화하고 있다는 여러 가지 징후를 보여주었다. 기존 정당에 대한 충성심이 크게 약화되었고 그런 만큼 부동층 유권자도 늘어났다. 또한 외형적으로 지역주의가 여전히 강한 위력을 발휘하는 것으로 보였지만 부산, 울산, 경남 지역에서 유권자의 정당 지지성향에서도 미묘한 변화의 움직임이 나타났다. 정보화의 진전과 함께 정치적 정보의 생성과 전파에도 많은 변화가 있었는데 이번 총선 전에는 '나는 꼼수다'라는 팟캐스트가 많은 이들의 관심을 끌기도 했다. 이념에 따른 정치적 시각의 차이는 2012년 총선에서도 여전히 컸지만 과거와는 달리 격렬한 갈등과 대립으로 이어지지는 않았다. 이러한 다양한 현상 뒤에 담겨 있는 한국 정치의 변화의 의미와 특성 역시 이 책에서 분석해 보고자 했다.

이 책에서 사용되는 데이터는 서울대학교 한국정치연구소에서 실시한 '총선 후 조사'(*post-election survey*) 결과이다. 이 조사를 위해서 이 책의 필자들은 여러 차례 회의를 통해 보다 정확한 조사가 이뤄질 수 있도록 의견을 나누고 설문항을 다듬었다. 연구진들이 최종 작성한 설문항은 한국리서치에 의뢰하여 조사를 실시했다. 조사는 19세 이상 성인 남녀를 대상으로 성별, 연령별, 지역별 비례할당 후 무작위 추출방식으로 표본을 선정했으며, 표본의 크기는 2,047명으로 표집오차는 ±2.2%이다. 조사는 대면면접방식으로 실시되었으며 2012년 5월 3일부터 5월 21일 사이에 진행되었다. 서베이 조사를 위해 애써준 한국리서치 김춘석 부장께 감사의 뜻을 표한다.

2012년에는 총선이 치러졌을 뿐만 아니라 대통령선거가 예정되어 있다. 8개월이라는 길지 않은 시차를 두고 실시되는 선거인 만큼 총선의 결과는 어떤 형태로든 대통령선거 결과에 영향을 줄 것이다. 이 책에서 분석한 한국 유권자 투표행태의 특성이 대통령선거에서는 어떤 형태로 나타날 것인지 흥미롭게 지켜봐야 할 것 같다. 서울대학교 한국정치연구소에서는 다가올 대통령선거도 대면면접방식에 의한 선거 후 조사를 계획하고 있다. 이 책의 분석과 대선 이후의 분석을 함께 살펴보면 한국 정치가 어디로 향하고 있는지, 어떻게 변화하고 있는지 그 특성을 보다 분명하게 파악할 수 있을 것이다.

2012년 국회의원선거와 함께 한국 선거정치는 또 하나의 나이테를 쌓아 나가게 되었다. 우리의 연구는 일차적으로 2012년 총선이라는 당대의 정치현상을 분석하는 것이지만 한국 정치의 한 역사를 기록한다는 의미도 동시에 갖고 있다. 그런 만큼 부담감도 느낀다. 이 책의 성과가 한국 정치의 새로운 변화를 올바르게 읽어내고 또 학술적으로도 한 걸음 더 나아가게 하는 계기가 될 수 있기를 희망해 본다.

2012년 11월

연구진을 대표하여

서울대학교 한국정치연구소장 강 원 택

나남신서 1666

2012년 국회의원선거 분석

차 례

01 2012년 총선의 의미와 특성

박찬욱 · 강원택

1. 들어가며

한국 정치에서 선거는 언제나 그 시기 국민의 정치적 의사가 표출되는 계기를 마련했다. 심지어 정치적 자유가 권력에 의해 제약받았고 선거경쟁 역시 제한적이었던 권위주의 체제에서도 선거는 그 당시의 민심의 흐름을 드러내 보였다. 1956년 부통령 선거에서 장면이 이기붕을 누르고 당선된 일이나, 1978년 유신체제에서 실시된 10대 국회의원선거에서 신민당이 집권 공화당보다 득표율에서 앞섰던 일, 그리고 1985년 12대 국회의원선거에서 신생 신한민주당의 돌풍이 모두 그 예가 될 수 있을 것이다(강원택, 2009: 447~457). 정치적 억압이 사라진 민주화 이후의 선거는 더욱더 분명하게 그 시기 민심의 흐름과 국민적 요구를 보여주는 기회가 되고 있다. 그렇다면 2012년 4월 11일에 실시된 19대 국회의원선거에 나타난 민심은 무엇일까?

19대 국회의원선거는 선거 시점에서 기존의 선거와는 다소 다른 환경 속에서 실시되었다. 우선 19대 총선은 1992년 이후 20년 만에 대통령선거와 같은 해에 치러지는 국회의원선거라는 점이다. 두 선거 사이의 시간이 불과 8개월 정도이기 때문에 두 선거는 상호 영향을 받을 수 밖에 없다. 두 번째는 선거가 실시되는 시점이 이명박정부의 임기 말이라는 점이다. 임기 말에 치러진다는 점에서 19대 총선은 현 정부에 대한 회고적 평가(Key, Jr., 1966; Fiorina, 1981)가 내려질 가능성이 클 수 밖에 없었다. 더욱이 선거 무렵 이명박 대통령에 대한 직무 만족도는 매우 낮았고,[1] 총선 직전 박희태 국회의장의 전당대회 금품 살포, 총리실의 민간인 불법사찰 사건, 최시중 전 방송통신위원회 위원장의 비리 사건, 대통령의 형인 이상득 의원의 수뢰사건에 대한 수사가 진행되는 등 집권세력에게 불리한 사건들이 적지 않았다. 이에 비해 야당들은 총선 이전 세력통합을 통해 당을 재정비했다. 민주당은 한국노총, 친노무현계 인사들로 구성된 혁신과 통합,[2] 그리고 시민사회 출신 등이 모여 통합민주당을 탄생시켰다. 민주노동당 역시 진보신당의 통합파, 유시민의 국민참여당 등과 함께 통합진보당을 결성했다. 이와 함께 이들 두 야당은 야권지지 성향의 표가 분산되는 것을 최소화하기 위해 '야권연대'라는 선거연합을 구성하여 선거에 임했다.

선거 패배 가능성이 높아지면서 한나라당은 유력한 대권 후보였던 박근혜 전 대표를 2011년 12월 비상대책위원회 위원장으로 임명하였다. 당 공천을 포함한 일체의 권한이 박근혜 위원장에게 주어졌다. 박근혜 위원장은 당을 맡은 후 당명을 새누리당으로 변경하고, 당의 로고와 상징색도 완전히 다른 형태로 바꾸었다. 이명박정부와 뚜렷한 차별

1 총선 후 실시한 한국정치연구소 서베이 결과 이명박 대통령이 직무 수행을 잘했다는 응답은 29%였다.

2 혁신과 통합은 진보통합시민회의 등과 통합민주당 참여 전 시민통합당을 결성했다.

화를 시도한 것이다. 선거결과는 일반적인 예상을 깨고 새누리당이 단독으로 과반 의석을 차지하며 승리했다. 왜 유권자들은 이명박 대통령에 대한 불만에도 불구하고 집권당에게 표를 던졌을까? 2012년 총선에서 나타난 민의는 무엇일까? 이 장에서는 2012년 총선에서 나타난 특성과 의미를 개괄적으로 논의하고자 한다.

2. 집합 자료 분석

총선 결과 새누리당은 지역구에서 127석, 정당 투표로 25석을 얻어 모두 152석을 획득했다. 선거 패배의 예상을 뒤엎고 단독 과반의석을 확보한 것이다. 이에 비해 민주통합당은 지역구에서 106석, 정당 투표로 21석을 얻어 모두 127석을 얻었다. 통합진보당은 지역구에서 7석, 그리고 정당 투표로 6석을 얻어 모두 13석을 확보했다. 이전 선거에서 충청권에서 많은 지지를 얻었던 자유선진당은 지역구에서 3석, 정당투표로 2석으로 5석을 얻는 데 그쳤다. 무소속으로 당선된 이는 3명이었다. 흥미로운 점은 4년 전 18대 총선에 비해서 의석의 분포가 2개의 대정당에 집중되었다는 점이다. 2012년 총선에서 의석을 기준으로 한 유효 정당 수(Laakso & Taagepera, 1979)는 2.3으로 나타났는데, 2008년에 그 값은 2.9였다. 4년 전 총선에서는 당시 한나라당이 153석, 민주당이 81석을 얻었고 이외에도 자유선진당, 친박연대가 각각 18석, 14석을 얻었고 민주노동당이 5석, 창조한국당이 3석을 얻어 모두 6개의 정당이 원내 의석을 확보했다. 또한 2008년에는 무소속 후보가 25명이나 당선되었는데 이번에는 3명에 그쳤다. 이처럼 2개의 거대 정당을 중심으로 의석이 집중된 것은 연말에 있을 대통령선거를 유권자들이 고려했기 때문이다(강원택, 2012).

〈표 1-1〉에는 정당별로 각 지역에서 얻은 의석이 정리되어 있다. 지역별 각 정당의 의석수는 여전히 지역주의의 강한 영향력을 확인하게 해 준다. 대구, 경북, 울산에서 새누리당은 전 의석을 독점했고, 부산에서는 18석 중 2석을 제외한, 경남에서는 16석 중 2석을 제외한 나머지 의석을 모두 차지했다. 영남권에 주어진 67석 가운데 새누리당이 얻지 못한 의석은 불과 4석이었다. 한편, 호남에서도 민주통합당은 광주 8석 가운데 6석을, 전남 11석 가운데 10석을, 전북 11석 가운데 9석을 각각 차지했다. 호남권 의석 30석 가운데 25석을 차지했다. 나머지 5석 가운데 3석은 야권연대를 한 통합진보당이 차지했다는 점에서 무소속 2석을 제외한 전 의석이 민주통합당 영향권 아래 있었다고 할 수 있다.

〈표 1-1〉 정당별 지역구 의석수

	새누리당	민주통합당	통합진보당	자유선진당	무소속	합 계
서울	16	30	2	-	-	48
인천	6	6	-	-	-	12
경기	21	29	2	-	-	52
강원	9	-	-	-	-	9
대전	3	3	-	-	-	6
충북	5	3	-	-	-	8
충남	4	3	-	3	-	10
광주	-	6	1	-	1	8
전북	-	9	1	-	1	11
전남	-	10	1	-	-	11
대구	12	-	-	-	-	12
경북	15	-	-	-	-	15
부산	16	2	-	-	-	18
울산	6	-	-	-	-	6
경남	14	1	-	-	1	16
제주	-	3	-	-	-	3
세종	-	1	-	-	-	1
합 계	127	106	7	3	3	246

자료: 중앙선거관리위원회

적어도 의석수로 가늠할 때 영남과 호남에서 새누리당과 민주통합당의 장악력은 여전하다는 것을 알 수 있다.

이에 비해 충청권에서는 자유선진당의 약화가 두드러진다. 충남의 10석 가운데 자유선진당은 불과 3석을 얻는 데 그쳤다. 충남에서 나머지 4석은 새누리당이, 그리고 또 다른 3석은 민주통합당이 차지했다. 자유선진당은 대전과 충북에서도 1석도 얻지 못했다. 충청권에 주어진 24석 가운데 새누리당이 절반인 12석을 차지했고, 민주통합당이 9석을 차지했다. 자유선진당은 충남의 3석이 전부였다.

수도권에서는 민주통합당의 약진이 두드러졌다. 민주통합당은 서울의 48석 가운데 30석을 차지했는데, 2008년 총선에서는 한나라당이 40석을 차지했던 것과 비교하면 매우 커다란 변화가 발생했다는 사실을 알 수 있다. 민주통합당은 인천에서 12석 가운데 6석을 차지했고 경기에서는 52석 가운데 29석을 차지했다. 수도권에 주어진 112석 가운데 65석, 즉 58%를 민주통합당이 획득한 것이다. 2008년에는 수도권 111석 가운데 한나라당이 81석을 차지했는데, 2012년에는 43석으로 크게 줄어들었다. 수도권, 특히 서울지역에서 새누리당에 대한 지지약화가 두드러짐을 알 수 있다. 흥미로운 지역 중 하나는 강원이다. 강원지역의 9석은 모두 새누리당이 확보했다. 2010년 도지사 선거, 2011년 도지사 보궐선거에서 민주당 후보를 선출했던 강원 유권자들이었지만, 2012년 총선에서는 새누리당 후보를 모두 당선시킨 것이다. 제주에서는 민주통합당이 3석을 모두 차지했고, 신설된 세종특별자치시의 지역구 의석은 민주통합당이 차지했다. 전체적으로 본다면, 영남과 호남의 지역주의는 여전히 견고해 보이지만, 충청권에서는 크게 약화되었다. 수도권에서는 집권당이 4년 전에 비해 의석수가 크게 줄었는데, 이명박정부에 대한 부정적인 회고적 평가가 지역주의에서 비교적 자유로운

이 지역에서 보다 강하게 나타난 때문으로 보인다.

정당 투표에서는 새누리당이 42.8%로 민주통합당의 36.5%보다 6.3% 높았다. 새누리당과 민주통합당의 정당 득표율을 합하면 79.3%로 전체 정당 득표의 5분의 4를 이 두 정당이 차지했다. 통합진보당은 10.3%를 얻은 반면, 자유선진당은 3.2%로 선거법상의 비례의석 배분 기준인 3%를 간신히 넘었다.

〈표 1-1〉과 〈표 1-2〉를 보면, 이명박정부 후반기라는 점과 낮은 인기도, 여러 가지 사건에도 불구하고 새누리당이 승리했다는 사실을 확인할 수 있다. 그러나 정당 투표의 지역별 득표율, 보수 대 진보의 정파별 지지율을 자세히 살펴보면 반드시 새누리당의 일방적인 승리로 볼 수 없는 부분이 있다. 〈표 1-3〉은 각 국회 내 의석을 차지한 정당들 가운데 지역별, 보수-진보에 따른 정파별 정당 득표율을 정리한 것이다. 개별 정당별로 본다면 새누리당이 가장 앞서지만, 진영별로 보면 다소 다른 결과가 나타난다. 보수 정당인 새누리당과 자유선진당의 정당 득표율을 합하면 46%인데, 진보 정당인 민주통합당과 통합진보당의 정당 득표율을 합하면 46.8%가 된다. 다시 말해 전체 의석수나 개별 정당의 정당 득표율에서는 새누리당이 앞섰지만, 대통령선거를 고려할 때 보다 의미가 큰 진영별 득표율에서는 민주통합당으로 대표되는 진보 진영의 득표율이 0.8%로 근소한 값이지만 보다 높았던 것이다. 여기에 의석을 얻지 못한 소정당들의 정당 득표를 합쳐도 마찬가지의 결과를 확인할 수 있다. 진보 진영은 진보신당 1.1%, 창조한국당 0.4%, 정통민주당 0.2%인데 이들 값을 모두 합하면 전체 득표율은 48.5%가 된다. 보수 진영은 한나라당 0.9%, 국민생각 0.7%, 친박연대 0.6%를 모두 합하면 전체 득표율은 48.2%가 된다(박찬욱, 2012: 38~39). 두 진영 간 득표율의 차이는 불과 0.3%에 불과하지만 여전히 진보 진영이

근소하게나마 앞서고 있다.3

지역별로도 몇 가지 주목할 만한 특성을 보인다. 수도권에서 보수 진영의 정당 득표율은 44% 수준으로 나타난 것에 비해서, 진보 진영의 득표율은 48% 수준으로 대체로 3~4% 더 높게 나타났다. 앞의 〈표

〈표 1-2〉 정당 투표 득표율과 의석수

정 당	새누리당	민주통합당	통합진보당	자유선진당
득표율	42.8	36.5	10.3	3.2
의석수	25	21	6	2

자료: 중앙선거관리위원회

〈표 1-3〉 각 지역별 정당 투표 득표율

	새누리당 (a)	자유선진당 (b)	보수 진영 (a+b)	민주통합당 (c)	통합진보당 (d)	진보 진영 (c+d)
서울	42.3	2.1	44.4	38.2	10.6	48.8
인천	42.9	2.6	45.5	37.7	9.7	47.4
경기	42.3	2.2	44.5	37.7	11.0	48.7
강원	51.3	1.8	53.1	33.5	6.6	40.1
대전	34.3	17.9	52.2	33.7	9.0	42.7
충북	43.8	5.3	49.1	36.0	7.7	43.7
충남	36.6	20.4	57.0	30.4	6.8	37.2
광주	5.5	1.0	6.5	68.9	18.6	87.5
전북	9.6	1.4	11.0	65.6	14.1	79.7
전남	6.3	1.2	7.5	69.6	14.8	84.4
대구	66.5	2.0	68.5	16.4	7.0	23.4
경북	69.0	1.4	70.4	13.4	6.2	19.6
부산	51.3	1.9	53.2	31.8	8.4	40.2
울산	49.5	1.6	51.1	25.2	16.3	41.5
경남	53.8	1.6	55.4	25.6	10.5	36.1
제주	38.5	2.0	40.5	39.5	12.4	51.9
세종	27.8	22.6	44.2	38.7	5.4	44.1
합 계	42.8	3.2	46.0	36.5	10.3	46.8

3 박찬욱(2012)은 소수 둘째자리까지 합산하여 진보 진영 48.56%, 보수 진영 48.26%의 값을 제시하였다. 여기서도 두 진영 간 득표율의 차이는 0.3%이다.

1-1〉에서 본 의석수의 차이만큼은 아니지만 진보 진영이 우세임을 알 수 있다. 〈표 1-3〉에서 볼 때 가장 흥미로운 지역은 경남권이다. 부산/울산/경남에서 보수 진영은 부산 53.2%, 울산 51.1%, 경남 55.4%로 절반 이상의 지지를 받았다. 그러나 보다 주목해야 할 점은 진보 진영이 이 지역에서 얻은 득표율이다. 진보 진영은 부산에서 40.2%, 울산에서 41.5%, 그리고 경남에서 36.1%를 각각 얻었다. 경남권에서 진보 진영 정당이 40%대의 득표율을 기록한 것은 매우 예외적인 현상으로 보인다. 2002년 대통령선거에서 진보 진영 후보가 얻은 득표를 보면, 부산에서 새천년민주당 노무현 후보는 29.9%, 민주노동당 권영길 후보는 3.1%, 사회당 김영규 후보는 0.1%를 얻었다. 2002년 대선 때 부산지역에서 이들이 얻은 득표율의 합은 33.1%였다. 경남에서는 노무현 후보 27.1%, 권영길 5.0%, 김영규 0.1%로 그 합은 32.2%였다. 울산에서는 노무현 후보 35.2%, 권영길 11.4%, 김영규 0.1%로 모두 47.7%였다. 대선과 총선에서의 투표 행태가 다소 다를 수 있겠지만, 2002년 대선과 2012년 총선에서의 정당 투표를 비교해 보면, 특히 부산지역에서는 2002년에 비해 7%가량, 경남에서는 4%가량 높은 득표를 진보 진영에서 얻었음을 알 수 있다. 사실 2012년 총선 이전에도 부산, 경남지역에서 새누리당에 대한 지지의 강도가 약화되어 가는 경향이 나타났다. 예컨대 부산에서는 2010년 지방선거에서도 비록 낙선하기는 했지만 민주당 후보였던 김정길이 44.6%라는 인상적인 득표율을 보인 바 있다. 경남에서는 무소속으로 출마하기는 했지만, 친노 핵심이었던 김두관 후보가 지사에 당선되었다.

호남에서도 민주통합당에 대한 득표율은 과거처럼 압도적이라고 보기 어렵다. 민주통합당 정당 득표율은 광주에서 68.9%, 전북에서 65.6%, 전남에서 69.6%로 모두 60% 수준에 머물렀다. 사실 4년 전 총선에서도 당시 통합민주당은 광주에서 70.4%, 전북에서 64.3%, 전남에서 66.9%를 기록했다. 그 빈자리는 통합진보당에서 채웠는데 전남, 전북에서는 14%대, 광주에서는 거의 20%에 가까운 지지율을 보였다. 전북에서 새누리당이 9.6%로 거의 10%대 지지율을 보이는 것도 주목할 만하다. 4년 전에서도 새누리당은 전북에서 9.2%의 정당 투표율을 보였다.

2012년 총선에 대한 집합자료를 분석한 결과, 의석수에서는 새누리당과 민주통합당으로 대표되는 두 정당의 장악력이 강화된 것으로 나타났고, 영남과 호남의 지역주의 영향 역시 여전한 것으로 보인다. 그러나 지역별 정당 투표의 패턴을 보면 영남, 호남에서도 예전같이 압도적인 지지를 확인하기는 어렵다. 영남에서 경북권과 경남권의 정당 지지의 패턴이 서로 분리되는 모습을 보이고, 호남에서도 과거 김대중이 존재했던 때와 비교한다면 민주통합당의 지역 장악력은 크게 약화된 모습을 보인다. 따라서 의석수를 기준으로 한 2012년 총선 결과는 유권자의 의사를 정확하게 반영한다기보다는 단순다수제 선거제도로 인한 득표율과 의석점유율 간의 괴리 때문에 나타난 결과라고 볼 수 있다. 지역주의 정치의 내부적 기반은 예전과 비교할 때 매우 약화된 것으로 보인다.

3. 선거 이슈와 투표 선택: 서베이 데이터 분석

2012년 총선은 같은 해에 대통령선거가 실시된다는 점에서 여느 해의 선거보다는 조금 더 많은 관심을 가질 것으로 예상했다. 그러나 실제로 투표율은 〈그림 1-1〉에서 보는 것처럼 54.3%로 그다지 높았다고 보기는 어렵다. 물론 2008년의 투표율 46.1%보다는 8.2% 높아지기는 했지만 이전의 투표율과 비교할 때 높다고 보기는 어렵다. 총선과 대선이 동시에 치러졌던 1992년에는 투표율이 71.9%였다. 서베이 조사에서도 〈표 1-4〉에서 보듯이, 국회의원선거에 관심이 있었느냐는 질문에 대해 '매우 관심이 많았다' 16.9%, '조금 관심이 있었다' 48.7%로 65.6%가 총선에 대한 관심을 보였지만, 34.4%는 관심 없다고 응답했다. 3명 중 1명은 총선에 대해 별다른 관심을 보이지 않은 것이다. 연령별로 선거에 대한 관심도에 커다란 차이를 보였는데, 관심 없었다는

〈그림 1-1〉 역대 총선 투표율

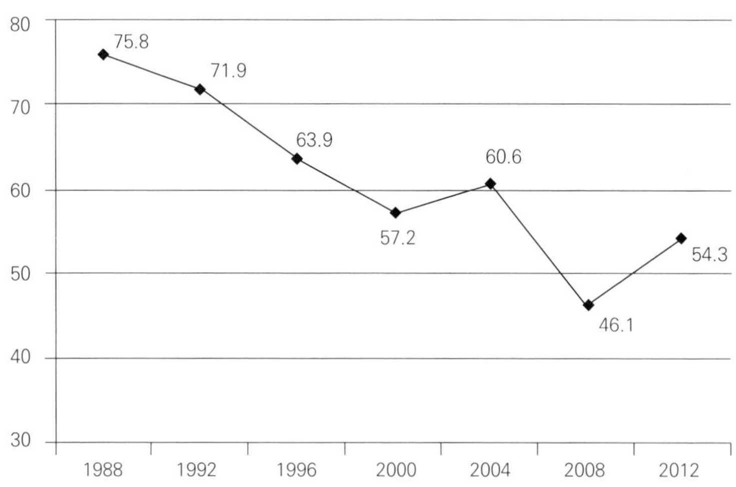

〈표 1-4〉 연령별 선거 관심도

연 령	전혀 없었다	별로 없었다	조금 있었다	매우 많았다	합 계(n)
19~29세	13.6	36.7	37.5	12.2	100.0(376)
30~39세	6.7	28.3	52.5	12.6	100.0(421)
40~49세	7.1	26.2	50.1	16.6	100.0(451)
50~59세	3.6	25.6	49.1	21.7	100.0(387)
60세 이상	4.4	21.4	52.9	21.4	100.0(412)
평 균	7.0	27.5	48.7	16.9	100.0(2,047)

〈표 1-5〉 투표 후보 결정 시 고려사항

	소속 정당	후보의 도덕성	후보의 능력/경력	정책/공약	출신 지역, 학교 등 개인연고	기 타	계 (n)
%	36.3	16.7	30.4	13.6	1.8	1.2	100.0 (1,443)

응답이 60세 이상 집단에서는 25.8%에 불과했지만 19~29세 집단에서는 거의 2배에 해당하는 51.3%로 나타났다. 30대, 40대, 50대에서는 관심 없다는 비율이 30~35% 수준이었다.

그렇다면 이번에는 투표한 유권자들만을 대상으로 투표할 후보를 결정하는 데 가장 많이 고려한 점이 무엇인지 살펴보았다. 〈표 1-5〉에서 보듯이, 가장 높은 응답은 역시 소속 정당으로 그 비율은 36.3%로 나타났다. 그 다음으로는 후보의 능력/경력으로 30.4%, 그리고 후보의 도덕성, 정책/공약이 각각 16.7%, 13.6%로 나타났다.

후보자의 소속 정당이 중요하다는 응답이 높았지만, 평소에 지지하는 정당이 없다는 응답자의 비율도 높았다. 평소에 어느 정당을 지지하느냐는 질문에 대해서 새누리당 33.3%, 민주통합당 25.5%, 기타 정당 4.9%이며, 지지하는 정당이 없다는 응답이 36.3%로 나타났다. 새누리당, 민주통합당 등 두 주요 정당이 2012년 총선에서 차지한 의석 점유율은 93%에 달하지만, 평소에 지지한다는 지지자의 비율이 두 정

〈표 1-6〉 세대별 정당 호감도

연령	새누리당 호감도	민주통합당 호감도	n
19~29세	45.7	52.0	375
30~39세	44.9	52.3	421
40~49세	50.3	52.3	450
50~59세	55.8	48.2	387
60세 이상	62.1	45.6	410
평균	51.8	50.1	2,043

주: 0-매우 싫어함, 100-매우 좋아함.

당을 합해서 60%에 미치지 못한다는 점에서 정당 지지의 기반은 불안정하다는 점을 지적할 수 있다. 즉, 정당일체감(*party identification*)에 기초한 안정적이고 지속적인 지지를 두 거대 정당이 받고 있다고 보기는 어렵다는 것이다. 〈표 1-6〉에서 보듯이, 두 정당의 호감도의 평균은 큰 차이 없이 중간 정도의 값을 보인다. 19대 국회 의석의 거의 전부를 장악하고 있는 두 정당에 대한 호감도가 50점 수준이라는 것은 결코 긍정적인 평가로 보기는 어려울 것 같다.

한편, 정당 지지가 세대별로 상이한 패턴을 보이는 것도 이전 선거와 유사한 모습이었다. 두 정당에 대한 세대별 호감도의 평균은 매우 분명한 대조를 보인다. 새누리당에 대한 호감도는 나이가 들수록 뚜렷이 높아지는 반면, 민주통합당에 대한 호감도는 젊을수록 높아지는 패턴을 보인다. 세대별 선호 정당의 차이가 뚜렷하게 대비된다. 다만 새누리당은 60세 이상 연령층에서 호감도의 평균이 62.1로 비교적 높게 나온데 비해서, 젊은 세대 중 민주통합당에 대한 호감도의 평균은 52점대로 나타나 그 선호의 강도가 새누리당에 대한 노년층의 호감도에 비해 상대적으로 약하다는 점을 지적할 수 있다. 이와 함께 민주통합당 호감도에서 20대, 30대뿐만 아니라, 40대 역시 비슷한 수준의 호감도를 보인다는 점은 여기서 지적할 만하다. 정당을 평가하는 20-30-40 세대의 유

〈그림 1-2〉 주관적 평가에 의한 각 정당과 정치인의 이념 위치

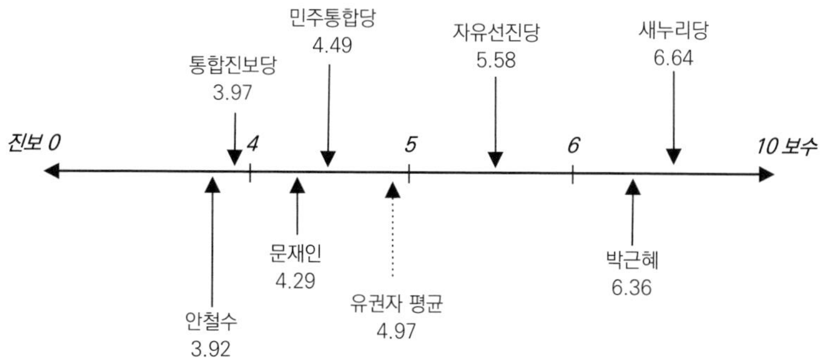

사한 성향이 확인된다.

이번에는 이념의 영향에 대해서 살펴보기로 한다. 최근 들어 한국 정치에서 보수, 진보 이념이 정당 지지와 긴밀한 연계를 갖는 것으로 확인된다(박찬욱, 2009; 이갑윤 · 이현우, 2008; 최준영 · 조진만, 2005; 김주찬 · 윤성이, 2003; 강원택, 2003 등). 2012년 총선에서도 이러한 경향은 유사하게 나타났다. 보수적인 유권자들이 새누리당을, 진보적인 유권자들이 민주통합당을 지지했다. 0을 가장 진보, 5를 중도, 10을 가장 보수로 놓을 때, 새누리당 지지자들이 생각하는 자신의 주관적 이념 성향의 평균은 지역구 5.79, 정당 투표 5.78로 나타났으며, 민주통합당 지지자들은 지역구 4.36, 정당 투표 4.39로 각각 나타났다. 한편, 〈그림 1-2〉는 각 정당 및 주요 정치인의 이념적 위치에 대한 응답자의 주관적 평가의 평균을 정리한 것이다. 유권자 전체의 평균은 중간 값인 5에 거의 근접하며, 보수 정당인 새누리당과 자유선진당은 스펙트럼의 우측에, 진보 정당인 민주통합당과 통합진보당은 좌측에 각각 위치하는 것으로 나타났다. 통합진보당이 3.97로 가장 진보적이며, 민주통합당은 4.49로 비교적 중도진보적인 입장으로 평가되었다. 보수 쪽에서는

자유선진당이 5.58로 나타난 반면, 새누리당은 6.64로 매우 보수성이 강한 것으로 인식되었다. 정치인들 가운데서 안철수는 3.92로 매우 진보적으로 인식되며, 문재인이 4.29로 다소 진보적, 박근혜는 6.36으로 가장 보수적인 것으로 받아들여진다. 문재인과 민주통합당, 박근혜와 새누리당의 이념적 위치도 모두 유사한 것으로 나타났다.

합리적 유권자는 이념적으로 자신과 가까운 거리에 놓인 정당에 투표할 것이라는 다운즈(Downs, 1957)의 주장을 근거로, 새누리당, 민주통합당 투표자의 경우 지지 정당과의 이념 거리가 얼마나 떨어져 있는지 알아보았다. 〈표 1-7〉에서 볼 수 있듯이, 정당 지지에 따라 새누리당과 민주통합당에 대한 주관적 이념 위치와 투표자 본인의 이념 위치 간의 거리가 매우 커다란 차이를 보였다. 새누리당 투표자는 지지 정당과의 이념 거리가 1.54인 데 비해서, 민주통합당과는 거의 2배에 가까운 3.03의 이념 거리를 보였다. 마찬가지로 민주통합당 투표자도 지지 정당과는 1.45의 이념 거리가 나타났지만, 새누리당에 대해서는 2.39로 커졌다. 2012년 총선에서도 보수, 진보의 이념은 정당 선택에 매우 중요한 영향을 미쳤다는 사실을 알 수 있다.

그런데 2012년 총선은 이명박정부 임기 후반에 실시되는 선거라는 점에서 이명박 대통령에 대한 평가가 투표 결정에 영향을 미쳤을 것으로 볼 수 있다. 〈표 1-8〉에서 보듯이 전체적으로 볼 때, 이명박 대통령의 국정운영에 대한 평가는 부정적인 편이었다. 전체 투표자의 68% 이상이 이명박 대통령이 국정운영을 '잘 못했다'고 평가했다. 그러나 이러한 평가는 지지 정당에 따라서 매우 분명한 차이를 보인다. 민주통합당 지지자들의 절대 다수는 이명박 대통령의 국정운영을 부정적으로 평가한 반면, 새누리당 지지자들의 평가는 대체로 반반으로 나뉘었다. 이는 적지 않은 유권자들이 이명박 대통령의 국정운영이 잘 못되었다고

〈표 1-7〉 주요 두 정당과 지지자 간의 주관적 이념거리 (비례투표)

	새누리당 투표자		민주통합당 투표자	
	이념 거리	t 검정	이념 거리	t 검정
새누리당 민주통합당	1.54 3.03	-13.6	2.39 1.45	9.2

〈표 1-8〉 이명박 대통령 국정운영 평가와 투표 선택

	지역구			정당 투표		
	잘했다	잘 못했다	n	잘했다	잘 못했다	n
새누리당	48.7	51.3	669	50.6	49.4	690
민주통합당	13.8	86.2	543	12.6	87.4	525
전체(다른 정당 포함)	31.5	68.5	1,402	31.6	68.4	1,416

평가하는데도 집권당인 새누리당을 지지했다는 것을 의미한다. 이들에게는 집권당에 대한 불만족을 지지 철회를 통해 벌하는 회고적 평가가 이뤄지지 않은 것이다.

강원택(2012)은 이명박정부의 임기 말에 실시된다는 선거 타이밍의 불리함에도 불구하고 새누리당이 단독 과반이라는 선거 승리를 거두게 된 중요한 원인이 새누리당 지지자들이 대선을 의식한 투표를 했기 때문이라고 보았다. 즉, 이명박 대통령의 국정운영에 대한 불만에도 불구하고 총선에서 새누리당의 패배는 머지않아 다가올 대선에서 여당 후보, 특히 당시 유력한 후보로 보였던 박근혜 비상대책위원장에게 정치적 불리함을 줄 수 있다는 점을 의식해서 다시 새누리당으로 재결집했다는 것이다. 회고적 투표가 예상되었지만 새누리당 지지자들은 전망적 투표를 행한 셈이다. 이런 점을 감안하여 이번에는 지지 정당별로 주요 정치인에 대한 선호도의 차이에 대해서 살펴보았다. 〈표 1-9〉에서 보듯이, 새누리당, 민주통합당 투표자 간 각 정치인에 대한 선호도에서 매우 뚜렷한 차이가 확인되었다. 이명박 대통령, 박근혜 비상대

〈표 1-9〉 주요 정치인에 대한 지지정당별 호감도 평균

	지역구			정당 투표		
	새누리당	민주통합당	t 검정	새누리당	민주통합당	t 검정
이명박	56.7	32.4	18.1	56.6	32.8	17.6
박근혜	72.1	44.6	23.4	72.4	44.9	23.7
문재인	41.4	54.6	-11.2	40.4	55.0	-12.5
안철수	41.9	60.7	14.4	40.6	60.7	-15.4

책위원장에 대해서는 새누리당 지지자들의 선호도가 매우 뚜렷한 반면, 문재인, 안철수는 상대적으로 민주통합당 지지자들 가운데서 선호도가 높았다. 그런데 4명의 정치인 가운데 유독 박근혜에 대한 지지정당별 호감도의 차이가 매우 크다는 점이 주목할 만하다. 새누리당 지지자들 가운데서 박근혜에 대한 호감도의 평균은 지역구, 정당 투표 구분 없이 72점 이상으로 대단히 높았던 반면, 민주통합당 지지자들 사이에서는 44점대였다. 이에 비해 문재인, 안철수에 대한 호감도는 통계적으로 유의미한 수준의 차이기는 하지만 다른 2명에 비해서 그 차이는 크지 않았다. 이러한 결과는 2012년 총선에서 새누리당에 투표한 이들에게 박근혜가 차지하는 의미와 중요성을 잘 보여주는 것이라고 할 수 있다.

즉, 2012년 총선에서 이명박정부에 대한 불만에도 불구하고 박근혜에 대한 강한 호감이 적지 않은 유권자들이 새누리당을 지지하게 한 것이라고 할 수 있다. 그런 점에서 19대 총선에서 이명박정부 심판론은 제한적(박찬욱, 2012: 59)이었다고 할 수 있다.

4. 나가며

2012년 총선은 시기적으로 2가지 양면적인 속성을 지녔다. 그 하나는 이명박정부의 임기 후반이라는 점에서 집권 4년여 기간에 대한 회고적 평가의 의미를 갖는 것이었다. 그런데 이와 함께 이 선거가 가졌던 또 다른 의미는 연말로 예정된 대통령선거를 앞두고 치러진다는 점이었다. 앞선 선거결과가 뒤따라오는 선거결과에 영향을 미칠 수도 있는 것이었다. 이명박정부에 대한 강한 불만에도 불구하고 새누리당이 선거결과 승리한 것은 이 2가지 속성 가운데 후자의 의미가 적지 않은 유권자들에게 더욱 강한 영향을 미쳤기 때문으로 보인다. 그런 의미에서 회고적이기보다는 전망적인 투표를 행한 셈이다. 그런 점에서 2012년 총선은 유권자의 투표 행태와 관련하여 매우 흥미로운 사례가 될 수 있을 것이다.

또 다른 주목할 만한 점은 새누리당과 민주통합당 등 거대 양당이 당선자의 90% 이상을 차지했다는 사실이다. 유효정당 수도 4년 전에 비해 크게 줄어들었다. 이와 같은 양당적 경쟁은 충청 지역주의의 약화와 같은 유권자의 성향의 변화를 반영하는 것일 수도 있겠지만, 연말로 예정된 대통령선거와 보다 큰 관련이 있을 수도 있다. 대선 경쟁이 결국에는 주요 두 정당을 중심으로 진행될 것이라는 전제에서 각 정당의 지지자들이 양쪽으로 보다 결속했을 가능성이 있기 때문이다. 그런 점에서 본다면 2012년 총선은 다가올 대선의 영향을 크게 받았다고 할 수 있다.

한편, 2012년 총선에서는 적어도 외형상으로 지역주의 투표 행태가 지속되는 것으로 나타났지만 실제로 각 지역별 지배 정당의 장악력은 예전에 비해 뚜렷이 약화되는 추세를 보였다. 특히 부산/울산/경남 지역의 변화가 주목할 만했다. 이러한 변화가 향후 실시될 대통령선거에서의 투표 행태와 이후의 정당정치의 재편 등에 어떤 영향을 미칠지 흥미롭게 지켜볼 필요가 있을 것이다.

참고문헌

강원택(2003), 《한국의 선거정치: 이념, 지역, 세대와 미디어》, 푸른길.

______(2009), "한국 선거 정치의 변화 과정과 개혁과제", 이정복 편, 《21세기 한국 정치의 발전 방향》, 447~465쪽, 서울대학교 출판부.

______(2012), "왜 회고적 평가가 이뤄지지 않았을까: 2012년 국회의원선거 분석", 〈한국정치학회보〉 46(4): 129~147.

김주찬·윤성이(2003), "2002년 대통령선거에서 이념성향이 투표에 미친 영향", 〈21세기정치학회보〉 13(2): 1~16.

박찬욱(2009), "Effects of Social and Ideological Cleavages on Vote Choice in the Korean Presidential Election of December 19, 2007", 〈현대정치연구〉 2(1): 85~120.

______(2012), "대선 전초전으로서의 19대 총선", 박찬욱·김지윤·우정엽 편, 《한국 유권자의 선택 1: 2012 총선》, 32~60쪽, 아산정책연구원.

이갑윤·이현우(2008), "이념 투표의 영향력 분석", 〈현대정치연구〉 1(1): 137~167.

최준영·조진만(2005), "지역 균열의 변화 가능성에 대한 경험적 고찰: 제17대 국회의원선거에서 나타난 이념과 세대 균열의 효과를 중심으로", 〈한국정치학회보〉 39(3): 375~394.

Downs, Anthony(1957), *An Economic Theory of Democracy*, New York: Harper & Low.

Fiorina, Morris(1981), *Retrospective Voting in American National Elections*, New Haven: Yale University Press.

Key, Jr. V. O.(1966), *The Responsible Electorate*, Cambridge, Mass.: Belknap Press.

Laakso, M. & R. Taagepera(1979), "Effective Number of Parties: A Measure with Application to West Europe", *Comparative Political Studies* 13(3): 3~27.

02 유권자의 정치이념과 정책선호, 그리고 후보자 선택

박원호

1. 들어가며

유권자들이 일관된 정치이념을 지니고 이와 체계적으로 연관된 정책적 선호(*preference*)의 기준들을 가지며, 정당이나 후보자들에 대한 평가가 그 기준 위에서 이루어진다는 인식틀은 아마도 합리적 유권자를 상정하는 정치학의 한 지적 전통과 직결되어 있을 것이다. 이는 또한 유권자와 정당, 그리고 정부를 연결하는 대의민주주의의 핵심이라 할 선거의 매개고리(*electoral connection*)가 가장 손쉽고 원활하게 작동할 필요조건이기도 하다(Mayhew, 2004). 이러한 조건들이 모두 충족된다면 선거는 정당과 후보자들이 이전에 실행된 정책들과 새롭게 제안되는 정책들의 경합을 통해 유권자들에게 책임지고 평가받는 장이 될 것이기 때문이다.

그러나 이러한 이론적 낙관주의와는 반대로, 현실 선거에 대한 경험적 연구를 중심으로 축적된 정치학과 선거연구의 지난 성과들은 오히려 선거의 매개고리가 어디에서 끊어지거나 대체되는지를 정확하게 지적해 주는 데 집중되었다. 더욱이 그 핵심에는 선거의 매개고리에서 중심적 위치에 있는 유권자들이 일관된 이념을 지니지도 않고 이를 정치적 결정에 이용할 능력도 의사도 없다는 지적이었다(Converse, 1964). 또한, 유권자들의 이러한 "무능력"만 남은 자리가 완벽한 정치적 혼돈이 아니라 나름의 일관된 정책적 질서가 창출될 수 있는 자리라는 것, 그리고 그 이유는 바로 정당이 제공하는 정당브랜드와 이에 대한 유권자들의 일관된 충성심이라는 것, 그리고 바로 이러한 이론적 지형에서 미시간 학파의 정당일체감(*party identification*)에 대한 기나긴 논의가 선거행태 연구문헌에서 자리 잡은 것은 우연이 아니다(Campbell et al., 1980〔1960〕). 정치이념과 정책내용을 대체하여 정당브랜드와 이에 대한 정치사회화가 선거과정의 중핵에 위치하게 된 것이다.

선거에서 정치이념이 적실하지 않은 것은 이념의 물적 토대라 할 계급적 분화가 애초에 미미했던 미국 사회와 그곳에서 선도적으로 시작된 경험적 유권자 행태 연구라는 상황의 산물인 것만은 아니다. 계급적 전통이 여전히 남아있는 유럽 각국의 선거연구에서도 과연 정당일체감과 정치이념 중 무엇이 우선하는지가 지속적으로 논쟁되고 있으며(예를 들어 Lewis-Beck & Chlarson, 2002), 전통적 의미에서의 정치이념의 역할은 계급대립의 쇠퇴와 함께 약화되어갈 가능성이 있다는 전망이 있다.

한국 선거의 맥락에서 정치이념의 역할에 대한 논의는 그런 의미에서 매우 다면적이라 할 만하다. 분단과 전쟁, 그리고 권위주의 정권과 반공이데올로기로 요약되는 정치사적 배경에서 정당체계가 폭넓은 이념적 스펙트럼을 제공하지 못했고, 유권자들 또한 이념적 제약으로부터 자유롭지 못했으며, 정치이념이 정치적 삶에서 중심적 위치를 차지하지 못한 것은 주지의 사실이다(강원택, 2003). 특히, 1987년 이래 현재까지 한국 선거를 지배하는 지역주의를 투표행태 연구의 일반 이론적 관점에서 본다면, 정치이념적 균열의 부재와 정당정치 미성숙의 빈자리를 지역균열이 대체했다는 시각도 지나친 과장은 아닐 것이다. 즉, 유럽적인 이데올로기도, 미국적인 정당일체감도 부재한 한국에서 지역적 대립이 그 자리를 차지한 채 1987년 이래의 선거들에 어떤 구조나 질서를 부과하는 역할을 했고 그것이 고착화되었다는 것이다.

한국 선거에서 지역주의를 "극복"[1]할 정치이념의 역할에 대한 가능성은 끊임없이 학계에서 타진되고 평가되었다. 1997년 15대 대통령선거에서야 비로소 촉발된 정치이념의 영향력과 그 가능성에 대한 논의(강원택, 1998)에 이어, 2002년 16대 대통령선거와 2004년 17대 총선에서 정치이념이 상당한 영향을 미친 것으로 확인되었다(이내영, 2009). 논란의 여지는 있지만(김주찬 · 윤성이, 2003), 한국 선거의 새로운 균열구조의 한 축으로서 정치이념의 영향력이 학계나 대중매체들에 의해 어느 정도 인정되었다. 이는 2000년대 들어서 본격적으로 제기되기 시작한, 정진민(1992)에서 시작되는 세대론적 논의와 함께 한국 선거와 정당체계의 동학을 규명하게 해줄 연구들의 중심 어젠다라 해도 과언이 아니다.[2]

이 논문은 지난 2012년 제 19대 국회의원 총선거에서 나타난 유권자

---

1 이 논문은 지역주의가 반드시 "극복"되어야 할 대상이며 규범적으로 정치이념에 의해 대체되어야 한다는 입장을 취하는 것은 아니다. 전술한 것처럼 어떤 의미에서 지역주의는 당면한 정치적 환경에서 유권자와 정당들이 다다를 수 있었던 나름의 균형점이었다고 볼 수 있기 때문이다.

2 한국에서 세대(연령) 균열이 정치이념과 매우 강한 상관관계를 가지고, 양자가 선거에서 매우 강한 영향력을 지닌다는 사실을 상기한다면, 이 양자의 영향을 분리하는 것이 또한 경험적 연구의 매우 중요한 어젠다가 된다고 할 수 있다.

들의 정치이념의 특성과 구조를 기술하고 이것이 유권자들의 선택에 미친 영향을 규명하는 것을 그 목적으로 한다. 특히, 유권자들의 이념성향을 여러 정책적 선호를 통해 재조명하고, 이것이 어떤 새로운 정당체계 재편성(*realignment*)의 가능성을 함의하는지를 타진할 것이다. 이 연구를 위해 사용된 경험적 자료는 서울대학교 한국정치연구소에서 주관하고 실시한 〈정치와 민주주의에 관한 의식 조사(2012년 총선)〉이며, 기존 연구들이 그린 한국 유권자 이념성향의 업데이트된 정치지형도를 제공할 것이다.

2. 이론적 배경

정치이념, 혹은 이데올로기에 대한 개념정의는 근본적으로 논쟁적이다. 정치이념이 "사회과학 전반에서 가장 포착하기 어려운 개념"(McLellan, 1986)이란 언급이 아니더라도, 비판이론적 입장에서 이해하는 가치함축적 정치이념과 경험적 사회과학에서 사용하는 가치중립적 정치이념이 지칭하는 바는 매우 다르기 때문이다. 그러나 이 연구의 목적을 위해서는 후자의 최소주의적 입장을 취하기로 한다.

컨버스로 대표되는 경험적 정치이념 연구 문헌에서 정치이념에 대한 정의의 가장 중요한 핵심은 유권자 선호의 체계성, 혹은 일관성이다. 이들에 의하면 정치이념이란 "의식과 태도의 요소들이 서로 제한하거나 기능적으로 의존함으로써 묶여있는 체계적 배열"(Converse, 1964: 206)이다. 이곳에서 "사회의 적절한 질서와 그 목적을 달성하기 위한 신념체계"(Erickson & Tedin, 2003)가 과연 궁극적으로 어떤 목적을 지향하는지는 그다지 중요하지 않다. 시민들의 이념적 성향이 강하다는 것은 이들의 가치나 태도가 "안정적, 논리적, 응집적, 일관적, 그리고 상대적으로 세련되고 지적이어야"(Converse, 2000) 한다는 것이다. 왜냐하면 이러한 체계를 통해서야만 정당의 다양한 정책적 입장들에 대한 평가가 가능할 것이기 때문이다.

이러한 입장은 다음과 같은 내용을 함의한다. 첫째, 정치이념은 다양한 정책적 내용들에 대한 평가나 선호를 한두 개의 차원으로 "요약"할 수 있게 해준다. 하나의 정책에 대한 특정 유권자의 보수적 태도가 다른 정책에 대한 보수적 태도를 취할 수밖에 없도록 "제한"(*constrain*) 하는 것, 혹은 정당들이 정책들 간 일관성을 유지하도록 해주는 것이 바로 정치이념의 기능이기 때문이다. 둘째, 개인에게 이러한 상호제한성 혹은 일관성이 강하면 강할수록 그 개인은 보다 강한 정치이념을 지닌다고 할 수 있다. 컨버스는 이러한 기준에서 가장 이념적 유권자들을 이데올로그(*ideologue*) 라고 불렀으며 당시 미국 유권자들의 2% 정도가 이에 해당되는 것으로 추정한 바 있다(Converse, 1964). 셋째, 이러한 정치이념의 존재는 사실 일정한 수준의 정치적 정보와 정치지식을 전제로 하는데, 선거행태 연구문헌에서 일반적으로 그려지는 유권자 상은 그러한 부분을 결여한다. 정당일체감 등을 경유한 정치적 선택의 구조는 이러한 딜레마를 해결하는 한 방법인 것이다.

이러한 이론적 논의들이 한국 유권자들에 대한 경험적 연구에 던지는 함의는 매우 크다고 할 수 있을 것이며, 여기서는 이상의 이론적 자원들을 통해 어떻게 현재의 한국의 유권자들을 이해할 수 있을 것인지를 논의한다.

첫째, 한국 유권자들의 정치이념은 단일 차원, 혹은 몇 개의 차원으로 요약(*collapse*) 될 수 있는가? 만약 단일 차원으로 요약이 된다면 그것은 연구자들이나 대중매체에서 사용하는 통상적인 좌-우 혹은 보수-진보의 차원과 얼마나 같고 얼마나 다른가?

이상의 질문들은 특히나 한국 정치의 좌-우 혹은 보수-진보에 대한 구분의 학술적 · 정치적 적실성을 현재적 의미에서 경험적으로 검토하는 기회를 제공할 것이다. 특히 방법론적으로는 한국의 경험적 조사연구에서 자주 이용되는 유권자 이념에 대한 자기평가(*self-report*) 항목이 실질적인 정책적 내용이란 측면에서 얼마나 적실한지를 재음미할 수 있을 것이다.

둘째, 만약 정치이념이 한 개 이상의 차원으로 요약된다면 그것은 어떤 영역들을 중심으로 분포하는가? 이러한 이념적 다차원성이 특별히 존재하는 유권자층은 따로 있는가? 있다면 그들은 누구인가?

다수의 정책에 대한 선호가 하나의 이념으로 요약될 수 있었다는 초기 정치이념 연구 문헌의 보고에서, 단일한 이념적 차원의 존재는 전제된 것이 아니라 경험적 자료분석의 결과였다. 이를테면, 경제적 보수주의자는 동시에 사회적 보수주의자이기도 하다는 것이다(Feldman, 1988). 그러나 거시적 정치이론들이 제안하는 것처럼 탈물질주의 등의 새로운 가치체계들이 불러오는 이념의 다면화(*multi-dimensionality*)를 생각한다면(Inglehart, 1977), 2012년 현재 한국 유권자들의 정치이념이 일차원적인 것이 아니라 다차원적일 가능성도 충분히 존재한다. 특히나 젊은 유권자들을 중심으로 한 이념적 다차원성이 과연 존재하는지, 그리고 어떤 차원들이 존재하는지를 규명하는 것은 매우 중요한 문제라 할 것이다.[3]

셋째, 한국 유권자들의 정치적 이념은 어떻게 얼마나 정치적 선택으로

3 무당파층을 중심으로 한 젊은 유권자들로 구성된 핵심 지지층을 업고 2012년 18대 대통령선거의 주요 후보로 부상했던 안철수는 자신이 "경제는 진보, 안보는 보수"라는 입장을 밝힌 바 있다(〈경향신문〉 2011년 9월 5일자).

연결되는가? 특히 지난 총선거에서 유권자들의 다양한 정치적 차원에서의 이념성향은 어떻게 이들의 후보자 및 정당선택에 영향을 미쳤는가?

다음에서는 이러한 문제들을 중심으로 한국 유권자들이 2012년 18대 국회의원 총선거에 즈음하여 보여주는 정치이념의 모습과 그것이 지니는 정치적 함의를 밝히고자 한다.

3. 경험적 분석

1) 다양한 이념의 차원들

만약 정치이념이 다양한 정책들을 일관되게 평가하는 잣대(*yardstick*)를 제공하는 것이라면, 연구자들은 우선 유권자들이 다양한 정책들을 어떻게 바라보는지에 대한 입장에서 출발해야 할 것이다. 국내외의 여러 선거조사들에서 정책적 내용들에 대한 유권자의 선호를 묻는 문항들이 포함되는 것은 매우 일반적이며, 그 내용이나 문항의 수효에는 물론 차이가 있지만 대체로 정치, 경제, 안보, 사회 등 각 영역의 구체적인 정책에 대한 유권자의 선호를 조사하는 방식으로 진행된다. 이하에서는 〈정치와 민주주의에 관한 의식조사(2012년 총선)〉에 포함된 정책적 문항들을 통해 한국 유권자들의 이념적 구조를 서술하려고 한다.

이러한 정책을 묻는 문항들을 통해 이념을 측정하는 방식은 다분히 간접적일 수밖에 없으며, 이와는 대조되는 "직접적" 방법, 즉 응답자 본인의 이념성향을 주관적으로 스스로 평가(*self-placement*)하도록 하는 문항을 고려해 볼 수 있을 것이다. 이 연구의 관점에서 주관적 이념은 다음과 같은 문제점을 지닌다. 첫째, 주관적 문항들이 불가피하게 포함하는 보수-진보, 혹은 좌-우의 단어들이 뜻하는 바가 명확하지 않거나, 적어도 응답자들이 모두 동일한 내용을 공유하는 것은 아니다. 둘째, "중도", 혹은 기준점의 위치에 대한 정의 또한 불명확하거나 응답자들이 공유하지 않는다. 셋째, 이념이 개인들에게 일차원적인 것이 아니라 다차원적인 것이라면, 조사시점에서 보다 더 현저한(*salient*) 차원이 강조될 가능성이 있다. 넷째, 따라서 주관적 이념은 조사연구에서 대체로 일관성을 결여하는 것으로 나타나며, 특히 선거에서 후보자나 정당지지에 영향을 주는 것이 아니라 오히려 받는 것으로 드러난다는 점도 보고된 바 있다(Markus et al., 1979; 이내영 · 허석재, 2010).

이 연구에서 사용된 정책적 입장을 묻는 문항들은 〈표 2-1〉에서 보이는 것처럼 한국의 정치, 경제, 사회, 통일 분야의 구체적인 정책들이나 중 · 장기적인 이슈들에 대한 유권자의 선호도를 묻고 있으며 실제

〈표 2-1〉 정책적 질문들의 항목과 평균

항 목	케이스 수	평 균
• 정치/외교 차원		
1) 한미 동맹관계 강화	2,043	2.803
2) 국가보안법을 폐지	2,039	2.687
3) 한미 자유무역협정(FTA) 폐기	2,038	2.483
• 경제 차원		
4) 복지보다는 경제성장	2,044	2.697
5) 비정규직 노동자 문제와 기업에게 자율적	2,041	2.337
6) 정부 생필품값 적극 관리	2,045	2.165
• 사회 차원		
7) 학교에서 체벌 허용	2,041	2.817
8) 종교적 신념 등에 따른 병역 거부 인정	2,036	2.894
9) 사형제를 폐지	2,042	2.768
• 통일 정책		
10) 평화공존/흡수통일 지향해야 한다.	2,039	2.103
11) 북한과 교류, 협력/단절, 압박해야 한다	2,046	2.029
12) 남북주도/다자협상을 시도해야 한다.	2,042	2.180
13) 대북지원은 조건 없이/북한의 태도에 따라 결정	2,044	2.985

로 사용된 설문문항은 부록에 포함되었다. 애초 문항들의 표현은 진보적·보수적 입장을 대변하는 정책들이 섞여 있는바, 이곳에서는 해석의 용이성을 위해 가장 진보적인 입장(1)에서 보수적인 입장(4)으로 바뀜에 따라 값이 증가하도록 방향성을 통일하여 재코딩하였다.

설문문항들에서 주지할 사실은 주어진 개별정책들이 반드시 정의된 4개의 영역들에 상호배제적(*mutually exclusive*)으로 속하지는 않으며 중첩되기도 한다는 점이다. 이를테면 한미 자유무역협정(FTA)과 관련된 문항은 정치적 성격과 경제적 성격을 동시에 지니며, 국가보안법 폐지의 문항은 정치적일 뿐만 아니라 북한에 대한 태도와 관련이 있을 수 있다. 나아가, 모든 경험적 설문문항이 그러한 것처럼 응답자가 연구자의 의도와는 상이한 관점과 차원에서 응답했을 가능성은 항상 있다고 할 수 있을 것이다. 다만 이 연구에서의 이점은 여러 문항들에 대한 응답자의 답변을 이용하여 그 기저에 있는 잠재적 차원, 즉 이념을 도출할 수 있다는 점이다.

정치이념과 같이 유권자의 의식에 존재하는 잠재적 차원(*latent dimension*)을 관측변수(*manifest variable*)를 통하여 파악하는 작업에 적합한 테크닉은 심리학이나 교육학 연구를 중심으로 많이 사용되는 요인분석이다(Mulaik, 2009). 특히 이곳에서는 앞에서 지적한 것처럼 다양한 차원의 여러 정책적 내용을 포함한 변수들 간의 상관관계 구조를 살펴봄으로써 제시된 13개의 문항들이 몇 개의 차원 혹은 "요인"으로 요약되는지를 살펴볼 수 있다는 이점이 있다.[4]

〈표 2-2〉는 이상과 같은 요인분석의 결과를 나타낸 것이다. 이곳의

4 이러한 접근은 상당히 일반적이고 주관적인 이념보다 문항 아이템이 많을수록 더 일관성과 정확성을 띠는 것으로 알려져 있다(Ansolabehere et al., 2008). 한국 유권자들에 대한 선구적인 적용은 윤성이 외(2003)와 이현출(2005) 참조.

〈표 2-2〉 정부정책들의 요인분석: 19대 총선거 (표시값은 적재량)

변수	요인 1: 통치권/시민권	요인 2: 대북-안보	요인 3: 경제-안정	요인 4: 개인주의	잔여량
1) 한미 동맹	0.135	0.013	*0.402*	0.122	0.674
2) 국가보안법	*0.520*	-0.019	0.120	-0.083	0.465
3) 한미 FTA	*0.420*	-0.004	0.215	-0.285	0.535
4) 복지-성장	0.056	-0.021	*0.538*	0.155	0.522
5) 비정규직	-0.080	0.010	*0.632*	-0.060	0.452
6) 생필품 가격	0.108	0.064	-0.019	*-0.601*	0.544
7) 학교체벌	0.070	0.039	0.080	*0.579*	0.525
8) 병역 거부	*0.486*	-0.120	-0.187	0.024	0.549
9) 사형제	*0.416*	0.051	-0.180	0.170	0.587
10) 흡수통일	-0.085	*0.575*	-0.047	0.092	0.455
11) 단절, 압박	0.011	*0.628*	0.019	-0.016	0.332
12) 다자협상	0.041	*0.457*	0.052	-0.209	0.580
13) 대북지원	0.303	0.206	-0.101	0.303	0.573
고유값	2.231	1.508	1.329	1.141	

값들은 요인적재량(*factor loadings*)을 나타내며, 보다 구체적으로는 추출된 성분과 해당 변수 간의 상관관계를 나타낸다. 이 적재량이 0.4를 넘어서는 곳에서 해당 정책과 추출된 요인이 유의미한 상관관계가 있는 것으로 보고 표시하였다. 분석을 통해서는 표에서 나타난 4개의 요인이 추출되었으며 다섯 번째 요인부터는 고유값(*eigenvalue*)이 1 이하인 것으로 나타나서 통계적으로 유의미하지 않은 것으로 드러났다.

결과를 살펴보면 매우 흥미로운데, 우선 가장 주요한 하나의 결론은 한국 유권자들의 정치이념은 2012년 국회의원 총선거에서 하나로 요약되지 않고 매우 다양한 차원들로 나누어진다는 사실이다. 추출된 4개의 요인을 보자면 기존의 정치, 경제, 사회, 통일의 정책영역들이 새로운 4가지 정도의 이념차원으로 재배치되는 것을 알 수 있다.

그중 유권자들을 가장 결정적5으로 가르는 사안은 국가보안법, 한미 자유무역협정, 양심적 병역 거부, 그리고 사형제 존폐와 관련된 사안인 것으로 드러났다. 이 4가지 정책이 공유하는 공통분모는 국가의 권한과 시민적 기본권 보장 등과 관련된 이념의 차원이라고 할 수 있을 것이며, 어떤 의미에서는 전통적인 "민주-반민주" 대립구도의 변형이라 할 수 있을 것이다. 표현의 자유와 관련된 국가보안법 문제와 기본 인권 보장과 관련된 사형제도에 대한 정책적 입장들, 그리고 종교적 이유 등으로 인한 양심적 병역 거부를 인정할 것인가 하는 문제 등은 크게 보아 국가의 통치권과 시민적 기본권 사이의 긴장관계를 어떻게 볼 것인가 하는 문제와도 직결되기 때문이다.

한미 자유무역협정과 관련된 입장이 동일한 이념적 차원에 높은 적재량을 보인 것은 따라서 매우 흥미로운데, 이것은 18대 총선에서 유권자들이 이것을 외교적 혹은 경제적 차원의 정책으로 사고하는 것이 아니라 협상과정과 국회의 비준동의안 처리과정 등에서 나타난 절차적 문제와 국민의 "통상주권"이라는 관점에서 해당 사안을 사고하기 때문인 것으로 생각된다.[6] 다시 말해, 한미 FTA와 관련된 문제를 "통상주권"과 "조약체결권"의 갈등으로 사고한다는 것이다.

흥미롭게도 북한과 관련된 문항들은 이상의 첫 번째 이념적 차원과는 완전히 독립된 두 번째 요인으로 추출되었다. 흡수통합론, 북한에 대한 단절과 압박, 그리고 주변국들을 포함한 다자협상에 대한 동의 여부 등이 하나의 차원으로 모아지는 것은 너무나 당연할 것이고, 이를 대북/안보와 관련된 이념적 차원이라 이름 붙일 수 있을 것이다. 다만, 마지막 대북지원 사업과 관련된 질문은 천안함 사태나 연평도 포격 이후 심각하게 악화된 국민감정(박명규 외, 2011)과 설문문항의 표현[7] 등으로

5 좀더 정확하게 말하자면 유권자 반응의 분산을 최대화하는 요인을 말한다.

6 설문 표현이 한미 FTA 자체에 대한 것이 아니라 그것의 "폐기"에 대한 의견을 물어보아서 이러한 경향은 더 심화되었을 것으로 추정할 수 있다.

인해 다른 그 어떤 문항보다도 응답자들이 보수적 입장을 취한 것으로 드러났다. 따라서 마지막 줄에서 보이는 것처럼 대북지원 문항은 그 어느 요인에도 특별히 높은 적재량을 보여주지 못하는 문항이었다.

이곳에서 결정적으로 중요한 포인트는 대북/안보와 관련된 이념적 차원이 앞서의 통치권-시민권의 차원과는 완전히 다른 이념적 공간을 차지한다는 사실이며, 뒤에 논의할 경제적 차원과도 독립된 특수성을 지닌다는 사실이다. 다시 말해 유권자들이 정부나 후보자 및 정당의 대북·안보 정책을 평가할 때 사용하는 이념적 잣대는 경제적 이념과도 다르고 시민권에 대한 관념과도 완전히 다른 잣대를 사용한다는 점이다. "경제는 진보이고 안보는 보수"라는 입장이 최소한 2012년 국회의원 총선거 시점에서 한국 유권자에게는 충분히 존재가능하다는 것이 경험적으로 확인된 것이다.

전통적인 진보와 보수의 구분이 이루어지는 경제적 이념차원은 예측할 수 있는 것처럼 복지-성장 문항과 비정규직 문제-기업 자율성에 대한 정책 문항들을 통해 추출될 수 있었으며, 두 정책 문항 모두 상당히 높은 적재량을 보여주었다. 예측과는 달리 한미동맹 유지에 대한 이슈 또한 경제적 이념차원에 포괄되었는데, 이것은 유권자들이 한미동맹 강화의 선택을 경제적 번영과 상당부분 결부시켜 생각한다는 추측을 하게 한다. 즉, 한미동맹의 문제는 직접적인 안보문제라기보다는 현상유지(*status quo*)를 통한 안정의 차원이라는 것이다.

흥미롭게도 사회적 이슈들인 병역거부나 사형제 폐지 등의 정책들은

---

7 "정부는 통일을 위해 … (1) 조건 없이 지원을 계속해야 한다. … (4) 북한의 태도에 따라 대북지원을 조절해야 한다"는 설문에서 보다 극단적인 (1)에 비해 조건부 서술인 (4)가 더 합리적인 답안으로 생각되었을 가능성이 있다. 〈표 2-1〉에서 이 문항이 다른 통일관련 문항들보다 대단히 높은(보수적인) 평균점을 기록한 것도 이 때문일 것이다.

이러한 경제적 이념에 대해 유의미하지는 않지만 비교적 강한 음(-)의 상관관계를 보여주었는데, 보수적 유권자들이 경제적으로는 안정을 희구하는 동시에 이상의 사회적 이슈에 대해서는 일정 정도 전향적(轉向的) 태도를 보인다는 사실을 발견할 수 있었다.

마지막으로 추출된 요인인 개인주의의 차원은 정부의 생필품 가격규제와 교내 체벌에 대한 정책적 입장과 강한 상관관계를 보여주었다. 우선 흥미로운 사실은 정부의 생필품 가격규제 정책과 관련된 이념적 차원의 독특성이다. 사회적 자유주의(*social liberalism*)의 관점에서 본다면 기업의 가격담합이나 독점을 막기 위한 정부규제 및 재분배 정책이 더 진보적 입장이라 할 수 있겠지만, 고전적 자유(방임)주의(*classical liberalism*)의 입장에서 볼 때에는 기업에 대한 정부규제 완화가 더 진보적인 입장이라 할 수 있을 것이기 때문이다. 설문의 원래 의도는 전자의 관점에서 후자가 더 보수적인 입장이라고 보는 것이었으나, 보다 많은 응답자들이 비교적 체계적으로 후자의 관점에서 이 문항을 이해하였고, 따라서 4번째 요인과 매우 강한 음(-)의 상관관계를 보이는 결과로 나타났다. 이는 중고등학교에서 교내체벌을 허용하는 입장과 함께 유권자들의 마지막 정치적·이념적 차원인 개인주의를 구성한다.

이상의 결과를 요약하면 다음과 같은 결론에 다다를 수 있을 것이다. 첫째, 2012년 총선 국면에서 한국 유권자들의 이념체계는 단선적인 진보-보수의 차원으로 요약될 수 없으며, 국가통치권과 시민권, 대북안보, 경제, 그리고 개인주의 등의 다양한 차원으로 분화된 것으로 나타났다. 둘째, 이상의 다양한 이념의 차원들은 서로에 대해 비교적 독립적인 것으로 나타났으며, 한 영역에서 보수적 입장을 취하면서도 다른 영역에서 진보적 입장을 취하는 것이 가능하다는 것을 보여주었다. 다시 말해, 유권자들은 경제적으로 보수적이면서도 안보에는 진보적인 입장을 취할 수 있고, 또 동일한 유권자들이 시민적 권리에 대해 동시에 보수적인 입장을 취하는 것이 가능한 것으로 나타났다. 셋째, 이러한 각 이념영역에서의 입장이 다양한 사회집단들에 구체적으로 어떻게 나타나는가를 규명하는 일은 한국 유권자들을 이해하고 정책수립의 방향을 고안하는 데 매우 중요한 일이 될 것이다. 다음은 앞에서 논의한 정치이념의 차원들을 다양한 사회집단들에 준하여 살펴볼 것이다.

2) 사회집단별 이념구조

여기에서는 이상과 같이 도출되고 정의된 정치이념 구조의 4가지 차원이 각 사회 집단별로 어떻게 나타나는지를 다루고자 한다. 4가지 정치이념의 차원이 서로 독립되게 유권자들 사이에서 분포할 수 있다면, 그것이 구체적으로 각 사회집단들에 어떻게 분포되고 내면화되었는지를 살펴보는 것이 다음 단계일 것이기 때문이다. 앞에서 추출된 4가지 이념적 차원, 즉 통치권과 시민권, 대북안보, 경제, 개인주의에 대한 이념 스코어를 구성하고 이것이 각 주요 사회집단별로 어떻게 나타나는지를 살펴보려 한다.

(1) 세대와 정치이념

우선 생각할 수 있는 것은 세대별 이념차이에 대한 문제이다. 한국에서 정치세대의 적실성에 대한 논의는 2002년 대통령선거 이래 상당한 성과를 거두면서 진행되었고, 어떤 의미에서는 한국의 선거지형에서 지역주의에 버금가는 주요 균열구조로 드러나는 것이 사실이다. 해당 문헌이 확인해주는 일반적인 "상식"은 젊은 유권자들이 보다 진보적이고 고연령층이 보다 보수적이라는 점이며, 정치이념이 투표의 원인이

건 결과건 양자 간에 상당히 강한 연관성이 관찰된다는 것이다.

그러나 만약 정치이념이 하나의 차원을 가지는 것이 아니라 다면성을 지니는 것이라면, 이러한 다양한 차원들의 이념과 정치세대는 어떠한 관련이 있는가? 〈그림 2-1〉은 이상의 상이한 정치이념의 차원과 세대가 어떤 관계를 가지는지 그림으로 나타낸 것이다. 이념적으로 더 보수적일수록 스코어가 높으며, 각 점들은 연령 집단별 이념 평균값을 나타낸 것이다. 대북-안보 이념을 제외한 나머지 이념의 차원은 대체로 상식적인 일반적 패턴임을 알 수 있는데, 이것은 연령이 증가할수록 이념적으로 더 보수적인 성향이 되는 것을 나타낸다.

아마 가장 흥미로운 점은 20대 유권자들의 대북-안보에 대한 보수성일 것이다. 이들은 그 어떤 다른 연령층의 유권자들보다도 더 북한에 대해 강경한 입장을 취하며 이들 다음으로 가장 보수적인 60세 이상의 유권자들보다도 통계적으로 유의미하게 북한에 대해 더 보수적인 성향인 것을 알 수 있다. 또한 이들은 이들과 연령차이가 그다지 많이 나지 않는 3, 40대의 유권자들이 취하는 북한에 대한 포용주의와는 극명하게 대조되는 모습이며, 이들이 다른 이념차원에서 취하는 진보적 입장과도 강한 대비를 이룬다. 2000년대 후반 들어 나타나는 20대들의 대북문제와 관련된 강한 보수성은 여러 다른 자료들을 이용한 기존 연구(박명규 외, 2011; 박원호, 2012)들에서도 이미 발견되었다.

그 원인에 대한 정확한 규명은 다른 연구의 주제이겠지만, 2000년대 후반 남북관계 경색에 뒤이은 천안함 사건이나 연평도 포격사건 등이 일반적으로 대북·안보에 대한 입장에 영향을 주었고, 이러한 경험이 특히 그 시기에 정치이념의 형성기를 거쳤을 젊은 유권자들에게 더 많은 영향을 남겼을 것이라는 가설적 설명을 생각해 볼 수 있을 것이다.

여타 이념의 연령별 분포도 매우 흥미로운데, 특히 경제정책과 관련

〈그림 2-1〉 세대별 이념 분포

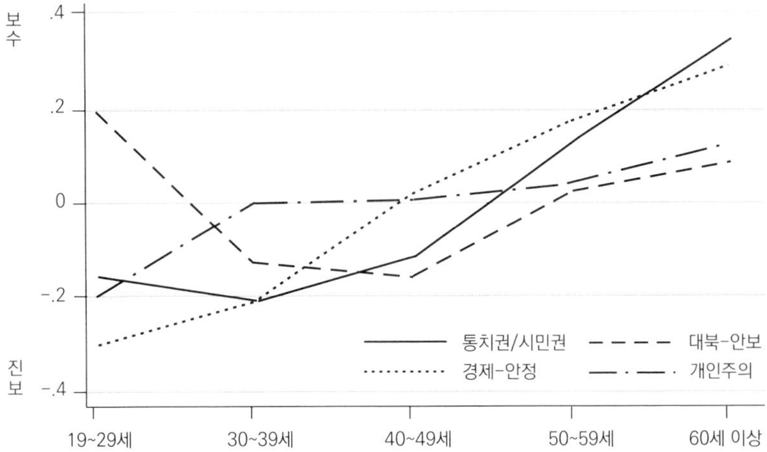

된 이념의 연령별 격차가 가장 뚜렷한 것으로 나타났고, 국가 통치권이나 시민권적 권한에 대한 입장에서도 상당한 연령별 격차가 확인되었다. 이 차원에서 가장 진보적인 입장을 보인 것은 30대였으며, 40대와 50대 이상의 격차가 가장 많은 이념적 차원이기도 한 것으로 나타났다. 개인주의적 이념차원에서는 예측할 수 있는 것처럼 20대들이 가장 진보적(개인주의적) 입장을 취하는 것으로 나타났고, 30대 이상의 연령층에서는 그 차이가 크지 않았다.

마지막으로 40대 유권자들의 이념 성향에 초점을 맞추어 보았을 때, "386세대"의 현재적 모습에 대한 흥미로운 결과는 이들이 경제적 차원에서는 이미 상당한 보수화가 진행되었지만, 대북·안보나 시민권의 측면에서는 아직도 일정한 진보성을 견지한다는 점이다. 예를 들어 이 연령층에 속하는 유권자들은 얼마든지 경제나 복지정책 등과 관련해서는 친여(親與) 성향을 띠면서도 동시에 민간인 사찰이나 대북이슈 등에 대해서는 친야(親野) 적 입장을 취할 수 있을 것이라는 점이다.

(2) 사회계층과 정치이념

이러한 이념적 정향은 사회계층별로 어떻게 달라지는가? 〈표 2-3〉은 사회계층별 이념지수를 표로 나타낸 것이다. 우선 통치권/시민권의 차원에서는 소득수준별로 선형적인 관계가 보이지 않고, 오히려 "U-자형"의 관계가 보이는 것으로 나타났다. 다시 말해, 저소득층과 고소득층이 가장 보수적이고 중간소득층이 가장 진보적인 것으로 나타났다는 것이다. 이것은 경제적 차원의 이념에도 동일하게 적용되는데, 특히 최저소득층인 가구수입 100만 원 미만 저소득층들은 경제적 차원에서 가장 친기업적·성장 위주의 입장을 취하는 것으로 드러났다. 경제이념에서 "계급의 역설"을 다시 한 번 확인할 수 있는 것이다.

대북/안보 정책에서는 최저소득층과 최고소득층이 가장 전향적인 자세를 보여준 것으로 나타났으며, 다른 소득층은 평균(0)에서 유의미하게 다른 입장을 보이지는 않았다. 개인주의 차원에서는 저소득층이 가장 보수적인 입장, 즉 집단의 권한을 보다 더 옹호한 것으로 나타났다. 반면, 고소득층일수록 보다 더 개인주의적 입장을 취한 것으로 나타났다.

교육수준과 정치이념의 관계에서는 일반적으로 교육수준이 높을수록 모든 이념차원에서 진보적 입장을 취한 것으로 나타났다. 다만 대북정책에서의 이념적 편차는 다른 이념적 차원에 비해 그 편차가 그다지 크지 않은 것으로 드러났다.

사회계층과 관련된 이념적 성향의 관계를 요약한다면 다음과 같다. 첫째, 대북안보를 제외한 다른 여타의 이념 차원에서 저소득층과 고소득층이 가장 보수적인 입장을 취하는 것으로 나타났으며 교육수준이 낮을수록 더 보수적인 입장을 취하는 것으로 나타났다. 둘째, 대북안보 이념에서는 사회계층별로 뚜렷한 패턴이 드러나지는 않는 것으로 보인다.

〈표 2-3〉 사회계층별 이념 분포 (이념지수 평균: 높을수록 보수적)

변 수	요인 1: 통치권/시민권	요인 2: 대북 · 안보	요인 3: 경제 · 안정	요인 4: 개인주의
소 득				
100만 원 미만	0.101	-0.152	0.196	0.155
100~199만 원	0.037	0.095	0.001	0.199
200~299만 원	-0.129	0.002	0.046	0.026
300~399만 원	-0.030	-0.010	-0.086	-0.026
400~499만 원	-0.058	0.046	-0.087	-0.054
500~599만 원	0.158	0.065	0.051	-0.118
600~699만 원	0.229	-0.199	0.136	-0.064
교육수준				
중졸 이하	0.269	0.069	0.232	0.211
고졸	0.006	0.081	0.026	-0.014
전문대졸 이상	-0.101	-0.092	-0.104	-0.064

(3) 정책이념, 주관적 이념과 투표행태

앞에서 살펴봤듯이, 정책적 내용을 갖는 유권자의 정치이념은 다양한 차원을 가지며 나름의 내용성을 지니는 것으로 나타났다. 이러한 유권자들의 이념적 성향은 그 자체로서도 매우 흥미로운 대상이지만, 투표행태에 이념적 성향이 어떤 영향을 미치는지가 많은 연구자들의 궁극적 관심사일 것이다. 이하에서는 앞에서 살펴본 여러 차원들의 정치이념들이 지난 총선거에서 정당 및 후보자 선택에 어떤 영향을 미쳤는지를 살펴볼 것이다.

아마도 정치이념이 투표행태에 미치는 영향에서는 응답자의 주관적 이념이 정의상(*by definition*) 후보자 선택에 보다 직접적으로 연결되어 있다고 볼 수 있을 것이다. 유권자에게 선거 직후에 본인의 이념적 성향을 직접 평가하고 보고하라는 질문은 자신의 선거에서의 선택을 "합리화하는"(이내영 · 허석재, 2010) 방식으로 진행될 가능성이 있고, 심지어는 유권자가 지지하는 정당이나 후보자에게 설득(*persuasion*) 되거나 자신의 선호를 투사(*projection*) 할 가능성도 존재하기 때문이다.

이 연구의 논점은, 이러한 주관적 이념 못지않게 정책적 선호에 바탕한 정치이념이 선거에서 미치는 고유한 영향이 있다는 점, 그리고 어느 이념차원이 선거에서 결정적 영향을 미치는지가 해당 선거의 성격을 결정 짓는다는 점이다.

〈표 2-4〉는 이상에서 정의된 정치이념이 여타의 주요 독립변수들을 통제한 상태에서 지난 총선의 정당비례 투표에 어떤 영향을 미쳤는지

〈표 2-4〉 정당비례대표 투표: 다항로지스틱 모델

	새누리당/민주통합당			민주통합당/통합진보당			새누리당/통합진보당		
	계 수	표준오차	p-값	계 수	표준오차	p-값	계 수	표준오차	p-값
정치이념									
주관적 이념	0.366**	0.044	0.000	0.149*	0.069	0.031	0.516**	0.075	0.000
통치권/시민권	0.344**	0.058	0.000	0.106	0.088	0.226	0.450**	0.095	0.000
통일/안보	0.076	0.060	0.209	-0.019	0.093	0.835	0.056	0.100	0.574
경제/안정	0.176**	0.065	0.007	0.125	0.097	0.198	0.301**	0.105	0.004
개인주의	-0.014	0.066	0.827	0.207*	0.104	0.047	0.193	0.111	0.083
지역 (기준: 서울)									
경기/인천	-0.160	0.192	0.405	0.127	0.336	0.706	-0.033	0.351	0.924
대전/충청	0.689*	0.277	0.013	-0.187	0.464	0.687	0.501	0.478	0.295
광주/호남	-2.715**	0.400	0.000	-0.241	0.379	0.525	-2.956**	0.521	0.000
대구/경북	1.426**	0.314	0.000	-0.513	0.577	0.374	0.913	0.555	0.100
부산/경남	0.495*	0.221	0.025	-0.228	0.393	0.563	0.267	0.401	0.506
강원/제주	-0.072	0.343	0.833	0.221	0.622	0.722	0.149	0.653	0.820
교육수준 (기준: 중졸 이하)									
고졸	-0.056	0.241	0.815	-0.244	0.542	0.652	-0.301	0.559	0.591
대졸 이상	-0.032	0.275	0.908	-0.799	0.567	0.159	-0.831	0.588	0.158
세대 (기준: 20대)									
30대	0.025	0.265	0.925	-0.380	0.344	0.270	-0.355	0.386	0.357
40대	0.631*	0.259	0.015	-0.445	0.358	0.214	0.186	0.391	0.634
50대	0.829**	0.278	0.003	-0.017	0.444	0.969	0.811	0.471	0.085
60대 이상	1.201**	0.317	0.000	0.404	0.617	0.512	1.605*	0.640	0.012
_cons	-2.242**	0.428	0.000	1.940**	0.725	0.007	-0.302	0.774	0.697

주: 케이스 수 = 1,302; Log likelihood = -893.87; Pseudo R^2 = 0.2404; **p<0.01, *p<0.05

를 다항로지스틱 모델로 분석한 결과표이다. 분석한 투표결과는 새누리당, 민주통합당, 그리고 통합진보당의 세 당에 대한 정당비례 투표였으며 여타 정당들에 대한 지지는 분석에서 제외하였다. 지역구 후보에 대한 투표보다 정당비례 투표를 선택한 이유는 지난 총선거에서 야권연대를 통하여 연합공천이 이루어진바, 지역구 후보들에 대한 투표는 여러 가지 난점이 있어서 제외하였다. 자료에서 나타난 3개 정당에 대한 정당투표는 새누리당 48%, 민주통합당 36%, 통합진보당 7%로 나타났으며, 이는 전체 샘플의 91%를 차지하였다.

이상의 세 정당에 대한 투표를 정치이념과 지역, 교육수준과 세대별로 나누어 분석한 결과 다음과 같은 내용들을 발견하였다. 첫째, 지역이나 사회계층 변수들을 통제한 상태에서도 정치이념은 투표결과에 상당한 영향을 미친다는 것이 드러났다. 특히 새누리당과 야권 정당들에 대한 지지에서 주관적 이념은 일관되게 통계적으로 유의미한 영향을 미치는 것으로 나타났다. 이는 물론 새로운 발견은 아닌데, 유권자들이 자신들을 스스로 규정하는 이념적 위치에 정당 자체에 대한 선호가 내재화되었기 때문이다. 특히 여기에서는 정책적 내용을 가지는 여타의 정치이념들을 통제한 상태에서도 주관적 이념이 투표결정에 유의미한 영향을 준다는 점을 확인할 수 있었다.

둘째, 앞서 살펴본 4가지 정책적 이념 중에서는 첫 번째 이념적 차원, 즉 국가의 통치권과 시민권에 대한 이념이 주관적 이념 못지않은 설명력을 가지는 것으로 드러났다. 이는 지난 선거에서 유권자의 정당 선택에 주관적 이념뿐 아니라 국가의 통치권과 시민권의 긴장관계를 바라보는 유권자의 이념이 비교적 일관된 영향을 미쳤다는 것을 의미한다. 특히 새누리당과 민주통합당, 그리고 새누리당과 통합진보당 간의 선택에서 이상의 이념성향이 유권자들의 선택에 주요한 기준이 되었다는 것이다.

셋째, 통치권/시민권과 관련된 이념성향뿐 아니라 경제정책이나 안정에 대한 희구와 관련된 이념적 성향 또한 새누리당과 두 야당에 대한 선택에서 주요한 선택기준이었음이 드러났다. 앞에서도 언급한 것처럼 통치권/시민권과 관련된 새로운 이념축이 1980년대 후반까지의 전통적 민주-반민주 구도의 현대적 표현이라면, 경제적 번영이나 안정이라는 가치는 1990년대 이래의 선거에서 새롭게 부각된 이념축이라 할 수 있을 것이다. 자료를 분석한 결과, 새누리당에 대한 유권자의 지지는 이상의 두 이념축들, 즉 통치권과 경제정책들을 중심으로 결정적으로 나누어진다는 사실을 알 수 있었다.

넷째, 대북관이나 안보와 관련된 이념축은 다른 변수들을 통제한 상태에서는 정당지지에 영향을 미치지 않는 것으로 드러났다. 물론 대북관련 이념성향이 앞에서 살펴본 것처럼 연령에 따라 상당한 차이가 있지만, 최소한 이번 총선의 정당투표 결정에서 다른 변수들을 통제했을 때, 유의미한 영향을 미치지는 않은 것으로 나타났다. 이것은 무엇보다도 대북정책과 관련된 특별한 정당 간 차이가 이번 선거에서는 강하게 부각되지 않았기 때문인 것으로 생각된다. 정당 간 대북정책 입장의 차이가 비교적 분명하고, 이를 인지하는 유권자의 이념성향이 매우 넓은 스펙트럼에 분포되어 있다고 하더라도, 대북문제 자체가 선거에서 현저한(*salient*) 쟁점으로 나타나지 않는다면 유권자들의 대북/안보 이념이 정당선택에 영향을 미치지 않을 것이다. 다시 말해, 잠재적으로 동원될 수 있는 정치이념적 균열구조는 분명히 존재하지만 이것이 선거에서 유권자의 선택으로 연결되지는 않았다는 것이다.

다섯째, 민주통합당과 통합진보당의 두 야당에 대한 선택에서는 앞에서 추출된 마지막 이념축인 개인주의와 관련된 이념성향이 유의미한 영향을 미친 것으로 드러났다. 보다 더 반(反) 개인주의적 성향, 즉 "집단주의적" 성향을 띠는 유권자일수록 통합진보당보다는 민주통합당을 지지할 가능성이 높게 나타난 반면, 여타의 정책적 이념성향들은 이에 영향을 미치지 않은 것으로 드러났다. 엄밀하게 말한다면 이념적 개인주의자들일수록 강력한 국가규제정책을 옹호하는 통합진보당을 덜 지지하는 것이 이념적 일관성이 있다고 할 수 있겠으나, 앞에서 언급한 것처럼 사회적 자유주의와 자유방임주의가 혼재된 한국의 이념적 지형을 반영하는 것처럼, 개인주의자들은 민주통합당보다는 통합진보당을 보다 더 지지했던 것으로 나타났다.

〈그림 2-2〉는 이상의 다항로짓 분석의 결과들 중, 통치권-시민권, 그리고 개인주의-집단주의가 정당지지에 미치는 영향을 해석의 편의를 위해 그래프로 나타낸 것이다. 가로축은 해당 이념축을 가장 진보적인 입장에서부터 가장 보수적인 입장으로 나타내며, 세로축은 유권자들이 다른 독립변수들을 각각의 평균에 고정시켰을 때 해당 정당을 지지할 확률을 영역으로 표현한 것이다. 우선 첫 번째 이념축인 통치권-시민권의 관계에서는 국가 통치권을 옹호하는 입장일수록 새누리당을 지지할 확률이 급격하게 높아짐을 알 수 있다. 반대로 시민권을 보다 옹호하는 극단적 입장에 설수록 민주통합당이나 통합진보당을 지지할 확률이 더 높아지는 것을 알 수 있다.

반면, 네 번째 이념축인 집단주의-개인주의의 차이에서는 이것이 유의미하게 새누리당과 두 야당을 가르는 기준이 되지 못한다는 점을 알 수 있다. 새누리당에 대한 지지를 보일 확률이 50% 선을 중심으로 평평하게 나타나고 있어 개인주의와 집단주의가 정당지지에 대한 큰 영향을 미치지 못한다는 것을 알 수 있다. 다만, 위에서 논의한 것처럼 민주통합당과 통합진보당의 관계에서, 보다 더 개인주의적인 성향이 강

〈그림 2-2〉 정치이념과 정당지지

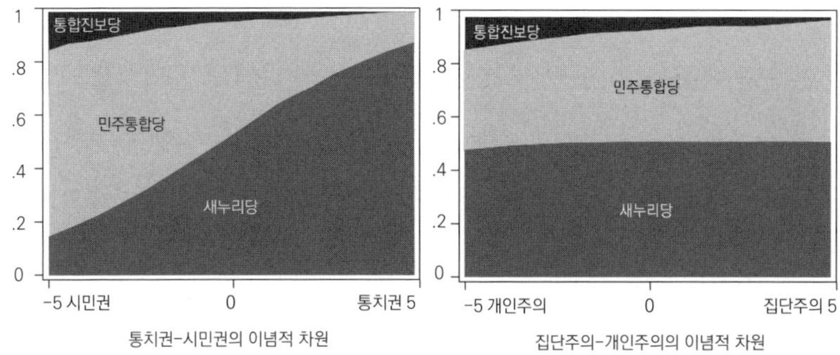

할수록 통합진보당에 대한 지지가 최대치가 되며, 이것이 집단주의로 가까워지면서 민주통합당의 지지로 흡수된다는 사실을 알 수 있다.

앞에서 살펴본 4가지 정치이념의 축들은 유권자들이 지지정당을 선택할 때 다양한 방식으로 영향을 미친다는 사실을 알 수 있었다. 국가의 통치권과 시민의 기본권의 긴장을 중심으로 한 이념축이 정당선택, 특히 새누리당과 두 야당에 대한지지결정에 가장 결정적인 영향을 미친 것으로 나타났으며, 경제정책과 관련된 이념축 또한 일정한 영향을 미친 것으로 나타났다. 반면 통일정책이나 안보와 관련된 이념축은 이번 선거에서 다른 요인들을 통제했을 때 특별한 영향이 나타나지 않는 것으로 드러났다. 개인주의적 성향과 관련된 이념성향은 이와는 달리 민주통합당과 통합진보당의 양자 간 선택에 일정하게 유의미한 영향을 미친 것으로 나타난 반면, 여-야의 선택에는 별다른 영향을 미치지 못했던 것으로 보인다. 한편, 응답자에게 직접적으로 자신의 이념을 평가하게 하는 주관적 이념성향은 투표선택과 긴밀한 관계가 있는 것으로 드러났다.

4. 나가며

이 연구에서는 2012년 국회의원 총선거에서 나타난 유권자들의 정치이념을 정책적 선호를 중심으로 살펴보았다. 가장 주요하게는 한국 유권자들의 정치이념의 지형이 좌-우로 정형화할 수 있는 단순한 구조를 띠지 않으며 매우 다층적이고 다면적인 양상을 보인다는 사실을 발견하였다. 구체적으로는 유권자들이 국가의 통치권과 시민권, 대북안보문제, 경제정책의 차원, 그리고 개인주의에 대한 상반된 이념적 성향들로 나누어진다는 사실을 밝혔다. 또한 이러한 각 이념적 차원에서 보수와 진보의 구분이 유권자 개인의 수준에서는 반드시 일치하지 않는다는 점 또한 드러났다.

보다 구체적으로는, 국가의 통치권과 시민권의 관계에 대한 사고에서 유권자들이 가장 주요한 상이점들을 드러낸 것으로 나타났다. 국가보안법 문제나 한미 자유무역협정 재협상 등의 정치적 영역에서, 그리고 병역거부나 사법질서와 관련하여 유권자들의 인식과 견해가 가장 극명하게 갈라졌으며, 이것이 2012년 총선거나 앞으로의 대통령선거, 그리고 중장기적 관점에서 가장 중요하게 토의되고 숙고되어야 할 이념적 차원인 것으로 나타났다. 연령이 낮을수록, 교육수준이 높을수록, 그리고 경제적으로는 중산층들이 이러한 문제들에 대해 보다 진보적 입장을 취하는 것으로 나타났다. 이러한 이념적 성향은 선거국면에서 정당의 지지에 매우 강한 영향을 미치는 것으로 나타났다.

대북정책과 안보와 관련된 이념적 차원에 따른 유권자의 분할도 매우 뚜렷한 것으로 나타났는데, 앞서의 통치권/시민권이라는 정치적 이념차원과는 일치하지 않는 다른 이념차원인 것으로 나타났다. 예를 들어, 여타의 정치, 경제, 사회적 이념에 대해서는 가장 진보적인 20대 유권자들이 북한과의 관계 설정에서는 가장 강한 보수성을 보여준 것처럼, 상이한 이념적 차원들이 공존하는 한국의 유권자상이 경험적으로 확인된 것이다. 20대들과 함께 고연령층과 경제적 중산층이 대북·안보 이념에 대해서 가장 보수성을 지니는 것으로 나타났다. 다만, 이번 총선거에서는 이러한 이념적 차원이 정당지지에 독립적이고 직접적인 영향을 미치지 않았던 것으로 드러났다. 어떤 의미에서는 북한문제나 안보와 관련된 이상의 이념적 축이 아직은 동원(*mobilized*)되지 않은 잠재적 이념 균열을 대표한다고 할 수 있으며, 다가올 대통령선거에서 어떤 변수로 작용할 것인지가 주목된다.

성장 위주의 경제정책과 기업 자율성으로 대표되는 경제이념은 통상 선거를 가르는 가장 중요한 영역으로 사고되었고, 적어도 2012년 총선거 국면에서는 두 번째로 중요한 이념적 균열이었다고 보인다. 다만, 앞서 언급된 통치권-시민권과 관련된 이념적 성향과 상당한 내용적 친화성을 지닌다는 점을 주목한다면, 이것이 새로운 정치적 분화의 촉매가 되지는 않을 것으로 보인다.

마지막으로, 기존연구들에서는 그리 주요하게 언급되지 않았던 개인주의적 이념과 관련해서도 몇 가지 흥미로운 점들이 발견되었다. 국가의 통치권과 시민권의 길항관계와는 다른, 개인과 사회통제의 관계에서의 사회적 자유주의와 고전적 자유주의의 이념차원이 도출되었는데, 이는 선거에서 눈에 띄는 직접적인 영향을 미친 것은 아니지만, 민주통합당과 통합진보당 사이의 미묘한 선택의 영역에서 일정한 요인이 된 것으로 나타났다. 물론 이러한 이념적 차원이 일회성으로 나타난 것인지, 아직은 드러나지 않았지만 한국의 진보정당이 걸어가야 할 또 다른 새로운 가능성을 시사하는 것인지는 앞으로의 연구가 규명해야 할 과제이기도 하다.

한국 유권자의 다양한 이념적 차원들을 규명하는 일은 학술적인 관심의 대상만은 아닐 것이다. 유권자들이 선거에서 정당과 후보자들의 정책을 평가하며 누구를 지지할 것인지를 결정할 때 이러한 이념적 차원에 준하여 판단을 내려야 한다는 이념투표와 정책선거에 대한 사고는 대의민주주의에서 선거의 역할과 관련하여 매우 핵심적인 부분이기 때문이다. 이 연구에서 진행된 한국 유권자들의 이념상(像)에 대한 묘사는 이러한 가능성에 대한 타진이기도 하다.

참고문헌

강원택(2003), "한국 정치의 이념적 특성", 〈한국정당학회보〉 2(1): 5~30.

______(2011), "한국에서 정치 균열 구조의 역사적 기원: 립셋-로칸 모델의 적용", 〈한국과 국제정치〉 27(3): 99~129.

김무경·이갑윤(2005), "한국인의 이념정향과 갈등", 〈社會科學硏究〉 13(2): 6~32.

김주찬·윤성이(2003), "2002년 대통령선거에서 이념성향이 투표에 미친 영향", 〈21세기 정치학회보〉 13(2): 87~103.

류재성(2012), "정치이념의 정책선호 결정에 있어 정치지식의 역할", 〈한국정치연구〉 21(2): 53~86.

박명규 외(2011), 《2011 통일의식조사》, 서울대학교 통일평화연구원.

박명호(2004), "한국 정당정치의 이념적 특성과 변화 전망", 〈世界地域硏究論叢〉 22(2): 419~443.

박원호(2012), "세대균열의 진화: '386세대'의 소멸과 30대 유권자의 부상", 박찬욱 외 편, 《한국유권자의 선택 1: 2012 총선》, 186~217쪽, 아산정책연구원.

이내영(2009), "한국 유권자의 이념성향의 변화와 이념투표", 〈평화연구〉 17(2): 42~72.

______·허석재(2010), "합리적인 유권자인가, 합리화하는 유권자인가?", 〈한

국정치학회보〉 44(2): 45~67.
이현출(2005), "한국 국민의 이념성향", 〈한국정치학회보〉 39(2): 321~343.
정진민(1992), "한국선거에서의 세대요인", 〈한국정치학회보〉 26(1): 145~167.

Ansolabehere, Stephen, Jonathan Rodden & James M. Snyder(2008), "The Strength of Issues: Using Multiple Measures to Gauge Preference Stability, Ideological Constraint, and Issue Voting", *American Political Science Review* 102(2): 215~232.

Campbell, Angus et al. (1980), *The American Voter*, University Of Chicago Press.

Converse, Philip E. (1964), "The Nature of Belief Systems in Mass Publics", In David E. Apter, ed., *Ideology and Its Discontent*, New York: The Free Press of Glencoe.

______(2000), "Assessing the capacity of mass electorates", *Annual Review of Political Science* 3: 331~353.

______(2006), "Researching Electoral Politics", *The American Political Science Review* 100(4): 605~612.

Erikson RS & Tedin KL. (2003), *American Public Opinion*, 6th ed., New York: Longman.

Feldman S. (1988), "Structure and consistency in public opinion: the role of core beliefs and values", *American Journal of Political Science* 32: 416~440.

Feldman, Stanley & John Zaller(1992), "The Political Culture of Ambivalence: Ideological Responses to the Welfare State", *American Journal of Political Science* 36(1): 268~307.

Inglehart, Ronald(1977). *Silent Revolution: Changing Values and Political Styles Among Western Publics*, Princeton Univ Pr.

Jost, John T., Christopher M. Federico & Jaime L. Napier(2009), "Political Ideology: Its Structure, Functions, and Elective Affinities", *Annual Review of Psychology* 60(1): 307~337.

Lewis-Beck, Michael S. & Kevin Chlarson(2002), "Party, Ideology, Institutions and the 1995 French Presidential Election", *British Journal of Political Science* 32(3): 489~512.

Markus, Gregory B. & Philip E. Converse(1979), "A Dynamic Simultaneous Equation Model of Electoral Choice", *The American Political Science Review* 73(4): 1055~1070.

Mayhew, David R. (2004), *Congress: The Electoral Connection*, 2nd ed., Yale University Press.

McLellan D. (1986), *Ideology*, Minneapolis: Univ. Minn. Press.

Mulaik, Stanley A. (2009), *Foundations of Factor Analysis*, 2nd ed., Chapman and Hall/CRC.

Nie, Norman H. & Kristi Andersen(1974), "Mass Belief Systems Revisited: Political Change and Attitude Structure", *The Journal of Politics* 36(3): 540~591.

Treier, Shawn & D. Sunshine Hillygus(2009), "The Nature of Political Ideology in the Contemporary Electorate", *The Public Opinion Quarterly* 73(4): 679~703.

Wyckoff, Mikel L. (1980), "Belief System Constraint and Policy Voting: A Test of the Unidimensional Consistency Model", *Political Behavior* 2(2): 115~146.

03 | 지역주의와 제19대 총선*

윤광일

1. 들어가며

지역 변수의 영향력에 대한 이해 없이 현대 한국 정치를 제대로 파악하기는 어렵다. 이는 정치경제, 엘리트 충원, 정당, 여론, 선거 등 한국 정치의 각론에서도 그러하며, 시기적으로도 1987년 민주화 이전이든 이후이든 마찬가지다. 예컨대, 김만흠(1991; 1997)은 1960년 제3공화국 수립 이후 고착화된 영남지역의 정치적 엘리트 지위 독점과 이 지역을 위주로 한 경제자원의 불평등한 분배구조가 한국 정치의 핵심적인 정치균열 구조를 야기했다고 주장한다. 민주화 이후인 1992년부터 치러진 4번의 대통령선거와 4번의 국회의원선거에서 나타난 한국인의 투표행태에 미치는 변수들의 영향력을 경험적으로 검증한 이갑윤(2011)은 정당과 후보자 지지를 결정하는 데에 가장 영향력이 큰 변

* 이 글은 2012년 10월 발간 대한정치학회보 제20집 2호에 실린 논문을 수정한 것이다.

수로 출신 지역을 제시한다. 또한, 지역주의는 1963년과 1967년의 대통령선거에서 박정희의 영남지역 동원, 1971년 대통령선거에서 반호남주의 동원으로 민주화 이전에도 이미 존재했다. 그리고 1970년대 중후반 시점에 이미 비호남 출신의 호남에 대한 배타적 거리감이 존재했다는 경험적 연구도 있다(최준영 · 김순흥, 2000; 온만금, 2003; 박상훈, 2009). 최장집(1993)은 언어, 인종, 종교가 동질적인 국가들에서 한국과 같은 극심한 지역대립이 존재하는 사례는 찾아볼 수 없다며 한국 지역주의 문제의 특이성과 심각성을 지적한다.

가장 최근에 치러진 2012년 4월 11일 제19대 국회의원 총선결과를 보더라도 지역주의의 영향력은 이전보다 결코 누그러지지 않았음을 알 수 있다. 새누리당은 영남지역 총 67석 중 민주통합당 3석과 새누리당 성향 무소속 1석을 제외한 63석을, 민주통합당은 호남지역 총 30석 중 통합진보당 3석과 민주당 성향 무소속 2석을 제외한 25석을 획득했다. 이는 새누리당의 전신인 한나라당이 영남지역 총 68석 중 46석을, 민주통합당의 전신인 통합민주당이 호남지역 총 31석 중 25석을 획득한 2008년 제18대 국회의원선거와 비교하여도 양당의 지역적 기반이 강화되었음을 시사한다.

지역주의가 한국 정치를 이해하는 데에 핵심적인 변수임에도 불구하고 이에 대한 체계적이고 과학적인 연구는 미흡했던 것으로 보인다. 지역주의 또는 지역갈등에 대해 본격적인 학문적 접근을 하기 시작한 것은 극심한 지역주의 선거로 평가받은 1987년 제13대 대통령선거 직후이다(한국심리학회, 1988; 한국사회학회, 1990; 김종철 외, 1991). 이후 정치학에서 지역주의에 대한 연구가 어느 정도 축적되기는 했으나 대부분 지역주의 원인에 관한 이론적 연구이거나 집합적 자료에 기초한 거시적 접근의 성격을 띠는 한계를 보였다. 예컨대 기존 연구는 지역별 투자 및 산업구조 자료, 중앙엘리트 충원, 지역별 선거결과 등과 같은 집합적 또는 간접자료를 통해 정치·경제적 지역차별(김만흠, 1991), 불균등 발전전략에 기초한 패권적 지배이데올로기(최장집, 1991), 정치인들의 정치적 동원(문용직, 1991; 손호철, 1993; 이갑윤, 1998), 호남의 운명 공동체적 정치적 정체성(최영진, 1999) 등을 지역본위 투표의 원인으로 지적했다. 그러나 이들 연구는 유권자 개인의 지역주의적 성향이나 태도에 대한 1차적 측정에 기반을 둔 경험적 분석이 뒷받침되지 않아 제시된 원인이 개인적 차원의 지역주의에 얼마나, 어떻게 영향을 미쳤는지, 그리고 다시 개인적 차원의 지역주의가 어떻게 지역본위의 투표에 영향을 미쳤는지에 대해 기본적으로 추측(*speculation*)할 수밖에 없는 한계를 지녔다.

한편, 선거 및 여론조사 자료의 축적이 본격화된 1990년대 말 이후 지역주의 연구는 개인 수준(*individual level*)의 자료를 이용하여 지역주의의 미시적 기초를 밝히고자 하는 점에서 민주화 이전과 직후의 연구들과 차별성을 보인다(이갑윤, 1998; 강원택, 2003, 2010; 임성학, 2011).[1] 또한 조기숙(2000)과 문우진(2005)은 지역본위의 투표행위를 지역차별이나 정치적 동원에 대한 대응이라기보다는 유권자 개인의 합리적 선택으로 접근하여, 지역주의 연구의 이론적 지평을 넓히는 데 기여했다. 그러나 이들 연구 또한 대부분 투표행태에 관한 연구로서, 개인 수준의 지역주의, 즉 지역감정이 궁극적으로 투표결정에 영향을 미치는 정치적 선호와 태도에 어떻게 그리고 얼마나 영향을 미치는지에 대해서는

1 민주화 직후 지역주의 투표행태를 경험적으로 연구한 소수의 예로 한국기독교사회문제연구원의 제13대 대선 여론조사자료를 이용한 연구(차종천, 1988)와 한국사회학회의 1988년 지역갈등과 지역의식 여론조사를 이용한 연구(배규한, 1990; 신광영, 1990) 등이 있다. 연구자 모두 사회학자라는 사실은 특기할 만하다.

제한적인 분석만을 제시한다.

이 글은 이와 같은 기존 연구의 한계에 주목한다. 개인적 수준의 지역주의가 정치적 선호와 투표결정에 어떤 과정을 거쳐서 얼마나 영향을 미치는지를 제19대 국회의원 총선 직후 실시된 〈정치와 민주주의에 관한 의식조사〉 자료에 기반을 두고 실증적으로 분석하고자 한다.[2] 이를 통해서 기존 연구의 비경험적, 거시적 접근의 한계를 극복하고, 유권자 개인 수준에서 발현되는 지역주의의 정치적 함의를 추적한다. 보다 구체적으로 밀러와 생스(Miller & Shanks, 1996)가 제시하고 이갑윤(2002; 2011)이 한국인의 투표행태 분석에 도입한 바 있는 정치적 선호에 대한 "다단계 설명"(*multi-stage explanatory*) 모델을 토대로 출신지역이 정당 및 정치이데올로기와 유력 정치인 선호, 그리고 투표결정에 미치는 영향을 논리적이고 경험적으로 분석하고자 한다. 이에 앞서 우선 이 연구의 핵심 개념인 지역주의 관련 개념을 검토하고 밀러와 생스 모델에 대해 소개하고자 한다.

2 이 설문조사 자료는 2012년 5월 3일부터 21일까지 19일 동안 전국의 만 19세 이상 성인남녀를 대상으로 한 대면면접조사를 통해 수집되었다. 표본 표집은 2012년 2월 주민등록인구 현황에 따라 성별, 연령별, 지역별 비례할당 무작위추출 기법을 통해 이루어졌으며 총 응답자 수는 2,047명이었다. 최대허용 표집오차는 95% 신뢰구간에서 ±2.2%이었다.

2. 지역주의와 이론적 배경

1) 지역주의란 무엇인가?

지금까지 지역주의에 상응하는 개념으로 사용된 것으로 지역갈등, 지역(연고)의식, 지역정서, 지역감정, 지역균열, 지역패권주의(지배이데올로기), 지역할거주의(*sectionalism*) 등을 들 수 있다.[3] 이 절에서는 이들 중 학문적으로 비중 있게 논의되어 온 개념을 중심으로 각 개념의 개념적 차별성과 이론적 배경에 대해 살펴보고, 이 연구의 핵심개념인 지역주의의 개념적 정의와 조작적 정의를 소개한다.

민주화 이전의 지역주의에 관한 학문적 연구들은 이 개념을 고정관념(*stereotype*), 편견(*prejudice*), 사회적 거리감, 호오도, 수용 또는 배척 등의 개념을 포괄하는 주로 심리학적 차원에서 접근했다(민주화 이전 연구의 검토는 김혜숙, 1988; 나간채, 1991). 김혜숙은 지역주의를 사회심리학의 핵심 주제인 집단 간 갈등의 문제로 파악하면서 상기한 지역주의 상응개념을 인간 심리의 주요 요소인 감정적(*affective*), 인지적(*cognitive*), 행동적(*behavioral*) 요소로 분류한다. 즉, 지역 간 집단적 갈등은 편견, 호오감, 거리감 등과 같은 감정적 요소, 고정관념과 같은 인지적 요소, 이에 대한 행동적 결과로서의 차별을 내포하는 개념이다.

지역주의의 이와 같은 심리학적 개념화는 민주화 직후 심리학자들이 올포트(Allport)의 편견과 고정관념 이론, 타지펠(Tajfel)의 내집단 편애(*in-group favoritism*) 이론, 그리고 타지펠과 터너(Tajfel & Turner)의 사회적 정체성(*social identity*) 이론 등에 의존하는 계기가 되었다(안신호,

3 이들에 대한 사전적 의미 분석에 기초한 개념적 구분과 관계에 대한 논의는 노병만(1994)과 김진하(2010) 참조.

1988; 김혜숙, 1988). 예컨대 사람들은 인지적 한계상 본질적으로 범주적 사고(*categorical thinking*)를 하기 때문에 타인과 타 집단을 단순화하거나 왜곡해서 보는 고정관념과 편견은 지극히 정상적(*normal*)이자 효과적인 인지 과정의 기본 요소이며(Allport, 1954/1979), 이는 한 지역민이 다른 지역민을 인지하는 과정에서도 그대로 적용된다는 것이다. 또한 집단의 구별기준이 무엇이든 자기가 속한 집단을 편애하고 다른 집단을 폄하하는 경향이 있으며(Tajfel, 1970), 이는 자기집단의 우월성을 확보하여 자신의 사회적 정체성을 고양하고자 하는 동기가 작동한 것으로서(Tajfel & Turner, 1979), 동서양의 수많은 경험적 연구가 이를 입증하는데 한국 사람만이 예외일 수는 없다는 것이다.[4] 한편, 김혜숙(1988)은 대학생들을 대상으로 한 지역주의적 태도 및 고정관념 연구를 통해, 나간채(1991)는 전국 표본조사를 통해 호남인에 대한 타 지역민의 배척과 거부감을 실증적으로 확인했다.

민주화 이후 정초선거(*founding elections*)로 지칭된 1987년 제13대 대통령선거와 1988년 제13대 국회의원선거에서 연이어 나타난 영·호남 지역분할의 선거결과는 정치학자들로 하여금 서구 정당이론의 핵심 개념인 균열(*cleavage*)에 주목하게 했다. 예컨대 김만흠(1991; 1994)은 지역적 균열을 종족, 언어, 종교 등의 문화적 균열, 계급적 균열, 가치와 좌-우 이데올로기 등의 정치적 균열과 함께 서구 정치과정에서 나타나는 보편적 균열 또는 갈등 구조의 하나로 파악하며 지역주의의 보편적 측면에 주목한다. 그는 한국의 지역문제를 지역감정이라는 개념을 중

4 이 밖에도 집단 간 갈등의 원천으로서 고정관념과 편견을 설명하는 이론으로 한정된 재화의 획득을 둘러싼 현실적 집단 갈등(*realistic group conflict*), 문화적 규범의 사회화 과정, 권위주의적 성격(*authoritarian personality*), 자연선택(*natural selection*)의 결과 등을 들 수 있다(김혜숙, 1988; Kinder & Kam, 2009).

심으로 설명하는 경우, 이를 "맹목적이고 비합리적 행위의 소산"으로 치부할 우려가 있기 때문에 보다 "포괄적이고 객관적인" 지역균열이라는 용어를 중심개념으로 사용해야 한다고 주장한다(1992: 142). 강원택(2011) 또한 립셋과 로칸(Lipset & Rokkan, 1967)의 균열 모델을 적용하여 한국의 지역갈등을 중심-주변(*center-periphery*) 균열로 파악했다. 그에 의하면 박정희 통치 때의 급속한 근대화가 서구의 산업혁명에 해당하며, 이 시기 불균등 성장정책으로 인하여 경제적 의미의 수혜지역(영남)-소외지역(호남)이라는 중심부-주변부 갈등이 배태되었다.

사회 공동체 내 집단을 구분하는 기준인 균열(Rae & Taylor, 1970)이 정치적으로 의미 있는 갈등이 되기 위해서는 균열을 대표하는 정당이 존재하거나 정치인이나 정당이 지지확보를 위해 이를 적극 동원해야 한다.[5] 따라서 지역주의를 균열로 접근한 정치학자들이 이것의 원인과 결과를 정당의 역할과 기능, 선거과정과 결과, 그리고 제도로서의 정당과 선거 등의 맥락에서 연구한 것은 당연한 귀결이다(이갑윤, 1998; 강명세, 2005; 박찬욱, 2005; 조성대, 2008; 최장집, 2009; 김만흠, 2011). 이들에게 지역주의, 즉 지역균열은 일차적으로는 투표행태에서 표출되는 정당 지지기반의 지역별 편중 현상으로 드러나기 때문이다. 이들이 동의하는 지역균열이 한국 정치의 핵심적인 갈등 구조라는 진술은 다른 균열, 예컨대 앞서 열거한 계급이나 가치 등과 같은 보편적 균열보다 상대적으로 더 비중 있게 정당에 의해 대표되거나 선거에서 표출되기 때문이고 혹은 정치인과 정당이 동원한 것으로 해석할 수 있다. 같은 맥락에서 정치영역에서 지역균열(지역주의, 지역감정)을 과잉대표 또는 과잉동원하는 것은 이를 객관적으로 입증하는 것은 별도로 하더

5 최장집(2009)에 의하면, 립셋과 로칸은 정당의 균열대표 기능에 샤트슈나이더(Schattschneider)는 정치인과 정당의 균열동원 기능에 분석의 초점을 맞추었다.

라도 한국 정치에서 모든 병폐의 근원을 지역갈등 문제로 환원하는 "이데올로기화된 지역주의"로 이해할 수 있다(최장집, 2009; 박상훈, 2009).

이와 같은 지역주의의 개념적 차별성과 상이한 이론적 배경은 분석 단위와 조작적 정의 및 측정과 같은 연구방법에 관련된 사안뿐만 아니라 지역주의의 원인과 영향과 같은 연구 의제에도 결정적인 영향을 끼쳤다. 예컨대 심리학적 접근은 개인적 차원의 지역주의에 초점을 맞추고, 이에 대한 원인으로 인지적 한계로 인한 범주적 사고, 내집단 편애와 사회적 정체감 고양 등과 같은 심리적 동기를, 지역주의의 결과로서 고정관념, 편견, 차별 등을 중심으로 연구해왔다. 정치경제학적, 정치사회학적 또는 정치제도적 접근은 지역이나 집단, 정당 등의 거시적, 집합적 차원의 지역주의에 초점을 맞추고, 그 원인으로서 정치·경제적 지역차별, 정치인과 정당의 지역적 균열의 대표 및 동원 등을, 지역주의의 결과로서 지역주의적 투표행태와 지역주의적 정당체계의 존속 등을 중심으로 연구해왔다.

지역주의에 대한 기존의 두 접근은 무엇보다도 한국 정치의 근본적인 문제에 대한 학문적 접근을 통해 정책적 처방을 제시한다는 점에서 긍정적이다. 그러나 각각 독립적으로 진행된 두 접근은 각 접근에 내재한 한계를 극복하기 위해 서로 상대편의 연구성과를 필요로 한다. 정치학의 거시적, 제도적 접근은 지역주의의 심리적, 미시적 기초에 관한 탐구가 미흡한 반면 심리학의 미시적 접근은 지역주의의 거시적, 정치적 함의 모색에 소극적이다. 그 결과 전자는 지역주의의 실체를 추상적으로만 분석하여 개인이 지역주의라는 거시적·구조적 강압에 어떻게 반응하는지를 파악하지 못하는 한계를, 후자는 개인 수준에서 심리적인 지역주의적 인지와 동기가 어떤 과정을 거쳐 지역 수준에서 정치적으로 의미 있는 행태로 발현되는지 간과하는 한계를 각각 보였다. 일찍이 강명구(1994)는 정치적 지역갈등을 배태시킨 거시적인 구조적 측면과 미시적인 개인적 측면의 양태에 대한 종합적 분석을 주장했지만 설문조사 자료가 축적되기 시작한 지 얼마 되지 않아 이론적 논의에 그친 바 있다. 여기서는 대표성 있는 표본을 이용한 면접 설문조사를 통해 경험적으로 지역주의의 미시적 기초 및 이의 정치적 함의를 분석함으로써 기존의 접근과 연구성과를 통합적으로 계승하고자 한다.

이 연구에서는 지역주의를 '내집단 지역주의'(*in-group regionalism*)로, 즉 '개인이 지역을 내집단으로 받아들이는 성향(*predisposition*)'으로 개념화한다. 내집단은 개인이 정체감을 갖는 소속 집단으로서 자신이 소속하지 않은 집단, 즉 외집단(*out-group*)과는 어떤 면에서든 다르거나 우월하게 여기는 집단이다(VandenBos & American Psychological Association eds., 2007). 이와 같은 최소주의적 개념화는 개인적인 차원에서 고정관념이나 편견 등, 그리고 거시적 차원에서 지역갈등이나 지역균열 등과 같은 지역주의를 규정짓는 특성이라기보다는 지역주의의 심리적 또는 거시적·구조적 결과로 보는 것이 논리적으로 타당한 각각의 여타 개념들과 구분하게 한다. 또한 이와 같은 사회심리학적 개념화는 내집단과 외집단에 대한 이론적·경험적인 연구가 다양한 사회적, 문화적, 집단적, 상황적 맥락에서 오랜 기간에 걸쳐 축적된 정치·사회심리학의 연구성과를 이용할 수 있는 이점을 갖게 한다(내집단 편애 및 외집단 폄하에 대한 정치·사회심리학적 연구성과 검토는 Duckitt, 2003 참조).

이 연구는 이와 같은 사회심리학적, 최소주의적 개념적 정의로부터 지역주의를 "귀하가 주로 성장하신 곳"이라는 설문을 통해 조작적으로 정의한다. 이와 같은 용어구성(*wording*)은 단순히 "출신지"나 "고향"을 묻는 기존의 설문(한국사회과학데이터센터, 2008; 동아시아연구원, 2012)과도 차별된다. 그 같은 설문으로는 출신지로부터 떠나온 지 오래되었거나 잦은 이주 등 어떤 이유든 출신지에 대해 소속감을 느끼지 못하는 사람들을 배제할 수 없다. 또한, 고향은 응답자에 따라 받아들이는 개념이 다를 수 있다는 문제가 있다. 이에 비해 '주로 성장'한 곳은 출신지나 고향보다 질문내용이 혼동을 일으킬 여지가 적고, 성장기에 형성되는 소속감을 포함하는 자아 정체감(*self-identity*)이 이후에도 고정된다는 상당수의 연구결과에 비추어 보더라도 내집단에 근거한 이 연구의 지역주의 개념에 부합한다.

2) 밀러와 섕스의 정치적 선호에 대한 다단계 설명 모델

밀러와 섕스(Miller & Shanks, 1996)의 다단계 설명 모델은 투표 선택에서 근인(*proximate causes*)은 시간과 인과관계상 선행 원인(*prior factors*)에 의해 영향을 받는다는 미시간 학파의 '인과 깔때기'(*funnel of causality*) 모형(Campbell et al., 1960/1980: 24~37)에 기반을 둔다. 밀러와 섕스는 우선 인과 깔때기 속의 원인을 비교적 같은 시기에 현재의 값을 획득한 변수들을 한 블록 또는 단계로 분류한 후 시간과 인과적인 선후관계와 투표 선택에 영향을 미치는 순서에 따라 차례로 배열한다. 예컨대 이들의 다단계 설명 모델에 의하면, 성별, 연령, 출생지, 인종 등과 같은 생득적, 고정적(*fixed*) 변수는 투표 선택의 장기적 원인(*long-term factors*)으로서 한 블록을 구성하며, 정치인, 정당평가 등과 같은 덜 고정적이며 단기적인 원인(*short-term factors*)으로서 한 블록을 형성하는 투표 선택의 근인에 영향을 미친다. 이들의 다단계 설명 모델은 '블록 반복(*block recursive*) 모델'로 선행 단계, 즉 블록에 속하는 변수는 다음 블록의 변수에 영향을 줄 뿐 영향을 받지 않으며, 같은 블록에 속하는 변수들 간에는 인과적 관계가 없다는 핵심 가정을 가진다. 실제 분석에서 다단계 설명 모델은 투표 선택에 영향을 미치는 블록의 변수를 블록 단위로 누적하여 더하면서 각 변수의 '가시적 총효과'(*apparent total effect*)와 '직접 효과'(*direct effect*)를 측정한다. 각 변수의 가시적 총효과는 다단계 회귀모형에서 특정 블록의 변수로 처음 도입되었을 때의 계수로, 직접 효과는 모든 블록이 포함된 최종 회귀모형(full 모델)에서 계수로 측정된다. 특히 이들의 모델에 의하면, 단일시점 조사에서도 변수 간 인과관계를 논리적으로 정당화할 수만 있다면 선행 변수의 후행 변수에 대한 영향력 크기와 경로를 파악할 수 있다(더욱 구체적인 방법론 논의는 Miller & Shanks, 1996: 551~574 참조).

이 연구는 밀러와 생스의 다단계 모델을 기반으로 지역주의 변수가 좌-우 정치이데올로기, 정당일체감, 정당 및 정치인 평가, 투표선택 등 정치적으로 의미 있는 변수들에 미치는 영향을 단계적으로 보여줌으로써 이의 총효과와 순효과(*net effect*) 뿐만 아니라 영향의 경로를 측정하고자 한다. 또한 4·11 총선 직후 한 차례 실시된 여론조사를 이용함으로써 변수 간 인과관계에 대해 통계적 방법에 따른 정당화가 극히 어려운 상황을 고려했을 때 밀러와 생스의 방법론은 매우 유용한 것으로 판단된다. 아울러 이들의 다단계 모델에 의존하여 한국인의 투표행태와 정치적 선호를 분석한 기존 연구(이갑윤, 2002; 2011)와의 비교를 통해 지역주의 영향력의 변화 여부를 추론해 볼 수 있다.

3) 연구가설과 이론적 배경

다단계 분석모델의 블록은 다음과 같은 변수로 구성된다.

제 1단계 생득적, 고정적 개인 특성 변수: 지역, 연령, 성별
제 2단계 후천적, 사회적 특성 변수: 학력과 가구 소득
제 3단계 진보-보수 정치이데올로기와 정당일체감
종속변수: 정당 선호(호오도), 정치인 선호(호오도), 투표 선택

이 연구에서 검증하는 핵심 가설은 다음과 같다. 첫째, 개인수준의 지역주의가 자신의 내집단 지역을 대표하는 정당이나 정치인으로 알려지거나 인식된 대상에 대해서는 선호하는 방향으로, 이들 정당에 대항하는 정당이나 정치인에게는 선호를 낮추는 방향으로 영향을 미친다. 둘째, 자신의 지역을 대표하는 정치적 정당이나 정치인과 이들이 옹호하는 것으로 알려지거나 인식된 정치적 선호에 대해서도 같은 방향의 영향을 미친다. 셋째, 이 같은 지역주의의 영향은 단계적으로 설명변수를 통제하는 경우에도 일관되게 나타난다.

'주 성장지역'이라는 최소주의적 조작적 정의에 의해 측정한 개인 수준의 지역주의가 정치적 선호와 선택에 영향을 미치리라 기대하는 이유는 앞서 본 바와 같이 내집단 편애와 외집단 폄하라는 근본적인 심리적 동기 때문이다. 다시 말해서 특정 정당이나 정치인이 유권자에게 주 성장지역, 즉 내집단을 대표하는 것으로 알려졌거나 받아들여지는 한, 이들을 선호할 수밖에 없고 이들을 반대하는 정당과 정치인에 대해서는 폄하할 수밖에 없다. 같은 맥락에서 내집단 정당과 정치인이 선호하는 것으로 알려지거나 인식된 정치이데올로기에 대해서는 긍정적으로 평

가할 수밖에 없다. 요약하면, 내집단 대표 정당과 정치인의 인지는 그 자체로는 비정치적인 내집단 지역주의의 정치적 활성화(*activation*)를 야기한다.

한편, 이 연구의 다단계 분석 모델에서도 밀러와 생스 모델과 같이 기본적으로 선행 블록 변수가 후행 블록 변수로부터 영향을 받지 않으며, 같은 블록 내에서는 인과관계가 없다는 가정을 한다. 분석 모델의 타당성을 높이기 위해 각 모델의 경험적 분석에서 필요에 따라 가정의 현실성에 대한 검토 논의를 포함할 것이다. 분석 모델은 종속변수의 특성에 따라 최소자승법 다중회귀분석(OLS *multiple regression analysis*) 또는 로짓 분석(*logistic analysis*)을 이용하며, 블록 수에 따라 3개의 모델로 구성될 것이다.

3. 경험적 분석

1) 지역주의와 정당일체감

민주주의 이후 한국의 정당들이 수차례 이합집산을 거듭했음에도 불구하고 기본적으로는 영·호남, 충청지역을 대표하는 지역정당체제라는 데에는 이론이 없어 보인다. 이번 총선에서 지역구 3석과 비례대표 2석(득표율 3.2%)을 합쳐 총 5석을 얻어 군소정당으로 전락한 충청지역정당 자유선진당을 분석 편의상 제외한 후, 주 성장지역이 정당일체감에 미치는 영향을 측정해 보았다.[6] 우선, 다른 변수를 통제하지 않은

6 정당일체감은 "평소에 지지하는 정당"에 대한 1차 설문 후, 지지하는 정당이 없는 경우 "조금이라도 더 선호하는 정당"을 물어 측정했다.

〈표 3-1〉 지역주의와 정당일체감의 교차분석표

	비 영남	영 남	합 계
민주통합당	527 54.0%	101 22.0%	628 42.7%
새누리당	449 46.0%	359 78.0%	808 56.3%
합 계	N = 976 100.0%	N = 460 100.0%	N = 1,436 100.0%

주: Pearson Chi-square(자유도 1) = 130.42, p = 0.00

경우를 보면(〈표 3-1〉), 주 성장지역으로 측정한 지역주의의 영향은 통계적으로 매우 의미가 있었으며(p = 0.00), 그 크기도 상당함을 알 수 있다. 예컨대, 영남지역에서 주로 자란 유권자의 새누리당 지지도는 비영남지역 출신 유권자보다 32% 포인트 높은 것으로 나타났다.

정당일체감에 대한 지역주의의 영향력을 다단계 로짓 모델을 통해 측정해보면 지역주의의 영향력은 예상한 방향으로 일관되게 나타난다. 〈표 3-2〉에 의하면 영남 출신은 새누리당의 지지를 높이는 반면 호남 출신은 새누리당의 지지를 낮추는 쪽으로 영향을 미치고 있다. 이 같은 영향은 단계적으로 교육수준과 소득, 그리고 진보-보수 정치이데올로기를 통제한 경우에도 일관되게 나타난다. 또한, 영·호남의 가시적 총효과의 크기는 최종 모델에서도 거의 줄어들지 않았다. 한편, 10점 척도로 측정한 진보-보수 정치이데올로기 자기평가(*self-placement*) 변수의 영향력 측정에 의하면, 보수로 평가한 유권자일수록 새누리당 지지 가능성을 높이는 것으로 나타난다.[7]

---

7 이 연구는 지역주의 영향의 경로와 영향력 측정에 초점을 맞춘다. 따라서 진보-보수 정치이데올로기가 정당일체감에 영향을 미치는 가능성('투사효과')과 그 역의 가능성('설득효과')의 비교 평가는 이 연구 범위 밖에 있다. 다만, 〈표 3-2〉와 〈표 3-4〉를 통해 두 가능성 모두를 경험적으로 보여준다.

〈표 3-2〉 다단계 로짓 모델 : 지역주의와 정당일체감

종속변수: 새누리당 정당일체감	모델 1 회귀계수 (표준오차)	모델 2 회귀계수 (표준오차)	모델 3 회귀계수 (표준오차)
연 령	0.54*** (0.05)	0.55*** (0.06)	0.45*** (0.07)
여 성	0.11 (0.13)	0.10 (0.13)	0.02 (0.14)
영 남	1.04*** (0.14)	1.06*** (0.14)	1.20*** (0.15)
호 남	-2.66*** (0.23)	-2.65*** (0.23)	-2.51*** (0.24)
교육수준		-0.03 (0.12)	0.01 (0.13)
소득수준		0.07 (0.05)	0.07 (0.06)
이데올로기			0.42*** (0.04)
상 수	-1.50*** (0.18)	-1.65*** (0.44)	-3.54*** (0.52)
Log Likelihood	-766.22	-761.59	-693.80
Chi-square	435.66	433.82	569.41
Pseudo R-square	0.22	0.22	0.29
N	1,436	1,429	1,429

주: + p<0.10, * p<0.05, ** p<0.01, *** p<0.001

2) 지역주의와 진보-보수 자기평가

개인 수준에서 지역주의는 자신의 내집단 지역을 대표하는 것으로 알려지거나 인식된 정당이나 정치인에 대해 일체감을 갖게 할 것이며, 또한 이들이 옹호하거나 대표하는 것으로 알려지거나 인식된 정치적 선호에 대해서도 긍정적으로 생각할 것이다. 진보와 보수에 대한 학문적 정의와는 독립적으로, 일반적으로 새누리당은 상대적으로 보수정당이고, 민주통합당은 상대적으로 진보정당으로 알려져 있다. 이 조사에서도 유권자들은 자기평가에서 사용한 0(진보)~10(보수)점의 동일척도상 새누리당은 6.63, 민주통합당은 4.49, 통합진보당은 3.97의 평균적인 평가를 하는 것으로 드러났다. 따라서 호남에서 주로 성장한 유권자는 자신을 상대적으로 진보적으로 평가할 것이며, 영남에서 주로 성장한 유권자는 자신을 상대적으로 보수적으로 평가할 것으로 기대한다.

우선, 〈표 3-3〉에 의하면 주 성장지역에 따라 유권자의 진보-보수 정치이데올로기 자기평가가 다르게 나타남을 알 수 있다. 특히 호남의 유권자는 자신을 가장 진보적으로 영남의 유권자는 자신을 가장 보수적으로 평가하며, 다른 지역이나 유권자 전체가 중도인 5점에 평균적으로 매우 가까운 자기평가를 하고 있다는 사실을 고려하면, 두 지역의 유권자들은 집합적으로 한국의 진보와 보수 집단을 구성하는 것으로 해석할 수 있다.

내집단 지역주의가 진보-보수 자기평가에 미치는 영향력을 다단계 모델로 측정해 보면 우선 호남 지역의 영향력이 두드러진다. 다른 조건이 같다면, 호남에서 주로 성장한 유권자는 통계적으로 유의미한 수준에서 비교적 진보 쪽으로 자기평가를 한다. 모델 1과 2에서 영남의 영

〈표 3-3〉 지역별 진보-보수 자기평가

지역	평균	표준편차	N
수도권	4.97	1.87	739
충청	4.98	1.95	268
호남	4.52	1.72	317
영남	5.11	1.86	597
Total	4.94	1.86	1,921

향력이 통계적으로 의미가 없는 것과 비교해 볼 때 모델 1에서 0.64, 모델 2에서 0.65만큼 호남의 유권자를 진보 쪽으로 평가하게 하는 상당한 지역주의 효과가 드러난다. 호남의 지역주의는 최종 모델인 모델 3에서도 영향력은 다소 줄었으나 여전히 기대했던 방향으로 나타났다 (-0.24). 모델 1과 2에서 영남의 지역주의 효과가 기대했던 대로 나타나지 않은 이유로 새누리당이 총선이 두 달도 채 남지 않은 시점인 2월 13일이 되어서야 등장해, 이 당이 옹호하는 이데올로기가 유권자에게 아직 각인되지 않았거나 새누리당이 당명 개정 후 쇄신 상황과 연이은 선거 공간에서 어느 한쪽의 이데올로기로 연계되는 것을 의도적으로 피했을 가능성을 생각해 볼 수 있다. 또한 새누리당 정당일체감이 포함된 모델 3에서 영남의 지역주의 영향이 통계적으로 상당히 의미 있는 수준에서 기대했던 방향과 다르게 나타난 사실은 영남 출신 유권자의 78%가 새누리당에 소속감을 느끼는 데에서 기인한 다중공선성(*multicollinearity*)의 여파로 보인다.8 만약 이 연구의 결과가 맞다면, 정치이데올로기에 관한 한 호남 변수만이 다른 지역과 다르게 영향을 미치는 데에 대한 이론적, 경험적 후속 연구가 뒷받침되어야 한다고 판단된다. 한편 연령 변수는 통상 인식대로 양의 효과를 나타낸다.9

8 이를 해결하기 위한 한 방법으로 정당소속감 강도에 대한 보다 세분화된 측정을 생각해 볼 수 있다.

〈표 3-4〉 다단계 회귀모델: 지역주의와 진보-보수 자기평가

종속변수: 좌-우 정치이데올로기	모델 1 회귀계수 (표준오차)	모델 2 회귀계수 (표준오차)	모델 3 회귀계수 (표준오차)
연 령	0.39*** (0.03)	0.35*** (0.04)	0.26*** (0.05)
여 성	0.17* (0.08)	0.12 (0.08)	0.14 (0.10)
영 남	0.01 (0.09)	0.00 (0.09)	-0.32** (0.11)
호 남	-0.64*** (0.11)	-0.65*** (0.11)	-0.24+ (0.14)
교육수준		-0.13+ (0.08)	-0.07 (0.09)
소득수준		0.00 (0.03)	-0.01 (0.04)
새누리당			1.32*** (0.11)
상 수	3.80*** (0.10)	4.24*** (0.27)	3.76*** (0.33)
N	2,045	2,035	1,429
R-square	0.097	0.097	0.191
d.f.	2,040	2,028	1,421

주: + p<0.10, * p<0.05, ** p<0.01, *** p<0.001

9 연령 변수는 원 자료로부터 19세부터 10년 단위로 나누어 1부터 5까지의 값을 갖도록 재코딩(*recoding*) 했다.

3) 정당 호오도

내집단 지역주의는 내집단 정당으로 알려졌거나 인지된 정당에 대해 호감을 느끼게 하지만 내집단 정당에 정치적으로 대척점에 서 있거나 경쟁관계에 있는 정당에 대해서는 반감을 갖게 할 것이다. 보다 구체적으로 주 성장지역이 호남인 유권자는 민주통합당에, 영남인 유권자는 새누리당에 각각 호감을 느낄 것이며 상대 정당에는 반감을 느낄 것이다. 두 정당에 대한 호오도를 0점에서 100점까지로 측정한 변수를 종속변수로 구성한 다단계 분석모델을 통해 지역주의 효과 가설을 검증해 보면, 비교적 일관되게 기대했던 방향으로 지역의 효과가 나타나는 것을 알 수 있다. 최종 모델에서는 정당일체감과 정당이데올로기를, 비교적 오랜 기간에 걸쳐 형성되어 상대적으로 고정된 개인의 정치적 선호로서 비교적 단기간인 선거운동 기간에 변화할 수 있는 정당 호오도에 독립적인 영향을 미치는 변수로 상정했다.

〈표 3-5〉의 모델 1과 2에 의하면, 다른 조건이 같다면 주 성장지역으로서 영남은 새누리당에 대해 통계적으로 유의미한 수준에서 약 5점 정도 호감도를 높이지만 호남은 무려 약 16.5점 정도 낮추는 것으로 나타났다. 이와 같은 호남의 가시적 총효과는 최종 모델에서 비록 약 5점 정도의 직접 효과로 낮아지긴 하지만 여전히 상당한 크기의 영향력을 보인다. 영남의 지역 효과는 최종 모델에서 비교적 낮은 수준이긴 하지만 통계적으로 유의미하게 ($p = 0.06$), 비록 호남의 지역효과 크기의 절반에 못 미치긴 하지만(-2.14) 기대했던 방향과는 다른 쪽으로 나타난다. 이에 대해서는 앞서 살펴본 진보-보수 이데올로기 분석과 같이 다중공선성 검토를 포함하여 추후 논의가 필요해 보인다. 한편, 연령과 여성은 모델 1과 2에서 소득수준은 모델 2와 3에서 통계적으로 의미 있는 수

준에서 새누리당의 호감도를 높이는 방향으로, 교육수준은 모델 2와 3에서 호감도를 낮추는 방향으로 작용하는 것으로 드러났다. 연령과 여성은 최종 모델에서 통계적으로 유의하지 않는 것으로 나타난 반면, 새누리당과 정치이데올로기 자기평가는 기대했던 방향으로 매우 높은 수준에서 통계적으로 의미 있는 효과를 보인다. 다른 조건이 같다면, 새누리당을 지지하는 유권자는 새누리당을 평균적으로 29.69점 정도 더 좋아하며, 보수적인 방향으로 1점 더 평가할수록 평균적으로 1.49점

〈표 3-5〉 다단계 회귀모델: 지역주의와 새누리당 호오도

종속변수: 새누리당 정당 호오도	모델 1 회귀계수 (표준오차)	모델 2 회귀계수 (표준오차)	모델 3 회귀계수 (표준오차)
연 령	4.69*** (0.37)	4.21*** (0.47)	0.13 (0.48)
여 성	2.50* (1.01)	1.77+ (1.04)	1.52 (0.98)
영 남	5.01*** (1.16)	5.04*** (1.16)	-2.14+ (1.10)
호 남	-16.49*** (1.46)	-16.48*** (1.46)	-4.74** (1.48)
교육수준		-2.79** (0.96)	-1.65+ (0.90)
소득수준		1.44*** (0.41)	0.83* (0.39)
새누리당			29.69*** (1.18)
이데올로기			1.49*** (0.27)
상 수	37.56*** (1.34)	41.39*** (3.46)	33.47*** (3.49)
N	2,043	2,033	1,429
R-square	0.145	0.152	0.467
d.f.	2,038	2,026	1,420

注: + p<0.10, * p<0.05, ** p<0.01, *** p<0.001

정도 더 새누리당을 좋아하는 것으로 나타났다.

민주통합당 호오도에 대한 지역주의 효과는 모델 1과 2에서는 기대한 방향으로 통계적으로 의미 있는 수준에서 나타났다. 〈표 3-6〉에 의하면 호남은 평균적으로 약 10점 가까이 내집단 정당인 민주통합당에 대한 호감도를 높이는 변수로 작용하는 반면, 영남은 약 4점 가까이 내집단 경쟁정당에 대한 호감도를 낮추는 변수로 작용한다. 그러나 최종 모델에서는 두 지역변수 모두 통계적으로 의미 없는 수준으로 드러났

〈표 3-6〉 다단계 회귀모델: 지역주의와 민주통합당 호오도

종속변수: 민주통합당 호오도	모델 1 회귀계수 (표준오차)	모델 2 회귀계수 (표준오차)	모델 3 회귀계수 (표준오차)
연 령	-1.87*** (0.33)	-1.72*** (0.42)	-1.32** (0.48)
여 성	0.62 (0.91)	0.21 (0.93)	-0.10 (0.97)
영 남	-3.89*** (1.05)	-3.76*** (1.04)	-1.86+ (1.09)
호 남	9.75*** (1.32)	9.96*** (1.31)	1.01 (1.46)
교육수준		-1.47+ (0.86)	-1.97* (0.89)
소득수준		2.03*** (0.37)	1.53*** (0.39)
새누리당			-21.78*** (1.16)
이데올로기			-1.03*** (0.27)
상 수	55.08*** (1.21)	51.96*** (3.11)	74.43*** (3.45)
N	2,043	2,033	1,429
R-square	0.056	0.070	0.343
d.f.	2,038	2,026	1,420

주: + p<0.10, * p<0.05, ** p<0.01, *** p<0.001

다. 이는 민주통합당 호오도에 관한 한 지역변수는 정당일체감과는 달리 순효과(*net effect*)가 없고, 〈표 3-2〉에서 본 바와 같이 오직 내집단 정당에 대한 소속감을 통해서만 영향력을 나타내는 것을 시사한다. 그럼에도, 동일한 변수들이 새누리당 호오도의 경우와 다른 효과를 보이는 데에 대한 보다 구체적인 사후 연구가 필요해 보인다.

한편, 연령, 정당일체감과 정치이데올로기 자기 평가는 모두 기대했던 방향으로 통계적으로 유의미하게 영향을 미치고 있었다. 예컨대, 연령이 높아질수록, 새누리당 소속감이 있는 사람일수록, 그리고 보수적인 사람일수록 민주통합당에 대한 호감도는 낮아지는 것으로 나타났다. 한 가지 특기할 만한 사실은 교육수준이 새누리당 호오도 분석에서와 마찬가지로 부적 효과를 보인다는 점이다. 다른 변수를 통제한 가운데, 교육수준이 높아질수록 양당에 대한 호감도가 낮아지는 것은 교육수준 상승으로 인한 정당 평가기준 제고에 따른 정당 일반에 대한 불만 또는 실망의 증가 현상을 반영한 것으로 볼 수 있다.

4) 주요 정치인 호오도

내집단 지역주의는 주요 정치인의 호오도에 정당 호오도와 유사한 영향을 미칠 것으로 기대된다. 즉, 주 성장지역을 대표하거나 옹호하는 정당의 인물로 알려졌거나 인지된 정치인인 경우에는 선호하는 방향으로 이에 반대되는 또는 경쟁 관계에 있는 정당의 인물인 경우에는 호감을 낮추는 방향으로 영향력을 행사할 것으로 기대된다. 여기서 한 가지 주목해야 할 사항은 내집단 정당의 인물로 판단하기 어려운 경우, 즉 내집단 지역주의를 대표하거나 옹호하는 이미지가 약하거나 형성되지 않은 경우에는 지역 효과가 상대적으로 약화될 것이라는 점이다. 예컨대 정당의 주류 정치인과는 다른 방언을 쓴다거나, 비교적 최근에 정치 일선에 부각되었거나, 또는 특정 정당이나 이념과의 연계도가 낮은 경우 등에서는 지역 정체감을 가진 유권자들도 이를 제대로 활성화시키기 어려울 것이기 때문이다. 따라서 이 연구에서는 이명박과 박근혜에 대해서는 강한 지역효과를 그리고 문재인과 안철수에 대해서는 상대적으로 낮은 지역효과를 기대한다.

지역주의가 이명박 호오도에 미치는 영향을 다단계 설명 모델을 통해 분석한 결과를 보여주는 〈표 3-7〉에 의하면, 우선 주 성장지역으로서의 호남의 효과가 명확하게 드러난다. 호남 변수의 가시적 총효과는 다른 조건이 같다면 평균적으로 약 17.59점 정도, 최종모델에서 측정한 직접 효과는 약 10.63점 정도 이명박에 대한 호감을 낮추는 것으로 드러났다. 영남의 지역효과는 모델 1과 2에서는 호남의 각각 약 5분의 1과 약 6분의 1에 불과하지만, 통계적으로 의미 있고 기대하는 방향으로, 즉 호감도를 높이는 쪽으로 나타났다. 영남의 영향력은 최종 모델에서는 통계적으로 유의미하지 않은 것으로 측정되었지만, 새누리당 정당일체감에 미치는 영남의 영향력(〈표 3-2〉)과 통계적으로 유의미하고 그 추정치도 상당한(17.33) 새누리당 소속감의 영향력으로 볼 때, 궁극적으로 이명박에 대한 호감도를 높이는 것으로 판단된다. 한편, 다른 변수를 통제한다면 연령, 소득수준, 이데올로기 자기평가는 기대한 대로 양적 효과를, 교육수준은 통상 인식대로 부적 효과를 나타낸다. 여성 변수의 일관된 양적 효과에 대해서는 추후 더 구체적인 논의가 필요해 보인다.

지역주의가 박근혜 호오도에 미치는 영향을 보여주는 〈표 3-8〉에 의하면, 우선 호남 변수의 영향력은 가시적 총효과(-16.92)든 직접 효과(-8.31)든 이명박의 경우와 같은 방향으로 그리고 거의 같은 크기로 나타난다. 영남 변수도 이명박의 경우와 유사하게 모델 1과 2에서는 통계적으로 유의미하게 호감도를 높이는 방향으로, 모델 3에서는 통계적으로 유의미하지는 않지만 상당한 크기의 양적 효과를 보이는 새누리당 정체감을 통해 영향을 미치는 것으로 보인다. 또한, 연령, 소득수준, 이데올로기 자기평가는 기대한 대로 양적 효과를, 교육수준은 통상 인식대로 부적 효과를 나타낸다. 여성 변수의 일관된 양적 효과에 대해서는 일단 동성 후보에 대한 호의적 평가의 결과로 보이나, 이 연구에서

〈표 3-7〉 다단계 회귀모델: 지역주의와 이명박 호오도

종속변수: 이명박 호오도	모델 1 회귀계수 (표준오차)	모델 2 회귀계수 (표준오차)	모델 3 회귀계수 (표준오차)
연 령	5.03*** (0.39)	4.68*** (0.50)	2.19*** (0.61)
여 성	3.58*** (1.07)	2.74* (1.10)	2.34+ (1.24)
영 남	3.73** (1.22)	3.72** (1.22)	-0.49 (1.39)
호 남	-17.59*** (1.54)	-17.54*** (1.54)	-10.63*** (1.87)
교육수준		-2.58* (1.02)	-2.79* (1.14)
소득수준		1.81*** (0.44)	1.90*** (0.50)
새누리당			17.50*** (1.49)
이데올로기			1.44*** (0.34)
상 수	27.32*** (1.41)	29.22*** (3.65)	22.49*** (4.41)
N	2,044	2,034	1,429
R-square	0.143	0.149	0.263
d.f.	2,039	2,027	1,420

주: + p<0.10, * p<0.05, ** p<0.01, *** p<0.001

비교적 일관되게 나타나는 여성 변수의 보수적 자기평가와 새누리당 및 이명박 호오도에 대한 양적 효과와 연계해서 더욱 종합적인 분석이 필요해 보인다.

앞서 논의한 바대로, 문재인에 대한 지역 변수의 효과는 비교적 미약할 것으로 기대했다. 비록 2012년 9월 16일 결선 투표가 필요 없을 정도로 압도적인 표차로 민주통합당의 제19대 대통령 후보로 선출되기는 했지만, 호남을 주 성장지역으로 하는 유권자가 그를 내집단의 일원으

〈표 3-8〉 다단계 회귀모델: 지역주의와 박근혜 호오도

종속변수: 박근혜 호오도	모델 1 회귀계수 (표준오차)	모델 2 회귀계수 (표준오차)	모델 3 회귀계수 (표준오차)
연 령	4.96*** (0.36)	4.44*** (0.46)	1.09* (0.52)
여 성	3.04** (1.00)	2.15* (1.02)	2.10* (1.06)
영 남	5.39*** (1.14)	5.42*** (1.14)	1.34 (1.18)
호 남	-16.92*** (1.44)	-16.92*** (1.44)	-8.31*** (1.59)
교육수준		-3.17*** (0.95)	-3.44*** (0.97)
소득수준		1.74*** (0.41)	1.45*** (0.42)
새누리당			22.04*** (1.27)
이데올로기			1.61*** (0.29)
상 수	40.97*** (1.32)	45.01*** (3.41)	39.20*** (3.76)
N	2,044	2,034	1,429
R-square	0.162	0.170	0.381
d.f.	2,039	2,027	1,420

주: + p<0.10, * p<0.05, ** p<0.01, *** p<0.001

로 받아들이기에는 출신 배경도 다르고 잘 알려진 인물도 아니었기 때문이다.[10] 또한 민주통합당의 정치인이지만 영남 출신이자 비교적 신진 인사라는 사실은 영남의 지역효과를 약화시킬 것이라는 기대를 합리적이게 한다.

다단계 설명 모델의 분석 결과는 이 같은 기대에 부합한다. <표 3-9>에 의하면 호남과 영남의 가시적 총효과는 각각 5.73점과 -2.03점으로 통계적으로 의미가 있었지만, 직접 효과를 측정한 최종 모델에서는

〈표 3-9〉 다단계 회귀모델: 지역주의와 문재인 호오도

종속변수: 문재인 호오도	모델 1 회귀계수 (표준오차)	모델 2 회귀계수 (표준오차)	모델 3 회귀계수 (표준오차)
연 령	-1.99*** (0.34)	-1.38** (0.43)	-0.94+ (0.54)
여 성	-0.76 (0.93)	-0.84 (0.95)	-0.53 (1.11)
영 남	-2.03+ (1.07)	-1.80+ (1.06)	0.08 (1.24)
호 남	5.73*** (1.34)	5.99*** (1.34)	-0.66 (1.67)
교육수준		0.16 (0.88)	-0.79 (1.02)
소득수준		1.94*** (0.38)	1.70*** (0.45)
새누리당			-12.03*** (1.33)
이데올로기			-1.57*** (0.31)
상 수	53.44*** (1.23)	45.26*** (3.17)	62.17*** (3.94)
N	2,042	2,032	1,428
R-square	0.030	0.044	0.151
d.f.	2,037	2,025	1,419

주: + $p<0.10$, * $p<0.05$, ** $p<0.01$, *** $p<0.001$

10 이 여론조사가 총선 직후에 실시된 사실을 감안해 보면 이 같은 기대는 현실적이다.

모두 통계적으로 유의미하지 않은 것으로 드러났다. 새누리당 일체감의 효과는 기대했던 대로 문재인에 대한 호감을 낮추는 방향으로 통계적으로 의미 있는 수준에서 나타나지만, 앞서 살펴본 이명박과 박근혜의 경우보다 그 절댓값의 크기가 각각 약 6점과 10점 정도로 작았다. 진보-보수 자기평가도 기대했던 대로 보수일수록 호감도를 낮추는 방향으로 나타났다. 연령은 최종 모델인 모델 3에서, 여성과 교육수준은 모델 2와 3에서 통계적으로 유의미하지 않았다. 한편 소득수준은 통계적으로 유의미하게 양적 효과를 보였는데 이는 앞서 살펴본 여권의 이명박, 박근혜에게는 물론이고 야권성향의 안철수에게도 동일하게 나타나는 현상이다. 소득수준의 효과가 여권과 야권 인사에 대해 다른 동기지만 동일하게 나타나는지 검증이 필요할 것이다.

안철수 호오도에 대한 지역 변수의 영향력은 문재인의 경우와 같은 이유에서 미약할 것으로 기대했다. 그러나 〈표 3-10〉에 의하면, 지역 변수의 영향력은 예측과는 다르게 상대적으로 복잡하게 나타난다. 예컨대 영남 출신 유권자는 같은 영남 출신임에도 안철수를 문재인과 달리 일관되게 부정적으로 통계적으로 유의미한 수준에서 평가한다. 영남 변수의 가시적 총효과는 -5.34점으로 이는 문재인보다 약 3점 더 부정적이었을 뿐만 아니라 박근혜에 대한 영남의 가시적 총효과 추정치와 절댓값에서 거의 같을 정도의 상당한 크기로 나타났다. 또한, 안철수는 연구 대상인 4명의 유력 정치인 중 양적이든 부적이든 유일하게 통계적으로 의미 있는 영남 지역의 직접 효과가 나타난 유일한 인물이었다. 영남의 부적 지역효과는 문재인보다 본선 경쟁력이 더 강한 후보로 여긴, 즉 영남 내집단 후보에 강력한 대항마로 인지된 안철수에 대한 경계심이 반영된 것으로 볼 수 있다. 같은 맥락에서 새누리당 일체감과 보수적 자기평가의 부적 효과가 문재인의 경우보다 크게 나타난 사실을 이해할 수 있다. 그러나 이 같은 분석은 기본적으로 관찰 연구(*observational study*)인 여론조사의 특성상 검증에 한계가 있다.

호남의 지역효과는 모델 1과 2에서는 통계적으로 의미 있는 수준에서 문재인의 경우보다 다소 높게 양적 효과를 나타냈지만, 최종 모델에서는 그와 마찬가지로 통계적으로 유의미하지 않은 것으로 드러났다. 호남의 순효과가 이처럼 약화된 것은 문재인의 경우처럼 기대에 부합하는 결과로 보인다. 한편, 모델 3에 의하면, 통상 인식대로 다른 조건

〈표 3-10〉 다단계 회귀모델: 지역주의와 안철수 호오도

종속변수: 안철수 호오도	모델 1 회귀계수 (표준오차)	모델 2 회귀계수 (표준오차)	모델 3 회귀계수 (표준오차)
연 령	-5.04*** (0.38)	-3.77*** (0.48)	-3.01*** (0.58)
여 성	0.91 (1.04)	1.42 (1.07)	2.51* (1.19)
영 남	-5.34*** (1.19)	-5.06*** (1.19)	-2.42+ (1.33)
호 남	7.87*** (1.50)	8.47*** (1.50)	1.18 (1.79)
교육수준		2.37* (0.99)	0.67 (1.09)
소득수준		1.62*** (0.42)	1.62*** (0.48)
새누리당			-14.52*** (1.43)
이데올로기			-1.99*** (0.33)
상 수	67.09*** (1.38)	52.43*** (3.55)	71.80*** (4.23)
N	2,043	2,033	1,428
R-square	0.106	0.119	0.253
d.f.	2,038	2,026	1,419

주: + p<0.10, * p<0.05, ** p<0.01, *** p<0.001

이 같다면 젊은 유권자일수록, 여성일수록 안철수에 대해 호감을 느끼는 것으로 나타났다.

5) 19대 총선 투표행태 다단계 로짓 모델

마지막으로 내집단 지역주의가 유권자의 투표행태에 미치는 영향력을 살펴보자. 지역구와 비례대표 투표에서 새누리당에 일관투표(*straight-ticket voting*)를 했는지 여부를 종속변수로 한 다단계 로짓 모델에 의한 분석 결과, 우선 호남 변수의 일관된 영향력이 눈에 띈다. 즉, 주 성장지역이 호남이라는 사실은 새누리당에 일관된 투표를 할 가능성을 낮추며 이는 단계적으로 블록을 추가한 모델에도 통계적으로 유의미한 수준에서 나타난다. 영남 변수는 모델 1과 2에서 통계적으로 의미 있는 수준에서 새누리당 일관투표의 가능성을 높이는 효과를 발휘하지만, 모델 3에서는 통계적으로 유의하지 않은 것으로 드러났다. 그럼에도 지역 변수는 이명박, 박근혜 호오도 분석에서 본 바와 같이 정당일체감에 대한 영향력 행사를 통해 투표행태에 궁극적인 영향력을 발휘하는 것으로 볼 수 있다. 최종 모델에 의하면 새누리당 일체감은 다른 변수를 통제한 상황에서 새누리당 일관투표의 가능성을 상당히 높이는 것으로 나타났다.[11]

한편, 통상 인식대로 다른 조건이 같다면, 보수적일수록 새누리당 일관투표의 가능성을 높이는 것으로 드러났다. 또한, 성별, 소득수준,

---

11 〈표 3-11〉에 의하면 새누리당 일체감 로짓 회귀계수는 5.81이며 이를 오즈비(*odds ratio*)로 환산하면 약 334.37($=e^{5.81}$)이다. 즉, 새누리당에 일체감이 있는 경우에는 일체감이 없는 경우보다 새누리당에 투표할 오즈가 무려 약 334배 높다. 영남 변수의 새누리당 일체감에 대한 영향은 〈표 3-2〉 참조.

교육수준은 통계적으로 유의미한 영향을 미치지 못하는 것으로 나타났다.[12]

〈표 3-11〉 다단계 로짓 모델: 지역주의와 투표행태

종속변수: 새누리당 투표여부	모델 1 회귀계수 (표준오차)	모델 2 회귀계수 (표준오차)	모델 3 회귀계수 (표준오차)
연 령	0.51*** (0.05)	0.47*** (0.06)	0.03 (0.12)
여 성	0.25* (0.12)	0.18 (0.13)	-0.15 (0.24)
영 남	0.77*** (0.13)	0.77*** (0.13)	-0.04 (0.24)
호 남	-2.40*** (0.24)	-2.42*** (0.25)	-0.89+ (0.47)
교육수준		-0.22+ (0.11)	-0.33 (0.22)
소득수준		0.09+ (0.05)	0.04 (0.10)
새누리당			5.80*** (0.41)
이데올로기			0.21** (0.07)
상 수	-2.00*** (0.19)	-1.62*** (0.43)	-4.39*** (0.90)
Log Likelihood	-796.41	-791.17	-273.27
Chi-Square	339.84	341.18	1064.11
Pseudo R-Square	0.18	0.18	0.66
N	1,406	1,399	1,162

주: + $p<0.10$, * $p<0.05$, ** $p<0.01$, *** $p<0.001$

12 최종모델에서 기존의 투표행태 모델에서 중요한 변수로 검토해 온 회고적 국정평가, 회고적 또는 전망적 가정 또는 국가 경제평가 변수를 고려했으나 어떤 경우든 지역주의 효과에 대한 이 연구 결과의 해석에 변화를 주지 않아 이를 포함하지 않았다.

4. 나가며

이 연구에서는 2012년 4월 11일에 치러진 제19대 총선 직후 실시된 설문 조사에 대한 분석을 바탕으로 개인 수준의 지역주의가 정치적 선호와 투표 결정에 어떤 과정을 거쳐서 얼마나 영향을 미치는지 알아보았다. 정치학에서 기존의 지역주의 연구가 대부분 거시적, 제도적 접근으로서 지역주의의 미시적 기초를 간과한 측면이 있었기 때문에 이 연구에서는 지역주의에 대한 또 다른 접근인 심리학적 접근의 이론적 논의에 기반을 두어 전자의 한계를 극복하고자 하였다. 보다 구체적으로 이 연구에서는 개인 수준의 지역주의를 내집단 지역주의라는 최소주의적 개념으로 정의하고, 여타의 다양한 사회적, 문화적 상황에서 작동하는 것으로 경험적으로 검증된 '내집단 편애와 외집단 폄하'라는 근본적인 심리적 동기가 정치적 선호 결정에도 작동할 것으로 기대했다. 따라서 주 성장지역으로 조작적으로 정의된 내집단 지역주의는 내집단을 대표하거나 옹호하는 것으로 알려지거나 인지된 정당과 정치인에 대한 선호를 높이지만, 이에 반대되거나 경쟁 관계에 있는 정당과 정치인에 대한 선호를 낮추는 영향력을 행사할 것으로 기대했다. 같은 맥락에서, 내집단 대표성이 명확하지 않은 신진 인사나 이질적인 인물에 대해서는 지역주의 효과가 명확하지 않을 것으로 기대했다.

각 변수의 인과적 경로상의 영향력을 측정할 수 있는 밀러와 생스의 다단계 설명 모델에 기반을 두어 지역주의의 영향력에 대한 경험적 분석을 실시한 결과 2가지 주목할 만한 사실이 드러났다. 첫째, 제19대 총선에서 지역주의는 적어도 유권자의 정당일체감 결정에 일관되게 통계적으로 의미 있는 영향을 미쳤다. 가시적 총효과로 보든 직접효과로 보든 지역주의는 영남을 주 성장지역으로 꼽은 유권자의 새누리당 일체감 가능성을 높이는 반면에 호남을 주 성장지역으로 생각하는 유권자의 새누리당 일체감 가능성은 낮추는 것으로 드러났다. 둘째, 이 같은 지역주의는 직접효과보다는 정당일체감을 통해 궁극적으로 정당 및 정치인 선호에 영향을 미치는 것으로 보인다. 정치적 선호에 대한 지역주의의 순효과가 통계적으로 유의미하지 않은 경우에도 지역주의에 영향을 받는 것으로 드러난 정당일체감의 순효과는 통계적으로 의미 있었을 뿐만 아니라 그 크기도 상당했다.

개인 수준의 지역주의가 정치적 선호 결정에서 정당일체감을 통해 영향력을 행사한다는 사실은, 지역주의의 온존 또는 약화에 있어서 거시적·제도적 접근에서 강조하는 정당과 선거의 역할에 대해 중요한 정치적 함의를 지닌다. 일반적으로 개인의 내집단 선호와 외집단 폄하라는 근본적, 심리적 동기의 기반이 되는 범주적 사고와 고정관념에 의한 인지는 근절하기 어려운 것으로 알려져 있다. 그러나 다른 집단에 대한 편견에 기초가 되는 고정관념은 이에 반하는 개인적 믿음의 계발에 따라 억제할 수도 있다(Devine, 1989). 따라서 내집단을 대표하거나 옹호한다고 알려진 정당이 이 같은 정보를 적극 이용하여, 특히 선거공간에서 유권자 정당에 대한 고정관념을 온존, 강화시키는 한 내집단 지역주의의 영향력은 약화되기 어려울 것으로 보인다. 그러나 정당이나 정치인으로 하여금 이 같은 정보의 이용 유인을 낮추는 제도적 장치를 마련한다면, 지역갈등의 기초로서 내집단 지역주의의 과도한 활성화를 억제할 수 있을 것이다. 야권의 신진인사와 비주류인사의 호오도에 대한 호남의 순효과가 통계적으로 유의미하지 않은 것은 이 같은 함의를 뒷받침한다.

참고문헌

강명구(1994), "선거와 지역갈등: 구조화 과정과 지역적 시민사회", 〈한국정치학회보〉 27(2): 77~98.

강명세(2005), "지역주의 정치와 한국정당체제의 재편?", 〈한국정당학회보〉 4(2): 249~270.

강원택(2003), 《한국의 선거 정치: 이념, 지역, 세대와 미디어》, 푸른길.

______(2010), 《한국 선거정치의 변화와 지속: 이념, 이슈, 캠페인과 투표참여》, 나남.

______(2011), "한국에서 정치 균열 구조의 역사적 기원: 립셋-로칸 모델의 적용", 〈한국과 국제정치〉 27(3): 99~129.

김만흠(1991), "한국의 정치균열에 관한 연구", 서울대학교 대학원 박사학위논문.

______(1994), "정치균열, 정당정치 그리고 지역주의", 〈한국정치학회보〉 28(2): 215~237.

______(1997), 《한국정치의 재인식: 민주주의, 지역주의, 지방자치》, 풀빛.

______(2011), "지역균열의 정당체제와 선거제도 개편: 개편 논란과 새로운 대안", 〈21세기 정치학회보〉 20(1): 235~257.

김종철·김학민·이두엽(1991), 《지역감정연구》, 학민사.

김진국(1989), "지역감정의 실상과 그 해소방안", 한국심리학회 편, 《심리학에서 본 지역감정》, 성원사.

김진하(2010), "한국 지역주의의 변화: 투표행태와 정당을 중심으로", 〈현대정치연구〉 3(2): 89~114.

김혜숙(1988), "지역 간 고정관념과 편견의 실상: 세대 간 전이가 존재하는가?", 한국심리학회 편, 《심리학에서 본 지역감정》, 성원사.

나간채(1990), "지역(민) 간의 사회적 거리감", 한국심리학회 편, 《한국의 지역주의와 지역갈등》, 성원사.

노병만(1998), "지역할거주의 정치구조의 형성과 그 원인 분석: 지역감정·지역갈등 개념을 대신하여", 〈한국정치학회보〉 32(1): 59~85.

동아시아연구원(2012), 〈총선대선패널조사 설문지〉.

문우진(2005), "지역본위투표와 합리적 선택이론: 공간모형분석", 〈한국과 국제정치〉 21(3): 151~186.

문용직(1992), "한국의 정당과 지역주의", 〈한국과 국제정치〉 15(1): 1~18.

박상훈(2009), 《만들어진 현실: 한국의 지역주의 무엇이 문제이고 무엇이 문제가 아닌가》, 후마니타스.
박찬욱(2005), "지역 균열의 해소와 균형정치: 선거구제 개편 논의를 중심으로", 〈한국정치연구〉 14(2): 69~123.
배규한(1990), "선거과정과 지역감정", 한국심리학회 편, 《한국의 지역주의와 지역갈등》, 성원사.
신광영(1990), "투표행위와 지역주의", 한국심리학회 편, 《한국의 지역주의와 지역갈등》, 성원사.
안신호(1989), "집단 고정관념 형성에 있어서의 감정과 인지의 효과", 한국심리학회 편, 《심리학에서 본 지역감정》, 성원사.
온만금(1997), "역대 대통령선거결과에 나타난 지역주의 추이와 양상", 〈한국사회학〉 31(겨울호): 737~757.
이갑윤(1997), 《한국의 선거와 지역주의》, 오름.
______(2002), "지역주의의 정치적 정향과 태도", 〈한국과 국제정치〉 18(2): 155~178.
______(2011), 《한국인의 투표행태》, 후마니타스.
이수원(1989), "집단 간 고정관념의 형성과 변화과정", 한국심리학회 편, 《심리학에서 본 지역감정》, 성원사.
임성학(2011), "지역주의 분열의 완화 가능성은?", 이내영·임성학 공편, 《변화하는 한국유권자 4》, 동아시아연구원.
조기숙(2000), 《지역주의 선거와 합리적 유권자》, 나남.
조성대(2008), "균열구조와 정당체계: 지역주의, 이념, 그리고 2007년 한국 대통령선거", 〈현대정치연구〉 1(1): 169~198.
차종천(1988), "지역주의적 선거와 유권자: 제13대 대통령선거 후보지지에 대한 로짓분석", 〈한국사회학〉 22(겨울호): 143~159.
최영진(1999), "한국지역주의 논의의 재검토: 정치적 정체성 개념과 동기부여구조를 중심으로", 〈한국정치학회보〉 33(2): 135~155.
최장집(1991), "지역감정의 지배 이데올로기적 기능", 김학민·이두엽 공편, 《지역감정 연구》, 학민사.
______(1993), 《한국민주주의 이론》, 한길사.
______(2009), 《민중에서 시민으로: 한국 민주주의를 이해하는 하나의 방법》, 돌베개.
최준영·김순흥(2000), "지역 간 거리감을 통해서 본 지역주의의 실상과 문제점", 〈사회연구〉 1: 65~95.
한국사회과학데이터센터(2008), 〈제 18대 국회의원선거 유권자 의식조사 설문지〉.
한국사회학회(1990), 《한국의 지역주의와 지역갈등》, 성원사.
한국심리학회(1988), 《심리학에서 본 지역감정: 지역 간 고정관념과 그 해소방안》, 성원사.

Campbell, Angus, Philip E. Converse, Warren E. Miller & Donald E. Stokes(1960/1980), *The American Voter*, New York: John Wiley & Sons.
Devine, Patricia G.(1989), "Stereotypes and Prejudice: Their Automatic and Controlled Components", *Journal of Personality and Social Psychology* 56: 5~18.
Duckitt, John(2003), "Prejudice and Intergroup Hostility", In Sears, David O., Leonie Huddy & Robert Jervis, eds., *Oxford Handbook of Political Psychology*, New York: Oxford University Press.
Kinder, Donald R. & Cindy D. Kam(2009), *Us Against Them: Ethnocentric Foundations of American Opinion*, Chicago: University of Chicago Press.
Kinder, Donald R. & David O. Sears(1981), "Prejudice and Politics: Symbolic Racism versus Racial Threat to the Good Life", *Journal of Personality and Social Psychology* 40: 414~31.
Miller, Warren E. & J. Merrill Shanks(1996), *The New American Voter*, Cambridge, Mass.: Harvard University Press.
Rae, Douglas W. & Michael Taylor(1970), *The Analysis of Political Cleavages*, New Haven: Yale University Press.
Tajfel, Henri(1970), "Experiments in Intergroup Discrimination", *Scientific American* 223: 96~102.
______ & Turner, J. C.(1979), "An Integrative Theory of Intergroup Conflict", In W. G. Austin & S. Worchel, eds., *The Social Psychology of Intergroup Relations*, pp. 33~47. Monterey, CA: Brooks/Cole.
VandenBos, Gary R. & American Psychological Association(2007), *APA Dictionary of Psychology*, Washington, DC: American Psychological Association.

04 동원의 투표참여와 지지후보 선택에 대한 차별적 효과

김석호 · 박바름

1. 들어가며

선거는 민주주의의 꽃이다. 민주주의 국가의 구성원들은 사회를 이끌어가고 중요한 정치적 결정을 하게 될 사람들을 선거를 통해 선출한다. 투표는 민주주의를 지속하는 데 있어 개인들이 지켜야 하는 최소한의 의무이다. 개인에게 투표는 만족감을 줄 뿐만 아니라 시민으로서의 의무를 이행하고 공공선에 기여한다는 의미를 지닌다(Edlin et al., 2007). 그러나 개인적 합리성과 효율성 측면에서 보았을 때 투표는 투자하는 것에 비해 그 효과가 아주 불확실한 행위이다. 투표를 해서 본인이 원하는 후보자를 뽑을 수 있는 것도 아니고 투표를 하지 않는다고 해서 그 결과가 달라지는 것도 아니기 때문이다(Fiorina, 1981). 그럼에도 불구하고 선거가 치러지는 많은 국가의 시민들은 꾸준히 투표를 하고 있으며 투표율에 따라 선거결과도 달라진다. 이런 이유로 누가, 어떤 과정을 통해 투표를 하며 어떤 이유로 지지후보를 선택하는가의 문제는 사회과학 분야에서 특히 정치학에서 지속적인 학문적 관심의 대상이 되었다.

먼저, 투표참여(*voter turnout*)의 결정요인에 해당하는 누가, 어떤 과정을 통해 선거에 참여하는가를 다루기 위해 정치학자들은 연령, 지역, 계급과 같은 사회인구학적 및 경제적 특성(Wolfinger & Rosenstone, 1980; Verba et al., 1995), 합리적 선택(Aldrich, 1993), 유전적 특성(Fowler et al., 2008), 시민의식(Krishna, 2002; Letki, 2004), 규범(Knack, 1992), 개인 간 관계(Bennett et al., 2000; Nickerson, 2008), 단체 참여(Cassel, 1999), 동원(McClurg, 2003; Rosenstone & Hansen, 2003; Arceneau & Nickerson, 2009), 정치제도(Powell, 1986; Abramson et al., 2001) 등의 요인들에 의존했다.

다음으로, 어떤 이유로 지지후보를 선택하는가를 설명하는 투표행동 모델들은 크게 유권자의 사회경제적 위치(Hibbs, 2009)를 강조하는 사회학 투표 모델, 정치적 이념성향 또는 정당정체성에 초점을 둔 미시건 모델(*Michigan Model*)로 일컬어지는 당파적 투표 모델(Campbell et al., 1960; Gerber & Huber, 2008), 그리고 유권자들이 경쟁하는 후보자들과 정당들이 제시하는 정보들에 대해 기대효용을 따져 이성적으로 지지후보를 결정한다고 설명하는 경제적 모델(Downs, 1957; Fiorina, 1981; Jessee, 2010) 등으로 구분된다.

투표참여와 지지후보 선택과 관련된 설명들은 각각의 장단점을 가지고 서로를 보완하며 시대적 맥락과 문화적 특수성에 부합한 설명들을 제공한다. 그러므로 앞의 시각들 중에서 어떤 것이 다른 것보다 설명력이 우월하다고 주장할 수는 없을 것이다. 그러나 사회마다 투표참여와 지지후보 선택 과정에서 상대적으로 영향을 더 미치거나 덜 미치는 요인들은 분명 존재한다. 그리고 동일한 요인도 사회마다 그 영향력을 달리할 것이다. 가령 한국인들의 투표참여 과정을 설명하면서 미국인들 사이에서 설명력이 높은 시민의식을 핵심적인 요인으로 사용하는 것은 무리가 있다(Verba et al., 1978; Kim, 2011). 즉 한국의 정당정치, 선거제도, 선거운동 방식, 유권자 태도는 미국에서 관찰되는 것들과는 다를 것이기 때문에 한국인의 투표참여를 설명하려면 사회에 관계없이 적용될 수 있는 보편적 접근과 한국사회이기 때문에 독특하게 관찰되는 특수한 접근을 동시에 고려해야 할 것이다.

동원은 후보자, 정당, 운동원, 단체 등이 유권자들을 투표에 참여하도록 이끄는 과정이며, 이들의 노력으로 인해 투표에 참여할 가능성이 높아졌을 때 동원되었다라고 한다(Rosenstone & Hansen, 2003: 25~26). 이 연구는 타인의 권유에 의해 이루어지는 투표참여와 지지후보 선택, 즉 동원(*mobilization*)에 의한 투표를 한국인들의 투표 행위를 설명할 때 핵심적 요인으로 간주하고자 한다. 다른 사회와 비교했을 때, 한국인들의 연결망이 보다 동질적이고 촘촘하며, 같은 생각을 가진 사람들로 구성되어 있고 연고에 기초한 사적 신뢰의 강도가 세기 때문에 동원의 효과가 상대적으로 확연하게 나타날 것이다(Chang, 1991; McDonough, Shin, & Moises, 1998; Park & Shin, 2005; Kim, 2011). 따라서 동원이 한국 유권자들의 투표참여와 지지후보 선택을 설명하는 중요한 요인들 중 하나인 것은 자명하다. 그러나 선행연구들은 아주 소수를 제외하고는 동원의 투표참여에 대한 효과를 체계적으로 검토하지 않았다. 지지후보 선택에 대한 동원의 효과는 아예 다루어진 적도 없다.

물론 동원의 효과가 한국에서 항상 효과적으로 판명된 것은 아니다. 한국사회과학데이터센터가 1992년부터 약 20년 동안 선거마다 수집한 자료를 분석해 보면, 여섯 번 중 한 번만 정당원이나 선거운동원에 의한 동원이 투표참여와 지지후보 선택에 유의미한 것으로 나타났다(이갑윤, 2011). 그러나 이 자료는 동원의 영향력을 검토하는 데 한계가 있다. 동원의 경로를 정당원이나 선거운동원으로 한정해 다양한 경로를 통해 흐르는 설득, 기회, 정보의 확산을 측정하지 못하기 때문이다. 동원의 영향력을 살펴볼 때에는 누구에게 투표참여를 요청받았으며 동원의 원천이 어디냐에 따라 결과가 어떻게 달라지는가를 살펴보는 것이 타당하다. 따라서 동원의 효과가 선행연구에서 잘 드러나지 않은 것은 실제 효과가 없어서라기보다는 측정방식에 부족한 부분이 있기 때문으로 판단된다. 그러므로 유권자들이 일상생활에서 경험하게 되는 다양한 유형의 동원을 포괄적으로 측정하여 연구할 필요가 있다.

이 연구의 목적은 다양한 유형의 동원이 투표참여와 지지후보 선택에 미치는 영향을 살펴보려는 것이다. 동원과 투표참여 및 지지후보 선택을 동시에 연결하려는 시도는 한국인의 투표 행위에 관한 선행연구들에서 관찰되는 다음과 같은 문제점들 때문에 반드시 필요하다. 첫째, 선행연구들에서 동원의 영향력에 대한 경험적 분석은 중요하게 다루지 않았으며, 극소수의 연구들조차도 동원에 대한 구체적 정보를 담고 있지 못하다. 둘째, 동원이 어디에서 시작해 누구를 향하며 그 효과는 어떠한가를 파악하는 것이 중요하다. 선행연구들은 동원 경험 여부 또는 정당원과 선거운동원의 동원이 가지는 영향력에만 초점을 둔다. 하지만 동원은 일상의 영역에서 다양한 양상으로 전개되며 누구의 동원이냐에 따라 투표참여 결정도 달라진다. 셋째, 동원이 지지후보 선택에 미치는 영향에 대한 연구가 진행된 적이 없다. 특정 후보에 대한 지지 권유를 누구에게 받았느냐에 따라 실제 지지로 연결될 수 있는 가능성이 달라진다는 점을 고려하면 이 같은 연구의 부재는 놀랍다.

선행연구들에서 관찰되는 문제점들을 해결하기 위해 이 연구가 취하는 전략은 다음과 같다. 첫째, 동원이 투표참여에 미치는 영향력을 살펴보기 위해서 동원의 다양성과 유형을 분리하여 접근한다. 투표참여 및 지지후보 선택을 권유하는 동원은 일상생활에서 가족이나 친척, 이웃이나 친구, 직장동료나 상사, 소속단체의 동료나 임원, 공무원, 후보자 운동원 등 다양한 경로를 통해 이루어진다. 그리고 그 효과는 유형별로 다르게 나타난다. 직장상사의 권유보다 가족의 설득이 훨씬 효과가 클 것이란 점은 쉽게 예상할 수 있다. 그러나 선행연구들은 동원의 경로를 후보자와 운동원(이갑윤, 2011)이나 관(官) 또는 공무원(Kim, 1980)에 한정하거나 동원 여부에만 초점을 두는 경향이 있다. 이 같은 방식으로는 여러 상이한 맥락에서 발생하는 동원의 실제 효과를 파악하는 데 한계가 있다. 따라서 동원의 유형별 효과와 더불어 얼마나 많은 경로로부터 권유를 받았는가, 즉 동원 원천 다양성의 효과를 살펴보는 것도 중요하다. 둘째, 이 연구는 각 유형의 동원이 가지는 효과가 투표참여와 지지후보 선택에 차별적으로 나타나는지 살펴본다. 일반적으로 동원과 투표 행동 간 관계를 다루는 연구들은 동원의 효과를 투표참여에 한정한다. 따라서 동원하는 사람이 요청해 투표를 하게 되면 당연히 동원 과정에서 요청받은 사람을 지지했을 것으로 가정하곤 한다. 하지만 투표참여만을 요청하는 동원은 없으며 대부분 특정 후보자에 대한 지지를 호소하는 것이 일반적이다. 따라서 동원이 미치는 영향을 제대로 살펴보기 위해서는 투표참여와 지지후보 선택을 함께 연구해야 한다. 더욱이 동원의 효과는 투표참여와 지지후보 선택에 달리 나타날 수 있다. 로젠스톤과 한센(2003)은 정당이 어떤 선거 전략을 취하는가에 따라 동원의 유형별로 그 효과가 상이하게 나타날 수 있다고 주장하기도 한다. 이에 이 연구는 특정 유형의 동원이 특정 정당이나 후보자에게 더 유리하거나 불리하게 작용하는지도 살펴보고자 한다.

2. 누가, 누구를 동원하는가?

한국에서 동원이 가지는 투표참여 및 지지후보 선택에 대한 효과가 주목을 받은 것은 민주주의가 뿌리내리기 이전인 권위주의 정권 시절로 거슬러 올라간다(Kim & Koh, 1973; Kim, 1980). 정치학자들은 1970년대와 1980년대 권위주의 시대에 실시된 선거에서 도시에서는 투표율이 낮고 농촌에서는 투표율이 높은 도저촌고 현상에 대해 농촌지역에서 정부나 관련 사회단체들이 지역민을 동원해 나타난 결과라고 해석했다. 이 해석은 문민정부가 들어선 1990년대에도 어느 정도 설득력이 있는 것으로 받아들여졌다. 그러나 이는 도시와 농촌에서 연령구조의 차이에 따라 투표율이 달라짐을 간과하고 있다. 더 심각한 오류는 동원의 대상이 되는 사람들이 교육수준이 낮고, 여성이고, 나이가 많고, 농촌에 거주하며, 낮은 사회적 지위에 속하거나, 전통적 가치를 가지고 있기 때문에 정부나 관련 사회단체들의 집중 공략대상이 되었다고 가정하는 것이다(Kim, 1980; 정영국, 1993; 김욱, 1999). 물론 동원은 일차적으로 후보자, 정당, 선거캠프, 이익집단들이 일반 시민을 접촉하는 것으로 시작된다. 그러나 후보자와 선거운동원은 자신들의 지지 부탁 활동이 가져올 파급효과를 치밀하게 계산해 접촉 대상을 선정한다(Rosenstone & Hansen, 2003). 동원에 투입할 수 있는 돈, 시간, 노력 등 자원(*resources*)이 한정되다 보니 최소한의 투자를 통해 효과를 극대화할 수 있는 방법을 찾는 것이다. 따라서 후보자와 선거운동원은 동원 대상의 선정 과정에서 반드시 투표에 참여할 가능성이 높고, 다른 사람들을 많이 알고 평판도 좋은 사람을 우선 물색한다. 선정 대상이 정해진 후에야 접촉 시도와 지지 권유가 이루어진다. 간단히 말해, 동원은 선정(*selection*)과 설득(*persuasion*)의 두 단계를 거친다(Knoke, 1990a; 1990b;

Brady et al., 1999; Nickerson, 2008). 그리고 그들은 설득된 사람이 다른 사람들에게도 영향력을 행사해 자연스럽게 이차적인 동원으로 이어질 수 있도록 유도한다(Rosenstone & Hansen, 2003; McClurg, 2004).

앞의 논의로부터 동원은 기본적으로 효율성을 지향하며 치밀하고 합리적인 계산에 의해 이루어진다는 사실을 확인할 수 있다. 동원의 목표가 되는 대상 리스트는 가정주부, 빈민층, 노약자처럼 특정 집단이 선거구마다 일률적으로 미리 정해진 것이 아니라 공동체 내 구성원들에 대한 직업, 나이, 소득, 정치적 이력, 정치적 성향, 평판 등의 정보를 종합적으로 검토하여 개개인에 대해서 선별 작업을 거쳐 작성되는 것이다. 전략적 차원에서 특정 속성을 보유한 사람들을 더 많이 접촉할 수는 있겠지만 이 조차도 개개인에 대한 세밀한 선정 작업이 우선되어야 한다. 그러므로 소수의 선행연구들이 만들어 놓은 한국의 선거에서 동원에 대한 신화(*myth*)는 수정 또는 보완이 필요하다(Kim, 1980: 9~14). 한국 선거에서 동원에 대한 신화가 사실로 인식되는 이유는 동원의 과정은 무시한 채 동원의 결과에만 초점을 두기 때문이다. 편의를 제공해 아무것도 모르는 사람들을 투표장으로 실어 나르는 것이 겉으로 드러난 과거 동원의 실제 모습이지만, 그 이면에 존재하는 동원의 진실은 유권자들이 지인들과 투표장에 함께 오기까지 교환된 후보자 또는 선거운동원들과 유권자들 사이의 상호작용이라는 것이다(Pollock, 1982; Leighley, 1990, 1996). 동원된 유권자들은 결코 정치의식이 낮거나 정치지식이 없는 사람들이 아니며, 오히려 정치에 관심이 많고 투표를 빼놓지 않고 하는 사람들이다. 연결망의 양과 질이 좋으며 주위 사람들에게 좋은 평가를 받아 영향력이 있는 사회경제적 지위가 높은 사람들이다. 한국의 민주주의가 발전하고 산업화와 도시화가 진전되면서 동원의 영향력이 규모가 작은 농촌 지역과 지방선거를 제외하곤 점차 희미해져 간다는 주장도 역시 사실이 아니다(김욱, 2002; 이갑윤, 2011). 동원은 여전히 사람들을 투표장으로 이끄는 가장 효율적인 수단이며 보다 진일보한 정교한 방식으로 존재한다. 동원을 특정 후보를 찍어달라는 외부의 압력으로 바라보는 경향도 지양되어야 할 것이다.

동원이 정치적 맥락에서 후보자 및 정당 관계자 그리고 친정부 조직들을 통해서만 이루어진다는 가정 역시 한국 선거 연구의 동원 논의에서 재검토되어야 한다. 물론 유권자에게 지지를 부탁해야 하는 후보자 및 정당관계자 입장에서 보면 이들의 지지 호소가 동원의 핵심이 되는 것은 사실이다. 그러나 유권자 입장에서 보면 동원은 선거와 직접적인 관련이 있는 사람들뿐만 아니라 가족이나 친척, 친구나 이웃, 직장 동료 등 다양한 맥락에서 이루어진다. 선거 관계자의 직접동원(*direct mobilization*)에서 전파된 후보자에 대한 정보와 평가가 간접동원(*indirect mobilization*)을 통해 확산된다(Rosenstone & Hansen, 2003). 정치성이 짙은 공식적 상호작용이 비공식적 맥락의 상호작용으로 전환되는 것이다(McClurg, 2003). 연결망을 타고 흐르는 정보, 기회, 감정들을 놓고 유권자들은 서로 토론을 하고 지지 후보를 결정하게 될 것이다(Huckfeldt & Sprague, 1995; Stephen et al., 2000). 동원에 의해 설득된 사람들은 다시 다른 사람들에게 자신이 지지하게 된 후보자에 대해 좋은 정보를 유통시키려 할 것이다.

한국 선거 연구에서는 이러한 동원의 다양한 유형들을 구분하지 않고 보다 직접적이고 공식적인 동원의 중요성만을 강조했다. 동원을 유형별로 구분하지 않고 논의가 진행되었기 때문에 특정 후보 지지 요청을 받은 경험만이 동원의 효과를 살펴보는 데 사용된 것으로 보인다(이갑윤, 2011). 하지만 동원은 우리 삶의 모든 영역에서 다양한 경로를 통해 실행된다. 동원을 직접동원과 간접동원으로 구분할 수 있다면, 물론 예외도 있겠지만, 후보자 운동원이나 소속단체의 동료나 임원에 의한 설득은 직접동원일 가능성이 높으며 가족이나 친척, 친구나 이웃, 직장 동료나 상사에 의한 설득은 간접동원일 가능성이 높을 것이다.

결론적으로, "누가, 누구를 동원하는가?"는 동원이 투표참여 및 지지후보 선택에 미치는 영향을 살펴보는 데 핵심적인 질문이다. 특히 한국처럼 사람이나 현상을 판단할 때 사적인 관계가 공적인 관계를 압도하는 곳에서는 누가 누구에게 지지를 요청했는가를 살펴보는 것이 동원의 효과를 파악하는 데 우선 이루어져야 하는 작업이다. 그러한 의미에서, 이 연구는 지금까지 수행된 적이 없는 동원이 가지는 투표참여 및 지지후보 선택에 대한 효과를 경험적으로 살펴보는 작업의 첫 걸음이라고 할 수 있다.

3. 모든 동원은 효과적인가?

어떤 동원이 사람들을 성공적으로 투표소로 이끌까? 어떤 동원이 누구에게 더 유리할까? 이 절에서는 동원이 투표참여와 지지후보 선택에 미치는 영향에 대해 살펴보기로 한다. 앞의 질문들에 답하기 위해서는 다양한 방향에서 전개되는 동원을 유형별로 정리해보는 것이 필요하다. 로젠스톤과 한센(Rosenstone & Hansen, 2003)은 직접동원과 간접동원을 구분한다. 직접동원은 선거 관계자들이 시민을 개인적으로 접촉하여 선거에 참여해 후보자 혹은 정당을 지지해줄 것을 요청하는 것을 의미한다. 선거운동원의 직접 방문, 정치활동가의 서신, TV를 통한 후보자의 지지 호소, 이익집단들의 접촉 등이 이에 해당한다. 간접동원은 선거 관계자들이 유권자들의 가족, 친구, 이웃, 동료 등을 통해 지지를 요청하는 경우를 말한다(Rosenstone & Hansen, 2003: 25~30). 후보자나 선거운동원에 의해 직접 지지 요청을 받은 사람들이 자신들이 획득한 정보, 기회, 감정을 다른 사람들에게 확산시키는 것으로 간접동원이 시작된다. 여기서 교환되는 후보자와 선거에 대한 의견들은 꼬리에 꼬리를 물고 끊임없이 재생산된다.

물론 어떤 선거에서도 직접동원과 간접동원을 확실하게 분리해서 생각할 수는 없을 것이다. 직접동원에서 흘러나온 정보와 기회들이 간접동원을 통해 빛을 보게 된다고 말하는 것이 더 정확할 것이다. 그럼에도 불구하고 직접동원과 간접동원은 대략적으로 분류 가능하며 이 둘의 투표참여 및 지지후보 선택에 대한 차별적 효과 또한 분명 존재할 것이다(Smith & Zipp, 1983; Rosenstone & Hansen, 2003; McClurg, 2004). 직접동원은 정치적으로 무지하고 무관심한 사람들에게 현재 논란이 되는 이슈들에 대한 정보를 제공하고 영향력을 행사할 수 있는 기회를 제공한다. 또한 정치 정보에 접근하기 어려운 사람들에게 특정 이슈들과 선거 전반에 대한 정보를 제공함으로써 정치지식 취득 비용을 절약하게 해준다. 반면 후보자 지지 요청에 투입되는 비용 대비 효과를 고려했을 때, 후보자에게 간접동원이 더 매력적일 수 있다. 간접동원의 경우, 비용이 거의 발생하지 않고 제한된 수의 사람들과 직접적으로 접촉한 효과를 자연스럽게 배가시키는 장점이 있기 때문이다.

동원을 직접적인 것과 간접적인 것으로 구분하는 것은 한국 선거 연구에서도 동원의 효과를 다룰 때 동원의 주체 또는 정당 중심적 사고에서 탈피하여 유권자 입장에서도 동원을 살펴봐야 함을 의미한다. 즉 동원 과정에서 이루어지는 상호작용을 보다 세밀하게 관찰하여 공식적 맥락과 비공식적 맥락 또는 공적인 자리와 일상적 관계에서 교환되는 선거와 관련된 정보, 기회, 감정들의 실제 모습을 포괄적으로 드러낼 수 있을 것이다(Huckfeldt et al., 1993; Gerber & Green, 2000; Green, Gerber, & Nickerson, 2003). 이를 토대로 동원의 유형을 구분하여 유형별로 투표참여 및 지지후보 선택에 대한 효과가 어떻게 달라지는지 살펴보아야 할 것이다. 어떤 맥락에서 누구에게 지지 요청을 받았는가에 따라 그 결과도 다를 것이기 때문이다(McClurg, 2004; Liu, 2007).

직접동원과 간접동원 모두 투표참여와 지지후보 선택에 유의미한 영향력을 가지고 있을까? 먼저 투표참여에 미치는 동원의 영향에 대해 살펴보자. 다양한 유형의 사람들로부터 지지 요청을 받은 사람일수록 투표를 할 가능성이 높다. 아무래도 주변에서 지지를 호소하는 사람들이 많다 보면 선거와 후보자들에 대한 정보가 많아지고 자연스럽게 정치에 대한 관심도 높아질 것이다. 정보와 기회에 많이 노출된 유권자일수록 그렇지 않은 유권자보다 투표에 참여할 가능성이 상대적으로 높은 것이다. 이럴 경우 연결망 내에서 투표참여가 당연한 것으로 받아들여지게 된다(Huckfeldt et al., 1995; Nickerson, 2008). 물론 이에 대한 반론도 있다. 주변에서 지지 요청을 다양한 경로를 통해 받고 그 요청들이 서로 다른 후보자들을 위한 것일 때, 유권자는 결정을 미루고 결국 투표를 포기하게 되기도 한다(Mutz, 2002a; 2002b; McClurg, 2006). 사회연결망을 통한 동원이 전반적으로 투표참여를 촉진하는 것은 사실이지만 투표참여를 결정하는 중요한 요인은 사회연결망 내 정치적 지향과 의견의 분포라는 것이다. 지향과 의견이 이질적인 연결망으로부터 오는 지지 요청은 투표참여 가능성을 낮추기 때문이다.

특정 후보자에 대한 지지를 요청하는 동원은 장소와 시간에 관계없이 발생하며, 그 주체도 가족, 친구, 이웃, 모임 및 단체, 학교, 직장, 후보자, 정당활동가, 선거운동원 등으로 다양하다. 소속단체 임원, 후보자, 정당활동가, 선거운동원에 의한 직접동원보다 가족, 친구, 이웃에 의한 간접동원이 갖는 투표참여에 대한 효과가 더 클 것이란 사실은 어렵지 않게 예측할 수 있다. 미국의 한 연구에 따르면, 배우자가 지지를 요청했을 때가 후보자나 선거운동원이 지지를 요청했을 때보다 투표할 확률을 3배 이상 높이며, 배우자와의 정치적 토론의 빈도에 따라 투표참여 가능성이 확연히 달라진다고 한다(Huckfeldt & Sprague, 1995; de Matos Vas, 2012). 가족구성원 중 한 명이 투표참여 의지를 밝히면 이 결정이 전염성이 있어 나머지 구성원들의 투표할 가능성도 상당히 높아진다(Zuckerman, Dasovic & Fitzgerald, 2007; Nickerson, 2008). 요약하면, 유권자와 신뢰를 쌓은 주변 사람들이 지지를 부탁하는 경우와 선거운동 과정에서 선거 관계자가 지지를 부탁하는 경우를 비교했을 때 투표참여에 대한 효과가 전자의 경우가 상대적으로 클 것으로 결론내릴 수 있다. 즉 간접동원이 직접동원보다 시민들의 투표참여를 촉진하는 데 더 효과적일 것이다.

이제 이 연구의 마지막 질문에 대한 답을 구해볼 차례이다. 동원이 투표참여 자체를 요청하는 경우는 없기 때문에 동원은 지지후보 선택에 영향을 미친다. 특히 소선거구 제도를 기본으로 하는 한국 국회의원 선거의 특성상 정당 조직, 공식 단체, 모임 등을 통한 정보, 기회, 감정의 동원은 선거의 당락을 좌우하는 중요한 요인이다(Kim, 1980; Smith & Zipp, 1983; 정영국, 1993). 그러나 동원 노력이 여당 후보자를 위한 것일 수도 있고 야당 후보자를 위한 것일 수도 있기 때문에 지지후보 선택에 대한 직접동원과 간접동원의 효과를 구분하여 이론적으로 엄밀히 정리하는 것은 쉬운 일이 아니다. 다만 전통적으로 새누리당, 민주통합당, 통합진보당의 선거 전략과 선거구 내 조직 구축의 양상이 다르기 때문에 선거과정에서 동원에 의존하는 수준도 다를 것이라고 추측해 볼 수는 있다(강원택 외, 2012). 한 발 더 나아가 조직 동원 선거 전략을 전통적으로 잘 활용해온 새누리당이 소속단체의 동료/임원, 공무원(통/이장 포함), 후보자/선거운동원에 의해 이루어지는 직접동원의 혜택을 더 볼 것이라고 예상해 볼 수 있을 것이다. 새누리당 지지자들에게서 직접동원의 효과가 잘 드러날 것이라고 해서 민주통합당 지지자들에게서 간접동원의 효과가 잘 드러날 것이라고 말할 수는 없다. 오히려 간접동원에 해당하는 가족이나 친척을 통한 지지 요청의 효과는 새누리당 지지자들에게서 상대적으로 뚜렷할 것이라고 예상하는 것이 더 적절해 보인다. 그 이유는 두 정당 간 가용한 자원의 차이로 인해 새누리당이 당의 공식 조직을 효과적으로 활용하고 선거구 내에 존재하는 다양한 단체와 모임들을 적절히 관리하는 지상전에 강점을 드러내는 반면, 민주통합당은 분위기 주도와 이슈 선점을 통한 공중전에 강점을 보였기 때문이다. 따라서 선거구 내 공적 단체와 사적 모임을 통한 정보, 기회, 감정의 확산에 익숙한 새누리당이 가족이나 친척 그리고 이웃에 의한 간접동원의 효과를 더 누릴 것으로 판단된다. 마지막으로 직장 동료와 상사를 통한 지지 요청의 효과는 어느 당 지지자들에게서 더 잘 드러날지 가늠하기는 힘들다. 이 유형의 동원이 이루어지는 맥락이 공적인 특성과 사적인 특성을 동시에 포함하기 때문이다. 이러한 이론적 및 경험적 예측의 어려움에도 불구하고 현시점에서는 동원 원천의 다양성 수준과 유형에 따라 지지후보 선택에 차이가 발생한다는 것을 확인하는 것만으로도 의미가 있다.

4. 연구방법

1) 변수

(1) 종속변수

이 연구가 분석에서 사용할 종속변수는 2가지다. 첫 번째 종속변수는 2012년 국회의원선거에서의 투표참여 여부이다. 이 변수는 "귀하께서는 지난 4월 11일의 제 19대 국회의원선거에서 투표하셨습니까?"라는 질문을 통해 측정되었으며, 그 응답범주는 (1) "투표하지 않았다", (2) "이번에는 투표하려 했지만 하지 못했다", (3) "늘 투표하지만 이번에는 사정상 하지 못했다", (4) "투표했다"이다. 분석에서는 "투표했다"를 "1", 나머지는 "0"의 값을 갖는 가변수(*dummy variable*)를 구성하여 종속변수로 사용하였다. 두 번째 종속변수는 지역구 의원투표에서 응답자의 지지후보 선택이다. 이 변수는 "(투표한 사람만) 귀하께서는 지역구 의원투표에서 어느 정당의 후보자에게 투표하셨습니까?"의 질문을 통해 측정되었으며, 그 응답범주는 "새누리당 후보", "민주통합당 후보", "통합진보당 후보", "자유선진당 후보", "다른 정당 후보", "무소속 후보"이다. 이 변수를 통해 (1) "투표하지 않은 응답자", (2) "새누리당 후보에게 투표한 응답자", (3) "민주통합당 후보에게 투표한 응답자", 그리고 (4) "기타 정당이나 무소속 후보에게 투표한 응답자"의 범주를 갖는 명목변수를 구성하고, 종속변수로 활용하였다.

(2) 독립변수 및 통제변수

이 연구의 핵심적인 독립변수는 동원이다. 이를 측정하기 위해 응답자가 선거 기간 중에 "가족 및 친척", "이웃사람 혹은 친구", "직장의 동료나 상사", "소속 단체(시민운동단체, 종교단체, 노조, 직업조합, 동창모임, 친목단체, 문화단체 등)의 임원이나 동료", "공무원(통장, 이장 포함)", "후보자 혹은 후보자의 선거운동원"으로부터 특정 후보나 정당을 지지해달라는 권유를 받은 적이 있는지의 여부를 묻는 질문이 사용되었다. 분석에서는 각 항목에 대한 응답을 바탕으로 선거 기간 중 권유를 받은 경험 있는 경우에 "1", 없는 경우에는 "0"을 갖는 가변수들과 응답자별로 가변수들을 합한 값, 즉 응답자가 권유를 받은 원천(*source*)의 수가 사용되었다.

사회인구학적 변수들은 통제변수로 분석에 포함되었다. 응답자의 교육수준은 "고졸 미만", "고졸", "초대졸/대졸 미만", "대졸 이상"으로 나누어 측정하였고, 분석에서는 응답 사례가 가장 많은 "고졸"을 준거집단(*reference group*)으로 하는 3개의 가변수가 사용되었다. 소득은 "100만 원 미만"부터 "800만 원 이상"의 범주를 갖는 서열변수를 통해 측정되었다. 분석에서는 사분위(*quartile*)에 따라 이 변수를 "300만 원 미만", "300만 원~399만 원", "400만 원~499만 원", 그리고 "500만 원 이상"의 4개 집단으로 나눈 후 "300만 원 미만"을 준거집단으로 갖는 3개의 가변수들을 사용하였다. 연령은 만 나이로 측정되었으며, 성별, 혼인상태, 종교유무, 근로상태는 각각 "여성", "기혼", "종교 있음", "직장 있음"이 "1"의 값을 갖는 가변수들로 분석에 포함되었다. 주 성장지는 "서울", "경기/인천", "강원/충청", "호남/제주", "영남"의 범주를 통해 측정되었으며, 분석에서는 "서울"을 기준범주로 갖는 가변수들을 사용하였다. 분석에 사용된 변수들에 대한 기술통계는 〈표 4-1〉에 제시되었다.

〈표 4-1〉 주요변수들의 기술통계

변 수	사례 수	평균/%	표준편차	최솟값	최댓값
투표참여	2,047	0.71	-	0	1
후보자 선택					
투표하지 않음	2,007	0.30	-	0	1
새누리당 후보	2,007	0.34	-	0	1
민주통합당 후보	2,007	0.27	-	0	1
기타 후보	2,007	0.09	-	0	1
동원					
합계	2,047	0.65	1.05	0	6
가족 및 친척	2,047	0.14	-	0	1
이웃 및 친구	2,047	0.15	-	0	1
직장 동료/상사	2,047	0.04	-	0	1
소속단체의 동료/임원	2,047	0.05	-	0	1
공무원(통/이장 포함)	2,047	0.02	-	0	1
후보자/선거운동원	2,047	0.25	-	0	1
교육수준					
고졸 미만	2,014	0.18	-	0	1
고졸	2,014	0.37	-	0	1
초대졸/대졸 미만	2,014	0.20	-	0	1
대졸 이상	2,014	0.25	-	0	1
가구소득					
300만 원 미만	2,037	0.37	-	0	1
300~399만 원	2,037	0.24	-	0	1
400~499만 원	2,037	0.19	-	0	1
500만 원 이상	2,037	0.19	-	0	1
연령	2,047	45.14	15.04	19	88
여성	2,047	0.50	-	0	1
기혼	2,047	0.72	-	0	1
직장 있음	2,047	0.69	-	0	1
종교 있음	2,043	0.50	-	0	1
주 성장지					
서울	2,043	0.18	-	0	1
경기/인천	2,043	0.19	-	0	1
강원/충청	2,043	0.18	-	0	1
호남/제주	2,043	0.17	-	0	1
영남	2,043	0.29	-	0	1

2) 분석모형

투표참여는 이항변수로 측정된 관계로 이를 종속변수로 하는 분석에서는 이항 로지스틱 회귀분석이 사용되었다. 반면, 지지후보 선택은 명목변수로 측정되었기 때문에 다항 로지스틱 회귀분석을 통해 분석되었다. 이때 "투표하지 않은 응답자" 집단을 기초범주(*base outcome*)로 설정하였다. 다항 로지스틱 회귀분석은 종속변수의 두 범주 간의 위험비(*risk ratio*)가 종속변수의 기타범주에 의해 영향을 받지 않는다는 가정(*independence of irrelevant alternatives assumption*, IIA)을 바탕으로 한다. 이 가정은 많은 경우에 위배되기 쉬우며,[1] 그 대안으로 IIA가정을 하지 않는 다항 프로빗 모형이 제시되었다. 그러나 최근에 행해진 시뮬레이션 연구에서 IIA의 가정이 심각하게 위배되었을 경우에도 다항 로지스틱 회귀분석이 다항 프로빗 분석보다 더 신뢰할 수 있는 결과를 산출하는 것으로 판명되었으며, 두 분석 기법 중에 다항 로지스틱 회귀분석의 사용이 권장된다(Hilbe, 2009: 405). 이러한 이유에서 IIA가정이 다소 비현실적이라 할지라도 이 연구는 다항 로지스틱 회귀분석을 사용하였다. 마지막으로, 동일한 동/읍/면에 거주하는 응답자는 지역적 특성을 공유할 뿐만 아니라, 동일한 조사원에 의해 조사되었기 때문에 응답 간 상관이 존재할 가능성이 있다. 이러한 경우 회귀계수는 편의(*bias*) 없이

---

1 밑에서 제시된 모형의 경우, IIA가정에 대한 스몰-히사이오 검정(*Small-Hisaio test*)은 상반되는 결과를 보였다. AIC와 BIC는 모두 다항 로지스틱 모형이 다항 프로빗 모형보다 낮게 나타났지만 그 차이는 크지 않았다. 다항 로지스틱 모형과 다항 프로빗 모형으로 추정된 계수들의 유의도 역시 거의 동일하였다. 특히 이 글의 핵심적 독립변수인 동원을 측정하는 변수들이 종속변수에 대해 갖는 영향력의 유의도에서는 사용된 모형과 상관없이 동일한 통계적 결론을 얻었다. 다항 프로빗을 통해 추정된 계수값들은 부록에 제시되었다.

추정되지만 표준오차에 편의가 생기게 된다. 이를 보정하기 위해 모든 분석에서 동/읍/면 단위로 집락화된 표준오차(*clustered standard errors*)를 통한 회귀계수들에 대한 유의도 검증이 이루어졌다.

5. 분석결과

1) 동원이 투표참여에 미치는 영향

투표참여에 대한 동원의 영향력을 분석한 결과는 〈표 4-2〉에 제시되었다. 표의 모형1에서는 사회인구학적 특성들과 투표참여의 관계가 제시되어 있다. 표에서도 알 수 있듯이, 교육수준, 소득, 연령, 혼인상태, 그리고 종교가 투표참여에 대해 유의한 영향력을 가지며, 모두 투표참여의 로짓(*logged-odds*)을 증가시킨다. 표에 제시된 계수들을 바탕으로 계산된 투표참여 확률의 차이는 다음과 같다.[2] 교육수준이 "초대졸/대졸 미만"과 "대졸 이상"인 집단은 "고졸"집단보다 투표할 확률이 각각 약 9.2%p, 7.1%p 높은 것으로 추정된다. 소득이 500만 원 이상인 응답자들은 300만 원 이하인 응답자들보다 투표할 확률이 약 10.5%p 더 높다. 기혼자들은 결혼을 하지 않은 응답자들보다 약 7.9%p만큼 더 높은 투표확률을 보였으며, 종교가 있는 집단은 없는 집단보다 투표확률이 약 4.9%p 더 높다. 투표참여에 가장 강한 영향력을

2 이 연구가 제시한 투표참여 확률의 변화는 기타변수들을 중앙치(*median*)에 고정시킨 상태에서 계산되었다. 연령, 교육수준, 소득, 성별, 혼인상태, 근로상태, 주성장지, 종교유무의 중앙값은 각각 "45세", "고졸", "300만 원 미만", "여성", "기혼", "직장 있음", "서울", "종교 있음"이다. 동원을 측정하기 위해 사용된 가변수와 가변수들의 합계는 모두 "0", 즉 권유를 받지 않은 상태가 중앙치이다.

〈표 4-2〉 동원 및 사회인구학적 특성이 투표참여에 미치는 영향
(이항 로지스틱 회귀분석)

	모형1		모형2		모형3	
	회귀계수	표준오차	회귀계수	표준오차	회귀계수	표준오차
독립변수						
동원(합계)			0.111*	0.056		
동원(가변수)						
가족 및 친척					0.548**	0.201
이웃 및 친구					0.083	0.180
직장 동료/상사					-0.338	0.313
소속단체의 동료/임원					0.454	0.331
공무원(통/이장 포함)					-0.676	0.420
후보자/선거운동원					0.010	0.147
통제변수						
교육수준						
고졸 미만	0.128	0.198	0.135	0.198	0.107	0.199
초대졸/대졸 미만	0.468**	0.160	0.460**	0.160	0.484**	0.160
대졸 이상	0.351*	0.151	0.342*	0.149	0.346*	0.150
소득						
300~399만 원	0.252	0.147	0.257	0.147	0.249	0.149
400~499만 원	0.082	0.152	0.082	0.151	0.060	0.149
500만 원 이상	0.547**	0.182	0.530**	0.181	0.496**	0.181
연령	0.059***	0.006	0.058***	0.006	0.059***	0.006
여성	-0.192	0.107	-0.191	0.107	-0.213*	0.108
기혼	0.345*	0.150	0.327*	0.150	0.338*	0.149
직장 있음	-0.042	0.128	-0.042	0.129	-0.006	0.129
종교 있음	0.217*	0.111	0.211	0.111	0.221*	0.111
주 성장지						
경기/인천	-0.126	0.160	-0.135	0.159	-0.109	0.161
강원/충청	-0.035	0.181	-0.022	0.181	0.017	0.185
호남/제주	0.094	0.190	0.085	0.190	0.112	0.190
영남	-0.054	0.161	-0.039	0.159	-0.000	0.161
상수	-2.203***	0.313	-2.243***	0.314	-2.322***	0.318
사례 수	1,995		1,995		1,995	
Log-likelihood	-1,061.28		-1,059.10		-1,053.51	
Wald Chi-squared	220.379***		222.218***		234.715***	
McFadden's R-squared	0.119		0.121		0.125	

주: 1) * p<.05, ** p<.01, *** p<.001 (양측 검증)
2) 제시된 표준오차는 동/읍/면 단위로 집락화된 표준오차(*clustered standard error*)임.

보인 변수는 연령이다. 이 변수가 최솟값(19세)에서 최댓값(88세)으로 변할 때, 투표할 확률은 약 64.6%p 증가한다. 그 외 근로상태와 주 성장지는 투표참여에 통계적으로 유의한 영향을 보이지 않는다.

모형2에서는 동원을 측정한 변수를 포함시켰다. 다른 변수들을 통제한 상태에서도 다양한 집단으로부터 지지 요청을 받은 사람일수록 투표에 참여할 확률이 높은 것으로 나타났다. 동원을 받은 집단의 개수가 최소(0)에서 최댓값(6)으로 변할 때, 투표확률은 약 12.9%p 증가하는 것으로 추정된다. 지지 요청 원천의 수를 합한 동원의 다양성이 투표참여에 미치는 영향은 〈그림 4-1〉을 통해 보다 확실하게 드러난다. 그래프에서 실선은 예측된 투표확률의 변화를, 점선은 델타방식(*delta method*)을 통해 산출된 95% 신뢰구간을 나타낸다. 동원 원천의 수가 증가할수록 투표참여 확률도 꾸준히 높아지는 것을 알 수 있다.

그러나 특정 후보자를 지지해달라고 권유한 원천의 수를 세는 방식은 측정된 모든 유형의 동원이 동질적인 특성을 지니며, 권유를 받은 원천이 하나씩 늘어날수록 종속변수의 로짓(*logged-odds*)이 선형적으로 증가(혹은 감소)할 것이라는 가정을 한다. 가령, 이웃 및 친구로부터 특정 후보자를 지지해달라는 요청을 받은 것과 직장의 상사나 동료로부터 요청을 받은 것이 투표참여에 동일한 효과를 갖는다고 가정하는 것이다. 따라서 모형3에서는 응답자에게 지지를 요청한 동원 경로를 유형별로 분석하였다. 그 결과, 가족 및 친척으로부터 특정 후보를 지지해달라는 권유를 받은 집단만 투표에 더 많이 참여하는 것으로 나타났다. 가족 및 친척으로부터의 권유는 투표할 확률을 약 11.0%p 증가시키는 것으로 추정된다. 가족 및 친척으로부터 받은 권유가 예측된 투표확률에 미치는 영향은 〈그림 4-2〉에 제시되어 있다. 막대그래프 위에 있는 수직선은 추정치에 대한 95% 신뢰구간을 나타낸다.[3] 그림을 통해

〈그림 4-1〉 동원이 투표참여에 미치는 영향

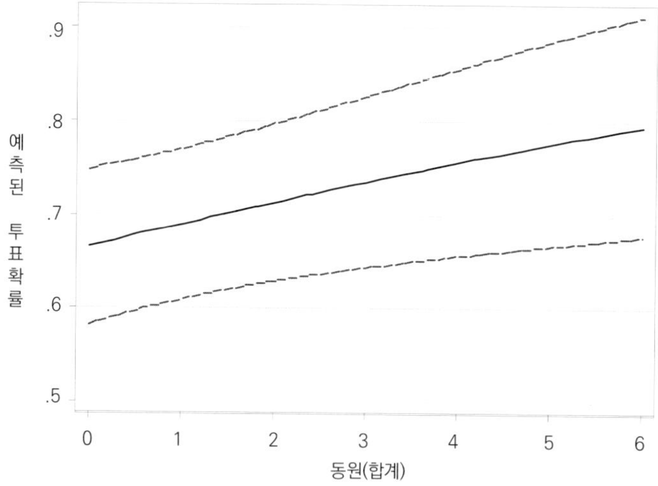

〈그림 4-2〉 가족 및 친척의 권유가 투표참여에 미치는 영향

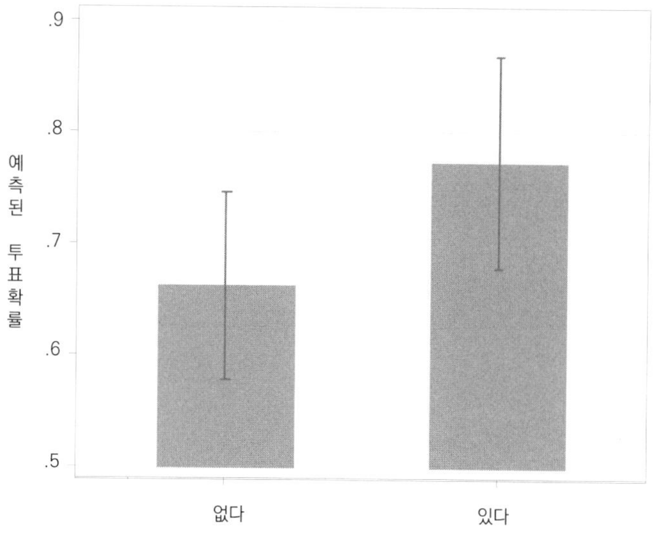

3 〈그림 4-2〉에서도 추정치에 대한 표준오차와 신뢰구간을 계산하기 위해 델타방식이 사용되었다.

가족 및 친척을 통해 지지를 요청받았을 경우 투표참여 확률이 확연히 높아지는 것을 알 수 있다. 즉 모든 유형의 동원이 투표참여에 유의미한 영향을 미치는 것은 아니지만 위에서 예측한 것처럼 신뢰 관계를 구축한 가까운 사람에 의해 이루어지는 간접동원의 효과가 후보자나 선거운동원을 통해 이루어지는 직접동원보다는 투표참여에 영향력이 상대적으로 크다는 사실을 부분적으로나마 확인할 수 있다.

2) 동원이 지지후보 선택에 미치는 영향

이 연구는 지지후보 선택을 분석하기 위해서 다항 로지스틱 회귀분석이 사용하였다. 이때 종속변수의 기초범주를 "투표하지 않은" 집단으로 설정하였다. 다항 로지스틱 회귀분석에서는 회귀계수들에 지수를 취한 값(e^{β})이 상대적 위험비(*relative risk ratio*)를 나타낸다. 그러나 여기에서는 상대적 위험을 통해 독립변수들의 영향력을 설명하기보다는 직관적으로 이해할 수 있는 확률의 변화를 제시하는 것이 결과를 보다 효과적으로 전달하는 데에 적합하다고 판단하였다. 확률 변화는 다음에 제시된 표의 회귀계수들을 바탕으로 추정되었다.[4]

〈표 4-3〉은 후보자 선택에 대한 사회인구학적 변수들의 영향력을 보여준다. 교육수준은 민주통합당 및 기타 정당의 후보의 경우에만 투표참여를 증가시키는 것으로 나타났다. "초대졸/대졸미만"은 "고졸"보다 민주통합당과 기타 정당의 후보에 투표할 확률이 각각 약 4.9%p와 2.3%p 만큼 높은 것으로 추정되었으며, 투표하지 않을 확률은 약 9.1%p 낮았다. "대졸 이상"은 "고졸"보다 민주통합당과 기타 정당의 후

4 이때 각 변수의 영향력은 기타 변수들을 중앙치에 고정시킨 상태에서 산출되었다.

보에 투표할 확률이 각각 5.5%p, 6.4%p 더 높은 반면, 투표하지 않을 확률은 6.9%p 더 낮은 것으로 추정되었다. 소득에서는 "500만 원 이상"과 "300~399만 원"만 기준 범주인 "300만 원 미만"과 통계적으로 유의한

〈표 4-3〉 사회인구학적 특성이 지지후보 선택에 미치는 영향

	모형4					
	새누리당		민주통합당		기타 정당	
	회귀계수	표준오차	회귀계수	표준오차	회귀계수	표준오차
교육수준						
고졸 미만	-0.031	0.220	0.213	0.241	0.392	0.342
초대졸/대졸 미만	0.373	0.199	0.470*	0.201	0.594*	0.268
대졸 이상	0.043	0.180	0.402*	0.189	0.859***	0.233
소득						
300~399만 원	0.161	0.178	0.217	0.170	0.685**	0.245
400~499만 원	0.263	0.182	0.022	0.204	0.057	0.294
500만 원 이상	0.861***	0.214	0.434*	0.208	0.383	0.295
연령	0.083***	0.008	0.040***	0.008	0.030**	0.011
여성	-0.135	0.136	-0.299*	0.128	-0.052	0.194
기혼	0.261	0.194	0.517**	0.172	0.335	0.225
직장 있음	-0.046	0.155	-0.166	0.152	0.379	0.231
종교 있음	0.309*	0.132	0.117	0.133	0.281	0.169
주 성장지						
경기/인천	0.117	0.194	-0.319	0.199	-0.318	0.326
강원/충청	0.090	0.219	-0.483*	0.217	0.576	0.316
호남/제주	-1.429***	0.293	0.534**	0.204	0.576	0.314
영남	0.479*	0.187	-0.673**	0.209	-0.162	0.320
상수	-4.231***	0.399	-2.095***	0.395	-3.818***	0.568
사례 수	1,956					
log-likelihood	-2,213.27					
Wald Chi-squared	638.973***					
McFadden's R-squared	0.132					

주: 1) * p<.05, ** p<.01, *** p<.001 (양측 검증)
2) 후보자 선택의 기준범주: 투표하지 않음
3) 제시된 표준오차는 동/읍/면 단위로 집락화된 표준오차임

차이를 보였다. “300만 원 미만”과 비교하였을 때, 가구소득이 500만 원 이상인 경우는 투표하지 않을 확률이 약 12.6%p 낮은 반면, 새누리당의 후보에게 투표할 확률은 약 14.3%p 높았다. 반면 두 집단은 민주통합당에 대한 투표확률에서 별다른 차이를 보이지 않았다. 다시 말해, 〈표 4-3〉에서 민주통합당에 대한 회귀계수가 통계적으로 유의하게 산출된 것은 소득에 따라 민주통합당에 투표를 할 확률이 증가하기 때문이 아니라, 300만 원 미만 집단이 투표하지 않을 확률이 낮기 때문에 나타난 결과라 할 수 있다. 즉 소득에 따라 민주통합당에 대한 투표확률이 증가하지 않아도 소득집단 간 유의한 차이가 발견되는 것이다. 가구소득이 “300~399만 원”인 집단은 기타 정당의 후보에 대한 상대적 투표확률에서 “300만 원 미만” 집단과 통계적으로 유의한 차이를 보였다. 이 집단은 “300만 원 미만” 집단에 비해 기타 정당의 후보에 투표할 확률이 약 4.8%p 높은 대신 투표하지 않을 확률은 5.5%p 낮은 것으로 분석되었다. 사회인구학적 변수 중에서 투표참여 및 지지후보 선택에 가장 큰 영향을 미치는 것은 앞의 분석과 마찬가지로 연령이었다. 그러나 연령은 새누리당에 투표할 확률만 증가시키는 것으로 나타났다. 보다 구체적으로, 연령이 최솟값에서 최댓값으로 변할 때 새누리당에 투표할 확률은 75.9%p 증가한다. 이에 비해 민주통합당 및 기타 정당의 후보에 투표한 집단, 그리고 투표하지 않은 집단에 속할 확률은 각각 7.9%p, 4.5%p, 63.5%p 만큼 감소하였다. 따라서 통합민주당과 기타 정당의 후보에 대한 회귀계수가 통계적으로 유의하게 산출된 것은 연령이 증가함에 따라 투표하지 않은 집단에 속할 확률이 민주통합당과 기타 정당에 투표한 집단에 소속될 확률보다 더 가파르게 감소했기 때문이라 할 수 있다. 성별과 혼인상태는 민주통합당에 대한 투표에만 통계적으로 유의한 효과를 보였다. 여성은 남성보다 민주통합당에 표를 던질 확률이 약 5.1%p 낮았다. 반면, 혼인상태가 "기혼"인 집단은 다른 집단보다 민주통합당에 투표할 확률이 7.2%p 높고, 투표하지 않은 집단에 속할 확률은 8.8%p 더 낮은 것으로 나타났다. 종교가 있는 응답자들은 종교가 없는 응답자들보다 새누리당에 투표할 확률이 4.7%p 높은 반면 투표하지 않을 확률은 5.0%p 낮은 것으로 추정되었다. 주 성장지도 새누리당과 민주통합당에 대한 투표에 통계적으로 유의한 영향을 보였다. 강원 및 충청, 그리고 영남이 주 성장지인 응답자들은 서울 출신에 비해 민주통합당에 투표할 확률이 각각 10%p, 14.7%p 낮은 것으로 나타났다. 그리고 주 성장지가 호남 및 제주인 집단은 민주통합당에 투표할 확률이 서울 출신에 비해 18.9%p 높은 반면, 새누리당에 투표할 확률은 23.0%p 낮았다.

〈표 4-4〉는 응답자에게 특정 후보를 지지해달라고 요청을 한 집단의 수를 측정한 동원 변수를 분석에 포함시킨 결과를 보여준다. 민주통합당의 상대적 투표확률에 대해서만 동원변수가 통계적으로 유의한 영향을 보였다. 동원의 값이 최솟값(0)에서 최댓값(6)으로 변할 때 민주통합당에 투표할 확률은 약 22.1%p 증가하며 투표하지 않은 집단에 소속될 확률은 약 13.6%p 감소하는 것으로 추정된다. 권유를 받은 집단의 수, 즉 동원 원천의 다양성이 민주통합당에 투표할 확률에 미치는 영향이 유의한 것으로 나타난 것은 예측하지 못한 결과이다. 동원 원천의 다양성과 민주통합당 지지 간 관계에 대한 추가적인 검토 및 분석이 필요해 보인다.

마지막으로, 〈표 4-5〉에 제시된 모형 6에서는 응답자가 권유를 받은 집단을 각각 가변수로 모형에 포함시켰다. 그 결과, 가족 및 친척의 권유는 새누리당과 민주통합당 후보에 투표할 확률을 각각 11.2%p와 2.2%p 증가시키는 동시에 투표하지 않을 확률을 12.2%p 감소시키는 것으로 나타났다. 앞에서 예측한 것처럼, 새누리당이 민주통합당에 비해 선거구 내 연결망을 보다 효과적으로 이용하고 있음이 확인된 것이다. 이는 새누리당과 민주통합당의 선거 전략의 차이에 기인한 것일 수

〈표 4-4〉 동원이 지지후보 선택에 미치는 영향 (다항 로지스틱 회귀분석)

	모형5					
	새누리당		민주통합당		기타 정당	
	회귀계수	표준오차	회귀계수	표준오차	회귀계수	표준오차
독립변수						
동원(합계)	0.038	0.066	0.182**	0.064	0.043	0.091
통제변수						
교육수준						
고졸 미만	-0.022	0.220	0.225	0.242	0.395	0.341
초대졸/대졸 미만	0.373	0.200	0.456*	0.202	0.596*	0.269
대졸 이상	0.036	0.179	0.392*	0.188	0.855***	0.234
소득						
300~399만 원	0.164	0.178	0.224	0.171	0.685**	0.245
400~499만 원	0.265	0.182	0.022	0.202	0.054	0.294
500만 원 이상	0.859***	0.213	0.398	0.208	0.373	0.297
연령	0.083***	0.008	0.039***	0.008	0.030**	0.011
여성	-0.134	0.135	-0.303*	0.127	-0.051	0.194
기혼	0.256	0.195	0.481**	0.173	0.329	0.225
직장 있음	-0.046	0.155	-0.172	0.153	0.382	0.232
종교 있음	0.304*	0.132	0.110	0.132	0.278	0.169
주 성장지						
경기/인천	0.115	0.194	-0.339	0.198	-0.320	0.326
강원/충청	0.094	0.219	-0.467*	0.218	0.582	0.316
호남/제주	-1.435***	0.294	0.522*	0.206	0.575	0.313
영남	0.488**	0.187	-0.661**	0.209	-0.153	0.318
상수	-4.242***	0.399	-2.164***	0.393	-3.833***	0.566
사례 수	1,956					
Log-likelihood	-2,207.93					
Wald Chi-squared	634.513***					
McFadden's R-squared	0.135					

주: 1) * p<.05, ** p<.01, *** p<.001 (양측 검증)
2) 후보자 선택의 기준범주: 투표하지 않음
3) 제시된 표준오차는 동/읍/면 단위로 집락화된 표준오차임

〈표 4-5〉 동원이 후보자 선택에 미치는 영향 (다항 로지스틱 회귀분석)

	모형6					
	새누리당		민주통합당		기타 정당	
	회귀계수	표준오차	회귀계수	표준오차	회귀계수	표준오차
독립변수						
동원(가변수)						
가족 및 친척	0.725**	0.240	0.490*	0.209	0.214	0.342
이웃 및 친구	-0.226	0.199	0.264	0.217	0.479	0.253
직장 동료/상사	-0.924*	0.379	-0.150	0.370	-0.303	0.503
소속단체의 동료/임원	0.804*	0.378	0.219	0.394	0.370	0.487
공무원(통/이장 포함)	-0.839	0.628	-0.620	0.489	-0.840	0.712
후보자/선거운동원	-0.064	0.170	0.168	0.169	-0.310	0.263
통제변수						
교육수준						
고졸 미만	-0.061	0.223	0.204	0.243	0.405	0.346
초대졸/대졸 미만	0.394*	0.201	0.491*	0.202	0.625*	0.268
대졸 이상	0.027	0.179	0.408*	0.187	0.874***	0.232
소득						
300~399만 원	0.137	0.181	0.222	0.172	0.710**	0.245
400~499만 원	0.246	0.184	0.002	0.199	0.051	0.292
500만 원 이상	0.810***	0.215	0.376	0.208	0.385	0.293
연령	0.084***	0.008	0.040***	0.008	0.030**	0.011
여성	-0.168	0.137	-0.314*	0.128	-0.069	0.197
기혼	0.261	0.194	0.494**	0.172	0.344	0.223
직장 있음	0.001	0.154	-0.137	0.155	0.406	0.227
종교 있음	0.313*	0.132	0.117	0.132	0.285	0.170
주 성장지						
경기/인천	0.132	0.196	-0.305	0.201	-0.285	0.324
강원/충청	0.139	0.222	-0.440*	0.224	0.635*	0.317
호남/제주	-1.422***	0.292	0.548**	0.207	0.603	0.312
영남	0.550**	0.189	-0.627**	0.210	-0.130	0.318
상수	-4.346***	0.406	-2.261***	0.397	-3.902***	0.560
사례 수	1,956					
Log-likelihood	-2,192.89					
Wald Chi-squared	707.714***					
McFadden's R-squared	0.140					

주: 1) * p<.05, ** p<.01, *** p<.001 (양측 검증)
2) 후보자 선택의 기준범주: 투표하지 않음
3) 제시된 표준오차는 동/읍/면 단위로 집락화된 표준오차임

도 있고 두 정당의 선거구 내 조직 기반의 견고함 차이 때문일 수도 있을 것이다. 반대로, 직장 상사나 동료의 권유는 오히려 새누리당에 투표할 확률을 14.5%p 감소시키고 투표하지 않을 확률을 11.3%p 높였다. 통계적으로 유의한 영향력을 보인 변수들 중 투표하지 않을 확률에 비해 새누리당에 투표할 확률을 가장 많이 증가시킨 것은 소속단체의 임원 및 동료의 권유이다. 소속단체로부터 권유를 받은 집단은 그렇지 않은 집단보다 새누리당에 투표할 확률이 약 15.7%p 높았으며, 투표하지 않을 확률은 약 11.5%p 낮은 것으로 추정되었다. 이 또한 새누리당이 가지고 있는 조직 선거에서의 전통적 강세와 밀접한 관련이 있을 것으로 판단된다. 이웃이나 친구의 지지 요청은 통계적으로 유의하지 않았다.[5] 〈표 4-5〉에서 통계적으로 유의한 유형의 동원이 지지후보 선택에 갖는 효과는 〈그림 4-3〉에 요약되어 있다. 그림을 통해 가족 및 친척으로부터 그리고 소속단체의 동료 및 임원으로부터 지지 요청을 받았을 경우 새누리당 지지자가 될 확률이 다른 당을 지지할 확률보다 상대적으로 높은 것을 확인할 수 있다.

---

5 기준범주가 투표하지 않은 집단으로 설정된 모형6의 회귀계수들은 특정 후보자에게 투표할 확률과 투표하지 않을 확률의 로짓($\ln[p_{후보A}/p_{base}]$)에 대해 각 변수가 갖는 영향력을 보여준다. 따라서 〈표 4-5〉의 결과는 이웃 및 친구의 권유가 투표하지 않을 확률과 각 후보에 투표할 확률의 로짓에 유의한 영향력이 없다는 점을 보여준다. 반면, 후보A와 후보B에 투표할 확률의 로짓($\ln[p_{후보A}/p_{후보B}]$)에 대한 각 변수의 영향력을 살피기 위해서는 재분석 혹은 사후검증을 해야 한다. 새누리당 후보와 민주통합당 후보에 투표할 확률의 로짓에 대한 이웃 및 친구의 권유의 영향을 분석한 결과, 통계적으로 유의한 효과가 발견되었다〔Wald Chi2(1) = 7.01, sig. = 0.008〕. 이는 새누리당 후보와 기타 정당 후보의 로짓에 대해서도 마찬가지였다〔Wald Chi2(1) = 7.72, sig. = 0.005〕. 이러한 결과는 모형6에서 만약 새누리당을 기준범주로 설정하였다면 민주통합당과 기타 정당에 대한 회귀계수가 통계적으로 유의하게 산출되었을 것이라는 점을 보여준다. 마지막으로 민주통합당 후보와 기타 후보의 상대적 위험비에서는 이웃 및 친구의 권유가 통계적으로 유의한 영향을 보이지 않았다〔Wald Chi2(1) = .68, sig. = .411〕.

〈그림 4-3〉 동원이 후보자 선택에 미치는 영향

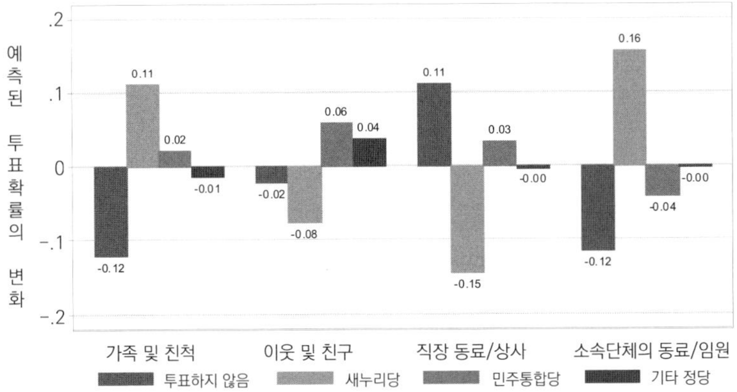

6. 나가며

이 연구는 동원의 투표참여와 지지후보 선택에 대한 효과를 양질의 자료를 분석하여 경험적으로 검증하고자 하였다. 이를 위해 동원 원천의 다양성을 지수화하고 동원 유형을 직접동원과 간접동원으로 구분하여 분석과 해석을 진행하였다. 그 결과, 첫째, 동원 원천이 다양할수록 투표참여 가능성이 높아진다는 사실을 발견할 수 있었다. 둘째, 직접동원보다는 간접동원이 투표참여에 영향을 더 미친다는 사실은 부분적으로만 확인되었는데, 간접동원 중에서도 가족 및 친척을 통한 지지 요청을 받은 유권자가 투표에 참여할 가능성이 높은 것으로 나타났다. 셋째, 동원 원천의 다양성과 지지후보 선택 간 관계는 민주통합당 지지자들에게서만 유의미한 것으로 드러났다. 이는 민주통합당이 동원을 통한 혜택을 더 누린다는 결과로 기존의 논의와 모순되는 것이다. 이에 대한 보다 심층적인 연구가 필요해 보인다. 넷째, 동원 유형에 따른 차이를 살펴보면, 새누리당에 투표한 사람들 사이에서는 가족과 친척을 통한 지지 요청과 소속단체 임원을 통한 지지 요청이 효과적인 것으로 나타났다. 기존 논의에서 제기된 새누리당의 조직 선거에서의 강세를 확인해주는 결과라 할 수 있다. 반면 직장에서의 지지 요청은 민주당 지지자들 사이에서 더 뚜렷한 것으로 판명되었다.

이 연구는 동원이 투표참여와 지지후보 선택에 미치는 효과를 경험적으로 분석한 최초의 연구이다. 과거에는 동원이론과 동원의 효과에 대한 논의만 무성했을 뿐 한국 선거에서 동원의 효과를 실증적인 자료의 분석을 통해 검증한 적은 없었다. 이러한 선행연구의 부족으로 인해 이 연구는 동원이 투표참여와 지지후보 선택에 대해 가지는 효과를 탐색적으로 살펴보려고 노력하였다. 따라서 기존 논의에서 자주 언급된 특정 후보 지지 요청의 계층화 현상이라든가 동원과 연령과의 상호작용 문제를 다루기에는 한계가 있었다. 동원 대상 선정과정과 정치성향 간 상호작용 문제도 살펴보지 못했다. 그리고 동원의 효과가 왜 특정 정당 지지자들에게서는 확연히 나타나는 반면, 다른 정당 지지자들에게서는 발견되지 않는가에 대한 이론화 작업이 미흡할 수밖에 없었다. 향후 연구에서는 동원과 다른 변수들과의 관계나 이에 따른 특정 정당에 대한 선택적 효과 등에 대한 분석이 추가적으로 진행되기를 바란다. 마지막으로, 동원이 가지는 영향력에 대한 무관심으로 인해 이를 효과적으로 검증할 만한 자료가 충분하지 않은 점도 아쉬운 부분이다. 이 연구를 시발점으로 한국의 선거 과정에서 동원의 역할에 대한 이론적 및 경험적 작업이 활성화되기를 기대한다.

참고문헌

강원택과 정당론 수강생들(2012), 《서울대생들이 본 2012 총선과 대선 전망》, 푸른길.

김 욱(1999), "거주지 규모와 연령이 투표참여에 미치는 영향: 합리적 선택 이론의 관점을 중심으로", 조중빈 편, 《한국의 선거 Ⅲ: 1998년 지방선거를 중심으로》, 푸른길.

______(2002), "한국 유권자의 투표참여에 대한 통합적 연구방향의 모색: 일반이론의 효용성에 대한 방법론적 논의를 중심으로", 진영재 편, 《한국의 선거 Ⅳ》, 한국사회과학데이터센터.

이갑윤(2011), 《한국인의 투표 행태》, 후마니타스.

정영국(1993), "국회의원선거과정의 체계론적 분석: 제14대 국회의원선거를 중심으로", 이남영 편, 《한국의 선거 I》, 나남.

정진민(1993), "한국사회의 세대문제와 선거", 이남영 편, 《한국의 선거 I》, 나남.

Abramson, Paul R. & William Claggett(2001), "Recruitment and Political Participation", *Political Research Quarterly* 54: 905~916.

Aldrich, John H. (1993), "Rational Choice and Turnout", *American Journal of Political Science* 37(1): 246~278.

Arceneaux, Kevin & David W. Nickerson(2009), "Who Is Mobilized to Vote? A Re-Analysis of 11 Field Experiments", *American Journal of Political Science* 53(1): 2~16.

Bennett, Setphen E., Richard S. Flickinger & Staci L. Rhine(2000), "Political Talk Over Here, Over There, Over Time", *British Journal of Political Science* 30: 99~119.

Brady, Henry E., Kay L. Schlozman & Sidney Verba(1999), "Prospecting for Participants: Rational Expectation and the Recruitment of Political Activists", *American Political Science Review* 93: 153~168.

Campbell, Angus, Phillip E. Converse, Warren E. Miller & Donald E. Stokes(1960), *The American Voter*, New York: John Wiley & Sons.

Cassel, Carol A. (1999), "Voluntary Associations, Churches, and Social

Participation Theories of Turnout", *Social Science Quarterly* 80: 504~517.

Chang, Yun-Sik(1991), "The Personalist Ethic and the Market in Korea", *Comparative Studies in Society and History* 33: 106~129.

de Matos Vas, Ana Silvia(2012), "Interpersonal Influence Regarding the Decision to Vote Within Mozambican Households", *CSAE Working Paper WPS*/2012-14.

Downs, Anthony(1957), *An Economic Theory of Democracy*, New York: Harper & Brothers.

Edlin, Aaron, Andrew Gelman & Noah Kaplan(2007), "Voting as a Rational Choice: Why and How People Vote to Improve the Well-Being of Others", *Rationality and Society* 19(3): 293~314.

Fiorina, Morris P.(1981), *Retrospective Voting in American National Elections*, New Haven: Yale University Press.

Fowler, James H., Laura A. Baker & Christopher T. Dawes(2008), "Genetic Variation in Political Participation", *American Political Science Review* 102(2): 233~248.

Gerber, Alan S. & Donald P. Green(2000), "The Effects of Canvassing, Telephone Calls, and Direct Mail on Voter Turnout: A Field Experiment", *American Political Science Review* 94: 653~663.

Gerber, Alan, Daniel Kessler & Mark Meredith(2008), "The Persuasive Effects of Direct Mail: A Regression Discontinuity Approach", *NBER Working Paper* 14206.

Green, Donald P., Alan S. Gerber & David W. Nickerson(2003), "Getting Out the Vote in Local Elections: Results from Six Door-to-Door Canvassing Experiments", *Journal of Politics* 65: 1083~1096.

Hansford, Thomas G. & Brad T. Gomez(2010), "Estimating the Electoral Effects of Voter Turnout", *American Political Science Review* 104(2): 268~288.

Hilbe, Joseph M.(2009), *Logistic Regression Models*, Florida: CRC Press.

Huckfeldt, Robert, E. Beck, R. Dalton & J. Levine(1995), "Political Environments, Cohesive Social Groups, and the Communication of Public Opinion", *American Journal of Political Science* 39: 1025~1054.

Huckfeldt, Robert & John Sprague(1995), *Citizens, Politics, and Social*

Communication: Information and Influence in an Election Campaign, New York: Cambridge University Press.

Huckfeldt, Robert, E. Plutzer & J. Sprague(1993), "Alternative Contexts of Political Behavior: Churches, Neighborhoods, and Individuals", *Journal of Politics* 55(2): 365~381.

Jessee, Stephen A. (2010), "Partisan Bias, Political Information and Spatial Voting in the 2008 Presidential Election", *Journal of Politics* 72(2): 327~340.

Kim, Chong Lim(1980), "Political Participation and Mobilized Voting", In Kim, eds., *Political Participation in Korea*, pp. 119~141, Santa Barbara: ClioBooks.

Kim, Jae-On & B. C. Koh(1980), "The Dynamics of Electoral Politics: Social Development, Politicipation and Manipulation of Electoral Laws", In Kim, eds., *Political Participation in Korea*, pp. 59~84, Santa Barbara: ClioBooks.

Kim, Seokho(2011), "Voluntary Associations, Social Inequality, and Participatory Democracy in the United States and Korea", *Korean Journal of Sociology* 45(3): 125~154.

Knack, Stephen(1992), "Civic Norms, Social Sanctions, and Voter Turnout", *Rationality and Society* 4(2): 133~156.

Knoke, D. (1990a), "Networks of Political Action: Toward a Theory Construction", *Social Forces* 68: 1041~1063.

______(1990b), *Political Networks: The Structural Perspective*, New York: Cambridge University Press.

Krishna, Anirudh(2002), "Enhancing Political Participation in Democracies: What is Role of Social Capital?", *Comparative Political Studies* 35: 437~460.

Lazarsfeld, Paul F., Bernard Berelson & Hazel Gaudet(1944), *The People's Choice*, NewYork: Duell, Sloan, and Pearce.

Leighley, Jan E. (1990), "Social Interaction and Contextual Influences on Political Participation", *American Politics Quarterly* 18: 459~475.

______(1996), "Group Membership and the Mobilization of Political Participation", *Journal of Politics* 58: 447~463.

Letki, Natalia(2004), "Socialization for Participation? Trust, Membership and Democratization in East-Central Europe", *Political Research Quarterly* 57: 665~679.

Liu, Frank C. S.(2007), "Constrained Opinion Leader Influence in an Electoral Campaign Season: Revisiting the Two-Step Flow Theory with Multi-Agent Simulation", *Advances in Complex Systems* 10(2): 233~250.

McClurg, Scott D.(2003), "Social Networks and Political Participation: The Role of Social Interaction in Explaining Political Participation", *Political Research Quarterly* 56: 448~464.

______(2004), "Indirect Mobilization: The Social Consequences of Party Contacts in an Election Campaign", *American Politics Research* 32: 406~443.

McDonough, Peter, Doh C. Shin & Jose Alvaro Moises(1998), "Democratization and Participation: Comparing Spain, Brazil, and Korea", *The Journal of Politics* 60: 919~953.

Mutz, Diana C.(2002a), "Cross-Cutting Social Networks: Testing Democratic Theory in Practice", *American Political Science Review* 96: 111~126.

______(2002b), "The Consequences of Cross-Cutting Networks for Political Participation", *American Journal of Political Science*: 838~855.

Nickerson, David W.(2008), "Is Voting Contagious? Evidence from Two Field Experiments", *American Political Science Review* 102(1): 49~57.

Park, Chong-Min & Doh Chull Shin(2005), "Social Capital and Democratic Citizenship: The Case of South Korea", *Japanese Journal of Political Science* 6: 63~85.

Pollock, Philip H., Ⅲ.(1982), "Organizations as Agents of Mobilization: How Does Group Activity Affect Political Participation?", *American Journal of Political Science* 26: 485~503.

Powell, G. Bingham Jr.(1986), "American Voter Tunout in Comparative Perspective", *American Political Science Review* 80: 17~43.

Rosenstone, Steven J. & John Mark Hansen(2003), *Mobilization, Participation, and Democracy in America*, NewYork: Longman.

Smith, Joel & John F. Zipp(1983), "The Party Official Next Door: Some Consequences of Friendship for Political Involvement", *The Journal of Politics* 45: 958~978.

Verba, Sidney, Kay L. Schlozman & Henry E. Brady(1995), *Voice and Equality Civic Voluntarism in American Politics*, Cambridge: Harvard University Press.

Verba, Sidney, Norman Nie & Jae-on Kim(1978), *Participation and Political Equality: A Seven Nation Comparison*, New York: Cambridge University Press.

Wolfinger, Raymond E. & Steven J. Rosenstone(1980), *Who Votes*?, New Haven: Yale University Press.

부록 4-1

사회인구학적 특성이 후보자 선택에 미치는 영향(다항 프로빗 분석)

	모형4					
	새누리당		민주통합당		기타 정당	
	회귀계수	표준오차	회귀계수	표준오차	회귀계수	표준오차
교육수준						
고졸 미만	-0.051	0.163	0.125	0.179	0.251	0.218
초대졸/대졸 미만	0.281	0.150	0.334*	0.151	0.398*	0.173
대졸 이상	0.013	0.134	0.287*	0.140	0.546***	0.151
소득						
300~399만 원	0.129	0.132	0.139	0.128	0.452**	0.160
400~499만 원	0.193	0.138	0.020	0.153	0.037	0.186
500만 원 이상	0.650***	0.160	0.322*	0.155	0.278	0.195
연령	0.061***	0.005	0.028***	0.006	0.022***	0.007
여성	-0.104	0.100	-0.229*	0.096	-0.077	0.126
기혼	0.222	0.141	0.452***	0.127	0.299*	0.144
직장 있음	-0.022	0.114	-0.108	0.114	0.253	0.149
종교 있음	0.233*	0.099	0.095	0.099	0.207	0.111
주 성장지						
경기/인천	0.077	0.144	-0.259	0.150	-0.226	0.201
강원/충청	0.079	0.164	-0.349*	0.159	0.373	0.208
호남/제주	-0.926***	0.199	0.470**	0.159	0.373	0.201
영남	0.370**	0.141	-0.499**	0.152	-0.118	0.197
상수	-3.168***	0.294	-1.555***	0.295	-2.672***	0.357
사례 수	1,956					
log-likelihood	-2,216.03					
Wald Chi-squared	660.940					

주: 1) * p<.05, ** p<.01, *** p<.001 (양측 검증)
2) 후보자 선택의 기준범주: 투표하지 않음
3) 제시된 표준오차는 동/읍/면 단위로 집락화된 표준오차임

부록 4-2

동원이 후보자 선택에 미치는 영향(다항 프로빗 분석)

		새누리당		민주통합당		기타 정당	
		회귀계수	표준오차	회귀계수	표준오차	회귀계수	표준오차
모형5	동원(합계)	0.033	0.048	0.141**	0.047	0.038	0.058
	사례 수	1,956					
	log-likelihood	-2,210.47					
	Wald Chi-squared	658.420					
모형6	동원(가변수)						
	가족 및 친척	0.562**	0.179	0.361*	0.158	0.184	0.217
	이웃 및 친구	-0.173	0.146	0.201	0.159	0.315	0.167
	직장 동료/상사	-0.670*	0.274	-0.101	0.285	-0.272	0.333
	소속단체의 동료/임원	0.602*	0.271	0.164	0.282	0.294	0.313
	공무원(통/이장 포함)	-0.616	0.452	-0.463	0.382	-0.594	0.439
	후보자/선거운동원	-0.052	0.129	0.140	0.128	-0.177	0.164
	사례 수	1,956					
	log-likelihood	-2,195.10					
	Wald Chi-squared	743.154					

주 : 1) * $p<.05$, ** $p<.01$, *** $p<.001$ (양측 검증)
2) 후보자 선택의 기준범주: 투표하지 않음
3) 제시된 표준오차는 동/읍/면 단위로 집락화된 표준오차임
4) 교육수준, 소득, 연령, 성별, 혼인상태, 근로상태, 종교유무, 주성장지가 통제된 상태에서 산출된 계수들임

05 한국 유권자의 정당일체감

정강, 정당지도자 및 정당활동가의 영향*

한정훈

1. 들어가며

민주화 이후 상당 기간 동안 한국 사회의 선거경쟁은 지역주의가 지배적인 영향을 미친 것으로 평가되었다.[1] 한국의 선거결과는 유권자들이 출신지역을 중심으로 지지 정당을 결정함으로써 지역분할적 성격을 띤다는 점에 광범위한 합의가 이루어져 온 것이다. 1987년 이후 전국 단위의 선거만도 10여 차례 넘게 시행되었지만 지역분할적 투표행태는 여전할 뿐만 아니라 더욱 최근에 실시된 제 19대 국회의원선거 역시 빨간색으로 상징되는 새누리당과 노란색으로 상징되는 민주통합당(이하 민주당)이 전국을 분할하였다.[2]

* 이 논문은 책 편찬 진행 단계에서 〈한국과 국제정치〉 제 28권 제 3호에 게재되었고, 제목과 일부 내용만 수정한 것임을 밝혀둔다.

1 한국의 지역주의에 대한 다양한 개념적 정의와 접근법에 대해서는 최영진(1999), 박상훈(2001), 조기숙(2000) 등을 참조할 것.

그러나 2000년 이후부터 지역분할적 투표행태의 변화가능성에 대한 주장과 검증이 활발히 이루어지고 있다(김욱, 2004; 최준영 · 조진만, 2005; 김민전, 2008; 강원택, 2008; 이내영, 2009; 문우진, 2009). 이들은 2002년 제 16대 대통령선거를 시발점으로 그동안 한국 유권자들의 투표행태에 지배적인 영향을 미쳤던 지역의 영향력이 일정 정도 감소하고 있다는 점에 대부분 동의한다. 또한 한국의 유권자들은 지지 정당 및 지지후보를 결정하기 위해 출신 지역 이외에도 점차적으로 연령, 세대 및 이념적 지향(강원택, 2009a; 2009b; 지병근, 2006), 다양한 선거경쟁 이슈(이내영 · 정한울, 2007), 그리고 선거제도 개혁 등에 따른 전략적 선택(한정훈 · 강현구, 2009; 박찬욱, 2009; 문우진, 2012) 등 다양한 요인을 고려하기 시작하였음을 주장한다.

위와 같은 한국 선거환경의 변화에 대한 인식에도 불구하고 그로부터의 발견은 일관되지 못한 실정이다. 예를 들어 연령이나 세대와 같은 인구학적 요인 및 선거 이슈 등은 특정 선거에 영향을 미친 반면 또 다른 선거에서는 유의미한 영향력이 관찰되지 않는 경우가 있는 것이다. 따라서 이들이 한국 유권자의 투표행태에 미치는 영향력을 일반화하기에는 한계가 있을 뿐 아니라 때때로 특정 선거에 대한 사후적인 설명에 한정되는 경향도 강하다. 한편 유권자의 이념성향과 같은 장기적이고 지속적인 요인에 대한 분석을 통해 위와 같은 단편적 선거결과 분석의 한계를 극복하고자 하는 시도가 이루어지고 있다. 그러나 이 역시 한국 사회에서 이념(*ideology*)이라는 개념이 지닌 정의의 난해함뿐만 아니라

2 이 연구에서는 새누리당과 민주통합당의 당명 변경에도 불구하고 각 정당에 소속된 정치인들의 연속성을 고려하여 분석하고자 한다. 따라서 이 연구의 새누리당은 그 전신인 한나라당뿐만 아니라 친박연대를 포괄하는 대표명칭으로 이용하고, 민주당의 경우 민주통합당, 열린우리당, 통합민주당을 포함하는 대표명칭으로 이용한다.

유권자의 이념분포의 차별성이 출신지역과 연관되어 변화하면서 투표행태에 미치는 각각의 독립적인 영향력을 검증하는 데 어려움에 봉착해 있다.

이 연구는 최근 지역주의 투표행태의 변화와 그 효과를 분석하고자 하는 위와 같은 논의를 발전시키고 확대하기 위해 유권자의 투표행태와 밀접한 연관이 있는 것으로 간주되는 정당일체감(*party identification*) 개념에 초점을 맞추고자 한다. 1960년대 미국 미시간 학파의 연구를 통해 주목을 받게 된 정당일체감 개념은 서구 사회의 선거환경의 변화를 파악하고 그에 따른 유권자 및 정당의 대응 양태를 분석하는 데 유용한 개념으로 활용되었다. 한국 사회의 선거분석에서 이와 같은 개념의 활용가능성은 정당일체감이 출신지역과는 독립적으로(*independently*) 유권자의 투표행태에 영향력을 미칠 것인가에 따라 달라진다. 또한 만일 그러한 가능성이 존재한다면 한국 유권자들의 정당일체감이 형성되는지 또는 어떤 요인에 의해 형성되는지를 밝힐 필요가 있다.

이를 위해 이 연구는 2가지 측면에 주목하고자 한다. 첫째, 한국 유권자의 지지 정당 결정 행태와 정당일체감의 지역별 통시적 변화를 살펴보고, 지역주의의 영향력과 정당일체감의 변화 추세를 비교 검토하는 것이다. 각 정당의 지역별 득표율과 유권자의 정당일체감이 시기적으로 유사한 변화 추세를 보이는 경우 지역의 영향력과는 독립적으로 정당일체감이 각 정당의 득표율에 미치는 영향력을 측정하는 것은 거의 불가능하다. 예를 들어 호남지역에서의 민주당의 득표율이 감소하면서 정당일체감도 동시에 약화되고 있다면, 민주당의 득표율 변화가 지역주의적 투표행태의 감소로부터 유발된 것인지 정당일체감의 약화 및 이탈로부터 기인한 것인지 구별하기 어려운 것이다.

둘째, 한국 유권자들의 정당일체감 형성 가능성을 정당내적요인 중심으로 탐색하는 것이다. 서구에서 정당일체감에 관한 논의는 점차적으로 정당일체감이 특정 정당에 대한 심성적(*affective*) 반응뿐만 아니라 인지적(*cognitive*) 반응을 통해 형성될 수 있음을 강조한다(예를 들어, Markus & Converse, 1979; Fiorina, 1981). 유권자는 각 정당이 제시하는 정치적 단서(*cues*)나 대안들(*alternative*)에 대한 인식을 통해 정당일체감을 형성할 수 있다는 것이다. 이 연구는 이러한 논의에 근거해 각 정당이 타 정당과의 차별성을 부각하기 위해 유권자들에게 제시하는 정치적 단서나 대안들을 정당내적요인으로 간주한다. 이러한 요인은 특정 선거와 관련하여 단편적으로 제시되는 정책적 입장과는 대조적으로 지속적(*enduring*)인 성격을 지니는 것이며 정당의 정체성(*identity*)을 구성하는 요소들에 해당한다고 볼 수 있다. 이러한 요인은 또한 반사이익을 위해 타 정당에 대한 부정적 인식을 고취하려는 수동적 활동과도 구별된다.[3] 이 연구는 각 정당이 능동적으로 타 정당과 차별적인 대안을 제시하고 유권자들의 정당일체감은 그에 대한 반응을 통해 형성되는지를 살펴보고자 하는 것이다.

이 연구의 목적은 따라서 지역이라는 전통적 지지기반의 약화를 경험하고 있는 것으로 평가되는 한국의 정당들이 적극적이고 꾸준히 정치적 대안을 제시함으로써 유권자와의 연계성을 강화하는지를 경험적으로 검증하는 것이다. 이를 위해 이 연구는 중앙선거관리위원회의 선거자료를 통해 각 정당들의 전통적 지지기반인 지역에서의 득표율의

3 사실 한국 사회의 지역갈등은 특정 정당에 대한 부정적 정서 및 평가를 유발하는 기능을 수행했을 가능성을 무시할 수 없다. 한국 정당들 역시 지역갈등을 상대정당에 대한 부정적 인식을 강화하고 그 반사효과로써 자당에 대한 유대감(*affiliation*)을 강화하기 위해 전략적으로 이용해왔다고 볼 수 있다. 이와 같이 지역갈등의 전략적 이용에 따른 정당일체감 강화 가능성은 또 하나의 엄밀한 분석을 필요로 하는 주제라 하겠다.

변화를 살펴본다. 또한 유권자들의 정당일체감의 변화 추세를 살펴보기 위해 한국사회과학자료원이 실시한 2003~2009년 한국종합사회조사 자료를 활용한다. 마지막으로 정당일체감 형성과 관련된 정당내적요인의 영향력을 검증하기 위해 2012년 〈정치와 민주주의에 관한 의식조사〉 자료를 활용하였다. 이 자료는 서울대학교 한국정치연구소가 주관하고 한국리서치에서 대면면접조사로 수집한 것이다.[4] 이 자료를 활용한 근본적 이유는 정당내적요인에 관한 경험적 지표를 설문문항에 담고 있는 유일한 자료이기 때문이다.[5] 자료 분석을 통해 이 연구는 출신지역과 연령 등 인구사회학적 요인의 영향력을 통제한 이후에도 각 정당의 정책과 정강 및 정당지도자의 능력과 자질 같은 정당내적요인이 유권자들의 정당일체감 형성에 독립적인 영향력을 지니고 있음을 보인다.

다음 절에서는 우선 유권자의 투표행태와 정당일체감을 통시적, 공시적으로 세분화하여 비교 검토함으로써 정당일체감이 유권자의 출신지역과 독립적으로 각 정당의 새로운 안정적 지지기반으로 기능할 수 있는 가능성을 살필 것이다. 다음으로 정당일체감 형성에 관한 이론적 논의를 토대로 한국 유권자들 사이에 정당내적요인이 정당일체감 형성에 미칠 영향력에 관한 가설을 제시하고자 한다. 가설검증을 위한 단계

4 이 조사 자료는 2012년 5월 3일부터 21일까지 19일 동안 전국의 만 19세 이상 성인 남녀를 대상으로 한 대면면접조사를 통해 수집되었다. 2012년 2월 주민등록인구 현황에 따라 성별, 연령별, 지역별 비례할당 무작위추출 기법을 통해 표본을 선정하였으며 응답자의 총 수효는 2,047명이었다. 또한 95% 신뢰구간에서 최대허용 표집오차는 ±2.2%였다.

5 이와 관련된 설문문항으로는 "귀하께서는 투표한 정당을 결정할 때 다음의 사항들이 얼마나 영향을 주었습니까?"를 들 수 있으며 각각 "정당지도부의 능력과 자질", "지역구 후보 및 소속정당원의 능력과 자질", "정당의 정책과 정강"에 대해 0에서 10점의 등간척도로 측정한다.

에서는 새누리당과 민주당에 대해 정당일체감을 지닌 두 유권자 집단을 대상으로 정당일체감 형성의 요인분석을 시도한다. 마지막으로 결론에서는 이 연구의 발견이 한국 정당정치의 미래에 지닌 함의를 논의한다.

2. 지역주의 투표행태와 정당일체감: 구체적 변화 양상

민주화 이후 한국 유권자의 투표행태에 지배적인 영향을 미친 것으로 평가되었던 지역주의는 2000년 이후 한국 선거환경의 변화와 함께 그 영향력이 감소될 것으로 예상되었다. 최준영과 조진만(2005)에 따르면 이러한 예측은 16대 대선과 17대 총선을 치르면서 발생한 3김의 퇴장, 노무현 후보의 탈지역성, 젊고 진보적인 유권자 집단의 등장, 열린우리당의 등장, 민주노동당의 선전 등과 같은 한국 선거환경의 변화에 기인한 것이다. 이러한 예측을 경험적으로 검증한 연구들은 세대와 이념, 선거 이슈 및 유권자의 합리적 선택 등이 유권자의 출신 지역과는 독립적으로 한국 유권자들의 투표행태에 영향을 미친다는 주장을 제기한다(김욱, 2004; 최준영·조진만, 2005; 김민전, 2008; 강원택, 2008; 2009a; 2009b; 이내영·정한울, 2007; 이내영, 2009; 문우진, 2009; 2012; 지병근, 2006; 한정훈·강현구, 2009; 박찬욱, 2009).

이 연구는 이러한 논의를 발전시키기 위해 한국 사회에서 정당일체감 개념이 지닌 유용성을 탐색하고자 한다. 특히, 한국 정당들이 지역이라는 안정된 지지기반의 변화에 대응하고, 새로운 안정적 지지기반을 모색하기 위해 유권자의 정당일체감 형성에 기여하는지를 살펴보고자 한다. 이러한 논의를 진행하기 위한 첫 단계는 유권자의 지지정당 결정에 미치는 정당일체감의 영향력이 유권자의 출신지역의 영향력과

〈표 5-1〉 제19대 총선에서 지역별 정당득표율

단위: %

	새누리당	민주통합당	기타정당	합계
서울	42.28	38.16	19.56	100
인천/경기	42.63	37.71	19.56	100
대전/충청	38.22	33.37	28.41	100
광주/전라	7.17	68.02	24.81	100
대구/경북	67.75	14.90	17.35	100
부산/울산/경남	51.52	27.53	20.95	100
강원/제주	44.90	36.50	18.6	100

자료: 중앙선거관리위원회 제19대 총선 비례대표 득표율

는 차별적인가를 판단하는 것이다. 2000년 이후 새누리당과 민주당이 얻은 득표율을 통시적, 공시적 측면에서 세분화하여 분석한 다음의 결과는 이와 같은 정당일체감의 독립적 영향력을 보여준다.

〈표 5-1〉은 우선 제19대 총선의 비례대표 정당투표에서 각 정당의 득표율을 7개 지역으로 세분한 것이다. 〈표 5-1〉에 따르면 새누리당은 대구/경북 지역과 부산/울산/경남 지역에서 50%가 넘는 득표율을 보이는 반면 민주당은 오직 광주/전라 지역에서만 50% 이상을 득표하였다. 이러한 득표율의 분포상은 과거 두 정당의 전통적 지지기반으로 간주되었던 이들 세 지역이 여전히 지역분할적 투표현상을 추동하는 중심지역임을 의미한다. 그러나 〈표 5-1〉은 또한 2가지 측면에서 지역주의적 투표행태의 변화가능성을 보여준다. 첫째, 새누리당의 지지기반이었던 대구/경북 지역과 부산/울산/경남 지역 사이에서 새누리당의 득표율은 유의미한 차이를 보인다. 둘째, 민주당 역시 과거 90% 이상의 득표를 기록하였던 광주/전라 지역에서 70% 미만의 득표율만을 기록하고 있다. 이러한 현상은 전통적 지역분할 투표행태로부터 일정 정도 변화가 일어나고 있음을 함의한다. 이를 좀더 자세히 살펴보기 위해 두 정당이 호남과 영남지역에서 얻은 득표율의 시기적 변화를 추적해

보았다.

〈그림 5-1〉은 영남과 호남 지역에 초점을 맞춰 2002년 제16대 대선에서부터 2012년 제19대 총선까지 5차례에 걸친 전국 단위 선거에서 민주당과 새누리당의 득표율 변화 추세를 보여준다.[6] 〈그림 5-1〉에 나타난 득표율 변화 추세는 3가지 중요한 특징을 보인다. 첫째, 전체적으로 민주당과 새누리당은 호남과 영남 지역에서 각각 상대당과 큰 격차를 보이는 득표율을 유지하였다. 〈그림 5-1-1〉에서 알 수 있듯이 민주당이 호남지역에서 얻는 득표율은 여전히 70%를 상회하는 반면, 영남지역에서는 20%를 넘는 경우가 드물다.[7] 또한 〈그림 5-1-2〉에서 새누리당은 영남지역에서 최소 50% 정도의 득표율을 유지하는 반면, 호남지역에서는 대부분 10% 미만의 득표율을 기록하고 있음을 보여준다.[8] 여전히 무시할 수 없는 지역분할적 투표행태가 지속되는 것이다.

둘째, 더욱 흥미로운 점은 민주당과 새누리당 등 각 정당이 전통적 지지기반으로 간주하였던 호남과 영남지역에서 득표율의 하락을 경험하고 있다는 것이다. 특히 이러한 현상은 민주당의 호남 지역 득표율에서 두드러진다. 〈그림 5-1-1〉은 전남과 전북지역 모두에서 민주당의

6 각 당의 득표율 계산을 위해서는 민주통합당의 경우 2002년 제16대 대선은 노무현 전 대통령의 득표율, 2004년 제17대 총선은 열린우리당과 민주당이 획득한 비례대표 정당득표율의 합계, 2007년 제17대 대선은 정동영 후보의 득표율, 2008년 제18대 총선은 통합민주당의 비례대표 정당득표율, 2012년 제19대 총선은 민주통합당의 비례대표 정당득표율을 이용하였으며, 새누리당의 경우 2002년은 이회창 후보의 득표율, 2004년은 한나라당의 비례대표 정당득표율의 합계, 2007년은 이명박 현 대통령의 득표율, 2008년은 한나라당과 친박연대의 비례대표 정당득표율의 합계, 2012년은 새누리당의 비례대표 정당득표율을 이용하였다.

7 영남지역에서 민주당에 대한 지지가 가장 높았던 경우는 2004년 제17대 총선 당시 부산과 경남 지역에서 열린우리당과 민주당의 득표율을 합한 33.1%가 해당한다.

8 예외적으로 2008년 제18대 총선 당시 전북지역의 한나라당과 친박연대 득표율의 합은 10%를 넘은 11.59%에 해당하였다.

〈그림 5-1〉 각 당의 중요 지역 기반의 득표율 변화 추세

〈그림 5-1-1〉 민주당 득표율 변화 추세 : 2002년~2012년

〈그림 5-1-2〉 새누리당 득표율 변화 추세 : 2002년~2012년

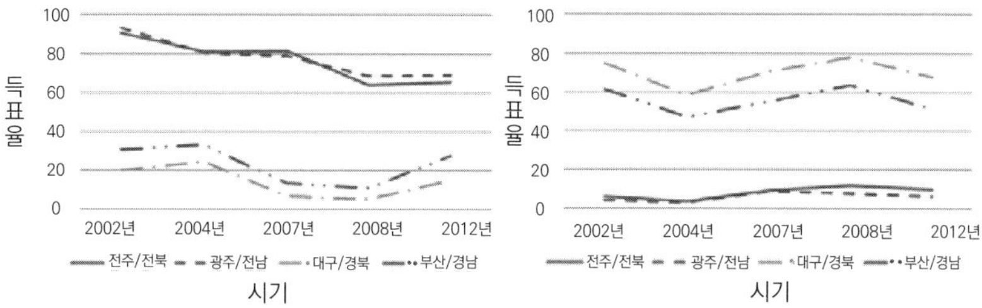

자료: 중앙선거관리위원회 선거자료.

득표율이 하락하고 있음을 나타낸다. 2002년 대선 당시 90% 이상의 득표율을 기록했던 것과 대조적으로 2012년 총선에서는 70% 미만의 득표율만을 보이고 있다. 민주당과 달리 새누리당의 영남지역 득표율은 등락을 반복하는 경향을 보인다. 그러나 〈그림 5-1-2〉에서 새누리당의 경북과 경남 지역 득표율을 자세히 살펴보면 2012년 총선에서의 득표율은 2002년 16대 대통령선거 때보다 감소했음을 알 수 있다. 다시 말해 등락이 반복하고 있음에도 불구하고 근 10년에 걸친 영남지역에서의 새누리당의 득표율 역시 일정 정도 하락하였음을 의미한다.

셋째, 민주당과 새누리당이 상대정당의 지역기반인 영남과 호남지역에서 얻은 득표율의 변화 역시 간접적으로 지역주의 투표행태가 감소하고 있음을 보여준다. 〈그림 5-1-1〉에서 민주당의 경우 영남지역에서 2004년 이후 감소하였던 득표율이 상승하고 있으며, 〈그림 5-1-2〉에서 새누리당 역시 호남지역에서 2002년 이후 조금씩 득표율이 상승하고 있음을 알 수 있다.

그러면, 이와 같이 세 측면에서 관찰되는 지역주의 투표행태의 변화

는 각 지역 유권자들의 정당일체감과는 어떤 관계가 있는가? 각 지역별 유권자들의 정당일체감이 지역주의 투표행태의 감소와 유사한 추세를 보이는 경우 각 정당의 득표율에 정당일체감과 지역이 미치는 영향력을 구별해내기 어렵다. 따라서 정당일체감을 통한 정당과 유권자의 연계성의 발전 가능성을 논의하기 위해서는 각 지역별 유권자들의 정당일체감의 시기적 변화 추세가 득표율의 변화와는 무관하게 독립적으로 변화하는지를 살펴볼 필요가 있다. 이러한 필요성에 부응하기 위해 이 연구는 설문조사 자료를 활용하여 각 정당에 대해 정당일체감을 지닌 유권자의 지역별 비율을 이용하였다. 2003년부터 2009년까지 매해 각 지역별로 새누리당과 민주당에 대해 정당일체감을 지닌 유권자 비율은 한국사회과학자료원이 실시한 한국종합사회조사분석 자료의 추정값(*estimates*)을 활용하였으며, 2012년의 유권자 비율은 서울대 한국정치연구소의 〈정치와 민주주의에 관한 의식 조사〉 자료를 활용하였다.[9] 〈그림 5-2〉는 이들 자료를 활용하여 2003년부터 2012년까지 영남과 호남 지역에서 민주당과 새누리당에 대해 정당일체감을 지닌 응답자 비율의 변화 추세를 보여준다.

〈그림 5-2〉는 2002년 이후 민주당과 새누리당에 정당일체감을 지닌 지역별 유권자 비율의 변화 추세는 지역별 각 정당의 득표율의 변화 추

---

9 정당일체감의 변화 추세를 살펴보기 위해 2003년부터 2009년까지는 연도별로 이루어진 한국사회과학자료원의 한국종합사회조사분석 자료를 활용하였으며 2012년은 서울대 한국정치연구소의 〈정치와 민주주의에 관한 의식 조사〉 자료를 활용하였다. 두 자료는 정당일체감을 측정하는데 약간의 차별성이 존재한다. 〈정치와 민주주의에 관한 의식 조사〉의 설문문항은 '평소 지지하는 정당'을 묻는 반면 한국종합사회조사분석 자료는 '지지하는 정당'을 묻고 있어 〈정치와 민주주의에 관한 의식 조사〉는 정당일체감이 장기간에 걸쳐 형성될 뿐 아니라 쉽게 변하지 않는 성격임을 가정한다고 볼 수 있다. 그러나 두 자료는 후속질문으로 정당선호감을 측정하는 질문을 담고 있어 설문문항의 구성에서는 일관성을 보인다.

〈그림 5-2〉 정당일체감의 변화 추세: 2003년~2012년

〈그림 5-2-1〉 민주당에 대한 정당일체감 변화 추세

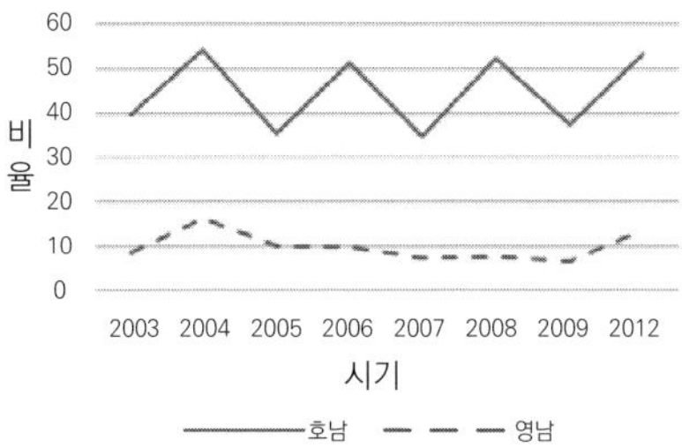

〈그림 5-2-2〉 새누리당에 대한 정당일체감 변화 추세

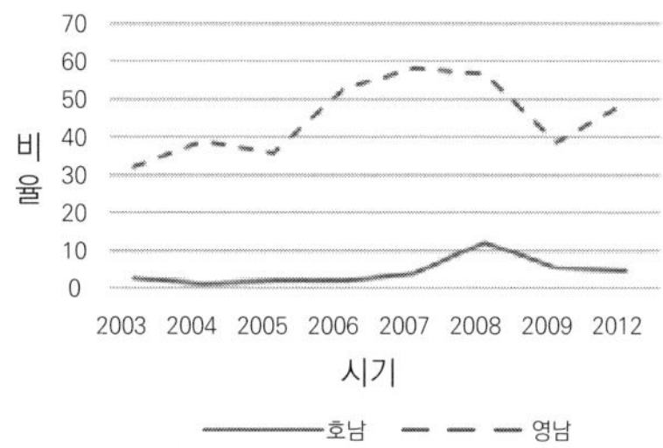

자료 : 한국사회과학자료원 한국종합사회조사분석 2003~2009; 서울대 한국정치연구소, 〈정치와 민주주의에 관한 의식 조사〉

세와 동일한 양상을 띠지 않는다는 흥미로운 사실을 보여준다.[10] 가장 두드러진 특징은 〈그림 5-2-1〉의 민주당에 정당일체감을 지닌 유권자 가운데 호남지역 유권자의 비율에서 살펴볼 수 있다. 〈그림 5-1-1〉에서 민주당의 호남지역 득표율은 2002년부터 2004년을 거쳐 2012년까지 지속적으로 감소하는 반면, 〈그림 5-2-1〉에서 민주당에 정당일체감을 지닌 호남지역 유권자의 비율은 35%에서 55% 사이에서 해마다 등락을 반복하며 뚜렷한 상승세나 하향세가 목격되지 않는다. 또한 〈그림 5-2-2〉와 〈그림 5-1-2〉를 비교하면, 2002년과 2004년 선거에서 새누리당의 영남지역 득표율은 감소한 반면 동 지역에서 새누리당에 정당일체감을 지닌 유권자의 비율은 오히려 상승하고 있음을 알 수 있다. 결과적으로 호남과 영남지역에서 민주당과 새누리당에 대해 정당일체감을 지닌 유권자의 비율은 명확히 각 정당이 해당지역에서 얻는 득표율과 동

10 〈그림 5-1〉과 〈그림 5-2〉에 나타난 각 지표를 비교하는 경우 각 지표가 측정된 시간적 간격이 다르다는 점에 유의할 필요가 있다. 따라서 두 그림의 적확한 비교는 동일한 시간 간격을 두고 이루어진 변화를 고려할 때 가능하다.

일한 증감의 추세를 보여주지 않을 뿐 아니라 때때로 그 증감의 방향이 역전되는 현상이 관찰된다. 이러한 결과는 각 지역 유권자들이 새누리당과 민주당에 대해 지닌 정당일체감은 지역과는 무관하게 독자적으로 각 정당의 득표율에 영향을 미칠 가능성이 있음을 함의한다.

그러면, 한국 유권자의 정당일체감 형성에 영향을 미치는 요인은 무엇인가? 다음에서는 정당일체감에 관한 이론적 논의를 검토하고 한국 유권자들의 정당일체감 형성에 각 정당의 내적요인(*internal factors*)이 미치는 영향력 사이의 경험적 가설을 제시하도록 하겠다.

3. 정당내적요인과 정당일체감: 이론적 논의 및 가설

정당일체감(*party identification*) 개념은 1960년대 미시간 학파에 의해 주목받기 시작한 이래 유권자의 투표행태 및 정치현상 분석에 활용되면서 다양한 개념적 발전을 이뤘다(예를 들어, Carmines et al., 1987; Miller & Shanks, 1996; Bartel, 2000; 2002; Wattenberg, 1998). 캠벨과 그의 동료들(Campbell et al., 1960)을 중심으로 한 초기 논의는 정당일체감을 가족(*family*) 등을 통한 장기간의 정치사회화(*political socialization*) 과정을 거쳐 형성된 특정 정당에 대한 심성적(*affective*) 유대감(Campbell et al., 1960)으로 정의한다. 이러한 개념은 시간과 심성적 유대감이라는 두 요인에 주목한 것으로 쉽게 변화하지 않는 속성에 중심을 둔다. 그러나 1960년대 이후 정당에 대한 유권자의 지지변동(*partisan realignment*)이 관찰되면서 피오리나(Fiorina, 1987)는 유권자의 정당일체감은 심성적 유대감 이외에도 각 정당의 정책적 입장에 대한 유권자의 태도나 평가와 같은 인지적(*cognitive*) 측면을 통해서도 형성될 수 있음을 지적하였다.

수정주의적(*revisionist*) 시각으로 평가되는 이러한 개념화는 유권자의 정당일체감이 변화하지 않는 속성을 지니면서도 변화가 가능한 것(*unmoved mover*)이라는 의미를 강조한 것이다. 더욱 최근에는 정당에 대한 유권자의 지지변동을 이해하기 위해 정당일체감의 변경가능성을 확대해석한 경향을 비판하며 정당일체감이 쉽게 변화하지 않는 사회적 정체성(*social identity*)의 일종이라는 개념적 정의가 이루어지고 있다(Green et al., 2002).

그러나 서구적 현실을 반영하며 발전해 온 정당일체감 개념을 한국 사회에 그대로 적용하기에는 무리가 있어 보인다. 우선 사회적 정체성이라는 측면을 중시하는 유럽식 정의는 한국의 정당들이 유럽 정당들과 달리 전통적으로 뿌리 깊은 사회균열(*social cleavage*)[11]을 대표하면서 발전하지 않았다는 점에서 활용하기에는 한계가 있어 보인다. 김영태(2009)의 경우 1987년 민주화 이후 한국의 선거경쟁이 지속적으로 지역균열상을 반영한다는 점에서 지역주의를 정당일체감의 한국적 표출방식으로 이해할 필요가 있다는 주장을 전개한다. 그러나 한국의 정당들이 지역을 안정적인 지지기반으로 간주했음에도 불구하고 지역대표성을 표방한 적이 없을 뿐 아니라 한국 사회에서 지역은 지역 사이의 차별성 못지않게 지역 내적으로 이념적, 계층적 차별성이 크다는 점에서(강원택, 2010) 투표행태를 통해 피상적으로 드러난 지역균열을 유럽식 사회균열로 등치시키기에는 무리가 있다.

또한 정당을 중심으로 한 이념적(*ideological*) 갈등의 전개 양상도 유럽의 경우와 차별적이다. 유럽 정당들의 이념적 갈등은 진보와 보수를 양축으로 대칭적(*symmetrical*) 분포를 보인다(Richardson, 1991). 따라서 이

---

11 사회균열이론에 따라 유럽의 정당체계를 분석한 논의로는 립셋과 로칸(Lipset & Rokkan, 1967)의 업적이 있음.

념적 갈등의 한 축을 대변하는 정당에 일체감을 지닌 유권자들은 대등한 세력 분포를 보이는 상대정당에 대하여 지속적인 경계와 반감(*hostility*)을 유지하고 이러한 경계와 반감을 통해 정당일체감을 형성하거나 발전시킬 가능성이 존재한다(Richardson, 1991). 이에 반해 한국 정당들의 이념적 갈등은 진보와 보수를 양 축으로 비대칭적(*asymmetrical*) 분포양상을 보인다고 할 수 있다. 다음에서 다시 자세히 논의하겠지만 이와 같이 대립하는 이념을 지닌 세력의 비대칭적 분포는 유럽과 같이 좌/우 세력 사이에 지속적인 경계와 반감, 그에 따른 정당일체감 형성이라는 정당일체감 발전 양상에 장애물로 작용할 가능성이 높다.

다른 한편 장기간에 걸친 정치사회화 과정을 통해 형성된 심성적 유대감으로 정의되는 미국식 정당일체감 개념 역시 한국 사회에 그대로 적용하기는 힘들다. 장기간 동안 지속해 오면서 일정한 양식의 경쟁 행태를 보여준 미국 정당들과 달리 한국 사회의 정당들은 빈번한 해체와 재창당을 반복한 것이다. 그 결과 유권자들이 장기간에 걸쳐 각 정당을 이해하고 그에 따라 유대감을 형성하고, 그러한 유대감을 세대 간 전승할 수 있는 조건이 마련되지 못한 것이다.

한국 사회의 정당정치 발전에 관한 위와 같은 인식은 결국 정당일체감은 각 정당이 제시하는 정책 및 이슈 등에 대한 유권자들의 인지적(*cognitive*) 반응이라는 주장(Crewe, 1976; Markus & Converse, 1979; Fiorina, 1981)에 관심을 돌리게 한다. 유권자는 각 정당에 대한 인지적 판단을 위해서 각 정당이 제시하는 장기적, 정책적 입장이나 기조를 이용할 수 있을 뿐 아니라 특정 선거 시기 유권자 동원을 위해 전략적으로 제시되는 일시적이고 단기적인 선거 이슈를 이용할 수도 있을 것이다. 그러나 유권자의 인지적 판단을 중시하는 정당일체감의 개념정의 역시 '쉽게 변하지 않는 변화'(*unmoved mover*)라는 피오리나의 주장에서 보이듯이 지속성(*durability*)이라는 정당일체감의 속성을 간과하지 않는다(Fiorina, 2004). 따라서 유권자의 인지적 반응에 의한 정당일체감의 형성 역시 각 정당이 특정 선거와 관련하여 단기적으로 제시하는 선거 이슈보다 지속적인 정책적 입장이나 기조로부터 영향을 받을 것으로 예상할 수 있다.

위와 같은 논의를 종합할 때, 결국 서구적 정당정치 발전의 역사를 반영하는 정당일체감 개념을 한국 사회에서 활용할 수 있는 가능성은 상당히 협소하다고 할 수 있다. 그럼에도 불구하고 정당일체감이 사회 내 정당 및 정당경쟁체제의 특성으로부터의 영향을 통해 일정 정도 변경이 가능하다는 주장을 고려할 때, 민주화 이후 한국 사회의 정당정치 경험이 한국 유권자들의 정당일체감 형성에 아무런 영향을 미치지 못했을 것이라고 간주하기 힘들다. 이 연구는 이러한 인식을 바탕으로 민주화 이후 한국 정당정치의 특성 가운데 유권자의 정당일체감 형성에 영향을 미쳤을 것으로 예상되는 요인에 대한 경험적 가설을 제시하고자 한다. 특히 각 정당들이 장기간에 걸쳐 일관되게 타 정당과 차별성을 드러낼 수 있는 요인들에 주목하고자 한다.

한국 유권자의 정당일체감 형성과 관련하여 유권자의 정당 간 차별성 인식에 기여한 첫 번째 요인으로는 이념적 갈등의 전개 양상에서 찾아볼 수 있다. 앞에서 언급하였듯이 한국 정당들의 이념 갈등의 특징 가운데 두드러진 점은 세력 간 비대칭적 분포에 있다. 다시 말해 진보와 보수 세력이 균형을 이루면서 발전한 유럽의 경우와는 달리 한국은 새누리당을 중심으로 한 보수 세력이 우위를 점하면서 진보와 보수 진영이 유동적으로 변했다는 특성을 보인다. 진보와 보수를 대표하는 세력 간 비대칭성과 유동성은 한국 유권자들이 각 정당에 대한 인지적 반응을 축적하는 데 2가지 상반된 효과를 지닌 것으로 보인다. 한편으로 특정 이념을 대변하는 세력에 대한 일관된(*consistent*) 태도나 인식을 형성하는 데 부정적 영향을 미쳤을 것으로 예상할 수 있다. 선거 시기 때마다 각 정당들이 이념적 외연을 확대 또는 축소하면서 이념 갈등을 대변하는 양 세력의 내적 변화와 세력 간 불균형이 빈번하게 발생하였고 그 결과 유권자들은 각 정당에 대해 일관된 평가를 축적하기 힘들었던 것이다. 예를 들어 제 16대 국회부터 제 19대 국회까지 새누리당과 민주당 소속 국회의원들 사이의 평균적 이념지향을 검토한 최근 조사 결과를 살펴보면, 각 선거 시기마다 두 정당의 소속의원들이 동일한 이념 방향으로 이동하면서 전체적으로 좌편향, 또는 우편향의 현상이 나타난다.[12] 자료에 따르면 제 16대와 제 17대에 걸쳐 새누리당 소속의원을 중심으로 한 보수 이념 세력이 우위를 점하면서 전체적으로는 새누리당과 민주당 소속의원 다수가 중도에 수렴해 있던 것이 제 18대 총선 직후 전체적으로 우편향하는 모습을 보이다가 제 19대 총선 이후 다시 좌편향하는 양상이 나타난다. 이는 한국 사회에서 정당 간 이념 갈등의 균형은 새누리당 소속 의원들 가운데 일부가 좌편향하면서 일시적으로 형성되는 것일 뿐 아니라 유권자들은 각 정당 소속 의원들의 이념적 선호가 빈번히 변경되면서 각 정당의 일관된 정책적 입장을 인식하는 데 상당한 장애를 겪었을 가능성이 높다는 것을 함의한다.

그러나 다른 한편으로 한국 정당들의 위와 같은 이념 갈등의 전개 양상이 유권자들의 정당 간 차별성 인식에 기여하는 측면이 있음을 주목할 필요가 있다. 한국 사회에서 정당 간 이념 갈등의 특징 가운데 하나는 이념적 소수에 해당하는 진보 세력이 지속적으로 보수 세력에 대하여 이념적 공세를 취했다는 점을 들 수 있다. 제 17대 총선의 경우 열린

12 〈중앙일보〉와 한국정당학회가 공동 조사한 국회의원 이념성향 조사에 관한 2012년 7월 23일자 중앙일보 보도. article.joinsmsn.com(2012년 8월 25일 방문)

우리당이 자신의 진보정책을 적극적으로 제시하면서 한나라당의 보수성을 비판하는 형식이었다면, 제 18대 총선은 민주당이 경쟁 상대인 한나라당의 보수성을 공격하는 소극적인 전략을 통해서 정당 간 차별성을 확보한 사례에 속한다고 하겠다. 이러한 경험은 한국 정당들의 이념 갈등이 이념적 소수세력에 의해 지속적으로 제기되면서 발전하였고, 갈등의 전개 양상이 갈등 세력 간 이념적 분기(*divergence*)를 유도한 것으로 평가할 수 있다. 한국 사회의 진보진영은 이념적 소수라는 세력적 열세를 극복하기 위해 보수적 이념에 수렴(*convergence*)하기보다는 보수진영과의 차별성을 강조하면서 보수진영 내에서 상대적으로 덜 보수적인 유권자를 유인하는 전략을 유지한 것이다. 그리고 이러한 이념적 소수세력의 선거 전략은 상당한 시간 동안 일관되게 취해졌으며 그 결과 유권자들이 정당 간 차별성 인식을 축적하는 계기를 마련했다고 볼 수 있는 것이다.

이와 같이 지속성을 지닌 이념 갈등의 전개는 각 정당의 당헌과 당규에 반영된 정책적 기조의 중요성을 강조한다. 각 정당은 당헌과 당규를 장기적인 정책 개발과 이념적 준거로 삼으며 이러한 틀에서 벗어나지 않은 정책적 입장만이 지속성을 지닌다고 볼 수 있다. 각 당의 당헌과 당규는 매 선거마다 변하는 것이 아니며 제 19대 총선 직전 새누리당의 사례에서 알 수 있듯이 당헌, 당규의 개정은 정당 내적 혁신을 반영하는 것이다. 결국 한국의 정당들이 이념 갈등을 통해 유권자에게 지속적으로 일관되고 차별적인 정책적 입장을 제시하였다면 유권자들은 각 정당의 정책과 정강을 통해 정당일체감을 형성했을 가능성이 존재하는 것이다. 이와 같은 논의를 종합할 때 한국 유권자들의 정당일체감 형성과 관련된 다음과 같은 가설을 도출할 수 있다.

가설 1: 정책과 정강

한국의 유권자들을 비교할 때, 새누리당에 대한 투표결정에 새누리당의 정책과 정강으로부터 강한 영향을 받았을수록 새누리당에 대해 정당일체감을 형성하는 경향이 높을 것이다. 또한 민주당에 투표한 유권자의 경우에도 이와 유사한 가설이 가능할 것이다.

한국 유권자의 정당일체감 형성과 관련하여 유권자의 정당 간 차별성 인식에 기여한 두 번째 요인으로는 한국 정당들의 유권자 동원 전략에서 찾아볼 수 있다. 한국 정당들은 지역단위의 유권자 동원을 위해 중앙정치로부터 제시되는 대안과 지역단위에서 제시되는 대안을 동시에 활용하는 특성을 보인다. 우선 중앙정치로부터 제시되는 대안으로는 각 정당이 제시하는 정책과 정강, 국회의원과 정치엘리트들의 행태나 발언 등을 고려해 볼 수 있다. 특히 중요한 대안으로는 각 당의 정치지도자들이 보여주는 능력과 자질을 생각해 볼 수 있다. 선거 때마다 중앙의 정치지도자들은 각 지역구를 방문하여 지역구의 정당후보자에 대한 지지를 호소한다. 때때로 중앙 정치지도자의 특정 지역구 방문 횟수가 중요한 이슈로 다루어지기도 하고, 중앙 정치지도자가 방문하지 않은 지역구민들은 소외감을 호소하기도 한다. 클라센과 하이톤(Classen & Highton, 2009)의 최근 연구 역시 중앙 정치지도자들이 유권자들의 정당일체감 형성에 유의미한 영향력을 미치고 있음을 경험적 분석을 통해 보여준다. 이들에 따르면 정당지도자들이 상대 정당과 명확히 구별되는 정책적 입장을 개발하고 그에 따라 정당지도자의 정책적 입장과 정당과의 연계성(*linkage*)이 확연해질수록 유권자들은 그 정당에 대하여 더욱 강한 당파성(*partisanship*)을 형성하는 경향이 있다는 것이다.

다음으로 지역단위에서 제시되는 대안과 관련하여 한국은 2004년 각 정당의 지구당이 폐지되면서 지역단위 정치인 및 정치활동가들의 영향력이 크게 축소되었다고 볼 수 있다. 윤종빈(2011)의 최근 연구는 지구당 폐지 이후 지역 정치인들이 자신이 소속한 정당의 의사결정에 영향을 미치지 못한다고 생각하는 경향이 늘고 있다고 주장한다. 그러나 지구당 폐지 이후에도 각 정당은 시도당위원회 및 사무처를 두거나 당원협의회 등을 운영하면서 기존의 지구당이 수행하던 역할의 상당부분을 대체한 것으로 평가되기도 한다(이현출, 2005). 각 정당은 시도당 위원회 및 당원협의회 등을 통해 지역정치인의 발굴 및 교육, 인재 영입 등의 활동을 전개하고 있는 것이다. 따라서 특정 정당에 소속된 지역 정치인이 스스로 느끼는 영향력에 대한 평가와 차별적으로 지역 유권자들이 지역 정당활동가들로부터 정당에 대한 긍정적 또는 부정적 평가를 발전시킬 가능성을 배제하기 힘든 것이다. 더구나 최근 정당의 공천방식의 변화 및 선거제도의 개혁으로 인해 지역 정당활동가들이 지역 유권자들과 접촉할 수 있는 공간이 넓어진 것도 유권자의 정당일체감 형성에 지역정당활동가가 미치는 영향력을 증가시키는 역할을 할 것으로 보인다. 위와 같은 논의를 종합할 때 한국 유권자들의 정당일체감 형성과 관련된 다음과 같은 두 가설을 도출할 수 있다.

가설 2: 정당지도자의 능력과 자질

한국의 유권자들을 비교할 때, 새누리당에 대한 투표결정에 새누리당 지도자의 능력과 자질로부터 강한 영향을 받았을수록 새누리당에 대해 정당일체감을 형성하는 경향이 높을 것이다. 또한 민주당에 투표한 유권자의 경우에도 이와 유사한 가설이 가능할 것이다.

가설 3: 지역정당활동가의 능력과 자질

한국의 유권자들을 비교할 때, 새누리당에 대한 투표결정에 새누리당 지역활동가의 능력과 자질로부터 강한 영향을 받았을수록 새누리당에 대해 정당일체감을 형성하는 경향이 높을 것이다. 또한 민주당에 투표한 유권자의 경우에도 이와 유사한 가설이 가능할 것이다.

이 연구는 앞의 3가지 중심 가설과 관련된, 각 정당의 '정책과 정강', '지도자의 능력과 자질', '지역정당활동가의 능력과 자질'을 정당내적요인(*internal party factors*)으로 명명하고자 한다. 이들은 각 정당을 구성하면서 유권자에게 각 정당을 이해하기 위한 장기적이고 지속적인 정치적 대안 또는 단서로써 기능한다. 따라서 정당이 지역주의적 투표행태의 감소에 따른 유권자 이탈을 보완하거나 유권자와의 새로운 안정적 연계성을 확보하고자 할 때 우선적으로 고려할 요인들이라 할 수 있다. 다음에서는 이와 같은 정당내적요인이 한국 유권자들의 정당일체감 형성에 미치는 영향력을 설문조사 자료를 통해 검증해보도록 하겠다.

4. 정당내적요인과 정당일체감: 경험적 분석

1) 데이터 및 변수의 기술

한국 유권자의 정당일체감 형성과 관련된 3가지 중요 가설을 검증하기 위해 제 19대 총선 직후 대면면접조사 방식을 통해 시행된 한국 유권자의 '정치 및 민주주의 의식 조사' 자료를 활용하였다.[13] 설문조사 자료는 총 2,047명의 만 19세 이상 응답자를 포함한다. 유권자의 정당일체감을 측정하기 위해서, "귀하께서는 다음 중 평소 어느 정당을 지지하십니까?"라는 설문문항을 이용하였다. 설문문항에 응답하지 않은 741명은 분석에서 제외하였고 나머지 응답자 가운데 새누리당을 선택한 686명의 응답자는 새누리당에 정당일체감을 지닌 것으로, 민주당을 선택한 521명은 민주당에 정당일체감을 지닌 것으로 간주하였다.

이 연구에서 검증하고자 하는 3가지 중요 가설과 관련된 독립변수를 위해 "귀하께서는 투표한 정당을 결정할 때 정당의 정책과 정강이 얼마나 영향을 미쳤습니까?"라는 질문과 '지도부의 능력과 자질' 및 '지역구 후보 및 소속 정당원의 능력과 자질'이 각각 얼마나 영향을 미쳤는지에 대한 설문문항을 이용하였다. 각 설문문항에 대한 응답은 '전혀 영향을 주지 않았다'를 의미하는 0부터 '매우 영향을 주었다'를 의미하는 10까지 등간척도로 이루어졌다. 세 독립변수를 측정하기 위한 설문문항의 결측값(*missing observations*)으로 인해 통계학적 분석에서 종속변수의 분석 개체 수효에 변화가 있었다. 새누리당의 경우 정당일체감이 있다고 응답한 686명 가운데 88명이 정당내적요인을 측정한 지표에서 결측값

13 설문조사자료에 관한 자세한 내용은 각주 2를 참조할 것.

에 해당하였고, 다른 정당에 정당일체감을 지닌 것으로 응답한 620명 가운데 104명이 정당내적요인을 측정한 지표에서 결측값에 해당하였다. 따라서 이 연구는 새누리당에 대한 정당일체감 형성 여부를 분석하기 위해 598명을 1로 코딩하고, 516명을 0으로 코딩한 총 1,114명을 이용하였다. 또한 민주당에 대한 정당일체감 형성 여부를 분석하기 위해 동일한 1,114명의 유권자들은 결측값을 제외하기 위한 앞의 과정을 거친 이후 434명은 민주당에 정당일체감을 지닌 유권자를 표현하는 1의 값으로, 나머지 680명의 유권자는 0으로 코딩되었다.

새누리당에 정당일체감을 지닌 유권자들의 경우 비례대표방식에 의한 정당투표를 결정할 때 '정책과 정강', '지도자', '지역정당활동가' 각각으로부터 받은 영향력의 평균이 7.01, 7.16, 7.15로 나타났다. 이와 같은 기술통계(*descriptive statistics*) 수치는 비례대표 정당투표에서 정책과 정강이나 지역정당활동가보다는 정당 지도부의 능력과 자질로부터 받은 영향력이 새누리당에 대한 정당일체감 형성에 더 강한 연관성을 지닐 것을 예상할 수 있게 한다. 반면, 민주당에 정당일체감을 지닌 유권자들의 경우 앞의 각 요인으로부터 받은 영향력의 평균이 6.98, 6.92. 6.93으로 나타났다. 따라서 전체적으로 새누리당에 정당일체감을 지닌 유권자들이 정당내적요인으로부터 더 강한 영향력을 받은 것을 알 수 있다. 특히 민주당을 지지하는 유권자들은 다른 정당내적요인에 비해 상대적으로 정책과 정강으로부터 강한 영향력을 받았다고 할 수 있다.

정당내적요인이 한국 유권자의 정당일체감 형성에 미치는 영향력에 대한 통계학적 검증을 위해 이 연구는 다음과 같은 요인들의 잠재적인 영향력을 통제하였다. 첫째, 유권자의 출신지역이다. 이미 언급하였듯이 각 정당의 지역별 득표율의 변화추세와 정당일체감을 지닌 유권자 비율의 변화추세는 일정 정도 차별성이 관찰되었다. 그럼에도 불구하고 정당일체감과 지지 정당 결정행태의 높은 연관성(*association*)은 정당일체감 형성 역시 출신지역에 따라 변화할 가능성이 높음을 의미한다. 더구나 미국의 정치사회화 과정과 유사하게 한국의 정당들 역시 민주화 이후 상당기간 동안 특정 지역을 중심 지지기반으로 삼고 활동하면서 지역주민의 정치사회화에 기여하였을 가능성 역시 배제할 수 없는 것이다. 유권자의 출신지역이 지닌 이러한 잠재적 영향력을 통제하기 위해 이 연구는 서울을 비교를 위한 기준(*baseline*) 지역으로 삼고 유권자의 출신지역 가운데 경기, 경남, 경북, 호남, 충청, 강원/제주 총 6개 지역의 영향력을 통제하였다. 경남과 경북을 분리한 이유는 최근 두 지역의 유권자들이 상당히 차별적인 정치행태를 보이기 때문이다.

둘째, 유권자의 인구사회학적 속성이다. 클라센과 하이톤(Classen & Highton, 2009)은 정당지도자들의 정책적 입장의 차별성이 증가하더라도 이러한 차별성을 인식함으로써 정당일체감을 형성하는 유권자 집단은 정보력이 뛰어나거나 교육수준이 높은 유권자임을 보인다. 이와 같이 유권자의 정당일체감 형성이 연령, 성별, 교육수준 및 소득수준과 같은 유권자의 인구사회학적 속성에 따라 달라질 가능성을 통제하였다. 정당일체감은 또한 정당 간 이념적 차별성에 대한 인식으로부터 영향을 받을 가능성이 높다. 에이브러모위츠와 손더스(Abramowitz & Saunders, 2006) 역시 미국 유권자는 레이건 이후 공화당과 민주당 사이의 이념적 차별성이 증가하면서 정당일체감을 선택하는 것이 더 쉬워졌음을 보인다. 새누리당과 민주당의 정당일체감 분석에 이용된 각 유권자 집단의 이념 평균을 살펴볼 때, 새누리당에 정당일체감을 형성한 유권자 집단의 경우 5.84로 그렇지 않은 집단의 4.20에 비해 더 보수적인 이념을 지녔고, 민주당에 정당일체감을 형성한 유권자 집단의 이념적 평균값은 4.21로 그렇지 않은 집단의 5.63보다 낮아 더 진보적인 이념을 지녔다.

마지막으로 선거 시기에 각 정당들이 유권자를 동원하기 위해 전략적으로 이용하는(*manipulate*) 선거 이슈의 영향력을 통제하였다. 이는 한국 유권자의 정당일체감은 서구 정당들에 비해 상대적으로 짧은 시간에 걸쳐 형성되면서 나타날 수 있는 문제점을 고려한 것이다. 다시 말해 한국 유권자들은 지지 정당의 빈번한 해체와 재창당을 경험하면서 각 정당에 대한 장기적인 평가나 인식을 축적할 수 있는 시간이 부족했을 가능성이 높다. 따라서 그만큼 정당들의 단기적인 정책적 입장에 대한 평가에 따라 정당일체감이 변화할 가능성이 높은 것이다. 이러한 가능성을 통제하기 위해 이 연구에서는 '귀하께서는 지지 정당에 대한 투표결정에 집권여당을 지지하거나 심판해야 한다는 선거 이슈로부터 얼마나 영향을 받으셨습니까?'라는 설문항목과 "귀하께서는 지난 4월 11일 제 19대 국회의원 총선에 얼마나 관심이 있으셨습니까?"라는 설문문항을 이용하였다. '집권여당 심판과 지지'에 관한 선거 이슈의 영향력에 대한 응답은 '전혀 영향을 받지 않았음'을 의미하는 0부터 '매우 영향을 받았음'을 의미하는 10까지의 등간척도를 이용하여 측정되었다. 분석 결과인 〈표 5-2〉와 〈표 5-3〉에서는 이 변수를 '집권여당에 대한 평가'로 표현하였다. 또한 '선거관심도'에 대한 응답은 '전혀 관심이 없었다'라는 응답부터 '매우 관심이 많았다'라는 응답까지 4점의 리커트 척도로 측정되었다. 분석에 이용된 자료에 따르면, 새누리당에 정당일체감을 지닌 유권자는 지지 정당을 결정할 때 집권여당을 지지하거나 심판해야 한다는 선거 이슈로부터 평균 6.45 정도의 영향을, 민주당에 정당일체감을 지닌 유권자는 평균 6.89의 영향을 받은 것으로 나타났다. 새누리당보다는 민주당에 정당일체감을 지닌 유권자들이 선거 이슈에 더 많은 영향을 받은 것으로 나타난 것이다. 또한 새누리당과 민주당 각각에 정당일체감을 지닌 유권자 집단 모두 선거관심도의 중위수(*median*)는 제 19대 총선에 '조금 관심이 있었다'는 응답에 속했다.

2) 분석 결과

이 연구는 새누리당과 민주당 각 정당에 정당일체감을 형성하는지의 여부를 로짓회귀분석 기법을 활용하여 검증하였다.14 〈표 5-2〉는 새누리당에 정당일체감을 형성하는지의 여부를 유권자의 인구사회학적 속성과 출신 지역만을 고려한 기본모형, 이 연구의 3가지 핵심가설과 관련된 정당내적모형, 그리고 선거 이슈 등 단기적 요인을 고려한 선거맥락통제모형에 따라 분석한 결과를 제시한다. 우선 로그우도(*log-likelihood*)값을 살펴볼 때 정당내적모형은 기본모형보다 4.54의 향상을 보인다. 이러한 차이는 로그우도 검정(*log-likelihood test*)을 통해 정당내적모형이 기본모형에 비해 유권자의 정당일체감 형성에 관한 설명을 통계학적으로 유의미하게 향상시킨 모형임을 보여준다.15

둘째, 인구사회학적 변수의 영향력을 살펴볼 때, 3가지 모형 모두에

---

14 이는 새누리당과 민주당 가운데 어느 한 쪽에 정당일체감을 형성하였는지를 검증하는 것과 다른 접근법에 속한다. 이는 이 연구의 초점이 각 정당에 대한 정당일체감 형성이 정당내적요인에 영향을 받는지를 검증하는 데 있기 때문이다. 다시 말해 새누리당의 정책과 정강이 간접적으로 민주당에 대한 정당일체감 형성에 미치는 영향력은 3당 이상이 경쟁하는 한국 정당정치의 현실을 고려하여 배제하고 있는 것이다.

15 로그우도 검정을 위한 카이제곱 검정통계량은 다음과 같이 계산된다. 카이제곱검정통계량 = - 2(영가설하의 로그우도값) + 2(대안가설하의 로그우도값). 계산 결과 자유도 3하에서 카이제곱의 검정값(*chi-square test statistic*)이 9.08로 유의수준 0.05에서의 카이제곱 분포의 임계값(*critical value*) 7.82보다 큰 값에 해당하기 때문에 통계학적으로 유의미하다는 결론을 도출할 수 있었다.

서 연령과 이념 변수가 유의미한 영향력을 지님을 보여준다. 〈표 5-2〉의 결과에 따를 때 연령이 높아질수록, 이념이 보수화될수록, 경남과 경북 지역 출신일수록 새누리당에 대하여 정당일체감을 형성할 확률이 그렇지 않을 확률보다 높아지는 경향이 있음을 알 수 있었다. 또한 서울 출신과 비교할 때 경남과 경북, 전라 출신 유권자들이 새누리당에 대한 정당일체감 형성에 유의미한 차별성을 보이는 것으로 나타났다. 반면 전라 지역의 음(-)의 회귀계수는 유권자가 전라 지역 출신

〈표 5-2〉 새누리당에 대한 정당일체감 형성 요인분석: 로짓모형분석

	기본모형	정당내적모형	선거맥락통제모형
	회귀계수 (표준오차)	회귀계수 (표준오차)	회귀계수 (표준오차)
정당내적요인			
정책과 정강		-0.15(0.06)**	-0.10(0.06)
정당지도자		0.15(0.06)**	0.18(0.06)**
지역 정당활동가		-0.02(0.06)	-0.01(0.06)
인구사회학적 속성			
성별	0.07(0.15)	0.07(0.15)	-0.03(0.16)
연령	0.40(0.08)**	0.41(0.08)**	0.42(0.08)**
교육	0.00(0.14)	-0.00(0.14)	0.06(0.14)
소득	0.02(0.06)	0.02(0.06)	0.01(0.07)
이념	0.47(0.05)**	0.47(0.05)**	0.47(0.05)**
지역			
경기	-0.23(0.20)	-0.23(0.20)	-0.11(0.21)
경남	0.86(0.24)**	0.83(0.25)**	0.94(0.25)**
경북	1.38(0.32)**	1.44(0.32)**	1.59(0.33)**
전라	-3.01(0.42)**	-3.08(0.43)**	-3.00(0.43)**
충청	-0.10(0.26)	-0.13(0.26)	-0.02(0.27)
강원/제주	-0.46(0.37)	-0.49(0.38)	-0.46(0.38)
선거맥락요인			
집권여당평가			-0.14(0.04)**
선거관심도			-0.35(0.11)**
상수	-3.61(0.66)**	-3.49(0.73)**	-2.26(0.80)**
분석개체수	1,114	1,114	1,113
log Likelihood	-559.70	-555.16	-554.13

주: ** $p<0.05$

일수록 새누리당에 대하여 정당일체감을 형성할 확률이 그렇지 않을 확률보다 낮은 경향이 있음을 의미한다. 이러한 인구사회학적 요인의 영향력은 정당내적요인과 선거맥락적 요인을 고려하는 경우에도 큰 변화 없이 유지됨을 알 수 있다. 따라서 한국 유권자의 새누리당에 대한 정당일체감 형성은 출신지역과 연령, 이념적 지향을 배제한 채 논의가 불가능한 것이다.

셋째, 한국 유권자의 새누리당에 대한 정당일체감은 선거시기의 단기적 요인의 영향력을 무시할 수 없음을 알 수 있었다. 선거맥락통제모형을 살펴보면 한국 유권자가 새누리당에 대하여 정당일체감을 형성할 확률은 집권여당에 대한 국정운영 평가 이슈로부터 영향을 강하게 받을수록 선거의 관심도가 높아질수록 그렇지 않을 확률에 비해 낮아지는 경향이 있음을 보여준다. 다시 말해 집권여당을 지지해야 한다거나 심판해야 한다는 선거 이슈에 영향을 강하게 받았을수록 새누리당에 정당일체감을 형성하지 않을 확률이 형성할 확률보다 높다는 것이다. 집권여당의 심판과 지지여부에 관한 질문이 유권자의 회고적(*retrospective*) 투표와 관련이 있다는 점에서 앞의 결과를 좀더 일반화하여 해석하는 경우, 집권여당에 대한 회고적 투표의 성향이 강할수록 현 집권여당에 대한 정당일체감을 형성하지 않을 가능성이 높다는 해석이 가능할 것 같다. 또한 일반적으로 유권자의 회고적 투표를 자극하는 선거 이슈가 집권여당에 대해 보상(*reward*)을 주자는 안건을 담고 있기보다는 심판(*penalty*)을 가하자는 안건을 담는 경우가 많다는 점에서 설문문항이 실제 측정한 내용은 집권여당을 심판해야 한다는 선거 이슈의 영향력이었을 가능성도 함의한다. 이 경우 심판을 주장하는 이슈에 강하게 영향을 받았을수록 새누리당에 대한 정당일체감 형성 가능성이 낮아지는 것이다.

마지막으로 이 연구의 3가지 중요 가설 가운데 한국 유권자의 새누리당에 대한 정당일체감 형성은 가설 1과 가설 2를 지지하였다. 정당내적 모형의 결과를 살펴보면, 새누리당에 대한 정당일체감 형성은 새누리당의 정책과 정강 및 정당지도자로부터 받는 영향력에 따라 달라짐을 알 수 있다. 특히 새누리당 지도자들의 능력과 자질은 새누리당에 대한 정당일체감을 형성하는 데 긍정적 영향을 미치며 이는 여타 변수의 영향력을 통제한 이후에도 유의미한 것으로 나타났다. 반면 '정책과 정강' 변수가 지닌 음(-)의 회귀계수는 비례대표 정당투표 결정에서 정책과 정강으로부터 강하게 영향을 받은 유권자일수록 새누리당에 정당일체감을 형성할 확률보다 그렇지 않을 확률이 높다는 것을 의미한다. 이러한 결과는 정책과 정강을 통해 각 정당 간 정책적 차별성을 명확히 인식할수록 새누리당에 대해 정당일체감을 형성하지 않을 가능성이 높다는 점을 함의한다는 점에서 흥미롭다. 다만 정책과 정강의 이와 같은 영향력은 일시적인 선거 이슈의 영향력을 통제하는 경우 통계학적 유의미성을 상실한다. 따라서 각 정당의 일관된 정책적 입장을 대표하는 정강이나 정책적 입장이 유권자의 정당일체감 형성에 미치는 영향력은 단기적 선거 이슈의 영향력을 고려하는 경우 명확히 구분해내기 힘들 것으로 보인다.

〈표 5-3〉은 민주당에 대한 정당일체감 형성여부에 관하여 새누리당의 경우와 유사한 요인 분석을 시행한 결과다. 〈표 5-3〉 역시 새누리당의 분석과 동일하게 3가지 모형분석의 결과를 보여준다. 민주당에 대한 정당일체감 형성에 관한 정당내적요인 모형은 새누리당의 경우와 마찬가지로 기본모형에 비해 로그우도 값이 2.1 상승했으나 통계학적으로 유의미한 설명력의 향상은 아니었다. 반면 선거맥락통제모형과 정당내적모형의 설명력을 비교하기 위해 로그우도 검정을 시행한 결과 선거맥락통제모형이 정당내적모형에 비해 유의미한 설명력의 향상을

보여주었다. 이러한 결과는 정당내적요인이 새누리당에 대한 정당일체감 형성에 지니는 영향력과 달리 민주당에 대한 정당일체감 형성에 지니는 영향력이 상대적으로 약할 뿐 아니라 민주당에 대한 정당일체감의 형성여부는 특정 선거와 관련된 선거 이슈의 영향력에 따라 변화 가능성이 상당히 높다는 것을 함의한다.

〈표 5-3〉의 결과 가운데 인구사회학적 변수들을 살펴보면, 새누리당의 정당일체감 형성 결과와는 대비적으로 나이가 적을수록 이념이 진

〈표 5-3〉 민주당에 대한 정당일체감 형성 요인분석: 로짓모형분석

	기본모형	정당내적모형	선거맥락통제모형
	회귀계수 (표준오차)	회귀계수 (표준오차)	회귀계수 (표준오차)
정당내적요인			
정책과 정강		0.11(0.06)*	0.05(0.06)
정당지도자		−0.08(0.06)	−0.10(0.06)*
지역 정당활동가		−0.01(0.06)	−0.03(0.06)
인구사회학적 속성			
성별	−0.15(0.15)	−0.15(0.15)	−0.10(0.15)
연령	−0.36(0.07)**	−0.36(0.07)**	−0.37(0.07)**
교육	−0.25(0.14)*	−0.25(0.14)*	−0.30(0.14)**
소득	0.05(0.06)	0.04(0.06)	0.05(0.06)
이념	−0.37(0.04)**	−0.37(0.04)**	−0.36(0.04)**
지역			
경기	0.32(0.20)*	0.32(0.20)	0.25(0.20)
경남	−0.55(0.24)**	−0.52(0.24)**	−0.61(0.24)**
경북	−1.15(0.33)**	−1.20(0.33)**	−1.28(0.34)**
전라	2.23(0.31)**	2.25(0.32)**	2.20(0.32)**
충청	−0.33(0.27)	−0.32(0.27)	−0.38(0.27)
강원/제주	0.53(0.35)	0.53(0.36)	0.53(0.36)
선거맥락요인			
집권여당평가			0.15(0.04)**
선거관심도			0.17(0.11)
상수	3.06(0.64)**	2.97(0.70)**	2.23(0.77)**
분석개체수	1,114	1,114	1,113
log Likelihood	−592.78	−590.68	−581.60

주: * p<0.1, ** p<0.05

보적일수록 민주당에 대한 정당일체감을 형성할 확률이 그렇지 않을 확률보다 높음을 알 수 있다. 그러나 교육수준이 보여주는 영향력은 흥미롭다. 일반적으로 교육의 영향력과 관련하여 교육수준이 높을수록 진보 정당을 지지할 가능성이 높은 것으로 알려졌다. 그러나 교육변수가 지닌 음(-)의 회귀계수는 이러한 예측과는 반대로 교육수준이 높을수록 민주당에 대한 정당일체감을 형성하지 않을 가능성이 더 높다는 것을 보여준다. 교육이 민주당에 대한 정당일체감 형성에 미치는 이와 같은 뜻밖의 결과는 다양한 해석을 가능하게 한다. 특히 한국 유권자의 경우 교육수준이 높을수록 정당에 대한 일체감을 발전시키지 않고 무당파로 남아있는 경향이 높다는 최근 논의(박원호 · 송정민, 2012)가 여기에 적용될 수 있지 않을까 생각된다. 다시 말해 한국 유권자들은 교육수준이 높을수록 어느 한 정당에 대해 정당일체감을 지니지 않는 속성이 있으며 이러한 속성이 민주당에 대한 정당일체감 형성에서도 관찰되는 것으로 볼 수 있다. 둘째, 선거맥락적 변수들을 살펴보면, 선거관심도는 민주당에 대한 정당일체감 형성여부에 유의미한 영향력을 지니지 않는 것으로 나타났다. 반면 '집권여당에 대한 평가'가 보여주는 양(+)의 회귀계수는 유권자가 지지 정당 결정 시 집권여당을 심판하거나 지지해야 한다는 선거 이슈에 대해 영향을 강하게 받을수록 민주당에 대해 정당일체감을 형성할 확률이 그렇지 않을 확률보다 높아짐을 의미한다. 동일한 변수가 새누리당에 대한 정당일체감 형성에 미치는 효과와는 반대방향으로 작용한 결과는 앞서 설명했듯이 집권여당에 대한 지지와 심판이라는 2가지 상반된 내용을 담은 설문문항이 실질적으로 측정한 내용은 집권여당에 대한 지지보다는 심판을 주장하는 이슈의 영향력이었을 가능성이 높다는 해석에 부합하는 결과라고 할 수 있겠다. 그러나 설문문항이 실제 어떤 내용을 측정했냐는 문제와는 별도로 새누리당과 민주당 모두에게서 선거 이슈는 정당일체감 형성에 유의미한 영향력을 지녔다는 점을 주목해야 할 것이다.

셋째, 이 논문의 주요 가설검증과 관련해서 정당내적요인이 민주당에 대한 정당일체감 형성에 미치는 영향력은 새누리당에 대한 정당일체감 형성에 미치는 영향력에 비해 상대적으로 약하다는 것을 알 수 있다. 새누리당의 분석과 비교할 때 민주당에 대한 정당일체감은 정책과 정강만이 유의수준 0.1하에서 통계학적으로 유의미하였다. 또한 흥미롭게도 선거맥락적 요인을 통제하는 경우 새누리당의 경우와 유사하게 정책과 정강이 지니는 유의미성이 사라진 반면 지도자의 능력과 자질 변수가 유의수준 0.1하에서 통계학적으로 유의미하였다.

특히 회귀계수가 음(-)의 값을 지니고 있어 유권자가 지지 정당 결정 시에 지도자의 능력과 자질로부터 강한 영향을 받을수록 민주당에 대한 정당일체감을 형성할 확률보다 그렇지 않을 확률이 더 높은 경향이 있음을 보여준다. 이러한 결과는 정당지도자의 능력과 자질의 영향력에 관한 설문문항에 대한 유권자의 해석에 따라 2가지 논리적인 해석이 가능하다. 하나는 유권자가 민주당 지도자의 능력과 자질로부터 강한 부정적 영향을 받고 그에 따라 민주당에 대한 정당일체감을 형성할 확률보다 그렇지 않을 확률이 높아진 경우이다. 또 다른 해석은 유권자가 새누리당 지도자의 능력과 자질로부터 강한 긍정적 영향을 받고 그에 따라 민주당에 대한 정당일체감을 형성할 확률보다 그렇지 않을 확률이 높아진 경우이다. 이러한 2가지 서로 다른 해석은 유권자가 정당지도자라고 했을 때 지지 정당의 지도자 또는 반대정당의 지도자를 떠올렸을 가능성이 동시에 존재하기 때문이다. 심지어 제3의 정당지도자를 고려하면서 설문에 응했을 가능성 역시 존재한다. 그러나 통계학적 분석결과가 평균적 양태를 보여준다는 점을 고려할 때 상대정당 지도자의 긍정적 영향 또는 지지 정당 지도자의 부정적 영향에 따른 결과라는 해석이 타당하지 않나 생각된다. 또한 해석의 다양성에도 불구하고 새누리당의 경우와 마찬가지로 민주당에 대한 정당일체감 형성 역시 정당지도자의 능력과 자질의 영향력이 유의미하다는 점에서 정당내적 요인이 한국 유권자의 정당일체감 형성에 일정 정도 기여함을 보여주는 결과라 하겠다. 다만 〈표 5-3〉의 결과는 민주당 유권자들은 상대정당 지도자에 비해 민주당 지도자들의 능력과 자질을 더 우호적이거나 긍정적으로 평가하지 않는 경향이 강하다는 함의를 지닌다.

위와 같은 분석결과를 종합할 때, 한국 유권자의 정당일체감 형성은 일정 정도 각 정당의 정책과 정강 및 지도자의 능력과 자질에 대한 평가에서 기인한다고 할 수 있다. 그러나 선거 국면에서 제기되는 단기적인 선거 이슈의 영향력으로 인해 각 정당의 정책과 정강의 독자적인 영향력을 구별해내기는 힘든 것으로 보인다. 또한 가설 3에서 제기되었던 것과는 달리 정당의 지역활동가들은 유권자의 정당일체감 형성에 유의미한 영향을 미치지 못함을 알 수 있다.

5. 나가며

이 연구는 한국의 변화하는 선거환경 속에서 정당과 유권자 사이의 연계성 강화 가능성을 다루었다. 특히 지역주의 선거행태의 변화에 대응하여 한국의 정당이 유권자들의 정당일체감을 통해 지역을 대체하는 지지기반을 형성해가고 있는지를 살펴보았다. 각 정당의 득표율과 각 정당에 정당일체감을 지닌 유권자 비율을 지역별, 시기별로 세분화하여 조사한 후 정당일체감이 정당득표율의 변화에 지역과는 독자적인 영향력을 미칠 수 있음을 보였다. 또한 한국의 정당 및 정당체제가 보이는 특성을 검토하고 그에 근거하여 한국 정당들의 정책과 정강, 지도자의 능력과 자질, 지역구 정당활동가들의 능력과 자질과 같은 정당내적요인이 유권자들의 정당일체감 형성에 미치는 영향력에 관한 가설을 제시하였다.

제 19대 총선 직후 실시된 '정치 및 민주주의 의식 조사' 자료를 활용하여 가설을 검증한 결과 한국 유권자의 정당일체감 형성과 관련된 다음과 같은 3가지 흥미로운 사실을 발견하였다. 첫째, 한국 유권자의 정당일체감 형성은 출신 지역을 포함하여 연령과 이념적 지향과 같은 인구사회학적 요인의 영향을 받는다. 둘째, 선거 시기에 각 정당이 유권자 동원을 위해 단편적, 일시적으로 제공하는 캠페인 이슈와 같은 요인이 정당일체감 형성에 미치는 영향 역시 간과할 수 없다. 특히 한국 정당이 제공하는 선거 이슈는 유권자에게 각 정당이 지속적으로 견지해온 정책적 입장을 대표하는 정강과 독립적인 영향력을 지닐 뿐 아니라 대체적으로 각 정당의 정책 및 정강의 영향력을 흡수하는 경향을 보인다. 셋째, 가장 중요하게 한국 유권자들은 각 정당의 정책과 정강 및 정당지도자의 능력과 자질 같은 정당내적요인이 지닌 영향을 평가함으로써 정당일체감을 형성하는 경향이 있다. 특히 새누리당에 대해 정당일체감을 지닌 유권자의 경우 정당지도자의 능력과 자질로부터 강한 영향을 받을수록 정당일체감을 형성할 확률이 그렇지 않을 확률에 비해 상대적으로 높아지는 경향을 보였다. 반면 민주당에 대해 정당일체감을 지닌 유권자의 경우 정당지도자의 능력과 자질로부터 영향을 받을수록 정당일체감을 형성하지 않을 확률이 상대적으로 높아지는 경향을 보였다. 이는 새누리당 지도자들에 비해 민주당 지도자들의 능력과 자질에 대한 유권자들의 평가는 민주당의 유권자 동원에 긍정적으로 기여하지 못함을 함의한다.

위와 같은 이 연구의 발견은 향후 한국 정당정치 발전 방향에 대해 함의하는 바가 크다. 우선 한국 유권자의 정당일체감 형성에 각 정당의 정강과 정책이 단기적인 선거 이슈보다 약한 영향력을 지닌다는 사실은 각 정당이 일관된 정책 기조를 유지한다는 이미지를 유권자에게 전달하고 있지 못함을 함의한다. 장기간 지속적으로 정당의 입장을 대표하는 정강과 정책적 기조에 대한 명확한 인식과 이해가 깔려있는 경우 정당은 유권자의 일시적 동원을 위한 이슈 조작(*manipulate*)에 불필요한 시간과 비용의 낭비를 막을 수 있을 것이다. 또한 유권자의 입장에서도 선거 시기에 제시되는 이슈들에 대한 신뢰성을 판단하기 용이할 것이다. 이 연구가 제시하는 더욱 흥미로운 함의는 현재 한국의 유권자들이 정당에 대한 일체감을 형성하는 데 정당지도자의 능력과 자질을 가장 중요하게 고려한다는 점에서 찾아볼 수 있다. 한국의 정당들이 3김으로 대표되던 시기에도 정당은 지도자를 매개로 이해되고 평가되었다고 할 수 있다. 그러나 이러한 경험은 정당과 유권자의 연계를 강화하기 위해 현재 정당지도자들이 활용할 수 있는 자원이 될 수 없다. 정당과 유권자를 매개하는 지역의 역할이 감소하고 있으며 정당지도자들 역시 과거

지역을 대표하는 인물로서 유권자를 동원할 수 있었던 조건이 주어지지 않은 것이다. 한국의 유권자들이 여전히 정당 사이의 차별성을 인식하고 정당일체감을 형성하는 데 정당지도자의 역할을 중시한다면 정당지도자들은 이러한 역할을 강화하는 데 필요한 새로운 자원을 축적해야 할 것이다. 명확하고 차별적인 정책적 입장을 제시하고 그 입장을 일관되게 견지하는 자세는 그러한 자원 가운데 하나일 것으로 보인다. 마지막으로 한국 유권자들의 정당일체감 형성에 지역 정당활동가들의 영향력이 미약하다는 것은 아쉬운 점이다. 사실 '누가 지역 정당활동가인가?'라는 질문과 같이 정당활동가에 대해 명확히 범주화하기 힘들다. 경우에 따라서는 지역구 당선자부터 지역 유권자까지도 정당활동가의 범주에 포함될 수 있는 것이다. 아마도 이와 같이 지역정당활동가를 범주화하는 데 따른 어려움 때문에 지역유권자들은 이들이 유권자의 정당일체감 형성에 미치는 영향력을 낮게 평가하는 것 같다. 지역의 정당활동가들이 출신지역에 대한 유대감으로부터 이탈하는 유권자들의 요구를 직접적이고 최우선적으로 파악하고 대처방안을 제시할 역할을 수행한다는 점을 고려할 때, 한국 정당들은 지역정당활동가들의 활동영역 및 기능을 확장하기 위해 지속적으로 투자함으로써 유권자와 정당 사이의 연계성을 강화해야 할 것으로 보인다.

참고문헌

강원택(2008), “지역주의는 변화했을까”, 이현우·권혁용 공편, 《변화하는 한국의 유권자 2: 패널조사를 통해 본 2007년 대선》, 67~96쪽, 동아시아연구원.

______(2009a), “2007년 대통령선거와 네거티브 캠페인의 효과”, 〈한국정치학회보〉 43(2): 131~146.

______(2009b), “386세대는 어디로 갔나? 2007년 대선과 2008년 총선에서의 이념과 세대”, 김민전·이내영 공편, 《변화하는 한국의 유권자 3》, 69~98쪽, 동아시아연구원.

______(2010), 《한국 선거정치의 변화와 지속》, 나남.

강현구·한정훈(2009), “유권자의 합리적 선택과 정치엘리트의 전략적 행위가 투표율 변화에 미치는 영향: 제18대 국회의원선거 사례분석”, 〈한국정치연구〉 18(1): 51~82.

김민전(2008), “2007 대선, 그리고 정치균열의 진화”, 이현우·권혁용 공편, 《변화하는 한국의 유권자 2: 패널조사를 통해 본 2007년 대선》, 39~66쪽, 동아시아연구원.

김영태(2009), “지역주의와 정당, 그리고 인물: 전남 목포”, 한국정당학회 편, 《제18대 총선 현장 리포트: 18인 정치학자의 참여관찰》, 254~282쪽, 푸른길.

김 욱(2004), “한국 지역주의의 지역별 특성과 변화가능성: 대전, 충청 지역을 중심으로”, 〈21세기 정치학회보〉 41(1): 83~105.

문우진(2009), “지역주의와 이념성향: 17대 총선 분석”, 〈한국정당학회보〉 8(1): 87~113.

______(2012), “대통령 지지도의 필연적 하락의 법칙”, 〈한국정당학회보〉 46(1): 175~201.

박상훈(2001), “한국의 유권자는 지역주의에 의해 투표하나: 제16대 총선의 사례”, 〈한국정치학회보〉 35(2): 113~134.

박원호·송정민(2012), “정당은 유권자에게 얼마나 유의미한가? 한국의 무당파층과 국회의원 총선거”, 〈한국정치연구〉 21(2): 115~142.

박찬욱(2009), “Effects of a Two-Vote Mixed-Member Majoritarian System on Citizens' Voting Behavior in the Korean National Assembly Elections”, 〈한국정치학회보〉 43(5): 93~111.

윤종빈(2011), "지구당 폐지와 한국 정당의 민주성", 〈한국정당학회보〉 10(2): 67~92.

이내영(2009), "18대 총선의 정당지지 재편: 일시적 현상인가, 구조적 변화인가?", 김민전 · 이내영 공편, 《변화하는 한국 유권자 3: 패널조사를 통해 본 18대 국회의원선거》, 33~68쪽, 동아시아연구원.

______ · 정한울(2007), "이슈와 한국 정당지지의 변동", 〈한국정치학회보〉 41(1): 31~55.

이현출(2005), "정당개혁과 지구당 폐지", 〈한국정당학회보〉 4(1): 91~120.

조기숙(2000), 《지역주의 선거와 합리적 유권자》, 나남.

조진만 · 최준영(2005), "지역균열의 변화가능성에 대한 경험적 고찰", 〈한국정치학회보〉 39(3): 375~394.

지병근(2006), "Ideology and Voter Choice", 〈한국정치학회보〉 40(4): 61~83.

최영진(1999), "한국 지역주의 논의의 재검토: 정치적 정체성 개념과 동기부여 구조를 중심으로", 〈한국정치학회보〉 33(2).

Abramowitz, Alan I. & Kyle L. Saunders(2006), "Exploring the Bases of Partisanship in the American Electorate: Social Identity vs. Ideology", *Political Research Quarterly* 59(2): 175~187.

Bartels, Larry M. (2000), "Partisanship and Voting Behavior, 1952~1996", *American Journal of Political Science* 44(1): 35~ 50.

______(2002), "Beyond the Running Tally: Partisan Bias in Political Perceptions", *Political Behavior* 24(2): 117~150.

Campbell, Angus, Philip E. Converse, Warren E. Miller & Donald E. Stokes(1960), *The American Voter*, Chicago: The University of Chicago Press.

Carmines, Edward G., John P McIver & James A. Stimson(1987), "Unrealized Partisanship: A Theory of Dealignment", *Journal of Politics* 49: 376~400.

Claassen, Ryan L. & Benjamin Highton(2009), "Policy Polarization among Party Elites and the Significance of Political Awareness in the Mass Public", *Political Research Quarterly* 62(3): 538~551.

Crewe, Ivor(1976), "Party Identification Theory and Political Change in Britain", In Ian Budge, Ivor Crewe & Dennis Farlie, eds., *Party*

Identification and Beyond, London: John Wiley.

Fiorina, Morris P. (1981), *Retrospective Voting in American National Elections*, New Haven: Yale University Press.

______(2002), "Parties and Partisanship: A 40-Year Retrospective", *Political Behavior* 24(2): 93~116.

Green, Donald, Bradley Palmquist & Eric Schickler(2002), *Partisan Hearts and Minds: Political Parties and the Social Identities of Voters*, New Haven, CT: Yale University Press.

Lipset, S. M. & S. Rokkan(1967), "Cleavage Structures, Party Systems and Voter Alignments: An Introduction", In S. M. Lipset & S. Rokkan, eds., *Party Systems and Voter Alignments: Cross-National Perspectives*, New York: Free Press.

Markus, Gregory B. & Philip E. Converse(1979), "A Dynamic Simultaneous Equation Model of Electoral Choice", *American Political Science Review* 73(4): 1055~1070.

Miller, Warren E. & J. Merrill Shanks(1996), *The New American Voter*, Cambridge: Harvard University Press.

Richardson, Bradley M. (1991), "European party Loyalties Revisited", *American Political Science Review* 85(3): 751~775.

Wattenberg, Martin P. (1998), *The Decline of American Political Parties, 1952~1996*, Cambridge: Harvard University Press.

06 한국 유권자들의 정당에 대한 태도

정당지지와 정당투표의 이념적, 정서적 기초

장승진

1. 들어가며

유권자의 정치적 태도 그리고 행태와 관련하여 지난 50여 년 동안 축적된 수많은 연구들은 시민들이 일상적으로 수행하는 대부분의 정치적 사고와 행위에서 특정 정당에 대한 선호, 즉 당파심(*partisanship*)[1]이 중요한 역할을 담당한다는 것을 보여준다. 예를 들어 당파심의 강도는 누가 선거에 참여하는가에 지대한 영향을 끼치며(Abramson & Aldrich, 1982; Rosenstone & Hansen, 1993; Verba & Nie, 1972), 당파심의 방향은 실제로 어떤 후보자 및 정당에게 투표하는가를 예측할 수 있는 가장 확

1 이 논문에서 다루는 특정 정당에 대한 선호는 정당일체감(*party identification*), 정당귀속감(*partisan attachment*), 당파심(*partisanship*) 등 다양한 용어로 일컬어질 수 있다. 비록 많은 연구들에서 거의 동일한 의미를 가지는 것으로 사용되기는 하지만, 엄밀하게 이야기해서 정당일체감이나 정당귀속감은 다음에서 설명하는 특정한 이론적 관점을 전제하는 측면이 강하다는 점에서 이 논문에서는 유권자들이 정당에 대해 가지는 선호를 당파심으로 통칭하도록 한다.

실한 척도이다(Bafumi & Shapiro, 2009; Bartels, 2000; Miller, 1991). 또한 선거라는 특정한 시점을 넘어서도 당파심은 다양한 정치현상을 인식하고 이해할 수 있는 틀(*frame*)을 제공함으로써 후보자에 대한 평가(Goren, 2002; Hayes, 2005; Rahn, 1993), 정치적 사건이나 쟁점에 대한 인식과 태도(Bartels, 2002; Lodge & Hamill, 1986; Taber & Lodge, 2006; Zaller, 1992), 정부의 국정운영 및 국가 경제상황에 대한 평가(De Boef & Kellstedt, 2004; Duch, Palmer & Anderson, 2000; Evans & Andersen, 2006; Gerber & Huber, 2010) 등에 지속적이며 강력한 영향을 끼친다.

이와 같은 경험적 중요성을 반영하듯이 당파심에 대한 다양한 이론적 관점들이 제시되었으며 이들 사이의 논쟁과 토론이 다양한 형태로 이루어졌다. 그러나 대부분의 경우 이러한 연구들은 미국을 비롯한 일부 서구민주주의 국가들의 유권자들을 대상으로 이루어졌으며, 과연 한국 유권자들이 정당에 대해 어떠한 태도를 가지고 있으며 한국 정치에 나타나는 당파심의 성격은 어떠한 것인가에 대한 본격적인 연구는 턱없이 부족한 상황이다. 물론 당파심을 비롯한 정당에 대한 다양한 태도를 종속변수 혹은 독립변수로 삼아 분석하는 국내 연구가 전혀 존재하지 않았던 것은 아니지만, 정작 한국 유권자가 가지고 있는 당파심이 어떠한 기초 위에서 어떠한 특성을 보이는가라는 본질적인 질문에 대해서는 아직까지도 만족스러운 대답이 제시되지는 않고 있다.

이 글의 목적은 제 19대 총선 직후에 수집한 설문조사자료를 이용하여 한국 유권자들이 가지고 있는 당파심의 특성을 밝히는 것이다. 특히 이 논문에서는 특정 정당을 지지하거나 지지하지 않는 것이 어떠한 정치적 결과를 가져오는가, 즉 독립변수로서의 당파심보다는 과연 한국 유권자들은 어떠한 이념적 혹은 정서적 기초 위에서 특정 정당을 지지하는가, 즉 종속변수로서의 당파심에 초점을 맞추고 있다. 이를 위해 다음 절에서는 당파심을 설명하는 다양한 이론들을 크게 3가지로 구분하여 제시하고, 뒤이어 통계분석을 통해 각 이론적 관점에 대응하는 변수들 중 어느 것이 실제 한국 유권자들의 당파심에 유의미하게 영향을 끼치는지 확인하고자 한다.

2. 당파심에 대한 이론과 한국적 적용

유권자의 투표행태를 설명하는 데 정당에 대한 선호의 중요성은 미시간 학파(*Michigan school*)라고 불리는 일군의 학자들에 의해 이론적·경험적으로 확립되었다(Campbell, Gurin & Miller, 1954; Campbell et al., 1960; Converse, 1964). 이전까지의 컬럼비아 학파(*Columbia school*)에 따르면 선거운동의 역할은 새로운 정보를 제공함으로써 정치적 선택의 변화를 이끌어낸다기보다는 유권자들이 평소에 가지고 있는 정치적 성향을 활성화하고 그에 기반한 결정을 오히려 강화하는 경향이 있으며, 이러한 정치적 성향은 유권자가 속한 사회경제적 집단의 특성에서 직접적으로 기인한다고 보았다(Berelson, Lazarsfeld & McPhee, 1954; Lazarsfeld, Berelson & Gaudet, 1944). 미시간 학파는 컬럼비아 학파의 주장이 지나치게 정적(*static*)이라고 비판하며, 유권자의 사회경제적 특성과 유동적인 선거결과의 사이를 매개하는 변수로서 "정당일체감"(*party identification*)을 제시하였다. 다시 말하면 정당일체감의 변화, 즉 유권자들 사이에서 정당에 대한 선호의 분포의 변화가 장기적으로는 안정적인 선거결과에 단기적인 변동성을 가져온다는 것이다.

미시간 학파에 따르면 정당일체감은 유권자가 특정 정당에 대해 안정적으로 가지고 있는 심리적인 애착심(*enduring psychological attachment*)

을 의미한다. 이러한 정당일체감은 다분히 감정적이고 정서적인 변수로서 정치적 이해관계에 따른 합리적 계산과는 거리가 멀다. 이러한 의미에서 정당일체감은 종교나 인종과 같은 개인의 사회적 정체성(*social identity*)의 일부라고 간주할 수 있다. 정당일체감은 유권자가 정치에 눈을 뜨기 훨씬 이전부터 부모로부터 전수받으며 이후 소속 집단의 정치적 가치와 정향, 문화를 습득하고 내면화하는 정치적 사회화 과정을 통해 형성된다(Jennings & Niemi, 1981; Niemi & Jennings, 1991). 일단 형성된 정당일체감은 쉽게 변화하지 않으며 시간이 지날수록 점점 강도가 세지며 안정적으로 공고화된다. 유권자에게 새로운 정보가 주어졌을 경우에도 정보의 내용에 따른 정당일체감의 변화가 일어나기보다는 오히려 정당일체감이 기존에 지지하는 정당에 유리한 방향으로 정보를 선택적으로 수용하도록 하는 심리적 기제(*perceptual screen*)로서 작용한다. 결과적으로 정당일체감은 구체적인 쟁점이나 후보와 같은 다른 요인에 의해 영향을 받지는 않으면서 유권자의 정치적 태도나 투표선택에 궁극적인 영향을 끼치는 "추동되지 않는 추동자"(*unmoved mover*)라는 것이다.

주로 1950~60년대 자료에 기반한 미시간 학파의 정당일체감 개념에 대한 비판은 이후 다양한 측면에서 제기되었다. 무엇보다도 1970년대 이후 미국 유권자들 중 특정 정당에 대한 일체감을 가지고 있지 않은 무당파(*independent*) 유권자의 비율이 증가하는 한편 정당일체감과 실제 투표 사이의 상관관계가 이전에 비해 약화되었다(Nie, Verba & Petrocik, 1976). 또한 정당일체감이 단순히 몰이념적인 정서적 애착심에 그치는 것이 아니라 정치 이념이나 중요한 쟁점에 대한 유권자의 태도와도 상당한 수준의 일관성을 나타내는 모습이 관찰되었다(Nie, Verba & Petrocik, 1976; Franklin & Jackson, 1983). 이와 더불어 서로 다른 정당의 후보에게 투표하는 분할투표(*split-ticket voting*)의 증가나 입법부와 행정부가 각기 다른 정당에 의해 장악되는 분점정부(*divided government*)의 등장과 같이 전통적인 정당일체감 개념으로는 설명하기 어려운 현상이 빈번하게 발생하였다.

미국 정당정치의 변화와 함께 정당일체감에 대한 수정주의적(*re-visionist*) 해석이 나타났다. 이러한 새로운 개념화에서는 정당일체감이 비록 유권자의 정치적 태도나 투표선택에 중요한 역할을 끼치기는 하지만, 그럼에도 불구하고 정당일체감 자체 역시 새로운 쟁점의 등장이나 경제상황의 변화, 후보자에 대한 평가와 같은 단기적인 요인에 의해 변화할 수 있다고 보았다(Fiorina, 1981; Franklin & Jackson, 1983; Markus & Converse, 1979; Page & Jones, 1979). 특히 피오리나(Fiorina, 1981)는 정당일체감을 해당 정당의 과거 국정운영 성과에 대한 평가의 총합(*running tally*)을 나타내는 인지적(*cognitive*) 측면의 태도라고 주장했다. 즉 대통령이나 집권당의 업적에 대해 긍정적으로 평가할수록 해당 정당에 대한 일체감이 강화되며 반면에 대통령이나 집권당의 업적에 대해 부정적으로 평가하는 경우에는 정당일체감의 약화를 경험한다는 것이다. 물론 그렇다고 해서 정당일체감이 수시로 변화하는 유동적 개념이라는 의미는 아니다. 추가적인 정보가 정당일체감에 끼치는 영향은 누적적이기 때문에 새로운 정보에 노출된다고 하더라도 정당일체감은 상당한 안정성을 보일 수 있다(Achen, 1992; Gerber & Green, 1998). 중요한 점은 정당일체감이 사회적 정체성에 뿌리내린 사회심리적·정서적 태도라기보다는 현실정치, 특히 현 정부의 국정운영에 대한 인식에 기반한 정치적 평가(*evaluation*)라는 것이다.

정당일체감에 대한 수정주의적 해석이 등장한 이후 미시간 학파의 입장으로부터 반론이 제기되는 등(예를 들어, Green, Palmquist & Schickler,

2002; Miller, 1991; Miller & Shanks, 1996), 정당일체감을 둘러싼 다양한 논쟁이 지속적으로 제기되었다. 그러나 대부분의 경우 이러한 반론과 재반론은 양당제가 일찍이 정착하여 오랜 기간 동안 큰 변화 없이 유지된 미국의 경험에 기반하며, 따라서 제도적 맥락(*institutional contexts*)이나 역사적 경험이 상이한 사회에서도 마찬가지로 적용될 수 있을지에 대해서는 의문의 여지가 있다.

실제로 다당제를 채택하고 있는 많은 유럽 국가들은 당파심이 미국과 상당히 다른 양태를 보인다. 예를 들어 이들 국가에서는 정당 간 경쟁구도가 사회의 균열구조(*cleavage structure*)와 훨씬 밀착되어 있으며, 전통적인 균열구조를 대변하는 정당일수록 유권자들이 보다 강력한 당파심을 나타내는 경우가 대부분이다. 다시 말해서 유권자의 일차적인 일체감의 대상은 자신의 사회집단 및 계급으로서 해당 집단과 계급의 이해관계를 대변하는 정당에 대한 일체감은 오히려 부차적인 경우가 많다. 결과적으로 유권자들이 비슷한 이념적 지향을 가진 복수의 정당에 동시에 일체감을 느끼거나 당파심과 실제 투표선택 사이의 분석적 구분이 사실상 어렵다는 등 정당일체감에 대한 기존의 개념을 적용하기 어려운 모습들이 관찰되었다(Johnston, 2006; Katz, 1979; LeDuc, 1981; Richardson, 1991). 그리고 이와 같은 다당제의 특성을 반영하여 전통적인 의미의 정당일체감에 대한 대안으로서 "정당에 대한 (이념적) 근접성"(*party closeness*)으로서의 당파심 개념이 제시되었다(Barnes et al., 1988; Weisberg, 1999).[2] 이와 같은 개념화가 의미하는 것은 당파심을 현실적인 정당 간 경쟁구도에 근거하되 그렇다고 해서 단순히 현 정

---

2 실제로 대부분의 국가 간 비교연구에서는 당파심을 측정하기 위해서 "어느 정당에 대해 일체감을 갖는가(*identify with*)"라고 묻기보다는 "특정 정당과 가깝다고 느끼는가(*feel close to*)"라고 묻는다.

부의 국정운영에 대한 평가라는 차원보다는 보다 근본적인 차원에서 사회 균열구조에 기반한 이념적 근접성에 의거하여 정의하는 것이라고 할 수 있다.

지금까지 살펴본 당파심에 대한 3가지 이론에 기대어 보았을 때, 한국 유권자의 당파심, 즉 특정 정당에 대한 지지 혹은 선호가 갖는 의미는 무엇인가? 물론 한국 정당들의 잦은 이합집산과 당명변경으로 인해 한국 유권자들이 서구 민주주의 국가에서 발견되는 것과 같은 정도의 당파심을 형성하기 어려웠다고 추측할 수 있다. 이러한 측면에서 한국 유권자들의 당파심에 대한 초기의 논의는 “여야성향”이라는 형태로 제기되었다. 비록 한국 유권자들 사이에 비교적 장기적으로 지속되는 당파적 태도가 발견되기는 하지만, 여야 간 정권교체가 이루어지지 않았던 역사성과 함께 비록 당명은 바뀌어왔지만 동일한 정치지도자가 주요 야당들을 이끌어왔던 점에서 당파심이 개별 정당보다는 여당과 야당이라는 추상적인 기준을 바탕으로 형성되었다는 것이다(박찬욱, 1993; 조중빈, 1993). 여야 간 정권교체가 발생하면서 여야성향이라는 개념이 적실성을 상실한 이후에는, 개별 정당의 부침에도 불구하고 한국의 정당이 기반을 둔 지역균열이 안정적으로 유지되고 있다는 점에 착안하여 한국 유권자들의 당파심을 지역균열구조에 기초한 집합적 정체감이라는 틀에서 이해하여야 한다는 주장이 제기되기도 하였다(이현출, 2001). 비슷한 맥락에서 황아란(2008)은 한국 유권자들의 당파심은 지역 연고 정당에 대한 호감과 다른 정당에 대한 거부감이 상호작용한 다차원적 개념이라고 주장한다.

여야성향이나 지역주의에 기반한 당파심이 비록 미국과는 전혀 다른 맥락이기는 하지만 여전히 사회심리적·정서적 차원에서 유권자들이 정당에 대해 가지는 태도라는 점에서 전통적인 정당일체감 개념과 일정한 유사성을 가진다면,[3] 한국 유권자들의 당파심을 수정주의 이론과 유사한 형태로 파악하는 연구들 또한 찾아볼 수 있다. 예를 들어 김영태(2005)와 조성대·한귀영(2010)은 노무현 정부 시절 경제전망에 대한 평가와 대통령 지지율이 정당지지율에 상당한 영향을 끼쳤다는 사실을 발견하였다. 즉 경제전망에 대한 기대가 상승할수록 그리고 노무현 대통령에 대한 지지율이 상승할수록 집권여당인 열린우리당에 대한 지지율이 상승하는 반면 한나라당에 대한 지지율은 하락하였다는 것이다. 마찬가지로 이내영·정한울(2007)은 정당 지지 및 철회에 유권자들의 쟁점에 대한 태도가 영향력을 끼쳤으며, 특히 각 정당의 이념적 위치를 구분해주는 위치 쟁점(*position issues*)보다는 경제적 실적에 대한 평가처럼 이념적 위치와 무관하게 유권자의 객관적 평가가 가능한 실적 쟁점(*performance issues*)이 더욱 중요한 변수라고 주장한다.

마지막으로 한국 유권자의 당파심을 일상적인 정당 지지보다는 선거에서 나타나는 정당투표에 초점을 맞추어 이념적 차원에서 바라보는 연구들 또한 찾아볼 수 있다. 많은 연구들이 2000년대 이후 선거에서 기존의 지역균열의 영향력이 약화되는 동시에 이념 및 세대에 기반한 새로운 균열이 중요하게 부각되었으며 실제로 유권자의 진보-보수 이념이 누구에게 투표하는가에 중요한 영향을 끼쳤다고 주장한다(강원택, 2003; 2010; 이갑윤·이현우, 2008; 최준영·조진만, 2005; Jhee, 2006). 특히 이지호(2009)는 민주화 이후 정당이 진보-보수의 차원에서 서로를 주요하게 차별화했으며, 진보-보수 척도에 따른 정당의 위치는

---

3 이현출(2001)의 경우 여야성향 대신에 정당일체감 개념을 도입하되 정당에 대한 평가적 관점을 강조하는 수정주의적 해석을 취해야 한다고 주장하기는 한다(157쪽). 그러나 이러한 주장은 글에서 초점을 맞추고 있는 무당파층의 행태를 설명하기 위한 목적에 국한된 것으로 보이며, 특정 정당에 대해 당파심을 보이는 유권자들의 경우에는 지역주의와 같은 사회심리적 측면을 여전히 중요시한다.

그들 정당을 지지한 유권자 집단의 이념 분포와 방향에서 일치한다고 주장한다. 물론 투표와 이념 사이의 밀접한 관계와는 별개로 이념적 근접성으로 인해 특정 후보나 정당을 선택하기보다는 오히려 선택했기 때문에 해당 정당이나 후보를 이념적으로 가깝게 여기게 되는 합리화 혹은 투사(*projection*)의 과정이 작동할 가능성이 있다는 점에서 이념 투표의 영향력을 과대평가해서는 안 된다는 주장도 존재한다(이내영 · 허석재, 2010).

물론 당파심이 위에서 설명한 세 이론 중 어느 하나만으로 설명하기 힘든 복합적이고 다차원적인 개념이며, 한국 유권자들 또한 이 점에서 예외는 아닐 것이다. 따라서 한국 유권자의 당파심을 다루는 기존 연구들이 보여주는 다양한 분석과 주장은 당파심의 세 측면 중 특정한 부분을 보다 부각시킨 것이며, 그 자체로 중요한 학술적 가치를 가진다고 할 수 있다. 그러나 아직까지 이루어지지 않은 작업은 당파심에 대한 3가지 이론들을 하나의 통합 모형에서 동시에 고려하여 한국 유권자들의 당파심이 어떤 이론에서 설명하는 것과 가장 근접한 모습을 보이는지, 다시 말해서 당파심의 다양한 정서적(*affective*), 평가적(*evaluative*), 그리고 이념적(*ideological*) 측면 중에서 어느 부분이 한국 유권자들이 정당에 대해 가지고 있는 태도의 핵심적인 기반을 이루는지에 대한 분석이다. 이러한 문제의식에서 이 논문은 당파심에 대한 세 이론적 관점에 대응하는 다양한 변수들을 동시에 고려했을 때 어느 것이 한국 유권자의 당파심을 가장 잘 보여주는지에 대한 통계 분석을 시도한다.

3. 데이터와 변수조작화

한국 유권자들이 정당에 대해 가지는 당파심의 기반을 경험적으로 알아보기 위해 이 논문에서는 서울대학교 한국정치연구소가 한국리서치와 함께 제 19대 총선 직후에 실시한 "정치와 민주주의에 관한 인식조사"를 사용하였다. 정치와 민주주의에 관한 인식 조사는 전국의 만 19세 이상 성인남녀를 대상으로 성별, 연령별, 지역별 비례할당 후 무작위추출을 통해 선정된 2천여 명의 응답자들에 대한 직접면접조사를 통해 이루어졌다.

분석의 종속변수를 이루는 한국 유권자의 당파심은 다음의 2가지 방법을 사용하여 측정하였다. 첫 번째 종속변수는 "귀하께서는 평소 다음 중 어느 정당을 지지하십니까?"라는 문항에 대한 대답으로서 선거와 같은 특수한 상황과는 별개로 응답자가 안정적으로 유지하고 있는 정당에 대한 태도를 보여준다. 당파심을 측정하는 두 번째 종속변수로는 제 19대 총선 당시 비례대표의원을 선출하는 정당투표에서 어느 정당에게 투표하였는가를 사용하였다. 안정적인 심리적 지향(*orientation*)을 보여주는 첫 번째 종속변수와는 달리 정당투표는 선거라는 특수한 시점에서의 선택이라는 점에서 그리고 단순히 심리적인 태도에 그치는 것이 아니라 실제 정치적 행동으로 이어졌다는 점에서 평소 어떤 정당을 지지하는가가 보여주지 못하는 당파심의 또 다른 측면을 포착한다. 분석의 편의를 위해 새누리당, 민주통합당, 통합진보당을 제외하고 선택한 응답자의 수가 미미한 다른 정당들은 통계분석에서 제외하였다.

한국 유권자들의 당파심을 설명하기 위한 요인으로서 당파심을 설명하는 3가지 이론적 관점에 대응하는 세 범주의 독립변수들을 포함하였다. 우선 정당에 대한 정서적(*affective*) 태도를 측정하기 위해서는 각 정당 및 잠재적 대선 후보에 대해서 얼마나 좋아하고 싫어하는지를 0에서 10까지의 척도로 나타낸 것을 사용하였다.[4] 이때 0은 해당 정당이나 정치 지도자를 매우 싫어한다는 것을 의미하며 10은 매우 좋아한다는 것을, 그리고 5는 특별히 좋지도 싫지도 않을 경우를 나타낸다. 여기에서 각 정당 및 정치 지도자에 대한 정서적 태도를 통해 의도하는 것은 진보-보수의 이념이나 구체적인 정책에서의 차이와는 별개로 감정적 차원에서 응답자가 느끼는 정서적 거리를 포착하고자 하는 것이다.[5] 또한 정당에 대한 정서적 태도뿐만 아니라 잠재적 대선 후보들에 대한 정서적 태도까지 고려한 이유는 아직까지 정당의 제도화 수준이 낮고 인물 중심으로 이루어지는 한국 정당정치의 현실을 고려할 때 정당 자체에 대한 인식과는 별개로 각 정당을 이끄는 정치 지도자에 대한 인식이 독자적인 영향력을 발휘할 수 있다는 생각에서이다.[6] 새누리당의 경우에는 박근혜, 민주통합당의 경우에는 실질적으로 제 19대 총선을 지휘했으며 당내 지지율 1위를 기록하고 있는 문재인, 그리고 비록 특정 정당에 소속되어 있지는 않지만 여전히 가장 유력한 대선 후보로 거론되는 안철수 등이 주요 정치 지도자로서 분석에 포함되었다.

두 번째로 응답자가 인식하는 각 정당과의 이념적 거리를 측정하였다. 정치와 민주주의에 관한 인식 조사에서는 응답자로 하여금 매우 진

4 원자료에서는 각 응답이 0부터 100까지의 척도로 코딩되었지만, 여기에서는 독립변수들 간의 상대적 영향력 비교를 보다 쉽게 하기 위하여 0부터 10까지의 척도로 재코딩하였다.

5 이러한 종류의 문항을 "감정 온도계"(*feeling thermometer*)라고 부르며, 실제로 정치적 인물이나 집단에 대한 정서적·감정적 태도를 측정하기 위해 널리 사용된다.

6 이와 더불어 이 논문에서 사용하는 자료가 제 19대 총선 직후에 수집되었으며, 대선을 불과 8개월여 앞두고 실시된 제 19대 총선이 대선의 전초전으로서의 의미를 부여받았다는 점에서 잠재적 대선 후보에 대한 태도가 응답자의 정치적 태도 및 행태에 중요한 영향력을 행사했을 가능성이 존재한다.

보를 뜻하는 0부터 매우 보수를 뜻하는 10까지의 척도에서 스스로가 이념적으로 어디에 위치하는지 질문하였다. 이후 동일한 척도에서 주요 정당 및 잠재적 대선 후보들이 이념적으로 어디에 위치한다고 인식하는지 질문하였다. 이러한 일련의 질문들에 대한 응답에 기반하여 응답자와 각 정당 및 잠재적 대선 후보들과의 이념적 거리를 최종적으로 계산하였다. 정서적 태도와 마찬가지로 세 정당과의 이념적 거리와 함께 박근혜, 문재인, 안철수와의 이념적 거리 역시 분석에 포함되었다.

한국 유권자의 당파심을 설명하기 위한 세 번째 범주의 독립변수로는 현 정부에 대한 평가를 고려하였다. 당파심에 관한 수정주의 이론에 따르면 유권자들은 정당이 집권했을 때의 국정운영 성과를 고려하여 해당 정당에 대한 태도를 지속적으로 수정 및 변경한다. 이러한 시각을 한국 유권자에 적용한다면 이명박 대통령의 국정운영에 대한 평가가 집권여당인 새누리당에 대한 태도에 영향을 미칠 것이라고 예상할 수 있다. 이에 따라서 "지난 4년간 이명박 대통령이 대통령으로서 국정운영을 얼마나 잘했다고 생각하십니까?"라는 질문에 대한 응답을 독립변수로 포함하였다. 국정운영 평가는 4점 척도로 측정되었으며, 높은 값일수록 이명박 대통령의 국정운영을 긍정적으로 평가한다는 것을 의미한다. 또한 대통령에 대한 평가에서 경제에 대한 고려가 차지하는 중요성을 반영하여 국정운영에 대한 전반적인 평가와 더불어 경제상황에 대한 인식도 분석에 포함하였다. 경제상황에 대한 평가는 응답자 개인의 가정살림에 대한 인식(*pocketbook considerations*)과 국가경제에 대한 인식(*sociotropic considerations*)을 동시에 고려했으며, "지난 4년간 귀하의 가정형편이/우리나라의 경제상태가 좋아졌다고 생각하십니까 아니면 나빠졌다고 생각하십니까?"라는 질문에 대해 응답자가 5점 척도를 사용하여 응답하였다. 국정운영 평가와 마찬가지로 높은 값일수록 경제

〈표 6-1〉 주요 독립변수들의 기술통계(*descriptive statistics*)

변 수	평 균	표준편차	최솟값	최댓값
새누리당 이념 거리	2.34	2.16	0	10
민주통합당 이념 거리	1.95	1.84	0	10
통합진보당 이념 거리	2.15	2.03	0	10
박근혜 이념 거리	2.08	2.06	0	10
문재인 이념 거리	1.68	1.72	0	10
안철수 이념 거리	1.69	1.73	0	10
새누리당 호감도	5.19	2.47	0	10
민주통합당 호감도	5.01	2.12	0	10
통합진보당 호감도	3.75	2.08	0	10
박근혜 호감도	5.65	2.46	0	10
문재인 호감도	4.73	2.13	0	10
안철수 호감도	5.19	2.49	0	10
국정운영 평가	2.10	0.73	1	4
가정살림 인식	2.75	0.79	1	5
국가경제 인식	2.44	0.81	1	5

상황을 긍정적으로 인식한다는 것을 의미한다.

당파심을 설명하는 세 이론을 반영하는 독립변수들 이외에도 한국 유권자들의 정치적 태도와 행태에 영향을 끼칠 것이라고 예상되는 다양한 변수들이 통제변수로 포함되었다. 우선 2000년대 이후 한국의 선거정치에서 주요한 정치적 균열로 등장한 세대 및 연령의 영향력을 통제하기 위해 응답자의 세대가 일련의 가변인(*dummy variables*)의 형태로 포함되었다. 응답자의 사회경제적 배경을 나타내는 지표로서는 교육수준과 월평균 가구소득, 취업 여부, 자가 주택 소유 여부 등을 통제하였다. 또한 이명박정부가 들어선 이후 종교적 성향이 한국 유권자들의 정치적 태도에 일정한 영향을 끼치기 시작했다는 점을 고려하여(장승진 · 하상응, 2011) 응답자가 가지고 있는 종교를 통제하였다. 마지막으로 성별과 결혼 여부와 같은 기본적인 인구학적 정보와 함께 응답자의 거주지를 광역자치단체 수준에서 나타내는 가변인들을 포함하였다.

4. 통계분석과 결과

통계분석을 위해서 두 종속변수 모두 변수값 사이에 일정한 관계가 존재하지 않는 명목변수(*nominal variable*)라는 사실을 고려하여 다항로짓모형(*multinomial logit*)을 사용하였다. 첫 번째 종속변수인 평소 지지하는 정당에 대한 분석은 지지하는 정당이 없다고 대답한 무당파를 기준범주(*base category*)로 각기 새누리당, 민주통합당, 통합진보당을 지지할 확률이 독립변수에 따라 어떻게 변화하는지 보여준다. 두 번째 종속변수인 제 19대 총선에서의 정당투표에 대한 분석은 실제 투표에 참여한 응답자들을 대상으로 새누리당에 대한 투표를 기준범주로 각기 민주통합당이나 통합진보당에 투표할 확률이 독립변수에 따라 어떻게 달라지는지 보여준다. 2번의 분석 모두 통계적 유의미성을 판단하기 위해 응답자가 거주하는 광역자치단체 수준에서 군집화된 표준오차(*clustered robust standard errors*)를 계산하여 사용하였다.

〈표 6-2〉는 응답자가 평소 지지하는 정당에 대한 분석 결과를 보여준다. 가장 먼저 눈에 띄는 것은 각 정당에 대해 응답자가 인식하는 이념적 거리는 해당 정당을 지지하는가의 여부에 전혀 유의미한 영향력을 끼치지 않는다는 것이다. 즉 응답자가 특정 정당이나 정치 지도자가 자신과 이념적으로 얼마나 가깝거나 멀다고 인식하는지는 지지하는 정당이 없는 경우와 비교하여 해당 정당을 지지할 확률에 전혀 차이를 가져오지 않는다는 것이다. 유일하게 통계적으로 유의미하게 나타난 변수는 박근혜와의 이념 거리였다. 그러나 예상과는 반대로 이념적으로 멀리 떨어져 있다고 인식할수록 오히려 새누리당을 지지할 확률이 상승하는 것으로 나타남으로써 이 또한 정치 지도자와의 이념적 거리가 해당 정당을 지지할 확률에 영향을 주는 증거라고 보기는 어렵다.

반면에 특정 정당을 지지할 확률에 유의미한 영향을 주는 것은 해당 정당에 대한 정서적 호감도인 것으로 확인되었다. 새누리당, 민주통합

〈표 6-2〉 한국 유권자들의 당파심의 결정 요인: 지지하는 정당 (N = 1,975)

	새누리당 지지 (vs. 무당파)		민주통합당 지지 (vs. 무당파)		통합진보당 지지 (vs. 무당파)	
새누리당 이념 거리	-0.102	(0.052)	0.068	(0.053)	-0.012	(0.166)
민주통합당 이념 거리	-0.057	(0.064)	-0.047	(0.057)	0.048	(0.083)
통합진보당 이념 거리	0.083	(0.061)	-0.086	(0.055)	-0.006	(0.142)
박근혜 이념 거리	0.144*	(0.065)	0.097	(0.055)	0.091	(0.137)
문재인 이념 거리	-0.070	(0.066)	-0.016	(0.073)	-0.158	(0.211)
안철수 이념 거리	0.068	(0.081)	-0.012	(0.058)	-0.075	(0.080)
새누리당 호감도	1.115*	(0.167)	-0.249*	(0.067)	-0.409*	(0.101)
민주통합당 호감도	-0.414*	(0.133)	0.998*	(0.072)	-0.243	(0.154)
통합진보당 호감도	-0.050	(0.065)	-0.164*	(0.054)	1.170*	(0.185)
박근혜 호감도	0.232*	(0.046)	-0.157*	(0.041)	-0.029	(0.079)
문재인 호감도	-0.104	(0.068)	0.005	(0.065)	0.042	(0.078)
안철수 호감도	-0.047	(0.082)	0.056	(0.055)	-0.136	(0.107)
국정운영 평가	0.025	(0.103)	-0.313	(0.197)	-0.087	(0.375)
가정살림 인식	0.074	(0.106)	0.113	(0.128)	-0.006	(0.119)
국가경제 인식	0.107	(0.104)	-0.021	(0.130)	-0.085	(0.162)
20대	-0.811*	(0.363)	-0.808*	(0.321)	-0.751	(0.414)
30대	-0.760*	(0.227)	-0.530*	(0.252)	-0.818*	(0.298)
50대	-0.139	(0.282)	-0.107	(0.195)	-0.672	(0.451)
60대 이상	0.230	(0.274)	0.176	(0.211)	-0.757	(0.694)
교육수준	0.040	(0.044)	-0.030	(0.049)	-0.025	(0.079)
월평균 가구소득	-0.066	(0.053)	-0.061	(0.041)	-0.042	(0.061)
취업 상태	0.031	(0.142)	0.019	(0.118)	0.593	(0.590)
자가 주택 소유	0.291	(0.237)	0.085	(0.188)	-0.217	(0.371)
개신교	0.062	(0.152)	0.355	(0.220)	-0.098	(0.358)
불교	0.209	(0.193)	0.590*	(0.239)	0.271	(0.628)
천주교	-0.302	(0.405)	-0.024	(0.424)	-0.892	(0.590)
결혼 상태 (기혼 = 1)	0.317	(0.333)	0.413	(0.276)	0.188	(0.453)
성별 (여성 = 1)	-0.277	(0.177)	-0.461*	(0.194)	-0.614*	(0.300)
지역 dummies	Yes		Yes		Yes	
Constant	-6.147*	(1.008)	-2.926*	(0.917)	-2.808*	(1.379)
Pseudo-R^2	0.5046					

주: 숫자는 로짓(logit) 계수이며 괄호 안은 표준오차. 응답자의 거주지(16개 광역자치단체)를 나타내는 가변인들 또한 모형에 포함되었으나 여기에서는 결과를 생략하였다.

당, 통합진보당 모두 각 정당에 호감을 가지고 있을수록 해당 정당을 지지할 확률이 유의미하게 상승하는 것으로 나타났다. 흥미로운 점은 황아란(2008)이 보여주었듯이, 특정 정당을 지지할 확률에 해당 정당에 대한 호감이 영향을 미칠 뿐만 아니라 다른 정당에 대한 반감 역시 중요한 역할을 한다는 것이다. 구체적으로는 새누리당에 대한 호감도를 통제한 이후 민주통합당에 대해 호감도가 높을수록 새누리당을 지지할 확률이 하락했으며, 마찬가지로 민주통합당이나 통합진보당에 대한 호감도를 통제한 이후에 새누리당에 대한 호감도가 높을수록 두 정당을 지지할 확률이 하락했다. 새누리당에 대한 호감도와 다른 정당에 대한 호감도 사이의 상관관계가 그리 높지 않다는 점에서,7 이러한 결과는 응답자가 정당에 가지고 있는 정서적 호감이 단순히 해당 정당을 지지하는 것과 동어 반복적인 현상이 아니라 개념적으로 구별되는 정치적 태도라는 점을 보여준다. 마찬가지로 제 19대 총선에서 성사된 야권연대를 반영하듯 민주통합당에 대한 호감도와 통합진보당에 대한 호감도 사이의 상관계수가 0.547로서 상당히 높게 나타났음에도 불구하고 정작 통합진보당에 대한 호감이 높을수록 민주통합당을 지지할 확률이 하락했다. 이러한 사실 역시 어떤 정당을 지지하는가는 해당 정당에 대한 호감과 다른 정당에 대한 반감이 복합적으로 작용한다는 것을 잘 보여준다.

정당에 대한 정서적 호감도와는 달리 잠재적 대선 후보에 대한 호감도가 갖는 영향력은 상대적으로 제한적인 것으로 나타났다. 비록 박근혜에 대한 호감이 높을수록 새누리당을 지지할 확률이 상승하고 민주

7 새누리당에 대한 호감도와 민주통합당 및 통합진보당에 대한 호감도 사이의 상관계수(*Pearson's correlation coefficient*)는 각각 -0.024와 -0.001로서 거의 상관관계가 존재하지 않는 것으로 나타났다.

통합당을 지지할 확률은 하락하는 것으로 나타나기는 했지만,[8] 문재인이나 안철수에 대한 호감도는 지지하는 정당에 전혀 영향을 끼치지 못했으며 박근혜에 대한 호감도 또한 통합진보당에 대한 지지에는 유의미한 영향을 끼치지 않았다. 결국 한국 정당정치의 낮은 제도화 수준에 대한 비판에도 불구하고 안정적인 심리적 지향으로서의 당파심에서는 특정한 정치 지도자에 대한 태도보다는 정당 자체에 대한 정서적 태도가 중요하게 작용한다는 것을 알 수 있다.

이념적 거리와 마찬가지로 현 정부에 대한 평가 또한 한국 유권자들의 당파심에 별다른 영향을 끼치지 않는 것으로 나타났다. 이명박 대통령의 국정운영에 대한 평가나 경제상황에 대한 2가지 인식 모두 응답자가 어떤 정당을 지지하는가에 유의미한 영향을 끼치지 않았다. 즉 이명박 대통령의 국정운영에 대해 비판적인 사람일지라도 혹은 이명박 대통령 임기 동안 나타난 경제상황의 변화에 대해 부정적으로 평가하는 사람이라 하더라도 집권여당인 새누리당에 대한 지지를 철회하거나 야당을 지지하지 않는다는 것이다. 결국 수정주의 이론에서 주장하는 것과는 달리 한국 유권자들의 당파심은 집권당의 국정운영 성과에 대한 인지적 평가에 의해 쉽게 수정 및 변경되지 않는다는 것을 알 수 있다.

〈표 6-2〉의 결과는 통계적 유의미성을 보여줄 뿐 실질적인 차원에서 각 정당에 대한 정서적 태도가 한국 유권자들의 당파심에 어느 정도의 영향력을 발휘하는지를 보여주지는 않는다. 더구나 다항로짓모형의 특성상 표에서 제시된 계수들은 지지하는 정당이 없는 경우와 비교했을 때 각 정당을 지지할 확률을 보여줄 뿐 서로 다른 정당 사이의 직접적인 비교는 어렵다. 이를 위해 〈그림 6-1〉은 세 정당 및 박근혜에 대한 정

8 이는 정치권이나 언론에서 흔히 이야기하는 "박근혜 효과"를 통계적으로 입증하는 결과라고 할 수 있다.

<그림 6-1> 정서적 호감도에 따른 각 정당을 지지할 확률의 변화

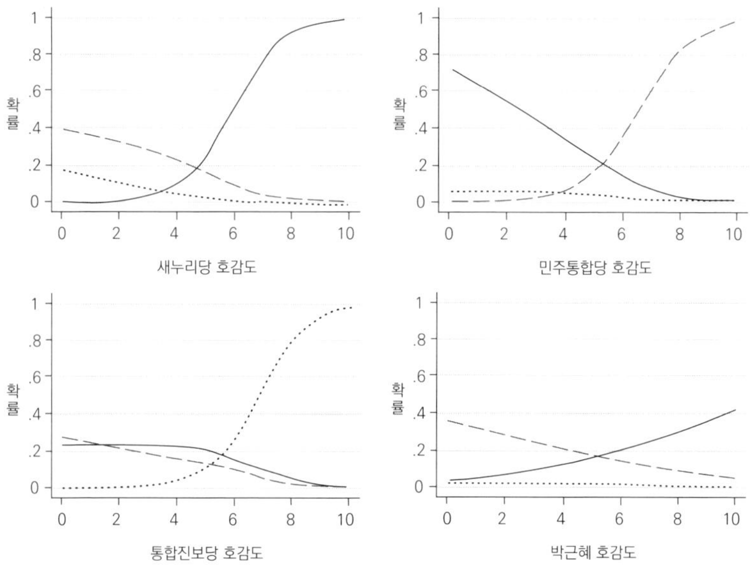

서적 호감도가 실제로 각 정당을 지지할 확률에 어떻게 영향을 끼치는지를 시각적으로 보여준다. <그림 6-1>에서 실선은 새누리당을 지지할 확률을 나타내며, 대시선과 점선은 각기 민주통합당과 통합진보당을 지지할 확률을 나타낸다. 다른 모든 독립변수들은 중간값(*median*)에 고정하였다. <그림 6-1>을 통해서 정서적 호감도가 당파심에 끼치는 영향력이 통계적으로 유의미할 뿐만 아니라 실질적인 차원에서도 절대적이며, 또한 특정 정치 지도자에 대한 호감도보다는 정당 자체에 대한 호감도가 훨씬 더 큰 차이를 가져온다는 사실이 확인된다.

<표 6-2>와 <그림 6-1>에서 분석의 대상이 안정적인 심리적 지향으로서의 당파심이라면, <표 6-3>에서는 제19대 총선이라는 특정 시점에 정당투표라는 형태로 표출된 정치적 의사표시로서의 당파심에 대해 분석한다.

〈표 6-3〉에 따르면 행태적 측면에서도 〈표 6-2〉와 유사한 요인들이 한국 유권자들의 당파심에 영향을 끼치는 것으로 나타났다. 우선 지지

〈표 6-3〉 한국 유권자들의 당파심의 결정요인: 정당투표 (N = 1,306)

	민주통합당 투표 (vs. 새누리당)		통합진보당 투표 (vs. 새누리당)	
새누리당 이념 거리	0.056	(0.119)	0.111	(0.212)
민주통합당 이념 거리	-0.141	(0.073)	-0.085	(0.105)
통합진보당 이념 거리	-0.131	(0.084)	-0.085	(0.211)
박근혜 이념 거리	-0.027	(0.103)	-0.006	(0.154)
문재인 이념 거리	-0.244*	(0.083)	-0.480*	(0.174)
안철수 이념 거리	0.215*	(0.055)	0.129	(0.176)
새누리당 호감도	-1.489*	(0.374)	-1.563*	(0.392)
민주통합당 호감도	1.444*	(0.256)	0.593*	(0.167)
통합진보당 호감도	-0.093	(0.087)	0.931*	(0.197)
박근혜 호감도	-0.364*	(0.073)	-0.401*	(0.100)
문재인 호감도	0.249*	(0.089)	0.185	(0.160)
안철수 호감도	0.200*	(0.081)	0.281*	(0.069)
국정운영 평가	-0.404*	(0.169)	-0.558	(0.294)
가정살림 인식	-0.195	(0.124)	0.211	(0.215)
국가경제 인식	-0.032	(0.153)	-0.229	(0.276)
20대	0.752	(0.811)	0.605	(0.616)
30대	0.151	(0.515)	0.124	(0.427)
50대	0.191	(0.516)	-0.048	(0.673)
60대 이상	-0.380	(0.464)	-0.513	(1.203)
교육수준	-0.060	(0.052)	-0.048	(0.067)
월평균 가구소득	-0.006	(0.070)	0.232	(0.119)
취업 상태	-0.273	(0.239)	0.440	(0.377)
자가 주택 소유	-0.393	(0.366)	-0.627	(0.396)
개신교	-0.269	(0.249)	-0.567	(0.342)
불교	0.111	(0.294)	0.198	(0.631)
천주교	-0.227	(0.543)	-0.718	(1.051)
결혼 상태 (기혼 = 1)	0.876	(0.541)	0.778	(0.409)
성별 (여성 = 1)	-0.475	(0.252)	-0.682	(0.352)
지역 dummies	Yes		Yes	
Constant	3.428*	(1.521)	0.227	(1.436)
Pseudo-R^2	0.6717			

주 : 숫자는 로짓(logit) 계수이며 괄호 안은 표준오차. 응답자의 거주지(16개 광역자치단체)를 나타내는 가변인들 또한 모형에 포함되었으나 여기에서는 결과를 생략하였다.

하는 정당과 마찬가지로 정당투표에서도 각 정당의 이념적 위치에 대한 인식은 응답자의 선택에 별다른 영향을 끼치지 않았다. 즉 응답자가 인식하는 새누리당과의 이념적 차이나 혹은 그 대안인 민주통합당 및 통합진보당과의 이념적 차이는 실제 정당투표에서의 차이로 이어지지 않는다는 것이다. 반면에 정당투표에서도 각 정당에 대한 정서적 호감도가 여전히 매우 중요한 역할을 한다. 새누리당에 대한 정서적 호감이 낮을수록 그리고 민주통합당과 통합진보당에 대한 호감이 높을수록 두 야당에 투표할 확률이 유의미하게 증가하였다. 다만 지지하는 정당과는 달리 정당투표에서는 이명박 대통령의 국정운영에 대해 긍정적으로 평가할수록 새누리당에 비해 민주통합당에 투표할 확률이 유의미하게 증가하였다. 즉 정당투표라는 행태적 차원에서의 당파심에서는 현 정부의 국정운영에 대한 인지적 평가가 일정한 영향을 끼친다는 것이다.

〈그림 6-2〉는 다른 모든 독립변수들을 중간값에 고정시켰을 때, 각 정당에 대한 정서적 호감도 및 이명박 대통령의 국정운영에 대한 평가에 따라 제19대 총선에서 새누리당, 민주통합당, 통합진보당 세 정당에 투표할 확률이 실제로 어떻게 변화하는지를 보여준다. 실선은 새누리당을 지지할 확률을 나타내며, 대시선과 점선은 각기 민주통합당과 통합진보당을 지지할 확률을 나타낸다.

〈그림 6-2〉는 정당에 대한 정서적 호감도가 정당투표에 끼치는 영향이 결정적이며, 통계적 유의미성에도 불구하고 이명박 대통령의 국정운영에 대한 평가가 정당투표에 끼치는 실질적인 영향력은 상대적으로 그리 크지 않다는 것을 보여준다.

평소 지지하는 정당과 비교했을 때 정당투표가 보여주는 또 다른 차이점은 정당뿐만 아니라 잠재적 대선 후보로 대표되는 정치 지도자의 역할이 상당한 것으로 나타났다는 것이다. 이념 거리와 관련하여서는

〈그림 6-2〉 정당에 대한 정서적 호감도와
국정운영 평가에 따른 정당투표 확률의 변화

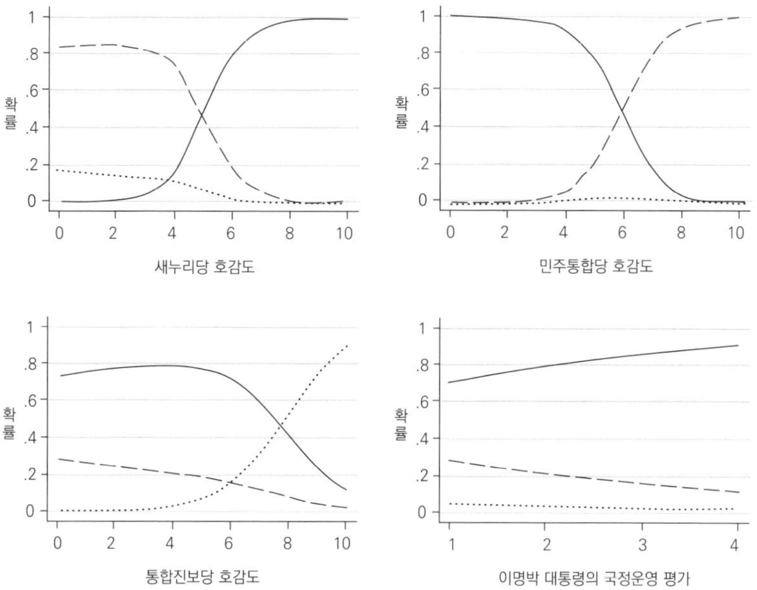

문재인과의 이념적 차이가 크다고 인식할수록 야당에 투표할 확률이 하락하는 한편 안철수와의 이념적 거리가 멀어질수록 야당, 특히 민주통합당에 투표할 확률이 유의미하게 상승했다. 정서적 호감도와 관련하여서는 박근혜에 대한 호감이 낮아질수록 혹은 문재인이나 안철수에 대한 호감이 높아질수록 새누리당이 아닌 야당에 투표할 확률이 유의미하게 상승했다. 이와 같은 정치 지도자 요인의 중요성은 제 19대 총선 당시 박근혜나 문재인과 같은 잠재적 대선 후보들이 전면에 등장하여 각 새누리당과 민주통합당의 선거운동을 전면에서 지휘함에 따라 이들에 대한 유권자들의 태도가 실제 투표로 이어졌다는 사실에서 기인했다고 볼 수 있다. 안철수의 경우에도 비록 특정한 정당에 소속되지는 않았지만 일반적으로 반새누리당 성향의 대선 후보로 인식되면서

〈그림 6-3〉 대선 후보에 대한 이념적, 정서적 태도에 따른 정당투표 확률의 변화

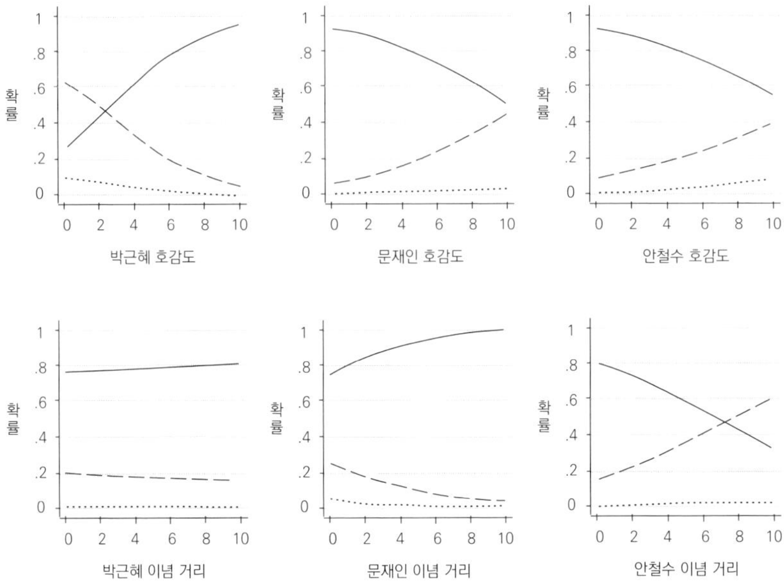

기성 정치권에 실망한 야당 성향의 유권자들의 지지를 이끌어냈다.[9] 물론 정치 지도자들과 관련한 이념적, 정서적 요인 모두의 통계적 유의미성에도 불구하고, 〈그림 6-3〉을 통해 실질적인 영향력이라는 차원에

9 안철수에 대한 유권자들의 태도와 관련하여 한 가지 특이한 점은 안철수와의 이념적 거리와 정서적 호감도가 가진 상반된 효과이다. 〈표 6-3〉에 따르면 안철수에 대한 정서적 호감이 높을수록 민주통합당을 비롯한 야당에 투표할 확률이 상승하는 반면에, 안철수와의 이념적 차이가 줄어들수록 오히려 민주통합당에 투표할 확률이 하락하였다. 이와 같은 발견은 최근 불거진 "안철수 현상"의 성격과 관련하여 상당히 중요한 함의를 갖는다고 할 수 있다. 즉 젊은 세대를 중심으로 한 안철수에 대한 정치적 지지는 그의 구체적인 이념 및 정책적 입장에 기반한 것이라기보다는 유권자들의 정치적 불신과 불만이 기성 정치권으로부터 거리를 유지하고 있는 안철수에 대한 정서적이고 감정적인 호감으로 전환된 측면이 강하다는 기존의 인식과 궤를 같이 하는 것이다. 물론 이러한 평가는 잠정적인 것으로서 안철수 현상에 대한 본격적인 분석과 논의는 이 논문의 범위를 벗어난다.

서는 정서적 호감도가 이념적 거리보다는 더욱 중요한 영향력을 행사한다는 사실을 알 수 있다.

5. 나가며

한국 유권자들 사이에 기성 정당에 대한 광범위한 불만과 불신이 존재한다는 사실에 대해서는 이론의 여지가 없다. 그러나 실제 서베이 자료들을 살펴보면 상당수의 유권자들이 안정적인 당파심을 보일 뿐만 아니라 일반적인 예상과는 달리 지지 정당이 없는 무당파층의 비율은 민주화 이후 전반적으로 감소하는 추세이다(박원호 · 송정민, 2012). 과연 어째서 한국 유권자들은 정당이 자신들의 정치적 선호와 이익을 대변하지 못한다고 생각하면서도 여전히 특정 정당을 지지하고 또 정당 투표에 참여하는 것인가? 이 논문의 분석이 암시하는 바는 비록 주요 정당들이 유권자의 정치적 선호와 이익을 제대로 대변하는 데 실패했다고 하더라도 이는 실제로 이들의 당파심을 결정하는 핵심적 요인은 아니라는 것이다. 한국 유권자들이 어떤 정당을 지지하고 선거에서 어떤 정당에 투표하는가는 여기에서는 이념적 거리를 사용하여 측정된 각 정당이 자신의 정치적 선호와 이익을 얼마나 충실하게 대변하는가가 아니라 각 정당에 얼마나 정서적 호감 또는 반감을 가지고 있는가에 달려 있다.

물론 이 논문에서는 특정 정당에 대해 가지는 호감도는 어떤 요인으로부터 유래하는가에 대해서는 다루지 못하였으며, 이 부분이야말로 이 논문에서 제시된 분석의 가장 중요한 한계라고 할 수 있다. 그러나 당파심을 설명하는 3가지 주요 이론 중에서 한국 유권자의 당파심을 가장 잘 묘사하는 것이 무엇인가라는 애초의 질문에 대해서는 이 논문이 명확한 대답을 제시한다. 통계적 유의미성이라는 기준에서건 실질적 영향력의 크기라는 기준에서건 한국 유권자의 당파심은 이념적 요인이나 집권당의 국정운영에 대한 평가적 요인보다는 정서적 요인에 기초한다.[10] 즉 최소한 당파심이라는 측면에서는 2012년 현재 한국 유권자들이 물론 정치적 맥락은 전혀 다를지라도 오히려 1950~60년대 미국 유권자들과 유사한 모습을 보이고 있는 것이다.

이 논문의 분석이 던지는 또 한 가지 중요한 함의는 여전히 지속되는 정당 간 이합집산과 당명변경에도 불구하고 한국 정당의 제도화(*institutionalization*)가 상당히 진행되었다는 점이다. 민주화 이후 한국 정치를 지배했던 3김이 정치무대에서 모두 퇴장한 이후 10여 년이 흘렀음에도 불구하고 여전히 한국의 정당이 인물중심의 전근대적 모습을 보인다는 비판을 쉽게 찾아볼 수 있다. 그러나 이 논문의 분석이 보여주는 것은 한국 유권자들의 당파심을 결정하는 것은 정당 자체에 대한 정서적 호감도이지 정당지도자에 대한 것이 아니라는 점이다. 즉 한국 유권자들은 누가 정당을 이끄는가에 대한 고려와는 별개로 정당 자체에 대한 호불호가 있으며, 정당 자체에 대한 정서적 태도야말로 한국 유권자의 당파심을 결정짓는 주요 요인이라는 것이다. 물론 평소 지지하는 정당에 비해 정당투표의 경우에는 정당지도자의 영향력이 상당히 나타났다. 그러나 정당투표의 경우 어떤 지도자가 각 정당의 선거운동을 진두지휘했는가가 유권자의 선택에 중요한 고려 대상이

10 물론 이념적 요인이나 평가적 요인이 정당에 대한 정서적 호감도에 영향을 끼침으로써 한국 유권자의 당파심에 간접적으로 작용할 가능성이 존재한다. 그러나 이런 가능성을 인정하더라도 이 논문에서 제시된 분석에서는 이념적 요인과 평가적 요인을 통제한 이후에도 정서적 요인의 영향력이 통계적으로나 실질적으로나 압도적으로 나타났다는 점에서, 정서적 요인의 핵심적인 역할을 부인하기 어렵다.

될 수밖에 없다는 점을 고려해야 할 것이다.

마지막으로 이 논문의 분석을 통해 드러난 후속 연구의 대상은 다음과 같다. 앞서 언급했듯이 이 논문에서는 정당에 대한 정서적 태도의 중요성을 보여주었을 뿐 정작 그러한 정서적 태도의 기원에 대해서는 논의하지 않았다. 따라서 후속 연구를 통해서 과연 한국 유권자들이 어떤 과정을 거쳐 정당에 대한 정서적 태도를 획득하며 어떤 요인들이 이러한 정서적 태도에 변화를 가져오는가에 대한 분석이 이루어져야 할 것이다. 또한 보다 일반적인 차원에서 그동안 한국 정치학 연구에서 상대적으로 소홀하게 다루어진 정서 또는 감정의 역할에 대한 본격적인 논의와 토론이 필요하다. 특히 유권자들이 다양한 정치적 대상에 대해서 느끼는 정서나 감정을 어떻게 정의할 것이며 이러한 정서나 감정을 방법론적으로 어떻게 측정해야 하는가에 대한 연구가 시급하다.

참고문헌

강원택(2003), 《한국의 선거정치: 이념, 지역, 세대와 미디어》, 푸른길.

_____(2010), 《한국 선거정치의 변화와 지속: 이념, 이슈, 캠페인과 투표참여》, 나남.

김영태(2005), "대통령지지와 정당지지: 노무현 정부시기를 중심으로", 〈한국정당학회보〉 4(2).

박원호 · 송정민(2012), "정당은 유권자에게 얼마나 유의미한가?: 한국의 무당파층과 국회의원 총선거", 〈한국정치연구〉 21(2).

박찬욱(1993), "제14대 국회의원 총선거에서의 정당지지 분석", 이남영 편, 《한국의 선거 I》, 나남.

이갑윤 · 이현우(2008), "이념투표의 영향력 분석: 이념의 구성, 측정 그리고 의미", 〈현대정치연구〉 1(1).

이내영 · 정한울(2007), "이슈와 한국 정당지지의 변동", 〈한국정치학회보〉 41(1).

이내영 · 허석재(2010), "합리적 유권자인가, 합리화하는 유권자인가?: 17대 대선에 나타난 유권자의 이념과 후보선택", 〈한국정치학회보〉 44(2).

이지호(2009), "정당 위치와 유권자 정향", 〈현대정치연구〉 2(1).

이현출(2001), "무당파층의 투표행태: 16대 총선을 중심으로", 〈한국정치학회보〉 34(4).

장승진 · 하상응(2011), "Rally Around the Cross: 종교와 정부에 대한 한국인들의 태도, 2003~2009", 〈한국정치학회보〉 45(5).

조성대 · 한귀영(2010), "대통령 국정지지, 정당지지, 그리고 경제전망의 동태적 관계에 관한 연구", 〈한국정치학회보〉 44(2).

조중빈(1993), "유권자의 여야성향과 투표행태", 이남영 편, 《한국의 선거 I》, 나남.

조진만 · 최준영(2005), "지역균열의 변화 가능성에 대한 경험적 고찰: 제17대 국회의원선거에서 나타난 이념과 세대 균열의 효과를 중심으로", 〈한국정치학회보〉 39(3).

황아란(2008), "제17대 대통령선거의 투표선택과 정당태도의 복합 지표 모형", 〈현대정치연구〉 1(1).

Abramson, Paul R. & John H. Aldrich(1982), "The Decline of Electoral Participation in America", *American Political Science Review* 76(2).

Achen, Christopher(1992), "Social Psychology, Demographic Variables, and Linear Regression: Breaking the Iron Triangle in Voting Research", *Political Behavior* 14(3).

Bafumi, Joseph & Robert Y. Shapiro(2009), "A New Partisan Voter", *Journal of Politics* 71(1).

Barnes, Samuel H., M. Kent Jennings, Ronald Inglehart & Barbara Farah(1988), "Party Identification and Party Closeness in Comparative Perspective", *Political Behavior* 10(3).

Bartels, Larry M. (2000), "Partisanship and Voting Behavior, 1952~1996", *American Journal of Political Science* 44(1).

______(2002), "Beyond the Running Tally: Partisan Bias in Political Perceptions", *Political Behavior* 24(2).

Berelson, Bernard R., Paul F. Lazarsfeld & William N. McPhee(1954), *Voting: A Study of Opinion Formation in a Presidential Campaign*, Chicago: University of Chicago Press.

Campbell, Angus, Gerald Gurin & Warren E. Miller(1954), *The Voter Decides*, Evanston, IL: Row, Peterson.

Campbell, Angus, Philips E. Converse, Warren E. Miller & Donald E. Stokes(1960), *The American Voter*, New York: John Wiley & Sons, Inc.

Converse, Philip E. (1964), "The Nature of Belief Systems in Mass Publics", In David E. Apter, ed., *Ideology and Discontent*, New York: Free Press.

De Boef, Suzanna & Paul M. Kellstedt(2004), "The Political (and Economic) Origins of Consumer Confidence", *American Journal of Political Science* 48(4).

Duch, Raymond M., Harvey D. Palmer & Christopher J. Anderson(2000), "Heterogeneity in Perceptions of National Economic Conditions", *American Journal of Political Science* 44(4).

Evans, Geoffrey & Robert Andersen(2006), "The Political Conditioning of Economic Perceptions", *Journal of Politics* 68(1).

Fiorina, Morris P. (1981), *Retrospective Voting in American National Elections*, New Haven: Yale University Press.

Franklin, Charles H. & John E. Jackson(1983), "The Dynamics of Party

Identification", *American Political Science Review* 77(4).

Gerber, Alan S. & Donald P. Green(1998), "Rational Learning and Partisan Attitudes", *American Journal of Political Science* 42(3).

Gerber, Alan S. & Gregory A. Huber(2010), "Partisanship, Political Control, and Economic Assessments", *American Journal of Political Science* 54(1).

Green, Donald, Bradley Palmquist & Eric Schickler(2002), *Partisan Hearts and Minds: Political Parties and the Social Identities of Voters*, New Haven: Yale University Press.

Goren, Paul(2002), "Character Weakness, Partisan Bias, and Presidential Evaluation", *American Journal of Political Science* 46(3).

Hayes, Danny(2005), "Candidate Qualities through a Partisan Lens: A Theory of Trait Ownership", *American Journal of Political Science* 49(4).

Jennings, M. Kent & Richard G. Niemi(1981), *Generations and Politics*, Princeton: Princeton University Press.

Jhee, Byong-Kuen(2006), "Ideology and Voter Choice in Korea", *Korean Political Science Review* 40(4).

Johnston(2006), "Party Identification: Unmoved Mover or Sum of Preferences?", *Annual Review of Political Science* 9.

Katz, Richard S.(1979), "The Dimensionality of Party Identification: Cross-National Perspectives", *Comparative Politics* 11(2).

Lazarsfeld, Paul F., Bernard R. Berelson & Helen Gaudet(1944), *The People's Choice: How the Voter Makes Up His Mind in a Presidential Campaign*, New York: Columbia University Press.

LeDuc, Lawrence(1981), "The Dynamic Properties of Party Identification: A Four-Nation Comparison", *European Journal of Political Research* 9(3).

Lodge, Milton & Ruth Hamill(1986), "A Partisan Schema for Political Information Processing", *American Political Science Review* 80(2).

Markus, Gregory B. & Philip E. Converse(1979), "A Dynamic Simultaneous Equation Model of Electoral Choice", *American Political Science Review* 73(1).

Miller, Warren E.(1991), "Party Identification, Realignment, and Party Voting: Back to Basics", *American Political Science Review* 85(2).

______ & J. Merrill Shanks(1996), *The New American Voter*, Cambridge: Harvard University Press.

Nie, Norman H., Sidney Verba & John R. Petrocik(1976), *The Changing American Voter*, Cambridge: Harvard University Press.

Niemi, Richard G. & M. Kent Jennings(1991), "Issues and Inheritance in the Formation of Party Identification", *American Journal of Political Science* 35(4).

Page, Benjamin I. & Calvin C. Jones(1979), "Reciprocal Effects of Policy Preferences, Party Royalties, and the Vote", *American Political Science Review* 73(4).

Rahn, Wendy M. (1993), "The Role of Partisan Stereotypes in Information Processing about Political Candidates", *American Journal of Political Science* 37(2).

Richardson, Bradley M. (1991), "European Party Loyalties Revisited", *American Political Science Review* 85(3).

Rosenstone, Steven J. & John Mark Hansen(1993), *Mobilization, Participation, and Democracy in America*, New York: Macmillan.

Taber, Charles S. & Milton Lodge(2006), "Motivated Skepticism in the Evaluation of Political Beliefs", *American Journal of Political Science* 50(3).

Verba, Sidney & Norman H. Nie(1972), *Participation in America: Political Democracy and Social Equality*, New York: Harper & Row.

Weisberg, Herbert(1999), "Political Partisanship", In John Robinson & Phillip Shaver & Lawrence Wrightsman, eds., *Measures of Political Attitudes*, New York: Academic Press.

Zaller, John R. (1992), *The Nature and Origins of Mass Opinion*, New York: Cambrige University Press.

07 정파적 지지와 인지적 동원

강원택

1. 들어가며

최근 한국 정치에서 나타나는 흥미로운 점은 이른바 '정치의 위기', 혹은 '정당의 위기'에 대한 논의이다. 2011년 서울시장 보궐선거에서 시민운동가 출신의 후보가 주요 정당 후보를 누르고 당선되었고, 2012년 대통령선거를 앞두고는 정치적 경험이 없는 안철수라는 인물이 주목을 받기도 했다. 더욱이 최근 들어서는 어느 정당에도 가깝게 느끼지 않는다는 이른바 무당파 유권자의 비율이 크게 높아졌다. 아산정책연구원의 조사결과에 따르면, 2011년 서울시장 보궐선거 직후인 2011년 11월 지지 정당이 없다는 무당파 유권자의 비율은 33.9%였는데, 이 비율은 12월이 되면 53%로 급증하고, 2012년 1월에도 41%로 나타났다.[1] 이후 그 비율이 다소 줄어들지만, 이처럼 높은 비율은 오늘날 한국 정치에서 기존 정당과 지지자들 간의 정치적 연계가 상당히 약화되었다는 사실

1 http://www.asaninst.org(검색일 2012.9.20)

을 보여주는 것이다. 이러한 정당일체감의 약화는 특정한 정파에 얽매이지 않는 독립적인 유권자들의 수를 증대시키고 궁극적으로 정치적 유동성의 증대로 이어진다.[2]

또 한편으로 정치의 위기, 정당의 위기는 정보화의 진전과 함께 나타났다. 이제 많은 시민들이 정당이라는 대의제 기구가 아니라 인터넷을 통해 직접 정치적 의사소통을 하고 정보와 지식을 교환하며, 집단을 형성하고, 여러 차례의 촛불집회에서 본 것과 같은 거대한 항의 조직을 규합해 낸다. 정당을 우회한 정치 참여가 활성화된 것이다. 즉, 소셜 네트워크의 활성화를 포함한 정보화의 진전과 함께 의무적 시민(*dutiful citizen*)에서 자기실현적 시민(*self-actualizing citizen*)으로 변화하고 있으며 이로 인해 대표 중심의 위계적 권력구조를 기반으로 하는 대의민주주의 제도는 커다란 도전에 직면한 것이다(윤성이, 2012).

그런데 이와 같이 기존 정당에 대한 거리감의 증대와 정당을 우회한 참여라는 두 현상은 시민의 정치행위가 이전과는 다른 형태로 변화되었음을 말해 준다. 과거에 정당과의 연계가 약화된 시민이라면 정치적 관심이 낮거나 정치 참여에 소극적인 경우가 많았다. 투표에 참여하지 않거나 정치 뉴스를 외면하거나 혹은 당비나 기부금 납부를 거부하는 것 등이 그 예가 될 수 있다. 그러나 최근 들어서는 기존 정당과의 연계는 약화되거나 단절되었지만 정치적 관심이 높고 정치 참여에도 적극적인 시민이 등장한 것이다. 이 장에서는 이러한 '정당의 위기'를 둘러싼 2가지 특성을 감안하여, 기존 정당과의 일체감은 갖고 있지 않으면서도 정

2 이에 대해 박원호·송정민(2012)은 평소 때와는 달리 최소한 선거 국면에서 무당파층이 증가한다는 증거는 없다고 주장한다. 그러나 민주화 이후의 한국 대선에서 언제나 제3 후보가 주목을 받고 또 실제로 적지 않은 비율로 득표한 것은 최소한 '기존 정당들'에 대한 거부감이 적지 않음을 보여주는 것으로 볼 수 있을 것이다.

치 참여에 적극적이고 정치적 관심이 높은 유권자들이 선거에서 어떤 선택을 하고 어떤 태도를 갖는지 살펴보려는 것이다. 이를 위해 달톤(Dalton, 1984)이 제시한 인지적 동원(*cognitive mobilization*)이라는 개념을 빌려 2012년 국회의원선거를 분석하고자 한다. 여기서 사용되는 데이터는 서울대 한국정치연구소가 실시한 총선 후 면접조사의 결과로 표본의 크기는 2,047이다.

2. 이론적 논의

선거에서 유권자들이 후보를 선택하는 기준은 여러 가지가 있을 수 있다. 그러나 많은 민주주의 국가에서 공통으로 나타나는 중요한 요인 중 하나는 정당이다. 유권자들은 자기의 이해관계를 대표한다고 생각하는 정당을 지지하고 동일시할 뿐만 아니라 장기간 지속되는 정파적 결속감을 지니게 된다. 이러한 정당일체감은 선거나 정치에 대해 충분한 정보나 지식을 갖지 못한 유권자들에게 적은 비용으로 분명한 투표 선택의 단서(*cues*)를 제공한다(Campbell, 1960). 선거 기간 중 논의되는 이슈나 사건에 대한 해석도 이러한 정당일체감에 기반하여 해석하고 이해하게 되는 것이 일반적이다. 그런 점에서 당파성(*partisanship*)은 이슈와 인물을 평가하는 단서의 기반이 되는 참조집단(*reference-group*)의 역할을 수행하는 것이다(Dalton, 1984: 264~265).

그러나 시대적 환경의 변화와 함께 유권자들이 선거나 정치, 후보자에 대한 정보획득의 비용이 크게 줄어들었다. 매스 미디어의 등장, 의무교육의 확대, 그리고 오늘날에는 인터넷을 통한 정보의 획득, 공유, 확산이 그 원인이라고 할 수 있다. 따라서 예전만큼 정당에 의존하지 않고도 유권자들은 정보 획득의 비용에 대한 부담 없이 선거 때 제기되는 이슈나 출마한 인물을 이해하고 판단할 수 있게 되었다. 또 한편으로 제 2차 세계대전 이후 발생한 사회경제적 구조의 변화로 인해 서구에서 정당의 역할은 이전에 비해 약화되었다. 전후 경제성장과 함께 복지국가가 이뤄지면서 과거 근대 산업사회에 나타난 계급적 대립, 갈등이 크게 약화되었다. 산업구조에서도 계급정치의 기반이 되었던 2차 산업이 쇠퇴하고, 금융, 서비스, 통신 등 3차 산업 중심으로 산업구조가 바뀌면서 블루칼라 노동자로부터 화이트칼라, 전문직, 여성, 파트타임, 비정규직 등으로 고용구조도 크게 변화했다. 사회경제적 변화와 함께 그동안 정당이 기반해 온 산업사회의 균열 구조가 다른 형태로 변모하게 된 것이다. 키르크하이머(Kirchheimer, 1966)가 말하는 포괄정당(*catch-all party*)이나 파네비안코(Panebianco, 1988)가 말하는 선거-전문가 정당(*electoral-professional party*) 모두 이러한 사회경제적 변화로 인한 정당정치 환경의 변화와 그에 대한 정당의 대응을 지적하는 것이다. 이와 함께 기존 정당의 당원 수가 감소하기 시작했고, 정당일체감도 약화되었으며 당비나 기부금을 내는 열렬 지지자들의 수도 급감했다. 이러한 정치 환경의 변화는 기존 정당과 지지자들 간의 정치적 연계를 약화시켰고 사회적, 정치적 통합의 매개체로서 정당의 전통적 역할도 위축되었다. 따라서 계급과 같은 집단적 정체성이나 계급적 소속감에 의해 투표하는 것이 아니라 선거 이슈나 후보자 요인 등과 같은 단기적이고 비구조적인 요인에 의해 투표하는 이들이 늘어나게 되었다. 선거마다 지지율의 변화가 커지는 선거 변동성(*volatility*)의 증대는 바로 이러한 변화와 함께 나타나기 시작한 것이다(Scarrow, Webb & Farrell, 2000: 129). 즉, 유권자들이 이제는 집단의식이나 정당과의 연계에 의존해서가 아니라 스스로 독립적으로 투표 결정을 내리기 시작한 것이다(Rose

& McAllister, 1986).

이런 정치적 환경의 변화는 유권자들이 정당에 의존하여 정보를 획득하고 그에 따른 투표 결정을 내리는 것이 아니라 스스로 정보를 얻고 판단하는 경우가 많아졌다는 의미다. 경제성장과 복지국가로 인한 교육 기회의 확대와 정보 수준의 상승으로, 그리고 매스 미디어와 정보화의 발전으로 인지적 동원이 가능해진 개인은 더 이상 사회적 집단과의 연계를 통하지 않고도 스스로 정치적 판단을 할 수 있게 되었다. 이러한 점에 유의하여 달톤(1984, 2012)은 시민들이 정치 과정에 참여하고 동원되는 방식을 2가지로 구분했다. 정당일체감에 의한 참여 동원을 정파적 동원(*partisan mobilization*)이라고 불렀고, 유권자들이 스스로의 정보나 지식에 의해 정치를 해석하고 참여하는 경우를 인지적 동원(*cognitive mobilization*)이라고 불렀다. 인지적 동원은 시민들이 정당과 같은 외부적 단서(*cues*)에 거의 의존하지 않고 정치에 참여하는 데 필요한 기술과 자원(*skills and resources*)을 스스로 소유함을 의미하는 것이다. 또한 인지적 동원은 정치에 대한 심리적 개입(*psychological involvement*)을 의미한다고 보았다(Dalton, 1984: 267). 인지적 동원의 개념은 기존의 정당 지지로부터 이탈하거나, 소속감이나 충성심이 약화된 상황에서 정치 지식의 역할에 주목한 것이라고 할 수 있다.

그리고 달톤은 이와 같은 정파적 동원과 인지적 동원의 강도라는 2가지 개념을 중심으로 〈표 7-1〉에서 보는 것과 같이 4가지의 유권자 범주를 제시했다. 인지적 동원이 높고 정파적으로 독립적인 유권자들은 인지적 무정파(*apartisan*)로, 인지적 동원이 높고 특정 정당에 일체감을 갖는 유권자들은 인지적 정파(*cognitive partisan*)로, 인지적 동원이 낮고 정파적으로 독립적인 유권자들은 정치 외면(*apolitical*) 집단으로, 그리고 마지막으로 인지적 동원이 낮고 정당일체감을 갖는 유권자들은

〈표 7-1〉 달톤의 인지적 동원 모델

		정파적 동원 party mobilization	
		독립적 independent	정당일체감 weak/strong PID
인지적 동원 cognitive mobilization	높음 high	인지적 무정파[3] apartisan	인지적 정파 cognitive partisan
	낮음 low	정치 외면 apolitical	습관적 정파 ritual partisan

자료: Dalton(2012: 38) Table 1.

습관적 정파(*ritual partisan*)로 구분했다. 이러한 구분은 *The American Voter*에서 캠벨과 그의 동료들(Campbell et al., 1960)이 제시한 정당일체감(*party identification*)을 갖는 유권자와 독립적인 유권자 집단이라는 2가지 종류의 구분을 인지적 동원이라는 개념을 통해 더욱 분화시킨 것이라고 할 수 있다. 달톤은 이러한 구분이 유권자 집단의 정치 행태, 투표 선택의 상이함을 보다 분명하게 보여줄 수 있을 것으로 보았다(Dalton, 2010: 22~23).

달톤은 그의 연구에서 인지적 동원-정파적 동원 모델을 경험적으로 조작화하기 위해 정당일체감과 교육수준, 학력 등의 변인을 사용했다. 우선 정당일체감에 대해서는 '어느 정당에 가장 가깝게 느끼시나요?'라는 질문을 이용했다. 이에 대한 4가지 응답, 곧 '매우 가깝게 느낀다'(*very close*), '제법 가깝게 느낀다'(*fairly close*), '그리 가깝게 느끼지 않는다'(*not very close*), 그리고 '가깝게 느끼는 정당이 없다'는 응답 가운데

3 달톤의 용어는 apartisan이지만 우리 표현으로 무정파는 다양한 의미로 해석될 수 있어 이 글에서는 인지적 무정파로 표현하기로 한다.

앞의 2개를 정파적 동원(*partisan mobilization*)이 존재하는 것으로, 그리고 뒤의 2개를 정파적 동원에 해당하지 않는 것으로 간주했다. 또한 인지적 동원과 관련해서는 교육수준과 정치적 관심을 합쳐 계산했다. 학력으로는 (1) 대학(*college*), (2) 고교 졸업(*completed secondary*), (3) 고교 중퇴(*some secondary*), (4) 초등 혹은 이하 (*primary or less*) 등 4개의 응답을 고려했고, 정치적 관심 정도는 (1) 매우 관심이 많다, (2) 다소 관심이 있다, (3) 그다지 관심이 없다, (4) 전혀 관심이 없다는 4가지 응답을 고려했는데, 이 2가지 응답의 합, 즉 2점에서 8점까지의 범위 중 5 이하의 값을 인지적 동원으로 고려했다(Dalton, 1984: 267).

이 글에서는 이와 같은 달톤의 조작화 개념을 활용하지만 적용하는 질문 항목은 우리 현실에 맞게 다소 변화시켰다. 이 글에서 정파적 동원 여부는 '평소에 다음 중 어느 정당을 지지하십니까'라는 질문을 이용했고, 어느 정당이든 지지 정당을 밝힌 경우는 정파적 동원에 해당하는 것으로. '지지하는 정당이 없다'는 응답은 그렇지 않는 것으로 간주했다. 한편, 인지적 동원의 조작화를 위해서는 학력이나 정치 관심에 대한 질문 항목을 이용하지 않고, 구체적으로 정치적 지식에 대한 3가지 질문, 그리고 '일반적으로 선거나 정치적 사안에 대해 주위 사람들과 얼마나 자주 이야기 하십니까'라는 질문 항목을 이용하였다.[4] 달톤과 달리 선거 관심도를 사용하지 않은 것은 '선거에 관심이 있느냐'는 질문이 때로는 당위적인 시민의 의무로 간주해서 응답하는 경우가 있을 것으로 판단되었기 때문에, 이보다는 정치적 대화 여부와 같은 보다 구체적인 관심 표명을 지표로 삼았다. 정치적 지식에 대한 질문은, 우리나라 대통령의 임기, 현 국무총리 이름, 현 기획재정부 장관 이름을 묻는

4 직접 선거에 얼마나 관심이 있었느냐는 질문과 정치적 이야기를 얼마나 자주 나눴느냐는 질문 간의 상관관계는 -0.44($p<0.00$)이다.

〈표 7-2〉 인지적 동원의 정파적 동원에 따른 표본 비율

		정파적 동원	
		지지 정당 없음	지지 정당 있음
인지적 동원	높음	15.8	27.0
	낮음	84.2	73.0
합계 (n)		100.0 (732)	100.0 (1,304)
평균		36.0	64.0

것이었는데, (1) 세 문항에 대해 모두 정답을 제시한 경우, (2) 두 개만 정답인 경우, (3) 하나만 정답인 경우, (4) 모두 틀린 경우로 정리했다. 정치 관심도는 (1) 거의 매일, (2) 1주일에 3~4번, (3) 1주일에 한두 번, (4) 1주일에 한 번 미만, (5) 전혀 하지 않는다로 분류된 설문지의 질문 항목을 그대로 이용했다. 이 두 질문을 합산하면 최소 2에서 최대 9의 범위가 발생하는데, 이 중에서 2~5의 범위를 인지적 동원이 높은 경우로, 6~9의 수치를 인지적 동원이 낮은 경우로 각각 간주하였다.

이에 따라 4가지 범주로 분류한 결과, 각 범주별 비율은 〈표 7-2〉와 같다. 지지 정당이 없다고 응답한 비율은 36%였고, 지지 정당을 선택한 비율은 64%였다. 이러한 정파적 동원을 기준으로 인지적 동원 여부에 따른 비율을 보면, 지지 정당이 없을 때 인지적 동원이 높은 경우는 15.8%, 낮은 경우는 84.2%였으며, 정파적 지지를 가질 때 인지적 동원이 높은 경우는 27.0%로 지지 정당이 없는 경우보다 10% 이상 높게 나타났다. 이러한 분류를 토대로 각 범주별 특성을 특히 인지적 무정파 집단을 중심으로 살펴보기로 한다.

3. 분석 I: 정당정치 평가

인지적 동원은 정파적 소속감을 갖지는 않지만 그렇다고 해서 정당에 무관심하거나 소극적임을 의미하는 것은 아니다. 즉 정파적 소속감은 없지만 그렇다고 해서 정치를 외면하거나 참여를 거부하는 이들은 아니라는 것이다. 이를 알아보기 위해서 어느 정도나 투표에 참여했는지 〈표 7-2〉에서 살펴보았다.

투표참여율은 인지적 정파 범주에서 가장 높게 나타났다. 그 집단의 91.5%가 투표에 참여했다고 응답했다. 두 번째로 높은 집단은 습관적 정파 범주로 83.3%가 투표했다고 밝혔다. 정파성을 갖는 유권자들의 투표참여가 상대적으로 높다는 사실을 알 수 있다. 인지적 무정파 집단은, 정파를 가진 유권자들에 비해서는 낮지만, 투표율이 거의 70%에 육박한다는 점에서 비교적 투표참여가 높았다고 할 수 있다. 인지적 무정파의 이러한 투표참여율은 이들과 마찬가지로 정파적 소속감이 없는 정치 외면 집단의 투표참여율 39.4%와 뚜렷이 구분된다. 〈표 7-3〉의 결과는 당파성은 없지만 정치적 관심이 높고 정치 참여의 의사가 강하다는 인지적 무정파의 정의에 잘 부합한다고 볼 수 있다.

이번에는 인지적 무정파 집단의 정파성에 대해 살펴보도록 한다. 우선 〈표 7-4〉는 언제 투표할 후보를 결정했는지 그 시기를 네 범주별로 나눠 보았다. 절반 이상이 투표 한 달 전에 이미 지지후보를 결정한 집단은 역시 정파적 동원에 해당하는 범주들이었다. 인지적 정파 집단은 59.9%, 습관적 정파는 52.6%였다. 이에 비해 정치 외면 집단에서 한 달 전 결정했다는 응답은 30.7%로 정파적 동원 대상 범주에 대해 매우 낮았고, 인지적 무정파는 43.2%로 그 중간 정도의 응답률을 보였다. 이에 비해 투표 당일 혹은 1~3일 전과 같이 투표일에 근접해서 결정한

〈표 7-3〉 범주별 투표참여 비율

	인지적 무정파	인지적 정파	정치 외면	습관적 정파
투표했다	69.8	91.5	39.4	83.3
투표 안 했다	30.2	8.5	60.6	16.7
합 계	100.0(116)	100.0(352)	100.0(616)	100.0(952)

주: Pearson 카이제곱 475.7 p<0.00

〈표 7-4〉 투표 결정 시기

	투표 당일	투표 1~3일 전	투표 1주일 전	투표 2~4주 전	투표 한 달 전	합 계
인지적 무정파	8.6	14.8	12.3	21.0	43.2	100.0 (81)
인지적 정파	3.4	7.8	16.8	12.1	59.9	100.0 (322)
정치 외면	13.7	12.4	22.0	21.2	30.7	100.0 (241)
습관적 정파	6.6	8.3	17.3	15.2	52.6	100.0 (791)

주: Pearson 카이제곱 66.9 p<0.00

비율은 정치 외면 집단의 경우 26.1%였고, 인지적 무정파는 23.4%였다. 정파적 동원이 이뤄지는 집단에 비해서는 명백하게 투표 결정이 늦어지는 경향을 보이지만, 정치 외면 집단에 비해서는 그 정도가 덜한 모습을 보인다. 투표 결정이 늦다는 것은 그만큼 기존 정당에 대한 충성심, 연계가 약하다는 것을 의미하지만, 인지적 무정파 집단이 정치적 관심과 지식이 높다는 점에서 정치 외면 집단과는 다소 상이한 패턴이 나타나는 것으로 볼 수 있다.

이번에는 무엇을 보고 후보나 정당에 투표하기로 결정했는지 그 요인에 대해서 살펴보았다. 정파적 소속감이 강한 인지적 정파, 습관적 정파 집단에서는 역시 소속 정당이라는 응답이 40% 정도로 가장 높았다. 그런데 인지적 무정파 집단의 경우 그 비율은 19.8%로 가장 낮았

〈표 7-5〉 투표 결정 요인

	소속 정당	후보의 도덕성	후보의 능력/경력	정책/공약	지연/학연 등 개인 연고	기 타	합 계
인지적 무정파	19.8	24.7	33.3	16.0	4.9	1.2	100.0 (81)
인지적 정파	40.7	14.3	32.9	11.2	0.9	0	100.0 (322)
정치 외면	27.3	22.7	29.8	16.1	1.7	2.5	100.0 (242)
습관적 정파	39.0	16.6	30.7	13.6	1.8	1.0	100.0 (1,438)

주: Pearson 카이제곱 43.8 p<0.00

다. 이는 정치 외면 집단의 27.3%보다도 더욱 낮은 것이다. 인지적 무정파 집단에서는 소속 정당 대신 후보자의 도덕성을 중시하는 태도를 보였는데, 이 역시 기존 정치권에 대한 불신, 혐오와 관련된 반응으로 볼 수 있을 것 같다. 정치 외면 집단에서도 후보의 도덕성 요인에 대한 응답은 22.7%로 유사했다. 후보의 도덕성에 후보의 능력/경력, 그리고 지연/학연 등 개인연고 등을 합하면 인지적 무정파 집단의 62.9%가 '후보자 개인' 요인을 중시했다고 할 수 있다. 이 세 항목을 합친 비율은 인지적 정파의 경우 48.1%, 정치 외면 집단의 경우 54.2%, 습관적 정파의 경우 49.1%로 나타나, 인지적 무정파 집단에 비해 그 비율이 모두 낮았다. 기존 정당에 대한 거부감이 인지적 무정파 집단에서 매우 강하다는 것을 시사하는 것으로 보인다.

각 범주별 기존 정당에 대한 거부감, 불신의 정도를 알아보기 위해서 〈표 7-6〉에서는 새누리당, 민주통합당, 통합진보당, 자유선진당 등 2012년 총선에서 의석을 획득한 네 정당의 호감도의 평균과, 새누리당, 민주통합당의 두 주요 정당에 대한 호감도의 평균을 각각 조사했다. 네 정당에 대한 호감도는 인지적 무정파 범주에서 39.6점으로 가장 낮았

〈표 7-6〉 정당 호감도

	구분	호감도 평균	ANOVA
(새누리당+민주통합당+통합진보당+자유선진당)/4	인지적 무정파	39.6	F = 16.5 p<0.00
	인지적 정파	42.2	
	정치 외면	41.1	
	습관적 정파	45.7	
(새누리당+민주통합당)/2	인지적 무정파	45.3	F = 56.0 p<0.00
	인지적 정파	52.8	
	정치 외면	45.1	
	습관적 정파	54.9	

주: 호감도 0(대단히 낮다) ~ 100(대단히 높다).

고, 정치 외면 집단에서 41.1점으로 그 뒤를 이었다. 인지적 정파 범주에서 42.2점으로 큰 차이는 아니지만 가장 높게 나타났다. 한편, 새누리당과 민주통합당 주요 두 정당에 대한 호감도에서는 정치 외면 집단과 인지적 무정파 집단이 각각 45.1점, 45.3점의 낮은 값을 나타냈다. 그러나 정당일체감을 갖는 습관적 정파 집단은 54.9점, 인지적 정파 집단은 52.8점으로 상대적으로 높은 값이 확인되었다. 정파성을 갖는 이들의 정당일체감이 대체로 주요 두 정당을 중심으로 연계되어 있으며, 인지적 무정파 집단이 정치 외면 집단과 비슷하게 낮은 정당 호감도를 보인다는 사실을 확인할 수 있다.

이번에는 보다 직접적으로 2012년 총선에서 실제로 어느 정당에 투표했는지 네 범주별로 분석했다. 〈표 7-7〉은 지역구 투표에서 각 범주별 투표 비율이다. 여기서 매우 뚜렷한 투표행태의 차이가 확인된다. 지역구 투표의 경우 지지 정당이 있는 유권자 집단에서는 새누리당과 민주통합당 등 거대정당에 대한 투표가 많았던 반면, 인지적 무당파와 정치적 무관심층에서는 소수 정당과 무소속에 대한 투표가 상대적으로 많았다. 습관적 정파 집단에서 두 거대정당에 대한 투표율은 91.0%로 매우 높게 나타났다. 인지적 정파 집단의 경우에도 그 비율은 86.9%였다.

이에 비해 인지적 무정파 집단의 경우 그 비율은 77.0%로 정치 외면 집단의 74.5%와 함께 상대적으로 낮았다. 즉 인지적 정파에 속한 유권자들은 기존 거대정당에 대한 거부감이 적지 않다는 사실을 알 수 있다.

이러한 투표행태는 정당투표에서도 마찬가지로 확인된다. 〈표 7-8〉에서 볼 수 있듯이, 습관적 정파 집단에서는 89.3%가 새누리당과 민주통합당에 표를 던졌고, 인지적 정파 집단에서도 86.6%가 이 두 거대정당에 표를 던졌다. 일반적으로 1인 2표제를 채택한 나라에서는 지역구 투표에서 거대정당에 표를 던지고 정당투표에서는 소수 정당을 지지

〈표 7-7〉 지역구 투표

	새누리당	민주통합당	통합진보당	자유선진당	기타 정당	무소속	합 계
인지적 무정파	38.5	38.5	7.7	6.4	5.1	3.8	100.0 (78)
인지적 정파	45.0	41.9	5.0	2.2	0.6	5.3	100.0 (320)
정치 외면	36.6	37.9	7.0	3.5	2.6	12.3	100.0 (227)
습관적 정파	53.6	37.4	4.4	2.1	0.6	1.9	100.0 (780)

주: Pearson 카이제곱 84.3 p<0.00

〈표 7-8〉 정당투표

	새누리당	민주통합당	통합진보당	자유선진당	기타 정당	합 계
인지적 무정파	35.1	37.7	14.3	3.9	9.1	100.0 (77)
인지적 정파	47.5	39.1	8.7	2.5	2.2	100.0 (322)
정치 외면	39.9	37.8	8.6	3.9	9.9	100.0 (233)
습관적 정파	53.7	35.6	5.5	2.3	2.9	100.0 (787)

주: Pearson 카이제곱 52.3 p<0.00

하는 분할투표가 적지 않게 발생한다는 점을 고려할 때(박찬욱, 2005; 김영태, 2002), 지역구 투표와 정당투표에서 거대정당에 대한 지지 비율에 별다른 차이를 보이지 않는 정파성을 갖는 이들 두 집단의 투표행태는 흥미롭다. 〈표 7-7〉과 〈표 7-8〉의 결과는 정당일체감을 갖는 유권자들의 정치적 충성심과 연계의 정도를 보여주는 것으로 볼 수 있다. 이에 비해 인지적 무정파 집단은 거대정당에 대한 불만을 보여주는데, 정당투표의 경우 두 거대정당에 대한 투표 비율이 72.8%로 나타나 정치 외면 집단의 77.7%보다 더 낮게 나타났다. 정당투표의 경우 사표(死票) 회피를 위한 전략적 투표를 행할 필요가 없는 만큼 기존 정당정치를 바라보는 유권자의 시각이 보다 분명하게 드러난다고 한다면, 인지적 무정파 집단에서 새누리당, 민주통합당 등 두 주요 정당에 대한 지지의 비율이 가장 낮게 나타난 것은 의미하는 바가 적지 않다고 생각된다.

그렇다면 주요 정치인에 대한 호감도는 어떻게 나타날까? 〈표 7-9〉에는 박근혜, 문재인, 안철수 3명에 대한 네 집단의 호감도 평균을 정리해 두었다. 박근혜의 경우 습관적 정파에서 61.6으로 가장 높게 나타난 반면, 인지적 무정파는 정치 외면 집단과 비슷하게 50점을 조금 넘는 낮은 호감도를 보였다. 〈표 7-10〉에서 볼 수 있듯이, LSD 사후 분석 결과, 박근혜 평가의 경우에는 습관적 정파 집단과 다른 모든 집단 간 차이가 확인되었으며, 인지적 정당 지지와 정파적 무관심 집단 사이에도 평균의 차이가 존재했다. 문재인의 경우에는 전반적으로 다 낮은 호감도를 보였는데 집단별 차이가 그리 크지 않았는데, 분산분석 결과 통계적인 차이가 확인되지 않았으며, 사후분석에서도 집단 간 평균 차이가 나타나지 않았다. 안철수에 대한 평가에서는 분산분석 결과에서는 통계적으로 유의미한 차이가 나타나지 않았지만, 인지적 무정파와 습관적 정당지지 집단 간에는 평균의 차이가 존재했다. 〈표 7-9〉에서 보듯이, 인지적 무정파 집단에서 안철수에 대해 가장 높은 호감이 표출되었고 습관적 정당지지 집단과 차이를 나타낸다는 것은, 앞서 살펴본 대로 이들이 기성 정치에 대한 강한 불만을 지닌 유권자들이라는 점을 고려할 때 이해할 만한 점이다.

따라서 전체적으로 볼 때 인지적 무정파는 새누리당과 민주통합당으로 대표되는 기성 정당정치에 대한 상당한 불만과 회의를 갖고 있는 이들이라는 것을 알 수 있다.

〈표 7-9〉 박근혜, 문재인, 안철수에 대한 호감도

	구분	호감도 평균	ANOVA
박근혜	인지적 무정파 인지적 정파 정치 외면 습관적 정파	50.6 55.4 50.2 61.6	F = 30.5 p<0.00
문재인	인지적 무정파 인지적 정파 정치 외면 습관적 정파	48.4 48.1 46.1 47.8	F = 1.0 p = 0.39
안철수	인지적 무정파 인지적 정파 정치 외면 습관적 정파	56.4 51.8 52.6 51.0	F = 1.9 p = 0.13

주: 0-대단히 부정적, 100-대단히 호의적

〈표 7-10〉 박근혜, 안철수 호감도 평균 차이에 대한 LSD 사후 분석 결과

		인지적 무당파	인지적 정당 지지	정치적 무관심
박근혜	정치적 무관심	-	5.18**	-
	습관적 정당 지지	11.0**	6.18**	11.4**
안철수	습관적 정당 지지	5.42*	-	-

주: * $p<0.05$, ** $p<0.01$. 통계적으로 유의미하지 않은 항목은 모두 제외했음.

4. 분석Ⅱ: 정치적 만족감

앞 절에서 정당정치 전반에 대한 태도를 살펴보았다면, 이번에는 현실정치에 대한 태도에 대해서 살펴보기로 한다. 현실정치에 대한 태도를 분석할 때 아무래도 가장 먼저 들 수 있는 것은 현 대통령에 대한 평가일 것이다. 이를 위해 이명박 대통령에 대한 호감도와 이명박정부 국정운영 평가에 대해 분석했다. 〈표 7-11〉에서 볼 수 있는 것처럼 이명박 대통령에 대한 호감도는 인지적 무정파 집단에서 35.5로 가장 낮았는데, 정치 외면 집단의 37.5보다 더 낮았다. 반면 습관적 정파에서 47.7로 이 대통령에 대한 호감이 가장 높게 나타났다. 이런 특성은 〈표 7-12〉에서 더욱 뚜렷하게 확인된다. 네 범주 가운데 인지적 무정파에서 이명박정부가 국정운영을 잘했다는 응답은 겨우 19%에 불과했다. 이번에도 정치 외면 집단보다 인지적 무정파에서 이명박정부에 대한 부정적 평가가 가장 높게 나타났다. 습관적 정파에서 35.2%로 가장 높은 긍정의 비율이 나타난 것도 〈표 7-11〉의 결과와 유사하다. 이상에서 볼 때 인지적 무정파는 현 정부의 국정운영에 대한 불만이 매우 큰 집단이라는 사실을 알게 한다.

현 정부 국정운영에 부정적이라면 경제 상황에 대해서는 어떤 태도를 갖고 있을까? 〈표 7-13〉은 지난 4년간의 가계 경제, 국가 경제 상황에 대한 회고적 평가와 함께, 4년 후의 상황에 대한 전망적 평가를 각 집단별로 분석한 것이다. 회고적 평가든 전망적 평가든 무관하게 네 항목에서 모두 인지적 무정파는 가장 부정적인 응답을 보였다. 지난 4년간 가계 경제에 대한 평가는 3.78, 국가 경제에 대한 평가는 3.50로, 4년 후 가계 경제 전망은 2.79, 그리고 국가 경제 전망은 2.90으로 모두 가장 높았다. 〈표 7-13〉의 결과는 인지적 무정파가 단순히 현 정부의

〈표 7-11〉 이명박 대통령에 대한 호감도

구 분	호감도 평균	ANOVA
인지적 무정파	35.5	
인지적 정파	40.5	F = 24.6
정치 외면	37.5	p<0.00
습관적 정파	47.7	

〈표 7-12〉 이명박정부 국정운영 평가

이명박정부 국정운영 평가	잘했다	잘 못했다	합 계 (n)
인지적 무정파	19.0	81.0	100.0 (116)
인지적 정파	27.6	72.4	100.0 (352)
정치 외면	22.2	77.8	100.0 (613)
습관적 정파	35.2	64.8	100.0 (952)

주: Pearson 카이제곱 37.5 p<0.00

〈표 7-13〉 가계 경제, 국가 경제에 대한 회고적, 전망적 평가

	구 분	평 균	ANOVA
지난 4년간 가계 경제 형편 평가	인지적 무정파	3.78	F = 5.2 p<0.01
	인지적 정파	3.59	
	정치 외면	3.59	
	습관적 정파	3.50	
지난 4년간 국가경제 평가	인지적 무정파	3.50	F = 5.0 p<0.01
	인지적 정파	3.24	
	정치 외면	3.20	
	습관적 정파	3.25	
4년 후 가계 경제 형편 전망	인지적 무정파	2.79	F = 3.2 p<0.05
	인지적 정파	2.63	
	정치 외면	2.77	
	습관적 정파	2.69	
4년 후 국가경제 전망	인지적 무정파	2.90	F = 4.1 p<0.01
	인지적 정파	2.70	
	정치 외면	2.85	
	습관적 정파	2.75	

주: 1-매우 좋아졌다, 2-다소 좋아졌다, 3-특별히 좋아지거나 나빠지지 않았다, 4-다소 나빠졌다, 5-매우 나빠졌다

통치 방식에 대해 불만과 실망을 가진 것이 아니라 향후의 전망에 대해서도 매우 비관적인 태도를 취한다는 것을 나타낸다. 정치 외면 집단은 향후 전망에 대해서는 부정적이었지만 지난 4년간의 국가 경제에 대해서는 가장 긍정적 평가를 내린다는 점에서 인지적 무정파의 태도와는 구분된다.

이번에는 정치적 효능감에 대해서 어떤 태도를 보이는지 살펴보았다. 〈표 7-14〉에서 보듯이 정치적 효능감에 대해서도 집단별로 흥미로운 차이를 보인다. 4가지 항목 가운데 하나를 제외한 세 항목에서 통계적 유의미성이 확인되었다. 우선 정치적 지식과 관련된 외적 효능감은 인지적 동원에 해당되는 만큼 긍정적 평가가 높았다. 정치적 지식과 정보가 많은 이들인 만큼 '한국이 당면한 중요한 정치 문제를 잘 이해'하고, 다른 사람 못지않게 '정치나 행정에 대해 잘 알고 있다'는 태도를 보

〈표 7-14〉 정치적 효능감

	구분	평균	ANOVA
나 같은 사람들은 정부가 하는 일에 대해 어떤 영향도 주기 어렵다.	인지적 무정파	2.47	F = 0.2 p = 0.92
	인지적 정파	2.46	
	정치 외면	2.43	
	습관적 정파	2.46	
정부는 나 같은 사람들의 의견에 관심이 없다.	인지적 무정파	2.17	F = 3.9 p<0.01
	인지적 정파	2.41	
	정치 외면	2.26	
	습관적 정파	2.39	
나는 한국이 당면하고 있는 중요한 정치 문제를 잘 이해하고 있다.	인지적 무정파	2.74	F = 25.5 p<0.00
	인지적 정파	2.65	
	정치 외면	3.15	
	습관적 정파	3.02	
대부분의 한국 사람은 정치나 행정에 대해 나보다 잘 알고 있다.	인지적 무정파	2.90	F = 3.1 p<0.05
	인지적 정파	2.94	
	정치 외면	2.84	
	습관적 정파	2.79	

주: 1-매우 그렇다, 2-다소 그렇다, 3-보통이다, 4-다소 그렇지 않다, 5-매우 그렇지 않다.

다. 그러나 '정부는 나 같은 사람들의 의견에 관심이 없다'는 내적 효능감에 대해서는 인지적 무정파 집단에서 2.17로 가장 강한 불만이 표출되었다. 이번에도 역시 정치 외면 집단의 2.26보다 상당히 낮은 수치를 보였다. 이에 비해 지지하는 정파가 있는 유권자들의 경우에는 상대적으로 부정적 태도가 약하게 표출되었다.

정치현실에 대한 불신이 크고 정치적 효능감에 대한 불만이 높다면 한국의 민주주의 발전 수준에 대해서는 어떤 태도를 취할까? 〈표 7-15〉에서는 한국 민주주의에 대한 네 집단별 평가를 보여준다. 여기서도 습관적 정파 집단에서 한국 민주주의에 대한 평가가 5.48로 가장 긍정적이었으며 인지적 무정파 집단에서 평가가 4.91로 가장 낮았다. 이번에도 정치 외면 집단보다 인지적 무정파 집단에서 민주주의에 대한 만족도가 가장 낮았다. 정파적 동원에 해당하는 두 집단에서 민주주의에 대한 긍정적 평가가 상대적으로 높다는 점도 다시 지적할 만하다.

이번에는 인지적 무정파 집단은 과연 이들은 어떤 사람들인지 살펴보았다. 거주 지역별로 네 집단의 상대적 분포에 대해 살펴볼 때, 습관적 정파의 비율은 서울이 54.2%로 가장 높았고 그 다음으로 경북/대구 지역으로 52.4%였다. 습관적 정파가 가장 낮은 곳은 호남 지역으로 39.4%로 나타났다. 호남 지역에서는 인지적 정파가 23.2%로 비교적 높았고 인지적 무정파도 9.4%로 다른 지역에 비해서 높았다. 이는 호남 지역의 상대적으로 높은 정치적 관심과 지식을 나타내는 것으로 볼 수 있다. 한편 정치 외면 범주는 부산/울산/경남에서 35.1%로 대전/충남/충북이 33.0%로 그 다음으로 높았다. 거주 지역별로 매우 뚜렷한 패턴이 드러난다고 보기는 어렵지만, 호남 지역에서 인지적 무정파의 비율이 높은 반면, 경북 지역에서 습관적 정파의 비율이 높다는 점은 주목할 만하다. 또한 경남권과 충청권에서 정치 외면의 비율이 높다는

〈표 7-15〉 한국 민주주의에 대한 평가

구 분	호감도 평균	ANOVA
인지적 무정파	4.91	
인지적 정파	5.12	F = 7.8
정치 외면	5.03	p<0.00
습관적 정파	5.48	

주: 0-거의 실현되고 있지 않다, 10-매우 잘 실현되고 있다.

〈표 7-16〉 지역별 분포

	인지적 무정파	인지적 정파	정치 외면	습관적 정파	합 계 (n)
서울	4.5	13.5	27.8	54.2	100.0(421)
인천/경기	6.7	17.8	30.8	44.8	100.0(585)
대전/충남/충북	5.4	18.7	33.0	42.9	100.0(203)
광주/전남/전북	9.4	23.2	28.1	39.4	100.0(203)
경북/대구	3.4	17.8	26.4	52.4	100.0(208)
부산/울산/경남	5.5	13.8	35.1	45.5	100.0(325)
강원/제주	3.3	26.4	28.6	41.8	100.0(91)

점도 지역주의 정당 구도의 변화와 관련하여 관심을 끌 만한 사실이다.

이번에는 인지적 무정파 집단의 인구학적, 사회경제적 속성이 어떤 것인지 다항 로지스틱 모델을 통해 살펴보기로 한다. 연령, 성별, 소득, 학력,[5] 주관적 이념 등 5가지 변수를 고려했다. 참조범주는 습관적 정파이다. 〈표 7-17〉에서 보듯이, 습관적 정파와 비교할 때, 고학력층, 남성일수록 인지적 무정파에 속할 확률이 높았다. 인지적 정파의 경우에는 연령, 학력, 성별에서 통계적으로 유의미하게 나타났는데, 학력이 높을수록, 나이가 많을수록, 남성일수록 습관적 정파에 비해 인지적 정파에 포함될 확률이 높아지는 것으로 나타났다. 한편 정치 외면 집단에서는 연령과 소득 변수가 통계적으로 유의미하게 나타났는데

5 4개의 범주 구분의 한 변인이었던 정치지식과 학력 간 상관관계는 -0.18(p<0.00)로 낮게 나타나 여기에 포함시켰다.

연령이 낮을수록, 소득이 낮을수록 습관적 정파보다 정치 외면 집단에 속할 확률이 높은 것으로 나타났다. 연령, 학력, 소득, 성별 변수에 비해 이념은 통계적인 유의미성이 확인되지 않았다.

지금까지 살펴본 대로, 인지적 무정파 집단의 경우에는 현실정치에 대한 불만이 가장 크고 정치적 효능감이나 한국 민주주의 진전에 대한 평가에서도 가장 부정적 응답이 높았다. 정치 외면 집단도 정당일체감을 갖지 않지만 인지적 무정파 집단은 이들보다도 더 부정적 태도를 보인다. 이에 비해 정파적 소속감을 갖는 다른 두 집단은 정치적 만족도,

〈표 7-17〉 다항 로지스틱 모형

	변 수	B	Exp(B)
인지적 무정파	연령	-0.01	0.99
	소득	0.05	1.05
	학력	0.32**	1.38
	성별(남성)	0.57**	1.77
	이념	0.05	1.05
	절편	-3.56**	
인지적 정파	연령	0.02**	1.02
	소득	-0.05	0.95
	학력	0.24**	1.23
	성별(남성)	1.23**	3.55
	이념	-0.04	0.96
	절편	-3.18**	
정치 외면	연령	-0.05**	0.96
	소득	-0.09*	0.92
	학력	0.03	1.03
	성별(남성)	-0.16	0.85
	이념	-0.00	1.00
	절편	1.86	
-2 Loglikelihood = 4545.9 Nagelkerke pseudo R square = 0.18			

참조범주: 습관적 정파.

* p<0.05, ** p<0.01.

이념: 0-매우 진보, 10-매우 보수.

소득: 1-100만 원 미만, 2-100~199, 3-200~299 … 9-800만 원 이상.

학력: 0-무학, 1-초등학교, 2-중학교, 3-고등학교, 4-전문대, 5-대학, 6-석사과정, 7-박사과정

민주주의 평가, 정치효능감에서 상대적으로 불만의 정도가 낮게 나타났다. 이는 정치적 안정과 만족을 높이기 위해서는 정당정치의 역할이 중요하다는 사실을 일깨워 주는 것이라고 할 수 있다.

5. 나가며

지금까지 인지적 동원과 정파적 동원이라는 2가지 기준에 의한 인지적 무정파, 인지적 정파, 정치 외면, 습관적 정파라는 4가지 집단의 정치적 속성에 대해서 살펴보았다. 이 글에서 특히 주목한 인지적 무정파는 한국 정치에서 그동안 크게 주목받지 못했던 새로운 유형의 유권자임이 분명한 것 같다. 이들은 기존 정당에 대한 불만과 불신이 크고 따라서 이들과의 연계가 약하고 정당일체감도 갖고 있지 않은 이들이다. 그럼에도 불구하고 정치적 관심이 높고 정치적 정보나 지식도 높으며 정치 참여에도 적극적인 이들이다. 따라서 이들의 정치적 속성을 제대로 이해하는 것은 현재 한국 정당정치를 둘러싼 '위기'의 본질을 이해하는 데도 큰 도움을 준다고 할 수 있다.

이들은 무엇보다 현재의 정치현실에 대한 불만이 유독 크게 나타난다. 기존 거대정당에 대한 불신도 현실정치에 대한 강한 불만도 확인된다. 정당일체감을 갖지 않는 또 다른 범주인 정치 외면 집단과도 유사한 패턴을 보이지만 정치적 불만은 인지적 무정파 집단에서 더욱 크게 나타난다. 왜 이들은 이렇게 현실정치에 대해 비판적, 부정적일까?

〈표 7-17〉에서 본 대로 인지적 무정파 집단에서 이념적 요인 특이성은 발견되지 않았지만, 현 정부에 대한 평가나 박근혜 평가, 지역적 분포 등을 고려한다면 적어도 부분적으로는 민주통합당으로 대표되는 진

보 진영에 대한 불만이 보다 강하게 반영된 것으로 보인다. 그런 점에서 본다면 민주통합당이 과감한 혁신으로 새롭고 개혁적인 정당의 모습으로 변모할 수 있다면, 즉 보다 수용 가능한 형태로 새롭게 진보 진영의 정당 재편이 이뤄진다면 어느 정도 이들 인지적 무정파를 흡수해 낼 수도 있을 것이다.

그러나 인지적 무정파와 같은 새로운 유권자 집단이 등장하게 된 것은 시대적 변화에 따른 정당정치 환경의 변화를 반영한다고 볼 수 있다. 시대적 변화와 함께 정당정치가 유권자들의 요구를 충분히 반영하지 못하는 데 대한 불만감이 표출된 것이다. 서구라면 근대 계급 정치, 우리나라라면 권위주의 체제 그리고 강한 지역주의의 영향 아래에 놓였던 이른바 '3김 시대'와는 확연히 다른 형태로 정당정치의 환경이 변모했다. 인터넷이라는 새로운 정치 소통, 참여 매체의 활성화, 세계화와 다원화, 그로 인한 개인주의 성향의 확산, 거대 담론의 상실 등으로 인해 이전과 같이 집단적 정체성에 기반한 강한 정당일체감을 만들어 내기 어려운 조건이 되었다. 다시 말해 정보화 시대에 스스로 정치적 정보와 지식을 찾고, 다양한 이해관계에 따른 온라인 내부의 조직을 결성하여 참여하고, 이를 토대로 여러 차례의 촛불집회에서 본 것처럼 정당정치를 우회한 거대한 정치적 저항까지 조직해 낼 수 있는 세상에서는 정파적 동원보다는 인지적 동원이 점차로 강화될 수 있는 여지는 얼마든지 존재한다고 할 수 있다. 그런 점에서 볼 때 인지적 동원의 개념은 한국 정당정치를 둘러싼 새로운 변화를 이해하도록 하는 데 유용한 하나의 분석틀이 될 수 있다고 볼 수 있다.

이 글에서의 가장 중요한 발견은 무엇보다 정치적 안정을 위해서는 정당정치가 중요하다는 사실을 새삼스럽게 확인시켜 준다는 점이다. 민주주의 만족감, 현실정치에 대한 만족감, 기존 정치체계와의 연계 모두 정파적 동원에 해당하는 집단에서 상대적으로 높게 나타났다. 정보화로 무장한 시민의 직접 참여가 활성화되고 또 긍정적 의미를 지니는 것이기는 하지만 결국 정당과 같이 제도적 기구와의 강한 연계가 정치 안정에 도움을 주는 것이다. 오늘날 논의되는 정치의 위기는 결국 정당을 통해서만 해결될 수 있을 것으로 보인다.

참고문헌

김영태(2002), "1인 2표제의 제도적 효과와 정치적 영향: 독일, 뉴질랜드, 일본의 경험과 시사점", 진영재 편, 《한국의 선거제도 I》, 205~250쪽, 한국사회과학데이터센터.

박원호·송정민(2012), "정당은 유권자에게 얼마나 유의미한가?: 한국의 무당파층과 국회의원 총선거", 〈한국정치연구〉 21(2): 114~143.

박찬욱(2005), "제17대 총선에서 2표 병립제와 유권자의 분할투표: 선거제도의 미시적 효과 분석", 박찬욱 편, 《제17대 국회의원 총선거 분석》, 103~176쪽, 푸른길.

윤성이(2012), "소셜 네트워크의 확산과 민주주의 의식의 변화", 〈한국정치연구〉 21(2): 145~168.

Albright, Jeremy(2009), "Does Political Knowledge Erode Party Attachments?: A Review of the Cognitive Mobilization Thesis", *Electoral Studies* 28: 248~260.

Campbell, A., P. Converse, W. Miller & D. Stokes(1960), *The American Voter*, New York: Wiley.

Dalton, Russel(1984), "Cognitive Mobilization and Partisan Dealignment in Advanced Industrial Democracies", *Journal of Politics* 46(1): 264~284.

______(2002), "Political Cleavages, Issues and Electoral Change", In

LeDuc, Niemi & Norris, eds., *Comparing Democracies 2: New Challenges in the Study of Elections and Voting*, pp. 189~209.

______(2012), "Apartisans and the Changing German Electorate", *Electoral Studies* 31: 35~45.

Kirchheimer, Otto(1966), "The Transformation of the Western European Party Systems", In J. LaPalombara & M. Weiner, eds., *Political Parties and Political Development*, pp. 177~200, Princeton: Princeton University Press.

Kuan, Hsin & Siu-kai Lau(2002), "Cognitive Mobilization and Electoral Support for the Democratic Party in Hong Kong", *Electoral Studies* 21: 561~582.

Panebianco, Angelo(1988), *Political Parties: Organization and Power*, Cambridge: Cambridge University Press.

Rose, Richard & Ian McAllister(1986), *Voters Begin to Choose: From Closed-Class to Open Elections in Britain*, London: Sage.

Scarrow, Susan, Paul Webb & David Farrell(2000), "From Social Integration to Electoral Contestation: The Changing Distribution of Power within Political Parties", In Dalton & Wattenburg, eds., *Parties without Partisans: Political Change in Advanced Industrial Democracies*, pp. 129~153, Oxford: Oxford University Press.

08 부동층은 누구인가?

지지후보 결정시점의 요인에 관한 연구

류재성

1. 들어가며

부동층 유권자는 선거 승리를 위한 지지 동원의 가장 중요한 타깃이다. 이미 지지 정당이나 후보를 결정한 유권자를 선거캠페인을 통해 다른 후보나 정당을 지지하도록 설득하는 것은 매우 어렵거나 불가능하다. 정당이나 후보에 대한 지지를 선거캠페인 시작 이전에 결정한 유권자들에 대한 선거캠페인 전략은, 따라서, 기존 지지의 활성화 및 (재)강화를 목표로 한다(Campbell et al., 1960; Bartels, 1993; Gelman & King, 1993; Shaw, 1999; Johnston & Brady, 2002; Hillygus, 2003). 이들은 정당 및 후보 지지의 확산을 위한 핵심 지지 세력을 형성한다. 선거캠페인을 통한 새로운 지지의 동원은 이들 핵심 지지 세력을 기반으로 하고, 나아가 지지 결정을 유보 혹은 연기하고 있는 유권자들을 대상으로 한다. 요컨대 이들 지지 유보 혹은 연기 유권자의 지지를 여하히 확보하느냐가 선거 승리를 위한 캠페인 전략의 관건이다.

선거캠페인 기간 동안의 언론의 주요 기사는, 따라서, 부동층 유권자의 표심에 집중된다. 선거가 박빙으로 진행된다면 부동층 유권자의 중요성은 더욱 커진다. 제 19대 총선의 경우 선거운동이 시작된 3월 24일 현재 시점에서 "…'총선에서 지지할 정당'은 새누리당 26.0%, 민주당 22.4%, 진보당 6.5% 등이었고 '아직 정하지 못했다'가 39.0%였다".[1] 선거일 1주일 전의 보도에 따르면, "각종 여론조사 결과 40% 안팎이던 부동층은 절반 수준으로 줄었다. 그래도 접전지역들은 부동층이 20% 안팎에 이른다. 남아 있는 부동층은 막판 판세를 좌우할 변수로 꼽힌다".[2] 이들 보도는 모두 선거캠페인이 진행되면서 지지를 결정하는 유권자의 선택의 방향이 선거 결과를 좌우할 것이라고 예측한다. 정당과 유권자 간 연계가 강하지 않은 한국 정당정치의 특성을 고려할 때, 선거캠페인 기간 동안 이루어지는 부동층 유권자의 지지 후보 결정이 어떤 방향으로 결정되는가가 선거 결과를 가름하는 중요 변수임이 분명하다.

그럼에도 불구하고 부동층 유권자에 대한 국내 연구는 매우 빈약하다(안병진 외, 1996; 신진, 1996; 진영재, 2002; 한석준, 2004). 이들 연구들은 기존 이론이 제기하는 핵심적인 논쟁점을 중심으로 경험적 검증을 시도하지 않았을 뿐 아니라, 부동층 유권자에 대한 개념적 및 조작적 정의 등을 제시하지 않았으며, 부동층 유권자의 특성과 관련한 주요 발견을 보고하지도 못했다.

이 논문에서는 다음의 질문들에 대한 경험적 분석을 통해 부동층 유권자의 특성을 밝힌다. 부동층 유권자는 누구인가? 이들에 대한 개념적 및 조작적 정의는 무엇인가? 무엇이 부동층 유권자를 만드는 요인인

1 〈조선일보〉 2012.03.24 http://news.chosun.com

2 〈서울신문〉 2012.04.04 http://www.seoul.co.kr/

가? 혹은 지지 후보나 정당을 결정하는 시점(*time of voting decision*)의 개인별 차이를 결정하는 요인은 무엇인가? 선거캠페인 시작 이전에 지지 정당이나 후보를 결정하는 유권자(*partisan deciders* 혹은 *precampaign deciders*)와 선거캠페인 기간 동안 지지 정당이나 후보를 결정하는 유권자(*late deciders* 혹은 *campaign deciders*)의 지지 결정 요인은 같은가 아니면 상이한가? 이들 두 집단 사이에 사회경제적 지위나 정치적 정향 혹은 태도에서의 차이는 존재하는가, 차이가 있다면 그것은 무엇인가? 부동층 유권자의 지지후보 결정은 캠페인 효과라고 해석될 수 있는가? 더불어 선거캠페인 기간 동안 지지를 결정한 유권자는 결정을 연기한 유권자인가, 아니면 잠정적인 결정을 숨겼던 유권자인가? 지지 결정을 연기한 유권자는 진보 성향 유권자인가, 아니면 보수 성향 유권자인가? 이들의 제 19대 총선에서 후보 지지 결정에서의 차이가 존재하는가? 이들은 어떤 정당의 후보를 더 지지했는가?

이 연구는 이상의 질문들에 대한 경험적 분석을 위해 〈정치와 민주주의에 관한 의식 조사〉 데이터를 사용하며,[3] 다음과 같이 전개한다. 먼저 부동층 유권자에 대한 기존 이론을 검토한다. 이를 통해 분석할 부동층 유권자에 대한 이론적 및 조작적 정의를 제시한다. 다음에서는 데이터를 통해 검증할 가설을 제시한다. 가설은 크게 2가지, 즉 부동층 유권자를 설명하는 모델과 부동층 유권자의 지지 결정을 설명하는 모델을 통해 검증된다. 다음의 두 절은 경험적 분석으로서, 첫 번째 부분은 무당파 유권자의 특성에 대한 기술적 분석이고 두 번째 부분은 회귀

3 본 조사는 지역별 비례할당 후 무작위추출에 의해 전국의 만 19세 이상 성인남녀 2,047명을 대상으로 대면면접조사 방식으로 2012년 5월 3일부터 5월 21일까지 조사되었으며, 무작위추출을 전제할 경우 95% 신뢰수준에서 최대허용 표집오차는 ±2.2%이다.

분석 모델을 통한 분석이다. 마지막으로 분석결과를 요약하고 그 함의를 제시한다.

2. 기존 이론의 검토

부동층 유권자는 민주주의 국가 일반에서 증가하는 경향을 보인다. 이러한 경향은 일반 대중들의 정치에 대한 관심의 전반적인 저하, 투표일 직전에 실시되는 후보자 간 토론의 일반화(및 그로 인한 토론회 이후 시점으로의 지지 결정 연기 유보 혹은 연기), 정당의 유권자에 대한 영향력 감소와 관련된다. 예컨대 영국 유권자의 4분의 1 정도가 선거캠페인 기간 동안(즉, 캠페인이 시작되기 이전 시점이 아니라) 지지 후보를 결정했다고 조사되었고, 미국 대통령선거에서는 유권자의 3분의 1이 투표일 한 달여 전, 즉 전당대회 후 지지 후보를 결정했다고 응답했으며, 캐나다 유권자의 2분의 1 정도가 선거캠페인 기간 동안 지지 후보를 결정한 것으로 나타났다(Fournier et al., 2001). 한국의 각급 선거에서 역시 부동층 유권자는 전체 유권자의 4분의 1에서 3분의 1가량인 것으로 조사되어 왔지만, 이번 19대 총선에서의 부동층 규모는 이보다 증가한 것으로 조사되었다.

미국, 영국, 캐나다에서 선거캠페인 기간 동안 지지 결정을 한 유권자와 한국의 부동층 유권자는 같은 부류의 유권자다. 부동층은 "floating voters"를 번역한 용어다. 부동(浮動), 즉 정착하지 못하고 "떠다니며 움직인다"는 의미는 어느 한곳에 안정적으로 머무르지 않는다는 것이다. 정치학적으로 표현한다면, 이들은 특정 정당을 지속적이고 안정적으로 지지하지 않는 유권자를 가리킨다.

부동층에 대한 이러한 정의는 다음의 2가지 기준을 중심으로 구체화될 필요가 있다. 첫 번째 구분은 부동층을 정의하는 '단위 시점'의 문제다. 즉 일련의 여러 선거에서 지지 정당을 바꾸는 유권자(*interelection party changers* 혹은 *swing voters*)와 한 번의 단위 선거에서 지지 정당을 지속적으로 유지하지 않(못하)고 바꾸는 유권자(*intraelection party changers*) 모두를 부동층 유권자로 정의할 수 있다(Converse, 1962). 후자의 경우는 지지 정당을 결정하지 않은(못한) 상태에 있다가 캠페인이 전개되면서 지지 정당을 결정했거나, 혹은 그 반대의 경우이거나, 혹은 지지 정당을 바꾼 경우 모두가 포함된다. 이들 부동층 유권자의 대척점에는 여러 선거를 통해 지속적으로 특정 정당을 지지하거나, 단위 선거에서 특정 정당에 대한 지지를 결정, 유지하는 정당 투표자(*party or partisan voters*)가 위치한다.

첫 번째 구분에 따라 부동층을 일련의 선거에서 지지 정당을 바꾸는 유권자로 정의하면, 부동층이 전체 유권자에서 차지하는 비중은 단위 선거에 따라 변이한다. 이러한 변이를 설명하는 변수는, 유권자 개인의 특성을 포함하지만, 미디어 환경 및 경쟁하는 캠페인 메시지 구조라고 할 수 있다. 미디어 및 메시지 환경에 따라 부동층 유권자들은 경쟁하는 프레이밍(*framing*)으로부터 다른 강도의 교차압력(*cross pressure*)을 경험한다는 것이다. 따라서 이들 연구의 초점은 선거에 따라 다른 비율로 나타나는 부동층 유권자의 발생 원인에 대한 일종의 시계열 분석이 된다. 부동층 유권자는 특정한 통시적 특성을 갖지만, 그 통시적 특성의 발현 강도는 선거 특수적이며 그것을 결정하는 변수는 미디어 정보 환경 및 캠페인 메시지의 구조 및 특성이다. 예컨대 유권자의 결정을 돕는 미디어 정보환경 및 캠페인 메시지가 부재하거나 매우 경쟁적인 메시지 환경이라면 많은 유권자가 서로 다른 정당으로부터 교차 지지

압력을 받게 되며, 그 결과 부동층 유권자는 늘어날 수밖에 없다(Nir & Druckman, 2008; Hopmann et al., 2010).

두 번째 구분은 단위 선거를 기준으로 부동층의 정치정향에서의 특성 혹은 부동층 형성의 원인에 대한 상이한 이해 혹은 해석이다. 컨버스(Converse, 1966)에 따르면 단위 선거에서 투표 및 지지 정당 의향을 바꾸는 경우는 매우 강력한 단기 요인, 즉 캠페인 효과에 비례하고, 유권자 개인이 갖는 정치 정보(혹은 지식)의 총량에 반비례하여, 증가한다고 주장한다. 이들은 대체로 정치에 대해 무관심하고 정책이슈에 대한 정보를 결여하고 있는 경향이 강하다. 더불어 이들은 정치에 대한 무관심과 정책 이슈에 대한 무지로 지지 정당 및 후보에 대한 안정적 지지를 형성하지 못한 유권자들이다. 자신의 정당 지지를 안정적으로 형성하지 못한 무당파 유권자들은 단기적 요인인 선거캠페인 메시지에 따라 지지를 결정할 가능성이 높다. 따라서 미국적 정치 문화에서 지지 정당이 없는 유권자, 정치적 무관심층, 안정적 정책 선호를 형성하지 못한 유권자, 선거캠페인의 영향을 강하게 받는 유권자는 중복되는 집단으로 파악된다.

반면 키이(V. O. Key, Jr., 1966)는 지지 정당의 전환은 정책 이슈에 대한 선호의 변화에 따른 결과다. 이들 지지 정당 전환자(*party switchers*)는 정책 이슈에 대한 자신들의 선호와 합치되는 정당으로 지지 정당을 전환한다. 요컨대 지지 정당을 결정하는 결정적 변수는 정책 이슈에 대한 선호이며, 후자의 변화가 전자의 전환을 이끌어 낸다. 키이에 따르면, 이처럼 정책 이슈에 대한 선호를 기준으로 단위 선거에서 지지 후보 및 정당을 선택하는 정책 이슈 공중(*issue publics*)이 존재하며, 이들 정책 이슈 공중의 존재는 정당들의 정책을 중심으로 한 경쟁과 책임성을 강화하는 기반이 된다. 이들 지지 정당 전환자와 지지 정당 고수자

(*party standpatters*)는 모두 정책 이슈를 중심으로 지지 정당을 결정한다는 점에서 정치적 관심이나 정치 지식 등의 정치정향에서 본질적인 차이가 없다. 다만 키이의 이러한 정의가 단위 선거에서인지, 일련의 선거에서인지는 명확하지 않다. 키이에 따르면 정당에 대한 지지는 정책 선호의 결과이며, 이러한 지지 정당의 결정은 선거 과정을 통해 극대화된다. 그 극대화의 방향이 기존 지지 정당의 고수이거나 전환으로 나타날 뿐이다.

이상의 부동층에 대한 정의를 기준으로 할 때, 한국에서의 부동층에 대한 논의 및 이해는 '단위 선거'에서 공식적인 선거캠페인이 시작된 시점 현재 지지 정당이나 후보를 결정하지 못했거나 연기한 유권자를 의미한다. 달리 말하면, 부동층 유권자는 투표참여 및 지지 후보 선택을 선거캠페인 시작 시점 이후부터 투표일 사이에 결정하는 유권자다. 이들은 적어도 선거캠페인이 시작되기 이전 시점에서 투표결정 및 후보 선택을 하지 않은 사람들이다. 따라서 이들은 선거캠페인 기간 동안 지지를 결정하는 유권자라는 의미에서 캠페인 결정자(*Campaign deciders*)라고 할 수 있으며, 선거캠페인 시작 이전 시점에 이미 지지 후보를 결정한 캠페인 전 결정자(*Precampaign deciders*)와 구별된다(Chaffee, 1978; Chaffee & Rimal, 1996).[4] 지지 후보 선택 시점(*time of voting decision*)이 부동층과 비 부동층 유권자를 나누는 기술적인(*descriptive*) 기준이다.

이상과 같이 지지 후보 결정 시점이 선거캠페인 시작 이전과 이후인 유권자 중 후자를 부동층 유권자로 정의하면, 이들의 대척점에 조기투

---

4 좀더 세밀하게 구분하면, "campaign deciders"는 예비선거(*primaries*), 전당대회(*conventions*) 및 후보토론회를 통해 지지 후보를 결정하는 유권자들이며, 이 시기를 거쳐 선거 몇 주 전 지지 후보를 결정하는 유권자를 "last-minute deciders"로 구분한다.

표자(*early voters*)가 존재한다.[5] 조기투표자는 선거캠페인이 진행되는 가운데 지지 정당 및 후보를 결정하고 실제 투표를 실행하는 유권자들이다. 조기투표자들은 대체로 연령과 교육수준이 높고, 정치 일반과 선거캠페인에 높은 관심을 가진 유권자들이다. 보다 일반적으로 표현한다면, 이들은 많은 양의 정치 정보, 일관되고 안정적인 정치 정향, 적극적인 정보 획득과 처리 노력을 특징으로 한다(Gronke & Toffey, 2008).

반면, 부동층 유권자는 무당파 유권자이면서 동시에 정치이념적으로 중도 성향의 유권자일 가능성이 크다. 이들이 캠페인 시작 시점까지 비결정 혹은 결정을 연기하는 것은 정치 일반 및 정책, 후보자와 정당에 대한 확고한 태도의 부족/결여, 혹은 양가적 태도(*ambivalence*), 혹은 무정향(*non-attitudes*)을 가진 유권자이기 때문이다(Nir & Druckman, 2008). 이럴 경우 이들 부동층 유권자는 정치 일반 및 정책, 후보자와 선거캠페인에 대한 낮은 정도의 이해와 관심을 가진 유권자로 파악된다(Zaller, 2004). 요컨대 이들 연구에서의 부동층 유권자의 결정의 연기는 정치와 선거에 대한 정보와 지식, 관심의 결여 때문이며, 이들이 선거캠페인 과정에서 관심과 흥미를 가지고 결정을 위한 정보의 탐색(*information seeking*)과 처리를 하는 고관여 유권자(*high engagement voters*)일 가능성은 낮다.

---

5 미국의 조기투표는 주에 따라 투표일 4일 전부터 50일 이전까지 정해진 장소에서 투표할 수 있도록 한 제도다. 광범위한 분류로는 부재자 우편 투표 역시 조기투표의 일종이다. 현재 31개 주에서 시행되고 있으며, 2003년 대통령선거에서 조기투표자는 전체 투표자의 22%에 달했다. 조기투표는 투표 당일 날의 혼잡함을 피해 여유 있게 투표할 수 있게 하며, 투표 당일 불가피하게 지역을 떠나있을 예정인 투표자에게 유용하게 활용될 수 있는 장점이 있어 투표참여를 높일 수 있는 제도라고 할 수 있다.

그러나 다른 연구 결과에 따르면, 이들 캠페인 결정자는 선거와 정치, 캠페인에 흥미와 관심을 가지고 적극적인 정보 수집 및 처리를 하는 능동적인 유권자로 파악된다(Chaffee & Choe, 1980; Chaffee & Rimal, 1996). 말하자면 지지 정당 및 후보 결정을 유보 혹은 연기하는 유권자는 현재의 정보를 중요하게 판단하고 자신의 정치정향을 중심으로 그 정보를 평가한다. 이럴 경우 정치적 선택 및 결정은 기존의 정치적 정향(*prior political predisposition*)과 현재 시점의 정보(*current information*)가 결합하는 과정을 통해 형성된다. 따라서 선호 및 결정은 과거의 정치정향과 현재의 정보의 결합을 통해 지속적으로 업데이트된다. 그 결과가 지지 후보 및 정당의 선택이다. 이러한 유의 유권자는 선거캠페인 과정에서 압축적으로 전달되는 정보의 중요성을 인지한다. 이들은 결정을 서두를 이유가 없다고 판단하며, 양질의(혹은 옳은, 현명한) 결정을 위해서는 새로운 정보의 수집 및 처리가 중요하다고 인식한다.

이들 경쟁하는, 대립적인 이론들은 부동층 유권자 특성에 대한 매우 상반된 이론적 주장과 경험적 검증 결과를 보여준다. 부동층 유권자와 관련된 주요한 논쟁 역시 이들 유권자의 특성에 대한 경험적 검증의 문제를 중심으로 이루어졌다. 한편으로 부동층 유권자는 정치와 선거에 대한 관심을 가졌으나 투표 결정을 연기 혹은 유보하는 '신중한' 유권자로 파악되는 반면, 다른 한편으로 이들은 정치와 선거에 대한 낮은 관심을 가진 유권자이며, 그 결과 투표 결정을 신속하게 하지 못하는 유권자로 파악된다.

3. 연구 가설

이 논문에서는 이들 2개의 경쟁하는 이론/주장들을 한국 유권자를 대상으로 경험적으로 검증한다. 이 검증 결과가 어느 이론을 지지할 것인가를 추론하기 어렵다. 한국 정당정치의 특수성 때문이다. 알려져 있듯이, 한국 정당의 유권자 연계는 미국 정당과 비교하여 매우 약하다. 정당 역사가 일천할 뿐 아니라 압축성장과 민주주의 이행 과정에서, 그 이후 공고화 과정에서 역시, 한국 정당은 선거 승리를 목적으로 한 이합집산을 거듭했다. 유권자 입장에서 지속적이고 안정적인 정당 선호 혹은 정당지지를 형성하기 어렵다는 일반적인 판단이다. 뿐만 아니라 한국 선거에서 정당의 정강정책에 대한 지지 여부가 선거 승패를 좌우하는 결정적 변수로 작용한 선례가 없다. 정당뿐 아니라 유권자 역시 정책을 중심으로 정당을 선택하지 않는다. 대신 '지역'이 지배적인 투표 선택의 기준이었고, '인물' 요인 역시 적지 않은 영향력을 갖는 것으로 알려져 있다.

이상을 전제한다면, 한국의 부동층 유권자 역시 미국의 부동층 유권자처럼 무당파 유권자를 다수 포함하지만, 컨버스가 주장하는 것처럼, 미국의 무당파 유권자의 특성, 즉 정치 일반에 대한 무지와 무관심을 특징으로 한다고 단언하기 어렵다. 오히려 한국의 무당파 부동층 유권자는 반대 방향의 특성, 즉 충분한 정보와 관심에도 불구하고 정치 및 정당에 대한 부정적인 태도를 가지고 있기 때문이다(류재성, 2012). 그러나 키이가 주장하는 것처럼 한국의 부동층 유권자가 정책을 중심으로 지지 정당을 전환(혹은 유보)하는 유권자일 가능성 역시 적다. 정당-정책의 정연한 배열 및 차이가 명확하지 않기 때문이다.

요컨대 한국의 부동층 유권자는 컨버스류의 유권자가 아니지만, 동시에 키이류의 유권자 역시 아닐 가능성이 높다. 결국 한국 부동층 유권자 특성은 기존 이론의 틀 내에서 설명/이해되기 어렵다고 보인다. 결국 컨버스류의 무지/무관심 부동층 유권자를 한 극단으로 하고 키이류의 공공이슈 공중 부동층을 다른 한 극단으로 한 일차원적 연속선상의 중간 부분의 특정할 수 없는 위치에 한국 부동층 유권자가 존재한다고 보인다. 따라서 다음의 두 가설을 제시하고, 경험적 분석을 통해 두 가설을 반증(*falsification*)하도록 한다.

가설 1: 한국의 부동층 유권자는 정치에 대한 무관심과 무지를 특징으로 한다.

가설 2: 한국의 부동층 유권자는 정책에 대한 명확한 선호를 가진다.

다른 한편, 한국 정치의 맥락에서 부동층 유권자는 정치적 성향 및 결정의 방향을 가지고 있고 일정하게 지지 결정을 한 유권자이지만, 그 결정의 공개를 원하지 않는 유권자들일 가능성 역시 존재한다. 이른바 '숨은 표'다. 따라서 부동층 유권자 연구에서 다른 하나의 중요한 주제는 이들 '숨은' 정당 지지 성향의 부동층 유권자가 보수 성향의 유권자인가, 아니면 진보 성향의 유권자인가 하는 문제이다. 보다 직접적으로는, 이들 숨은 유권자의 투표성향은 무엇인가에 대한 질문이다. 부동표 유권자의 지지 성향에 대해서는 학문적 연구가 없다. 다만 다양한 차원의 언론 보도가 있을 뿐이고, 그 투표 성향 역시 추론에 불과하다. 따라서 이 논문에서는 이들 지지 비결정 유권자의 투표성향에 대한 다음의 중립적 가설 3을 제시하고, 그에 대해 경험적 검증을 시도한다.

가설 3: 한국의 부동층 유권자는 특정한 지지 성향을 가지지 않는다.

4. 기술 통계(*descriptive statistics*) 분석

1) 부동층 유권자 정의 및 변수 조작

이 연구에서는 부동층 유권자를 선거캠페인이 시작되고 투표의사가 있음에도 불구하고 지지 후보나 정당을 결정하지 못한 유권자들로 정의한다. 이러한 기준에 따르면, 한국 총선의 경우 공식적인 선거운동의 시작 시점 이전에 지지 후보나 정당을 결정한 유권자는 부동층 유권자가 아닌 것으로 분류한다. 한국에서의 부동층 유권자는 공식 선거운동이 시작되는 선거일 한 달 전 현재 지지 후보나 정당을 결정하지 못한 혹은 결정하지 않은 유권자다. 정치정향(*political predisposition*) 차원에서 안정된 정당일체감이나 정치이념을 바탕으로 선거캠페인이 시작되기 이전에 지지 후보나 정당을 결정한 유권자, 즉 정당 중심의 지지 결정자와 선거캠페인이 시작된 이후로 지지 후보나 정당의 결정을 연기하거나 결정하지 못한 유권자로 분류할 수 있다.

〈표 8-1〉은 19대 총선에서 유권자의 지지 후보 결정 시기를 보여준다. 이에 따르면, 지난 19대 총선에서 공식 선거캠페인이 시작된 시점에 지지 후보를 결정하지 않은 유권자는 전체 유권자의 절반에 이른다. 유권자의 2분의 1이 선거캠페인이 시작된 이후에 지지 후보를 결정했다는 것이다. 대단히 높은 비율의 부동층 존재다. 나아가 투표일 1주일 전에 지지 후보를 결정한 유권자가 전체 유권자의 3분의 1을 넘는 것으로 조사되었다(34.1%).

여기서, 앞서 언급한바 "3월 24일 현재 여론조사에서의 부동층 유권자는 39.0%"였음을 상기하자. 선거 후 여론조사 결과에 비해 낮은 수준의 부동층이다. 대체로 10%p 이상의 조사 결과의 차이다. 19대 총선

〈표 8-1〉 지지 후보 결정 시기

	빈도	%
투표 당일	103	7.2
투표 1~3일 전	133	9.2
투표 1주일 전	254	17.7
투표 2~4주 전	229	15.9
투표 1달 이상 전	720	50.0
합계	1,439	100.0

에서 실제로 어느 정도 규모의 부동층 유권자가 존재했는가를 증명할 수 있는 방법은 없다. 다만 투표 결정 시점을 묻는 질문에 대한 회상 답변(*recall response*)의 신뢰성을 검증(*validation*)한 연구 결과를 참조할 수 있겠다. 퍼니어 외(Fournier et al., 2001)의 연구결과에 따르면, 일반적으로 선거 후 여론조사 응답에 영향을 미치는 변수는 질문의 난이도, 응답의 기억력(혹은 기억의 쇠퇴 정도), 사회적으로 바람직한 태도를 유지하려는 경향(*inclination to give socially acceptable answers*) 등이다. 투표참여나 (미국 유권자의 경우) 유권자 등록(*voter registration*) 여부와 관련된 질문의 경우 사회적 바람직성에 의한 편향(*social desirability*)의 영향이 강하게 나타난다. 지난 선거에서의 후보 및 정당 지지 결정에 대한 질문의 경우 현재 선거에서 지지 후보 및 정당 결정과의 일관성을 유지하려는 방향으로의 왜곡이 일어난다.

반면 지지 후보 및 정당 결정 시점의 경우, 이상과 같은 사회적으로 바람직한 태도를 유지하거나 지지 후보 및 정당 결정에서의 일관성을 유지하려는 경향으로 인한 왜곡의 가능성이 적다. 질문의 난이도 역시 높다고 보기 어렵다. 기억의 쇠퇴 정도는 선거 후 여론조사 시점과 관련되고, 선거일 이후부터 여론조사 시점까지의 시간에 비례해 부정확하게 응답할 가능성이 높을 것이다. 이 연구에서 사용한 데이터는 5월 3일부터 5월 21일까지, 즉 선거 후 최소 24일부터 최대 41일 사이에 조사된 것이다. 조사 대상자의 기억의 쇠퇴에 따른 정확도에는 다소간에 문제가 있을 수 있지만, 그것이 데이터의 신뢰도를 의심할 만큼의 수준은 아니라고 판단된다. 이러한 추론은 선행 연구결과로도 확인할 수 있다.

안병만 외(1996)의 연구에 따르면, 1995년 6·27 지방선거에서 "유권자의 48.8%가 선거 직전까지 후보자를 선정하지 못한 부동층" 유권자로 조사되었다. 특히 부동층 비율은 4대 선거(광역 자치단체장, 광역의회, 기초자치단체장, 기초의회)에서 각기 다르게 나타났는데, 지방의회 의원의 경우 선거 직전까지 후보자를 결정하지 못한 유권자가 60% 이상을 차지하는 것으로 나타났다. 안병만 외(1996)의 연구는 선거 전 2주부터 하루 전까지 조사된 데이터를 통해 분석한 것이다. 이 연구에서의 부동층 정의, 즉 공식 선거운동이 시작된 시점, 즉 한달 전 시점에서 지지 유보 및 미결정 유권자 기준보다 엄격한 기준이 적용된 결과라는 점에서 이번 19대 총선에서 조사된 50%의 유권자를 부동층으로 정의하고, 이들을 대상으로 한 연구를 진행하도록 한다.

2) 부동층 유권자의 특성

무당파 유권자의 경우 부동층 유권자일 확률이 높다. 데이터 분석에 따르면 지지 정당이 있는 유권자(당파적 유권자)와 지지 정당이 없는 유권자(무당파 유권자) 가운데 부동층의 비율은 차이가 있는 것으로 나타났다. 〈표 8-2〉에 나타냈듯이, 정당지지 유권자 가운데 부동층 유권자의 비율은 45.3%이고, 무당파 유권자 가운데 부동층 유권자의 비율은 65.9%로 조사되었다. 두 집단 사이의 이러한 부동층 비율의 차이는 통계적으로 유의미한 것으로 나타났다($t = 6.601$, $p < .000$).

〈표 8-2〉 당파 및 무당파 유권자의 부동층 비율

	부동층 (*Campaign Deciders*)	선거캠페인 전 지지 결정자 (*Precampaign Deciders*)	
정당지지자	505(45.3%)	609(54.7%)	1,114(100%)
무당파	214(65.9%)	111(34.2%)	325(100%)

먼저 정당지지 유권자보다 무당파 유권자 가운데 부동층 유권자 비율이 높게 나타난 결과는 놀라운 일이 아니며 이론이 예측하는 바와 일치한다. 문제는 정당지지자 가운데 45.3%가 부동층으로 분류된다는 사실이다. 정당지지 유권자의 45.3%가 투표일 4주 전 시점, 즉 공식적인 선거캠페인이 시작되기 이전 시점에 지지 후보를 결정하지 못했다는 것은 한국 정당이 유권자와의 연계가 얼마나 열악한가를 보여주는 생생한 예증이다. 혹은 이들 당파적 유권자의 지지 정당에 대한 충성도가 얼마나 낮은가를 보여주는 것이다. 말하자면 정당 지지 혹은 선호가 투표 결정으로 연결되는 인과연쇄가 매우 취약하다는 것이다.

또한 이러한 조사 결과는, 19대 총선이 선거 전 야당의 절대적 우세 예상과 달리, 유권자 입장에서는 매우 어려운 결정 상황에서 진행되었음을 보여주는 것이다. 이론적으로 해석한다면, 미국 선거 정치에서 정당일체감이 갖는 투표결정 변수로서의 강력한 규정력을 한국 유권자의 정당 선호(혹은 일체감)는 갖지 않는다는 것이며, 역으로 미국 선거에서 선거캠페인이 갖는 낮은 효과(*minimum effects*)가 한국 선거, 혹은 적어도 19대 총선에서는 높을 수 있다는 것이다. 즉 19대 총선에서 선거캠페인 기간 동안의 정당과 후보의 캠페인 효과가 상당한 정도로 존재했었다고 유추할 수 있다.

〈표 8-3〉에 따르면, 지지 정당이 있는 유권자의 85.5%가 투표에 참여한 반면 무당파 유권자의 44.5%만이 투표에 참여한 것으로 조사되

〈표 8-3〉 당파 및 무당파 유권자의 투표참여/불참여

	투표참여	투표불참	
당 파	1,116 85.5%	190 14.5%	1,306 100.0%
무당파	330 44.5%	411 55.5%	741 100.0%
합 계	1,446 70.6%	601 29.4%	2,047 100.0%

었다. 이러한 차이는 통계적으로 유의미했다. 다양한 차원의 해석이 가능하겠지만, 정당 선호의 유무가, 지지 후보 결정은 아니지만, 투표 참여에는 상당한 결정력이 있음을 보여 준다. 더불어 한국의 무당파 유권자는 지지 혹은 선호 정당을 결정하지 못한 유권자이면서 동시에 혹은 본질적으로는 선거에 대한 낮은 관심 혹은 부정적 태도를 가진 유권자라고 할 수 있겠다.

종합하면, 무당파 유권자의 44.5%만이 투표에 참여했으며, 이들 투표 참여자 가운데 65.9%의 유권자는 선거캠페인 기간 동안 지지 후보 및 정당을 결정한 유권자들이다. 이들은 전체 유권자의 대략 15%에 해당한다. 매우 경쟁적인 선거 구도를 전제한다면, 지역구에서의 승자와 국회 다수당을 결정할 만큼의 충분한 크기의 유권자 집단이라고 할 수 있다. 선거 결과에 영향을 미치는 이른바 '선거구도'의 중요성은 충분히 강조될 수 있지만, 이에 못지않게 중요한 유권자 집단은 전체 투표자 가운데 15%를 차지하는 무당파 부동층 유권자들이며, 따라서 이들이 지지를 결정하는 선거캠페인 기간 동안의 후보 및 정당의 선거캠페인 역량은 선거결과를 가늠하는 매우 중요한 변수라고 할 수 있다.

〈표 8-4〉는 부동층 유권자의 사회경제적, 정치심리적 차원의 특성을 보여준다. 인구통계적으로 부동층 유권자는 선거캠페인 시작 전 지지

결정자에 비해 20~40대 청장년층(t=7.772, p=.000)의 상대적으로 고학력 유권자(t=3.425, p=.001)들이며 여성(t=3.199, p=.001)이 높은 비율을 차지한다. 정치심리적 차원에서 이들은 정치이념적 강도가 약한, 즉 상대적 중도세력이며(t=5.123, p<.000), 높은 수준의 정치지식을 가지고 있으나(t=3.530, p=.000), 선거에 대한 관심은 낮은 유권자들이다(t=6.996, p=.000).

한국의 부동층 유권자는 대체적으로, 선거에 대한 낮은 관심을 예외로 한다면, 선거를 통한 적극적인 의사표현이 가능한 사회, 정치적 자원을 가진 유권자 집단으로 보인다. 그럼에도 불구하고 이들이 지지 후보 결정을 유보 혹은 연기하는 이유는 매우 한국적인 특수성에 기반하는 것으로 추론할 수 있다. 말하자면, 선거에 대한 이들의 낮은 관심은

〈표 8-4〉 부동층 유권자의 특성

		성별	연령	학력	월평균 가구 소득	정치 지식	선거 관심도	반MB 평가	정치 이념	정치 이념 강도
부동층	평균	1.54	3.06	2.28	3.09	0.94	2.85	2.84	4.96	2.18
	표준편차	0.50	1.36	0.74	1.37	0.64	0.70	0.66	1.74	1.27
	N	719	719	719	719	719	718	717	719	719
선거캠페인 전 지지 결정자	평균	1.46	3.60	2.15	2.95	1.06	3.11	2.89	5.14	2.54
	표준편차	0.50	1.27	0.77	1.41	0.60	0.71	0.82	2.09	1.41
	N	720	720	720	720	720	720	720	720	720

선거관심도: 1=없다, 2, 3, 4=있다
MB평가: 1=매우 잘함, 2, 3, 4, 5=매우 못함
정치이념: 0=진보, 1, 2, 3, 4, 5, 6, 7, 8, 9, 10=보수
성별: 1=남자, 2=여자

공공 정책이나 정치 일반에 대한 낮은 관심이 아니라, 19대 총선 전에 만들어진 특수한 정치적 맥락, 즉 정당 및 정치에 대한 매우 부정적인 태도에 기반한 것일 수 있다. 이러한 특성은 청장년, 고학력, 중도성향 유권자의 정당정치에 대한 불신 혹은 부정적인 태도와 부합한다.

따라서 정당에 대한 부정적 태도로 인해 정당 선호를 안정적으로 형성하지 못한 이 유권자들은 컨버스류의 무정향(*non-attitudes*)을 특징으로 하는 유권자라기보다는 키이가 주장하는 공공이슈 공중(*issue public*)일 가능성이 높다. 다만 이들이 정책 이슈에 대한 관심과 인지에도 불구하고 지지 후보 및 정당을 유보 혹은 연기하는 이유는, 경쟁하는 정당 혹은 후보의 상반된 주장 모두로부터의 교차압력(*cross-pressure*)에 따라 지지 정당 및 후보를 확정하지 못한 일종의 양가적 태도 때문일 가능성이 높다(Chaffee & Choe, 1980; Chaffee & Rimal, 1996).

이러한 추론은 안병만 외(1996)의 연구와 상반된다. 즉 안병만 외(1996: 390)에 따르면, "이들(부동층 유권자)이 선거 직전에 후보자를 결정하지 못한 이유로는 후보자에 대한 정보부족(44.3%)이 가장 큰 이유로 나타났으며, 그 외에 정치불신(26.5%), 후보자의 자질미달(17.5%), 그리고 선거에 대한 전반적인 무관심(11.7%) 등에 기인한다."[6] 정보 부족을 지지 유보 혹은 연기의 이유로 응답한 유권자들이 44.3%이고, 이들은 실제로 자신들의 '신중한' 혹은 '양질의' 결정을 위한 정보가 필요함에도 불구하고 그것들이 충분히 제공되고 있지 않다고 생각하는 유권자들이다.

여기서 다음 사항을 고려해봐야 한다. 안병만 외(1996)의 연구는 1995년 지방선거를 대상으로 한다. 일반적으로 유권자들은 지방선거를

---

6 괄호 안의 통계수치는 안병만 외(1996)의 다른 쪽(386)에서 필자가 인용, 삽입함.

국회의원이나 대통령선거에 비해 덜 중요하게 인식한다. 미디어의 보도 빈도나 태도 역시 유권자들의 관심을 높이기에는 부족한 측면이 많다. 더욱이 여러 단위의 선거가 동시에 치러지고 관련된 많은 정보가 체계적으로 제공되기가 매우 어려운 선거 환경이다.

따라서 지방선거에서의 정보 부족은 개별 유권자의 정보 획득 노력의 부족의 결과가 아니라 객관적 사실로 보아야 한다. 부동층 유권자들이 정보 부족을 지지 연기 혹은 유보의 이유로 응답한 것은 고관여의 정보 획득과 처리 의사가 있음에도 불구하고, 실제적인 정보 부족 때문일 수 있다. 말하자면 지지 연기 혹은 비결정에 대한 '변명'이 아니라는 것이다. 정보가 부족하다고 생각하는 유권자는 역으로 정보의 필요성을 느끼고 그것에 근거해서 지지 결정을 하겠다는 의사를 전제한다고 보아야 한다.

5. 부동층 유권자 결정 모델

1) 모델의 구성

누가 부동층 유권자인가라는 질문은 유권자 개인의 어떤 특성이 부동층 유권자를 구성하는 변인인가의 질문으로 치환될 수 있다. 달리 말하면, 특정한 사회경제적 배경 및 정치정향, 정책 선호, 경제상황에 대한 평가 및 전망 등이 지지 후보 결정을 유보 혹은 연기하게 한다고 가정하는 것이다. 후보 지지 결정시점을 기준으로 부동층과 비 부동층을 구분하고 이를 종속변수로 설정하여 로지스틱 모델을 다음과 같이 구성하였다. 모델에 포함된 독립변수는 종속변수의 변이를 설명할 것이라고 추정되는 가능한 모든 변수들이다.

모델의 완결성 혹은 설명력의 제고가 이 논문의 주된 초점이 아니다. 여기서는 부동층 유권자의 특성을 이해할 수 있게 하는 다양한 변수들의 설명력의 상대적 크기를 측정하는 것이 보다 중요하다. 따라서 모델의 간결성(*parsimony*)보다는 관련 변수의 포괄성을 전제로 한 모델 구성을 목표로 한다. 이에 따른 로지스틱 모델은 다음과 같다.

후보 지지 결정시점(1 = 부동층, 0 = 비 부동층)
= a + b1 성별 + b2 연령 + b3 학력 + b4 월평균가구소득 + b5 광주전라 + b6 대구영남 + b7 무당파 유권자 + b8이념강도 + b9 선거관심도 + b10 정치대화빈도 + b11 정치지식 + b12 MB평가 + b13 정당지도부의 능력과 자질 + b14 지역구 후보 및 소속 정당원의 능력과 자질 + b15 정당의 정책과 정강 + b16 집권 여당에 대한 지지 혹은 심판 + b17 회고 가정경제 + b18 회고 국가경제 + b19 전망 가정경제 + b20 전망 국가경제 + b21 한미동맹 강화 + b22 국보법 폐지 + b23 한미 FTA 폐기 + b24 경제성장 우선 + b25 비정규직 노동자에 대한 기업결정권 + b26 학교체벌 허용 + b27 사형제 폐지

여기서,

사회경제적 배경

- 성별: 1 = 남성, 0 = 여성
- 연령: 1 = 19~29세, 2 = 30~39세, 3 = 40~49세, 4 = 50~59세, 5 = 60세 이상
- 학력: 1 = 중졸 이하, 2 = 고졸, 3 = 전문대 재학 이상
- 월평균 가구소득: 1 = 199만 원 이하, 2 = 200~299만 원, 3 = 300~

399만 원, 4 = 400~499만 원, 5 = 500만 원 이상

- 광주전라(더미 변수) : 1 = 광주전라 지역 유권자, 0 = 기타 지역 유권자
- 대구영남(더미 변수) : 1 = 대구경북 지역 유권자, 0 = 기타 지역 유권자

정치정향

- 무당당파 유권자: 1 = 무당파, 0 = 정당 지지자
- 이념강도: 1 = 매우 강한 보수 및 진보, 2, 3, 4, 5, 6 = 중도
- 선거관심도: 1 = 전혀 없었다, 2 = 별로 없었다, 3 = 조금 있었다, 4 = 매우 많았다
- 정치대화빈도: 1= 거의 매일, 2 = 일주일에 3~4번, 3 = 일주일에 1~2번, 4 = 일주일에 한 번 미만, 5 = 전혀 하지 않는다
- 정치지식: 0 = 저, 1 = 중, 2 = 고 정치지식
- MB평가: 1 = 매우 잘함, 2 = 다소 잘함, 3 = 다소 잘못함, 4 = 매우 잘못함

투표 시 고려사항: 0 = 전혀 영향을 주지 않았다, 1, 2, 3, 4, 5, 6, 7, 8, 9, 10 = 매우 큰 영향을 주었다

- 정당지도부의 능력과 자질
- 지역구후보 및 소속 정당원의 능력과 자질
- 정당의 정책과 정강
- 집권 여당에 대한 지지 혹은 심판

경제 투표: 1 = 매우 좋아졌다, 2 = 다소 좋아졌다. 3 = 특별히 좋아지거나 나빠지지 않았다, 4 = 다소 나빠졌다, 5 = 매우 나빠졌다

- 회고 가정경제
- 회고 국가경제
- 전망 가정경제
- 전망 국가경제

정책 이슈에 대한 선호: 1 = 매우 찬성, 2 = 찬성, 3 = 반대, 4 = 매우 반대

- 한미동맹 강화
- 국보법 폐지
- 한미 FTA 폐기
- 복지보다 경제성장 우선
- 비정규직 노동자 문제에 대한 기업 자율 결정권
- 학교체벌 허용
- 사형제 폐지

2) 회귀분석 결과

로지스틱 모델 분석결과 통계적 유의미성을 획득한 변수에 따른 부동층 유권자의 특성은 다음과 같다(〈표 8-5〉 참조). 부동층 유권자는 청장년층의 상대적으로 젊은 세대이며, 지지하는 정당이 없는 무당파 유권자(따라서 지지 결정에서 정당의 정강정책을 중요하게 생각하지 않는 유권자)이고, 이들의 정치이념적 성향은 중도 혹은 약한 이념적 태도를 가진 유권자들로서 19대 총선에 대해서는 낮은 관심을 가진 유권자로 나타났다. 학력이나 소득수준 등의 사회경제적 지위는 부동층을 설명하는 의미 있는 설명력이 없는 것으로 나타났다.

무당파, 중도, 낮은 관심을 갖는 유권자는 일반적으로 정당정치 및 선거정치에 대한 부정적 태도를 가진 유권자들이다. 그러나 이들 부동층 유권자는 지지 후보 및 정당 결정 시점이 늦은 것일 뿐, 결국 선거에 기권하지 않고 투표에 참여한 유권자들로서 선거 불참자들과 다르다. 달리 표현한다면 부동층 유권자는 정치 불신 및 부정적 태도를 가진 유권자일 가능성은 매우 높지만, 선거 참여를 통한 의사 표현을 포기하지 않은 유권자이며, 결국 특정 정당 및 후보 지지를 결정한 유권자들이다.

부동층 유권자 특징을 설명하는 모델에 의한 회귀분석 결과는 가설 1과 2 모두를 기각한다. 한국의 부동층 유권자는 컨버스류의 무지와 무관심을 특징으로 하는 유권자가 아니다. 학력이나 소득수준, 정치지식 수준이 부동층과 비 부동층을 구분하는 데 있어 아무런 영향력이 없었다는 분석결과는 결국 부동층의 학력이나 정치지식, 소득수준이 비 부동층의 그것보다 높거나 낮지 않다는 것이며, 이들 기준에서 두 집단 사이에는 의미 있는 차이가 없다는 것이다. 요컨대 한국의 부동층 유권자가 무지와 무관심을 특징으로 하는 유권자 집단이라는 주장은 경험적으로 검증되지 않았다.

그렇다면 이들이 지지 유보 및 연기를 하는 이유는 무엇인가? 회귀분석결과에 따르면 MB에 대해 긍정적으로 평가하고, 4년 후 가정경제가 좋아질 것이라고 전망하며, 비정규직 노동자 문제에 대한 기업 스스로

〈표 8-5〉 로지스틱 모델 분석 결과

종속변수 = 부동층 유권자		B	S.E.	유의확률
사회경제적 지위	성별	-.129	.125	.301
	연령	-.329	.060	.000
	학력	-.047	.111	.673
	월평균 가구소득	-.024	.048	.617
정치정향	무당파 유권자	.663	.143	.000
	이념강도	-.151	.043	.001
	선거관심도	-.461	.093	.000
	정치대화빈도	-.054	.063	.389
	MB평가	-.175	.091	.054
	정치지식	-.164	.097	.090
투표 요인	정당지도부의 능력과 자질	-.001	.042	.975
	지역구 후보 및 소속 정당원의 능력과 자질	-.003	.042	.952
	정당의 정책과 정강	-.086	.044	.006
	집권여당 지지 혹은 심판	.006	.032	.857
경제 투표	회고 가정경제	-.062	.084	.462
	회고 국가경제	.063	.080	.427
	전망 가정경제	-.216	.101	.033
	전망 국가경제	.058	.092	.528
정책 태도	한미동맹 강화	-.090	.096	.349
	국보법 폐지	.032	.088	.720
	한미 FTA 폐기	-.108	.088	.217
	경제성장 우선	.051	.079	.515
	비정규직에 대한 기업 결정권	-.138	.081	.041
	학교체벌 허용	.118	.085	.164
	사형제 폐지	.031	.078	.693
지역 더미	광주호남	-.059	.202	.769
	대구영남	.512	.206	.013
N			1,421	
-2 Log 우도			1787.224	
Nagelkerke R-제곱			0.161	

의 결정에 찬성하는 정책 선호를 가질수록, 그리고 지지 후보 결정에서 정당을 중심으로 생각하지 않는 유권자일수록 부동층 유권자일 가능성이 높은 것으로 나타났다. 부동층 유권자들은 19대 총선 캠페인이 진행될 당시 매우 인기 없는 현직 대통령에 대해서조차 긍정적으로 평가하며 자신들의 가계경제에 대해서도 낙관적으로 생각하는 유권자인 것으로 나타났다. 더욱이 이들은 비정규직 노동자 문제에 대한 기업의 자율적 결정을 지지하는 친기업적인 가치를 가진 유권자들이다. 종합하면, 한국의 부동층 유권자는 정당정치에 대한 부정적 태도를 가진 무당파 중도 성향 유권자이며, 이들은 그럼에도 불구하고 선거에 참여하는 집단이다. 더불어 이번 19대 총선에서의 부동층 유권자는 MB에 대해 긍정적으로 평가하고 4년 후 가정경제에 대해서도 역시 낙관적으로 전망하는 유권자 집단이다. 이러한 부동층 유권자의 특성은 19대 총선이 치러질 당시 언론과 여론의 전반적인 상황, 즉 매우 광범위하게 인정되었던 일반적 반MB 정서나 비관적인 경제전망, '경제민주화' 관련 이슈에 대한 여론의 일방적 호응 분위기와 배치된다.

총선 전의 정치 및 여론 상황은 대통령 부인 김윤옥 씨 사촌오빠 등 친인척 비리, 대통령 형의 불법 로비자금 수수, 6인회의 멤버였던 최시중 방송통신위원회장의 측근 비리에 따른 사퇴, 박희태 국회의장의 돈봉투 살포, 그리고 선관위 홈페이지 디도스 공격사건 등으로 인해 새누리당(한나라당)은 유권자의 신뢰를 완전히 상실한 듯이 보였다. 여기에 더해 이명박 대통령의 지지율은 임기 초에 비교적 낮은 52%로 출발해 집권 1년 차 2/4분기에 최저점인 21%까지 급락했다. 중도 실용 정책을 편 2년 차 하반기와 3년 차에는 50%까지 지지율을 회복했으나, 5년 차 총선 직전의 지지율은 촛불 정국 이후 최하 수준이었다. 제 19대 총선 이후 실시된 여론조사 결과, 즉 조사 대상 유권자의 29.1%만이 이명박 대통령의 국정운영을 긍정적으로 평가한 반면, 70.9%가 부정적으로 평가한 것이 이를 예증한다. 그 결과 한나라당은 2012년 초 '총선에서 100석도 쉽지 않을 것'이라는 예상이 나올 정도로 어려운 상황이었으며, 여론 역시 그에 준하는 분포를 보였다. 그럼에도 불구하고, 이번 선거에서 재선에 성공한 서울의 한 초선의원의 말처럼, "… 저희가 100석을 할 수 있을까 정도의 절망적인 상황 속에서 152석 과반의석을 달성했다는 것은 놀라운 성취다."[7]

요컨대, 무당파, 중도 성향의 청장년 유권자 가운데 (적어도) 반MB적이지 않으며, 친기업적 선호를 가진 유권자가 19대 총선에서의 부동층 유권자들이다. 무당파, 중도 성향의 청장년 유권자가 MB에 대해 긍정적으로 평가하고 비정규직 노동자 문제에 대해 친기업적 성향을 갖는 것은 모순적(*oxymoron*)이다. 따라서 이들은, 여론의 일방적인(혹은 지배적인) 반MB 및 경제민주화 프레이밍으로부터 상당한 정도의 심리적 압박을 느꼈을 가능성이 크다. 지배적인 여론과는 상이한 정치적 선호를 가진 데서 오는 압박이다. 자신의 선호와 상반되는 정보에 노출되어 압박을 느끼는 개인이 지지 결정을 유보, 연기하는 것은 일반적이다(Nir & Druckman, 2008). 이들은 선거캠페인 기간 동안 집중적으로 전달되는 새로운 정보를 획득하고 처리함으로써 이러한 압박에서 벗어나려 노력했다고 판단할 수 있다.

〈표 8-6〉은 부동층 및 비 부동층 유권자의 정당 지지 분포를 나타낸다. 부동층의 새누리당 득표율은 54.3%인 반면, 비 새누리당 득표율은 45.7%로 그 차이는 8.6% 포인트다. 반면 비 부동층의 경우 역시 새누리당과 비 새누리당의 득표율은 각각 50.4%, 49.6%로 그 차이는

7 〈뉴스천지〉 김용태(서울 양천 을) 당선자 인터뷰(2012. 04. 29) www.newscj.com

〈표 8-6〉 부동층의 정당투표

	새누리당 투표자	비 새누리당 투표자	
비 부동층	50.4%	49.6%	100.0%
부동층	54.3%	45.7%	100.0%

0.8% 포인트에 불과하다. 이러한 득표율 분포의 차이는 통계적으로도 유의미한 것으로 나타났다(F = 4.755, p = 0.029). 말하자면 부동층의 새누리당 지지율이 훨씬 높았다는 것이다. 이러한 결과는 가설 3, 즉 "한국의 부동층 유권자는 특정한 지지 성향을 가지지 않는다"를 반증한다. 이러한 결과를 부동층 유권자의 일반적인 보수성향 투표행태로 해석하는 것은 과도한 일반화다. 직접적으로는, 선거캠페인 기간 동안 벌어졌던 이른바 "김용민 막말 파문"의 영향력이 적지 않은 것으로 조사된 바 있을 뿐만 아니라,[8] 이러한 일반화를 정당화할 수 있는 이론적 근거가 없기 때문이다. 그러나 부동층 유권자의 이러한 정당 지지가 캠페인 기간 동안 제공되었던 '최근' 정보에 기초한 것은 분명하며, 그 최근 정보가 일정한 정책 선호, 즉 MB에 대한 평가 및 친기업적 정책 선호와 결합되었을 가능성 역시 존재한다.

8 여기에 대해서는 민주정책연구원(2012), "국민의식조사를 통해 본 민주통합당 4·11 총선 패배 연구" 참조.

6. 나가며

이 연구의 결과를 다음과 같이 요약할 수 있겠다. 첫째는 상당한 규모의 부동층 유권자의 존재다. 19대 총선에서는 공식 선거캠페인이 시작되기 전 지지 후보를 결정하는 유권자와 그 이후 지지 후보를 결정하는 유권자가 같은 규모로 존재했다. 말하자면 한국 선거 및 정당정치에서의 최대 정파는 유권자의 절반에 이르는 무당파라고 할 수 있다. 일반적으로 한국 선거에서 선거 구도가 갖는 중요성이 강조되었지만, 성공적인 캠페인의 전개가 후보의 당락과 정당 지배를 결정하는 중요 변수임이 입증되었다. 그러나 이러한 규모의 부동층이 이번 19대 총선에 한정된 것인지 아니면 어떤 일반적인 경향인지는 확정할 수 없다. 추가적인 후속 연구가 필요할 것이다. 이를 위해서는 부동층 유권자 개별 차원에서의 특성에 대한 연구뿐만 아니라 선거환경적 특수성 및 그를 규정하는 변수에 대한 연구가 진행되어야 할 것이다.

둘째, 부동층 유권자는 대체로 정당정치에 대한 불만 혹은 불신을 갖는 유권자들로 청장년층의 무당파, 중도성향을 지닌 유권자들이다. 19대 총선을 대상으로 한 이 연구 결과 역시 이러한 일반적 인식을 확인한다. 따라서 부동층 유권자에 대한 보다 진전된 이해와 무당파 및 중도성향 유권자의 특성이나 정책 선호 경향에 대한 이해는 상호 보완적이다. 류재성(2012)에 따르면, 한국의 무당파 유권자는 정당에 대한 부정적 태도를 가진 집단이지만, 사회경제적 지표나 정치에 대한 관심 및 정치 지식에 대해서 정당지지자와 비교해 뒤떨어지지 않는다. 반면, 중도성향 유권자는 명확한 정치이념적 지향을 갖는 유권자와 비교할 때 무정향적 태도(*non-attitudes*)를 가진 집단으로 사회경제적 지표나 정치지식, 정치관심도가 뒤떨어지는 집단이다. 이 연구에서의 부동층 유권자는 앞의 연구가 특정하는 속성을 보이지 않았다. 즉 부동층 유권자의 특성에는 무당파 유권자의 특성과 중도 성향 유권자 특성이 혼재되어 있다. 이상을 전제한다면, 무당파 중도성향을 갖는 부동층 유권자는 하나의 단일한 집단이라기보다는 보다 복잡한 특성을 갖는 다양한 층위의 '제 집단'으로 파악되어야 한다. 보다 일반적으로, 한국의 부동층 유권자는 컨버스나 키이의 이론이 특정하는 하나의 집단으로 귀속되지 않는다. 즉 정치지식과 정치관심 정도를 기준으로 집단의 특성을 확정할 수 없다.

셋째, 부동층 유권자를 규정하는 다른 변수는 선거 특수적이다. 19대 총선의 경우 현직 대통령에 대한 태도가 후보나 정당 지지를 연기 혹은 유보하게 하는 중요 변수였다. 즉 MB에 대해 긍정적으로 평가하는 유권자가 부정적으로 평가하는 유권자에 비해 지지 후보 결정이 늦었다. 지배적 여론의 흐름과 상치되는 MB에 대한 긍정적인 평가가 지지 후보 결정을 유보하게 하는 심리적 압박 기제로 작용한 것이다. MB에 대한 긍정적인 평가와 더불어 가계경제에 대한 긍정적인 전망, 친기업적인 태도 역시 지지 후보 결정을 유보하게 하는 요인으로 밝혀졌다.

넷째, 19대 총선에서의 부동층 유권자는 새누리당을 지지하는 경향이 강했다. 결과적으로 '여당의 숨은 표'였던 셈이다. 부동층 유권자가 특정한 방향, 즉 보수나 진보의 투표행태를 갖는다는 연구 결과나 이론적 근거는 없다. 이에 대한 일련의 선거를 통한 후속 연구가 진행되어야 할 것이다. 이를 바탕으로 부동층의 투표행태에 대한 이론화 작업 역시 필수적이다.

이상의 연구결과는 19대 총선 특수적이다. 따라서 어느 정도의 일반화가 가능한지는 후속 연구를 통해 밝혀져야 한다. 그럼에도 불구하고, 부동층 유권자가 전체 유권자에서 차지하는 비중이나 이들의 기본적인 특성 및 선거 특수적인 변수에 의한 부동층 형성의 심리적 메커니즘에 대한 이 연구 결과는 기존 연구 결과를 확인한다.

참고문헌

고승연(2004), "16대 대선에서의 무당파층 특성 및 행태연구", 〈동아시아연구〉 8.

김 욱(2002), "한국유권자의 투표참여에 대한 통합적 연구방향의 모색", 진영재 편, 《한국의 선거 III》, 한국사회과학데이터센터.

민주정책연구원(2012), "국민의식조사를 통해 본 민주통합당 4·11 총선 패배 연구".

소순창(1999), "한국 지방선거에서 나타난 '무당파층'의 실증 분석: 특징과 전망", 조중빈 편, 《한국의 선거 III》, 푸른길.

______·현 근(2006), "한국 선거에서 나타난 "무당파층"과 정당정치", 〈한국정책과학학회보〉 10(2).

신 진(1996), "부동층의 투표행태분석", 〈한국정치학회보〉 30(1): 181~197.

안병만·김인철·서진완(1996), "6·27 지방선거에 나타난 유권자의 자치정향과 투표행태", 〈한국정치학회보〉 29(4): 373~392.

이현출(2001), "무당파층의 투표행태: 16대 총선을 중심으로", 〈한국정치학회보〉 34(4).

진영재(2002), 《부동층 유권자 행태 분석: 14~16대 국회의원선거 분석》, 집문당.

천관율(2011), "대한민국 최대정파, 무당파를 주목하라", 〈시사IN〉 210호.

한석준(2004), "무당파와 부동층의 측면에서 본 한국정치: 16대 대선 부동층 특성과 투표행태 분석", 〈동아시아연구〉 8: 151~174.

Anderson, Barbara & Brian Silver(1986), "Measurement and Mismeasurement of the Validity of the Self-Reported Vote", *American Journal of Political Science* 30: 771~785.

Bartels, Larry M.(1993), "Messages Received: the Political Impact of

Media Exposure", *American Political Science Review* 87(2): 267~285.

Berelson, Bernard, Paul F. Lazarsfeld & William N. McPhee(1954), *Voting: A Study of Opinion Formation in a Presidential Campaign*, Chicago: University of Chicago Press.

Boyd, Richard W. (1986), "Electoral Change and the Floating Voter: The Reagan Elections", *Political Behavior* 8(3): 230~244.

Chaffee, Steven H. (1978), "Presidential Debates: Are They Helpful to Voters?", *Communication Monographs* 49: 330~346.

______(1991), *Communication Concepts 1: Explication*, Newbury Park, CA: Sage.

______ & Rajiv N. Rimal(1996), "Time of Vote Decision and Openness to Persuasion", In Mutz, Diana, Paul Sniderman & Richard Brody, eds., *Political Persuasion and Attitude Change*, University of Michigan Press, MI: Ann Arbor.

Chaffee, Steven H. & Sun Yuel Choe(1980), "Time of Decision and Media Use during the Ford-Carter Campaign", *Public Opinion Quarterly* 44(1): 53~69.

Claassen, Ryan L. (2007), "Floating Voters and Floating Activists: Political Change and Information", *Political Research Quarterly* 60(1): 124~134.

Converse, Philip E. (1962), "Information Flow and the Stability of Partisan Attitudes", *Public Opinion Quarterly* 26(4): 578~599.

______(1966), "Information Flow and the Stability of Partisan Attitudes", In Angus Campbell et al., eds., *Elections and the Political Order*, New York: John Wiley and Sons.

Daudt, H. (1961), *Floating Voters and the Floating Vote: A Critical Analysis of American and English Election Studies*, Leiden, Holland: H. E. Stenfert Kroese N. V.

Fournier, Patrick, Richard Nadeau, Andre Blais, Elisabeth Gidengil & Neil Nevitte(2001), "Validation of Time of Voting Decision Recall", *Public Opinion Quarterly* 65: 95~107.

______(2004), "Time-of-Voting Decision and Susceptibility to Campaign Effects", *Electoral Studies* 23: 661~681.

Gelman, Andrew & Garry King(1993), "Why Are American Presidential

Election Polls so Variable when Votes Are so Predictable", *British Journal of Political Science* 23(4): 409~451.

Gronke, Paul & Daniel Krantz Toffey, D.(2008), "The Psychological and Institutional Determinants of Early Voting", *Journal of Social Issues* 64(3): 503~524.

Hillygus, Sunshine, D. & Simon Jackman(2003), "Voter Decision Making in Election 2000: Campaign Effects, Partisan Activation, and the Clinton Legacy", *American Journal of Political Science* 47(4): 583~596.

Himmelweit, Hilde, Marianne Jaeger Biberian & Janet Stockdale(1978), "Memory for Past Vote: Implication of the Study of Bias in Recall", *British Journal of Political Science* 8: 365~384.

Johnston, Richard & Henry E. Brady(2002), "The Rolling Cross-Section Design", *Electoral Studies* 21: 283~295.

Lazarsfeld, Paul F., Bernard R. Berelson & Hazel Gaudet(1944), *The People's Choice: How the Voter Makes Up His Mind in a Presidential Campaign*, NY: Columbia University Press.

Markus, Gregory(1986), "Stability and Change in Political Attitudes: Observed, Recalled, and 'Explained'", *Political Behavior* 8: 21~44.

Matthes, Jorg(2012), "Exposure to Counterattitudinal News Coverage and the Timing of Voting Decisions", *Communication Research* 39(2): 147~169.

Milne, R. S. & H. C. Mackenzie(1954), *Straight Fight: A Study of Voting Behavior in the Constituency of Bristol North East at the General Election of* 1954, London: The Hansard Society for Parliamentary Government.

Mutz, Diana. C.(2002), "The Consequences of Cross-Cutting Networks for Political Participation", *American Journal of Political Science* 46: 838~855.

Nir, Lilach(2005), "Ambivalent Social Networks and Their Consequences for Participation", *International Journal of Public Opinion Research* 17: 422~442.

______ & James Druckman(2008), "Campaign Mixed-Message Flows and Timing of Vote Decision", *International Journal of Public Opinion Research* 20: 326~346.

Shaw, Daron R. (1999), "A Study of Presidential Campaign Effects from 1952 to 1992", *Journal of Politics* 61: 387~422.

Weir, Blair (1975), "The Distortion of Voter Recall", *American Journal of Political Science* 19: 53~62.

Zaller, John (2004), "Floating Voters in U.S. Presidential Elections, 1948~2000", In Saris, Williem E. & Paul M. Sniderman, eds., *Studies in Public Opinion: Attitudes, Nonattitudes, Measurement Error, and Change*, New Jersey: Princeton University Press.

09 정치적 대화와 태도 극화

이상신

1. 들어가며: 대화로 분열을 극복할 수 있을까?

2012년의 총선에서 제 2당과 3당을 차지한 두 정당의 이름에는 우연찮게도 "통합"이라는 명칭이 들어간다. 물론 민주통합당의 경우에 "통합"은 열린우리당의 해체 이후 친노와 반노로 나뉘어 지리멸렬해진 구 민주당계의 정치인들이 새로 모인 것을 의미한다. 마찬가지로 통합진보당의 명칭도 민주노동당과 진보신당의 일부세력, 그리고 유시민의 참여계 세력이 합쳐서 만들어낸 새로운 정치 세력이라는 의미를 담고 있다. 그러나 정당의 명칭을 붙이면서 단순히 "통합"을 여러 정치 세력들이 모였다는 의미로만 사용했을 리는 없다. 이 두 정당들은 새로운 명칭을 궁리하면서 통합이라는 것이 현재 대한민국 국민에게 상당한 호소력을 갖는 가치라는 것을 고려했을 것이다.

그런데 새누리당의 박근혜 의원이 대통령 후보로 당선되면서 천명한 첫 번째 약속이 바로 "국민 대통합"이었다. 박근혜 의원은 후보 수락연설에서 “이념과 계층, 지역과 세대를 넘어, 산업화와 민주화를 넘어, 모두가 함께 가는 국민 대통합의 길을 가겠습니다”라고 말했다(디지털뉴스팀, 2012b). 통합이라는 단어를 박근혜 후보가 선점했지만, 민주통합당의 대통령 후보로 선출되면서 문재인 후보가 한 수락연설에서도 “상생과 협력”, “소통과 화합”을 강조했다(디지털뉴스팀, 2012a). 통합에 대한 강조에서는 안철수 후보도 마찬가지여서, 그는 “(국민들이) 제게 한결같이 하신 말씀이 있습니다.… (정치가) 국민들의 삶을 외면하고 국민을 분열시키고, 국민을 무시하고, 서로 싸우기만 하는 정치에 실망하고 절망했다”라고 출마 기자회견에서 말하기도 했다(디지털뉴스팀, 2012c). 2012년 대통령선거에서 가장 유력한 후보로 꼽히는 세 사람이 모두 국민의 분열을 걱정하고 그 대안으로 통합과 협력을 강조한 것이다. 물론 세 사람이 내놓은 통합에 대한 구체적인 기획과 로드맵은 다르지만, 이러한 인식의 바탕에는 한국 정치의 큰 문제점이 국민의 분열이라는 평가가 깔려 있다.

민주주의는 토론과 대화에서 시작하고 끝난다. 시민들이 함께 모여 공동의 문제에 대해 머리를 맞대고 논의하여 의제를 설정하고 합리적인 의사 결정을 내리는 것이 우리가 생각하는 이상적인 민주주의의 모습이다. 한국 사회의 문제점으로 지적되는 “분열”이란, 서로 다른 생각과 이념, 그리고 각종 다양한 이해관계를 가진 집단들이 개방되고 평등하게 만나 대화할 수 있는 공간과 환경의 부재를 뜻할 것이다. 이러한 문제의식 속에는 곧 한국 정치 문제의 핵심은 상대방에 대한 이해와 소통의 부족이며, 이는 시민들 간의 대화를 통해 해결될 수 있을 것이라는 전망 또한 포함되었다.

그러나 사회심리학의 태도 극화(*attitude polarization*) 이론은 정치적 대화가 사람들의 태도를 유연하게 만들고 상대방의 의견을 경청하게 만

들기보다는, 오히려 시민들이 기존에 가지고 있던 태도를 강화시킬 수 있다는 가능성을 제기한다(Mullainathan, 2006; Wojcieszak, 2011). 태도 극화는 기존에 가지고 있던 태도가 강화되는 현상으로 정의된다(Miller et al., 1993: 561). 이 태도 극화의 현상이 나타날 수 있는 조건 중 하나로, 사람들이 자신의 태도에 대해서 깊이 생각하고 그 태도를 표현할 기회가 많을수록 태도가 강화된다는 실증적인 연구가 존재한다(Fazio et al., 1982; Wojcieszak, 2011). 또, 그 태도의 대상이 나에게 직접적인 이해관계가 있을 때도 사람들은 강한 태도를 갖게 되는 경향이 있다(Sivacek et al., 1982).

한 이슈에 대해서 서로 상충하는 두 개의 증거를 제시하였을 때, 사람들은 자신이 갖고 있는 태도에 들어맞는 증거를 좀더 확실한 것으로 받아들이는 경향이 있다(Petty, 2007: 617). 이른바 편향동화(*biased assimilation*)라고 불리는 이 현상은 미디어에 대한 선택적 노출(*selective exposure*)의 원인을 설명한다. 즉, 사람들은 자신이 기존에 가지고 있는 태도와 일치하는 내용의 정보를 선별하여 받아들이는 경향이 있는데(선택적 노출), 이는 편향동화 현상으로 설명이 가능하다는 것이다. 그리고 편향동화와 선택적 노출은 다시 정보 이용자의 기존 태도를 강화하는 태도 극화 현상으로 이어진다(노정규 외, 2012; Holbert et al., 2010; Stroud, 2007; 2010).

이런 이론적 맥락 때문에 태도 극화 현상은 미디어 이용 행태와의 연장선상에서 주로 논의되었다. 최근 인터넷을 통한 커뮤니케이션이 유권자들의 정치적 인식과 행태에 어떠한 영향을 끼치는가에 대한 연구가 늘어나면서 다시금 주목받는 주제로 태도 극화 연구가 떠오르고 있다(김승수 외, 2008; 김은미 외, 2006; 나은영, 2006; 나은영 외, 2012; 최윤정 외, 2012; Baum et al., 2008; Muhlberger, 2003; Stroud, 2010).

태도 극화에 영향을 주는 미디어는 TV나 라디오, 인터넷 등 대중 매체뿐만 아니라, 주변 친구와 가족, 직장 동료 등 대인 간의 접촉을 포괄한다. 정치에 대해 자주 주변인들과 대화할 기회를 갖는 사람들은 그 대화 행위를 통해 자신이 기존에 가지고 있는 태도를 확인하고 반추하는 경향이 있을 것이다. 따라서 정치에 관련된 대화를 자주 하는 사람들, 그리고 정치에 관심이 많은 사람들일수록 좀더 강한 태도를 갖게 될 것이라고 예측할 수 있다. 그리고 이러한 강한 태도는 일관성을 가진 정치적 행태로 드러날 가능성이 높은데, 이러한 정치적 실천이 있기 위해서는 그 행동이 현실적으로 의미 있을 것이라는 확신이 전제되어야 한다. 이런 의미에서 태도 극화는 정치에 자신이 영향을 끼칠 수 있다는 정치효능감과도 관련이 있을 것이라고 말할 수 있다.

태도 극화는 기본적으로 태도의 변화에 대한 이론이다. 따라서 시간을 두고 같은 개인들을 관찰하여 태도 극화가 어떤 환경에서 일어나는지를 관찰해야 할 필요가 있다. 이런 이유로 실험이 아닌 서베이를 통해 태도 극화를 연구하기 위해서는 되도록 패널 데이터를 사용한 횡단면적 연구가 바람직한데, 국내의 연구 중 패널 데이터를 통해 태도 극화를 연구한 것으로 정효명(2011)의 연구가 있다. 정효명은 정치적 이견노출과 태도 극화의 관계를 연구하였는데, 17대 대통령선거 국면에서의 유권자들의 태도 변화를 분석한 이 연구에서 정효명은 자신이 갖고 있는 것과 다른 정치적 견해에 노출되는 것이 태도 극화에 어떠한 영향을 주는가를 살펴보았다. 그 결과 대인토론 네트워크를 통해 다른 견해에 노출되었을 때 태도 극단성이 완화되는 것으로 분석되었다. 그러나 그 대인토론 네트워크가 동질적일 경우에는 후보 선호에 대한 극단성 및 정권 교체론에 대한 확신도가 강해진다는 결론을 내렸다(정효명, 2011: 269).

김은미와 이준웅은(2006)은 이와 비슷한 주제를 인터넷상에서 벌어지는 토론을 통해 살펴본 바 있다. 그 연구는 인터넷에서의 토론을 "읽기"와 "쓰기"로 나누어 살펴보았는데, 인터넷 공론장에 글을 쓰는 행위는 토론 효능감의 증가와 정치 참여에 긍정적인 영향을 미치고, 읽는 행위는 토론규범 준수와 관용에 영향을 미치는 것으로 나타났다. 즉, 다른 이들의 의견을 글읽기를 통해 경청하는 행위는 관용을 증가시키는 효과가 있지만, 쓰기 행위는 이런 효과가 없었다.

이 글의 목적은 과연 토론과 정치적 숙의(*deliberation*)를 통해 한국 사회의 고질적인 분열 현상을 극복할 수 있을 것인지를 고찰하는 것이다. 서울대학교 한국정치연구소에서 2012년 실시한 여론 서베이 데이터를 분석하면서, 정치적 대화가 응답자들의 태도 극화에 미치는 영향을 살펴 이 문제에 대한 답을 제시하고자 한다. 결론을 미리 이야기하자면, 숙의민주주의 이론에서 기대하는 것과는 달리 정치적 대화를 자주 하는 사람들은 오히려 후보자와 정당에 대한 태도가 강화되는 것으로 나타났다. 즉, 토론을 통해 사람들이 이견을 수용하고 기존의 태도를 유연화시키는 것이 아니라, 편향동화 작용을 일으켜 오히려 자신의 태도를 강화했을 가능성이 발견되었다.

다음에서는 이 연구에서 사용된 데이터에 대한 간략한 소개와 함께, 종속변수와 독립변수들의 측정방법과 기초통계를 제시할 것이다. 그리고 이 변수들을 사용하여 태도 극화의 문제를 분석하고 이에 대한 해석을 본문에서 검토하는 순서로 논문을 구성하였다.

2. 데이터와 변수

1) 데이터

이 연구를 위해 서울대학교 한국정치연구소에서 한국리서치에 의뢰하여 실시한 대면면접조사(*face-to-face interview*) 자료를 분석하였다. 이 조사의 모집단은 전국의 만 19세 이상 성인남녀였으며, 2012년 4월 총선이 끝난 후인 5월 3일부터 21일까지 18일 동안 조사가 실시되었다. 총 응답자의 수는 2,047명이었고, 표본 추출방법은 주민등록인구 현황에 따라 성별, 연령별, 지역별 비례할당 후 무작위 추출하는 다단층화무작위추출법(*multi-stage stratified sampling*)을 사용하였다.

2) 종속변수

이 연구의 종속변수인 태도 극화는 3가지 변수로 측정되었다. 첫째로, 가장 선호하는 정치인과 가장 비선호하는 정치인에 대한 태도의 강도 차이로 측정되는 정치인선호극화 변수이다. 두 번째 태도 극화 변수는 정당선호극화로, 선호 정당과 비선호 정당의 태도 차이로 측정하였다. 마지막 세 번째 변수는 이념극화이며, 이는 중도로부터의 이념 거리의 절댓값으로 측정했다. 다음에서는 이 각 세 변수의 구체적인 측정 방식과 기본적인 분포를 소개한다.

(1) 정치인선호극화

정치인선호극화는 이명박 대통령과 3명의 유력 대통령 후보, 즉 박근혜, 문재인, 안철수 후보에 대한 평가를 물어본 후, 그중 최곳값과 최젓값의 차이를 구하는 방식으로 계산하였다. 응답자들은 이 4명의 정치인에 대한 선호를 100점을 기준으로 매길 것을 요구받았다.[1] 4명의 정치인들에 대한 평가의 기본 분포는 〈표 9-1〉과 같다.

전체 응답자로부터 가장 높은 평가를 받은 것은 박근혜 후보였으며, 가장 낮은 평가를 받은 것은 이명박 대통령이었다. 그러나 정치인 선호도 분포는 각 인구집단에서 다른 양상을 보였는데, 예를 들어 연령별로 보면 20대와 30대에서는 안철수 후보와 문재인 후보의 선호도가 박근혜 후보와 이명박 대통령을 앞섰고, 50대와 60대 이상에서는 반대로 박근혜 후보와 이명박 대통령의 인기가 안철수 및 문재인 후보를 추월하는 역전현상이 있었다. 그 가운데에 끼인 40대는 박근혜 후보를 가장 긍정적으로 평가했지만, 안철수 후보의 선호도 점수와 오차범위 내의 차이였다.

이렇게 측정된 정치인 선호도를 바탕으로 정치인선호극화 변수를 구성하였다. 이 변수는 4개의 정치인 선호값 중 최댓값과 최솟값의 차이로 정의된다. 〈표 9-2〉에 정리된 바와 같이 정치인 선호극화변수의 전체 평균은 40.4이고 표준편차는 26.0으로 상당히 변이의 폭이 컸다. 남성과 여성을 비교했을 때 남성의 정치인 선호극화 평균은 43.8인 것에 반해, 여성은 37.1로 남성의 정치인 선호극화가 여성보다 상당히 높았다($p<0.001$). 즉, 일반적으로 남성이 선호하는 정치인과 비선호하는 정치인에 대해 좀더 뚜렷하고 강한 태도를 가진다고 말할 수 있다.

---

1 0 = 대단히 부정적인 느낌; 50 = 호의적이지도 부정적이지도 않음; 100 = 대단히 호의적인 느낌

같은 방식으로 정치인선호극화를 연령별로 비교하면 연령이 높아질수록 정치인 선호극화 점수가 높아지면서 표준편차는 낮아지는 현상을 발견할 수 있었다. 즉, 60대 이상에서 정치인에 대한 선호 편차가 가장

〈표 9-1〉 성별, 연령, 학력별 주요 정치인 선호도 분포

		이명박	박근혜	문재인	안철수
전체 응답자		42.5	56.4	47.4	52.0
성별	남성	40.5	54.6	47.9	51.9
	여성	44.6	58.1	46.9	52.1
연령	20대	35.6	48.8	48.6	60.3
	30대	36.3	50.3	51.3	58.3
	40대	39.8	54.6	49.5	53.0
	50대	47.5	61.0	44.8	47.3
	60대 이상	53.7	67.1	42.5	41.3
학력	중졸 이하	51.9	66.3	43.3	42.8
	고졸	43.5	57.3	46.4	49.0
	전문대 이상	38.4	52.0	49.7	57.7

주: 각 셀의 숫자는 선호도 평균값.

〈표 9-2〉 성별, 연령, 학력별 정치인선호극화 분포

		평균	표준편차	표본 수	
전체 응답자		40.4	26.0	2,044	
성별	남성	43.8	26.7	1,018	F = 34.33***
	여성	37.1	24.8	1,026	
연령	20대	38.4	26.7	375	F = 3.31*
	30대	38.4	26.8	418	
	40대	39.9	26.2	443	
	50대	40.8	24.9	392	
	60대 이상	44.5	24.9	416	
이념	진보	44.7	26.5	618	F = 32.04***
	중도	34.9	25.4	815	
	보수	43.5	24.8	609	
학력	중졸 이하	42.3	24.7	341	F = 0.45
	고졸	39.9	25.8	770	
	전문대 이상	40.2	26.5	933	

주: * $p<0.05$, *** $p<0.001$.

뚜렷했으며, 50대 이하의 연령대에서는 이 격차가 크지 않았다. 앞의 〈표 9-1〉의 정치인 선호 분포와 종합해서 이야기하자면, 젊은 층에서 진보성향인 문재인과 안철수 후보를 선호하는 경향이 강했지만, 보수적 정치인에 대한 60대 이상 연령층의 선호는 그 태도의 강도 면에서 더 집중된 경향이 있었다.

응답자의 이념을 중심으로 정치인선호극화를 분석해보면, 쉽게 예측할 수 있는 것처럼 중도 이념 응답자들의 극화 점수가 가장 낮았다. 반면 진보와 보수의 극화 점수는 각각 44.7과 43.5로 진보가 약간 높았지만 이는 유의미한 차이는 아니었다.

(2) 정당선호극화

정당선호극화 변수도 앞의 정치인 선호극화 변수와 마찬가지 방법으로 측정되었다. 우선 새누리당, 민주통합당, 통합진보당, 자유선진당 등 이번 2012년 총선에 참가한 4개의 주요 정당들에 대해 선호도에 따라 0점부터 100점 사이의 점수를 매겨달라고 응답자들에게 물었다. 이 정당 선호도의 성별, 연령별, 학력별 분포는 〈표 9-3〉과 같다.

〈표 9-3〉에서 드러난 선호도 분포를 보면 새누리당과 민주통합당의 선호도가 전체적으로 엇비슷한 가운데, 통합진보당과 자유선진당이 상당히 낮은 점수를 기록했다. 역시 정치인 선호도의 분포와 크게 다르지 않은 점은, 고령층으로 갈수록 보수적인 새누리당에 대한 선호도가 높아졌지만 민주통합당은 40대 이하 연령층에서 상대적으로 높은 지지를 얻고 있다는 점이다. 자유선진당은 통합진보당보다도 선호도가 낮았지만, 흥미롭게도 보수정당임에도 불구하고 60대 이상 층에서 가장 덜 선호하는 정당이었고, 상대적으로 20대의 자유선진당에 대한 평가가 높은 편이었다.

〈표 9-3〉 성별, 연령, 학력별 주요 정당 선호도 분포

		새누리당	민주통합당	통합진보당	자유선진당
전체 응답자		51.8	50.1	37.5	33.9
성별	남성	50.3	49.9	35.8	31.6
	여성	53.3	50.4	39.2	36.2
연령	20대	45.7	52.0	42.2	37.9
	30대	44.9	52.3	40.4	34.7
	40대	50.5	52.3	38.8	32.7
	50대	55.8	48.2	34.4	32.5
	60대 이상	62.1	45.6	31.7	32.0
학력	중졸 이하	60.6	47.1	35.1	32.4
	고졸	52.9	50.3	36.5	34.1
	전문대 이상	47.7	51.1	39.2	34.2

주: 각 셀의 숫자는 선호도 평균값.

정당선호극화 변수는 이 정당 선호도를 기반으로 해서 계산되었다. 앞의 정치인선호극화 변수와 마찬가지로 네 정당 중 선호도를 가장 높게 받은 정당과 낮게 받은 정당을 비교하여, 그 선호도의 차이를 통해 정당선호극화를 측정했다.

〈표 9-4〉에서 보다시피, 남성은 여성보다 정당에 대한 평가에서 태도 극화의 징후가 뚜렷했다. 이는 연령별로도 나타났는데, 고연령층으로 올라갈수록 정당 평가에서 태도가 강화되는 경향이 확실히 드러난다. 60대 이상의 정당선호극화 점수는 45.7인데, 이는 20대의 28.1에 비교하면 거의 63%나 높은 수치이다.

정치인선호극화의 경우와 마찬가지로 중도 이념을 가진 응답자들은 정당에 대한 태도에서도 그 평가의 차이가 가장 작았다. 반면 보수 이념을 가진 응답자의 정당에 대한 태도의 강도는 진보 응답자보다 훨씬 강했다 ($p<0.001$). 그러나 학력별로 정당선호극화를 보았을 때는 정치인선호극화의 경우와 마찬가지로 학력 간에 의미 있는 차이를 발견할 수 없었다.

〈표 9-4〉 성별, 연령, 학력별 정당선호극화 분포

		평 균	표준편차	표본 수	
전체 응답자		36.7	24.4	2,043	
성 별	남성	39.4	24.9	1,018	F = 28.72***
	여성	34.1	23.6	1,025	
연 령	20대	28.1	24.3	374	F = 24.03***
	30대	32.2	22.9	418	
	40대	37.0	23.6	443	
	50대	40.1	23.1	392	
	60대 이상	45.7	24.5	416	
이 념	진보	37.7	23.7	618	F = 35.67***
	중도	31.8	24.2	815	
	보수	42.5	23.9	609	
학 력	중졸 이하	41.8	23.7	341	F = 1.34
	고졸	38.2	24.8	770	
	전문대 이상	33.7	23.9	932	

주: *** $p<0.001$

(3) 이념극화

앞의 정치인선호극화와 정당선호극화가 모두 100점을 기준으로 하는 선호도 변수로부터 계산되어진 반면, 이념극화 변수는 이념을 11점 척도로 측정한 후 작성되었다. 응답자들은 스스로 생각하는 자신의 이념을 0점(매우 진보)에서 11점(매우 보수) 사이에서 골랐다. 따라서 중도는 5점이었다. 마찬가지로 성별, 연령별, 학력별 이념 분포를 〈표 9-5〉에 정리하였다.

여성은 남성보다 이념적으로 약간 보수적인 것으로 조사되었지만 두 집단 사이의 차이는 통계적으로 유의미하지 않았다. 반면, 연령과 이념의 상관관계는 확실히 드러나는데, 노령층일수록 보수적이고 젊은 세대일수록 진보적인 경향이 있었다. 학력별로 보면 중졸 이하에서 보수적인 성향이 강했으나 그 차이는 역시 통계적으로 의미 있는 것이라 할 수 없었다.

이념극화 변수는 중도 이념에서 응답자가 답한 응답자 이념위치까지의 거리였다. 즉 중도이념 점수(5점)에서 응답자 이념점수의 절댓값을 뺀 점수로 계산하였다.

성별, 연령, 학력으로 나누어 본 이념극화의 경우도 앞의 정치인선호극화 및 정당선호극화와 비슷한 분포를 가지고 있었다. 우선 남성은

〈표 9-5〉 성별, 연령, 학력별 이념분포

		이념 평균	표준편차	표본 수	
전체 응답자		4.97	1.88	2,045	
성별	남성	4.87	2.01	1,017	F = 2.79
	여성	5.08	1.74	1,028	
연령	20대	4.34	1.81	374	F = 23.03***
	30대	4.54	1.66	418	
	40대	4.77	1.79	443	
	50대	5.37	1.86	392	
	60대 이상	5.83	1.89	418	
학력	중졸 이하	5.78	1.83	343	F = 0.85
	고졸	5.02	1.79	770	
	전문대 이상	4.64	1.88	932	

주: *** $p<0.001$, 각 셀의 숫자는 선호도 평균값.

〈표 9-6〉 성별, 연령, 학력별 이념극화 분포

		이념극화평균	표준편차	표본 수	
전체 응답자		1.29	1.37	2,045	
성별	남성	1.41	1.43	1,017	F = 14.02***
	여성	1.18	1.29	1,028	
연령	20대	1.30	1.42	374	F = 5.45***
	30대	1.10	1.33	418	
	40대	1.20	1.35	443	
	50대	1.34	1.34	392	
	60대 이상	1.53	1.38	418	
학력	중졸 이하	1.45	1.36	343	F = 2.71
	고졸	1.20	1.33	770	
	전문대 이상	1.31	1.40	932	

주: *** $p<0.001$

여성에 비해 상대적으로 더욱 선명한 이념을 가지는 경향이 발견되었다. 마찬가지로 연령도 고령층이 상대적으로 이념극화 점수가 높았는데, 연령층 중 이념극화가 가장 낮은 것은 30대고 20대는 오히려 30대보다 극화 점수가 약간 높았다($p<0.05$). 30대와 40대는 유의미한 차이가 없었으나, 50대로 넘어가면서 이념극화 점수가 높아지기 시작하여 60대 이상에서는 가장 선명한 이념을 갖고 있는 것으로 조사되었다. 학력과 이념극화를 보면 중졸 이하의 이념극화 점수가 가장 높은 편이었으나, 그 차이는 통계적으로 의미를 둘 수 없는 것이었다.

3) 독립변수

(1) 정치대화빈도

정치대화빈도를 측정한 질문은 "일반적으로 선거나 정치적 사안에 대해 주위 사람들과 얼마나 자주 이야기 하십니까?"[2]였다. 주변인과 자주 정치대화를 하는 사람들은 자신이 기존에 가진 태도를 재확인할 기회가 많아지기 때문에 태도 극화 현상이 발생할 것이라 짐작할 수 있다. 이 정치대화빈도의 전체적인 분포는 〈표 9-7〉에 보고되어 있다.

1주일에 한두 번 이상 정치 관련 대화를 나눈다는 사람들의 비율은 전체의 31.7%였다. 평소에 정치 관련 대화를 전혀 하지 않는다는 사람도 26.4%에 달했고, 가장 많은 비율을 차지한 응답은 1주일에 한 번 미만의 비율로 정치대화를 한다는 사람들로 전체의 41.9%였다.

2 1 = 전혀 하지 않는다; 2 = 일주일에 한 번 미만; 3 = 일주일에 1~2번; 4 = 일주일에 3~4번; 5 = 거의 매일

〈표 9-7〉 정치대화빈도 분포

	빈 도	백분율(%)
전혀 하지 않는다	540	26.4
일주일에 한 번 미만	856	41.9
일주일에 1~2번	404	19.8
일주일에 3~4번	177	8.7
거의 매일	66	3.2
합 계	2,043	100

〈표 9-8〉 정치관심도 분포

	빈 도	백분율(%)
전혀 없었다	143	7.0
별로 없었다	559	27.3
조금 있었다	997	48.7
매우 많았다	347	17.0
합 계	2,046	100

(2) 정치관심도

정치관심도는 4점 척도로 측정되었으며, 이 변수에 사용된 질문은 “지난 4월 11일의 제 19대 국회의원선거에 얼마나 관심이 있었습니까?” 였다. 정치관심도의 기본 분포는 〈표 9-8〉과 같다.

정치대화빈도와 마찬가지로 정치관심도 또한 태도 극화를 높이는 영향이 있을 것으로 예측된다. 정치에 대한 관심은 그것이 꼭 주변 사람들과의 정치적 대화로 이어지지 않더라도 자신이 지니는 정치적 태도에 대해서 자주 생각할 기회를 갖게 만들 것이다. 또 적극적으로 자신의 의사를 표시하지는 않더라도 접하게 되는 정치적 정보를 기존에 알던 정보 및 태도와 비교해보게 될 것으로 예상되며, 이는 결국 정치적 태도의 강화로 이어질 것이라고 예상할 수 있다.

(3) 사회자본: 연결망과 신뢰

퍼트넘은 사회자본(*social capital*)에 대해 "사회적 연결망과 그것에서 파생되는 호혜성과 신뢰의 규범"(*norms of reciprocity and trustworthiness*)이라고 정의한 바 있다(Putnam, 2000: 19). 즉, 풀어서 말하면 개인적 차원에서의 사회자본은 얼마나 많은 사람과 연결되어 있으며, 소속된 사회에 대해 얼마만큼의 신뢰를 가지고 있는지로 정의할 수 있다. 김동윤(2007)은 인터넷 가상공간에서의 토론과 시민적 태도(신뢰와 호혜성)의 관계를 실험을 통해 살펴본 바 있는데, 그의 실험에 참가한 참여자들은 토론과정에서 의견불일치를 겪자 오히려 신뢰와 호혜성이 증가하는 경향을 보였다. 이런 연구 결과를 토대로 추정해보면, 사회자본 변수는 태도 극화 변수와 어느 정도 역의 상관관계에 있을 것이라고 생각할 수 있다.

이 연구에서 사회자본은 2가지 방식으로 측정되었다. 첫 번째 변수는 연결망(*network*) 변수로, 각종 단체 및 조직[3]에 대한 현재 소속여부를 기준으로 측정하였다. 두 번째 변수는 신뢰이며, 이것은 "일반적으로 사람들을 신뢰할 수 있다고 생각하십니까 아니면 조심해야 한다고 생각하십니까?"라는 질문으로 측정하였다.

연결망 변수를 먼저 살펴보면, 응답자들은 평균 2.15개의 각종 단체에 소속되어 있었다(표준편차 1.64). 여러 단체 중 가장 많은 응답자가 소속되어 있다고 답한 것은 친목단체로 전체 응답자의 57.6%가 소속되어 있었다. 동창 모임이 그 다음으로 많은 51.8%의 소속률을 보였고, 종교 단체 소속률은 31.2%로 그 뒤를 이었다. 반면 시민단체나 노조, 사업자 단체 또는 직업 조합의 소속률은 각 3%와 5%로 매우 낮은

3 시민운동단체 / 노조 · 사업자 단체 또는 직업 조합 / 교회, 절 등 종교모임이나 단체 / 스포츠, 레저 모임 등 문화 단체 / 동창모임 / 향우회 / 친목단체 / 기타

〈표 9-9〉 신뢰도 분포

	빈도	백분율(%)
항상 신뢰할 수 있다	47	2.3
대체로 신뢰할 수 있다	1,063	52.0
대체로 조심해야 한다	810	39.6
항상 조심해야 한다	125	6.1
합계	2,045	100

비율이었다.

일반적인 사회 전반에 대한 신뢰 여부를 물은 신뢰도 변수의 분포는 〈표 9-9〉에 정리되어 있다. 신뢰도는 4점 척도로 측정되었는데, 항상 혹은 대체로 신뢰할 수 있다는 긍정적 답변이 54.3%로 절반을 약간 넘는 수준이었고, 나머지 45.7%는 부정적 답변을 한 것을 볼 수 있다.

(4) 정치지식

정치에 대해서 응답자가 어느 정도의 지식을 알고 있는가를 묻는 3가지 질문을 종합하여 정치지식을 측정하였다. 첫 번째 질문은 한국의 대통령 임기를 묻는 주관식 질문이었고, 두 번째 질문 역시 주관식으로 현재 한국의 국무총리의 이름을 물었다. 세 번째는 기획재정부 장관의 이름을 사지선다형으로 맞추는 질문이었다.

첫 번째 정치지식 질문에 대해서는 응답자의 77.2%가 5년이라는 정답을 내놓았다. 그러나 20.1%의 응답자들은 대통령 임기를 4년이라고 잘못 알고 있었으며, 그 밖에 3년 혹은 6년 이상이라는 소수의 답변이 있었다. 국무총리의 이름을 정확히 답한 사람은 훨씬 적어서 전체 응답자의 25.6%였다. 9.6%의 응답자는 모른다고 솔직히 말했고, 무응답도 29.4%에 달했다. 마지막으로 기획재정부 장관의 이름은 객관식으로 물어보았는데도, 모르겠다는 답이 74.3%로 압도적이었다. 박재완 기획재정부 장관의 이름을 정확히 맞춘 사람은 전체의 18.4%에 불과했다. 각 질문에 정확히 맞는 답을 하였을 때를 1로 하고, 틀린 답을 내놓았을 때 0점을 매겨서 세 값을 합하여 정치지식 변수를 생성했다. 세 질문 중 하나도 제대로 맞추지 못한 응답자의 비율은 18.6%였으며, 하나만 맞춘 이들의 비율은 52.9%였다. 2개를 맞춘 사람은 17.1%였고, 3개 모두 정답을 말한 사람은 11.4%에 그쳤다.

(5) 정치효능감

정치효능감은 교육심리학의 자기효능감(*self-efficacy*) 개념에서 비롯된 것으로, 자신이 주위 환경에 영향을 줄 수 있다는 태도 및 신념이라고 정의할 수 있다(Bandura, 1997). 정치학 영역에서는 정치효능감(*political efficacy*)이라는 개념으로 받아들여 정치참여 및 투표행태 연구에 널리 쓰이는 개념이기도 하다. 이 연구에서 정치효능감은 다음의 2가지 질문을 이용해서 측정되었다.

(1) 나 같은 사람들은 정부가 하는 일에 대해 어떤 영향도 주기 어렵다
(2) 정부는 나 같은 사람들의 의견에 관심이 없다

여기서 첫 번째 질문은 응답자 본인의 능력에 대한 판단을 묻는 내적효능감 질문이고, 두 번째 질문은 외부 환경과의 관계에서 효능감을 확인하는 외적효능감 질문이다. 응답자들은 앞의 두 질문에 어느 정도나 동의하는지 5점 척도로 대답했다.[4]

이 값을 합산하여 정치효능감 합산척도(*summation scale*)을 만들었는

4 1 = 매우 그렇다; 2 = 다소 그렇다; 3 = 보통이다; 4 = 다소 그렇지 않다; 5 = 매우 그렇지 않다

〈표 9-10〉 정당선호 분포

	빈도	백분율(%)
새누리당	808	39.6
민주통합당	628	30.8
통합진보당	81	4.0
자유선진당	29	1.4
다른 정당	24	1.2
지지 정당 없음	470	23.0
합계	2,040	100

데, 이 척도의 내적일관성 지수(*Cronbach's alpha*)는 0.75로 통계 분석에 사용하는 데 문제없을 정도의 수준을 확보하였다.

(6) 정당선호

응답자들에게 지지 정당을 묻고, 이에 기반하여 새누리당 선호, 민주통합당 선호, 그리고 무당파 등 3개의 이진변수를 만들어서 분석에 포함시켰다. 이번 조사에서 응답자들이 답한 지지 정당의 분포는 〈표 9-10〉과 같다.

선호 정당을 2차에 걸쳐 질문하여 정당 선호를 드러내도록 유도한 결과, 새누리당 선호 응답자는 39.6%, 민주통합당 선호 응답자는 30.8%, 그리고 지지 정당이 없는 무당파 응답자는 23%로 조사되었다.

(7) 통제변수

통제를 위해 분석에 투여된 기타 사회경제적 배경 변수로는 성별, 연령, 학력, 소득이 있다. 여기서 성별은 남성을 1로 하는 이진변수이다. 연령 변수는 응답자를 20대, 30대, 40대, 50대 및 60대 이상 연령군으로 구분하여 생성하였다. 학력은 응답자들의 교육수준을 8단계[5]로 세분하여 측정한 변수이다.

이 밖에도 응답자가 주로 성장한 지역을 기준으로 지역 변수를 만들었는데, 호남 지역과 영남 지역을 비교하기 위해 두 지역을 표시하는 2개의 이진변수를 분석에 포함시켰다.

3. 분석

지금까지 설명한 종속 변수 및 독립 변수 간의 관계를 회귀분석을 사용하여 분석해보았다.[6] 그 결과는 〈표 9-11〉에 정리되어 있다.

1) 정치대화와 정치관심도

정치인과 정당, 그리고 이념의 태도 극화에 모두 영향을 끼치는 변수는 정치관심도였다. 즉, 정치에 관심이 많은 사람일수록, 자신이 좋아하는 정치인과 정당에 상대적으로 더 높은 점수를, 그리고 자신이 싫어하는 정치인과 정당에 낮은 점수를 주는 경향이 있었다. 이념에서도 정치에 관심이 많은 사람들은 비교적 자신의 이념을 매우 보수 혹은 매우 진보에 가깝게 평가하는 경향이 높았다. 정치관심도는 3가지 종속 변수에 모두 영향을 끼치고 있을뿐더러, 정치대화빈도나 사회자본

---

5 1 = 무학; 2 = 초등학교; 3 = 중학교; 4 = 고등학교; 5 = 전문대학; 6 = 대학교; 7 = 대학원 석사; 8 = 대학원 박사.

6 독립 변수 중 정치관심도나 정치대화빈도, 정치지식 등은 높은 상관관계를 가지고 있을 가능성이 있다. 이 경우 예상되는 다중공선성(*multicollinearity*) 문제를 진단하기 위해 분산팽창계수(*Variance Inflation Factor*, VIF)를 계산해 본 결과, 모든 독립 변수의 회귀계수가 10 이하의 분산팽창계수를 가진 것으로 나와서 다중공선성 문제는 우려할 필요가 없는 것으로 판단된다.

〈표 9-11〉 태도 극화 결정요인 회귀분석

종속변수	정치인선호극화		정당선호극화		이념극화	
	회귀계수 (표준오차)	표준화 계수	회귀계수 (표준오차)	표준화 계수	회귀계수 (표준오차)	표준화 계수
정치대화빈도	1.77** (0.63)	0.07	1.11* (0.55)	0.05	0 (0.03)	0.00
정치관심도	3.37*** (0.83)	0.11	3.81*** (0.72)	0.13	0.15** (0.04)	0.09
연결망	-0.46 (0.37)	-0.03	0.06 (0.32)	0.00	-0.01 (0.02)	-0.01
신 뢰	-2.42** (0.87)	-0.06	-0.84 (0.76)	-0.02	-0.01 (0.05)	0.00
정치지식	1.27 (0.7)	0.04	0.48 (0.6)	0.02	0.09* (0.04)	0.06
정치효능감	1.3 (0.32)	0.09	0.6* (0.28)	0.04	0.03 (0.02)	0.03
새누리	-0.62 (2.44)	-0.01	8.04*** (2.12)	0.16	0.08 (0.13)	0.03
민주통합	-2.7 (2.41)	-0.05	4.54* (2.1)	0.09	0.05 (0.13)	0.02
무당파	-10.69*** (2.55)	-0.17	-13.16*** (2.21)	-0.23	-0.23 (0.14)	-0.07
성 별	3.95*** (1.19)	0.08	3.38** (1.04)	0.07	0.13* (0.06)	0.05
연 령	0.21 (0.55)	0.01	1.67*** (0.48)	0.10	0.04 (0.03)	0.04
학 력	0.84 (0.61)	0.04	-0.17 (0.53)	-0.01	0.04 (0.03)	0.04
소 득	-1.28** (0.46)	-0.07	-0.12 (0.4)	-0.01	-0.04 (0.02)	-0.04
호 남	2.3 (1.7)	0.03	0.65 (1.47)	0.01	-0.19* (0.09)	-0.05
영 남	0.93 (1.32)	0.02	-1.2 (1.15)	-0.02	-0.07 (0.07)	-0.02
상 수	24.61*** (5.47)	.	13.89** (4.76)	.	0.49 (0.3)	.
	Adjusted R^2 = 0.087 F = 13.66 N = 2000		Adjusted R^2 = 0.218 F = 38.2 N = 1999		Adjusted R^2 = 0.034 F = 5.72 N = 2000	

주: * $p<0.05$, ** $p<0.01$, *** $p<0.001$

변수(연결망과 신뢰), 그리고 정당 선호 변수들과 비교했을 때도 그 영향력의 강도가 상당히 높은 것으로 나타났다. 정치인선호극화와 정당선호극화의 경우에서 무당파 변수를 제외하고는 정치관심도의 영향력이 가장 강했으며, 이념극화 모델에는 다른 모든 변수보다 정치관심도의 설명력이 가장 높았다.

예측한 것과 같이 정치대화빈도는 정치인선호극화와 정당선호극화에 영향력을 미치고 있었다. 그러나 이념극화에 대해서는 정치에 관련된 대화를 자주 하는 것이 영향을 미치지 않는 것으로 나타났다. 즉, 주변 사람들과 정치에 대하여 자주 이야기를 할수록 기존에 정치인이나 정당에 대해 가지고 있었던 태도가 점점 더 강해질 것이라는 예측은 앞의 분석으로 지지되지만, 그러나 이것이 자신의 이념을 더 극단적으로 평가하는 것으로 이어지지는 않는 것으로 조사되었다.

이는 정치에 대해 일상적으로 대화를 자주하는 사람일수록 그 대화를 통해 기존의 신념과 태도가 강화되며, 결국 태도의 변화에 더욱 저항하게 될 것이라는 것을 의미한다. 그리고 이렇게 강화되는 태도 극화는 개인들로 하여금 자신의 태도와 배치되는 정보를 회피하고, 태도를 강화시킬 수 있는 내용의 정보만을 받아들이는 선택적 노출(*selective exposure*)의 가능성을 높일 것이다. 그리고 선택적 노출은 다시 태도 극화를 좀더 강화하는 연쇄적 작용이 있을 것이라고 추정할 수 있다.

이러한 효과는 시민들 사이의 이성적 토론을 중요시하는 숙의민주주의(*deliberative democracy*)의 전제에 대해 큰 도전을 던지는 것으로 해석해야 한다. 민주주의적인 토론, 곧 정치적 숙의과정은 그것을 통해 어떤 합의된 결과를 도출하는 것 자체가 중요한 것이 아니라 참여자들이 서로에게 자신의 의견을 개진하고 상대방의 이견을 듣는 과정에서 서로에게 배우고 여러 상이한 관점들의 거리를 좁혀가는 과정으로 이해되어야 한다(Gamson, 1992). 그런데 앞의 회귀분석 결과가 시사하듯 시민들이 정치에 대해 대화를 하는 행위가 오히려 기존의 태도를 강화시킨다면, 이러한 숙의적 토론이 요구하는 이견 해소의 방향과는 반대되는 효과가 있다고 할 수 있기 때문이다.

즉, 숙의민주주의 이론에서 희망하는 것과는 달리, 현실에서 정치에 관련된 대화가 시민들 간의 이견을 완화하고 공감대를 형성하여 합의에 이르도록 하기보다는, 오히려 개인들이 기존에 가지고 있는 신념을 강화해서 합의에 이르기 어렵게 만드는 효과가 있을 수 있음을 앞의 표에 제시된 회귀분석 결과는 시사하고 있다.

2) 사회자본

사회자본 변수, 즉 연결망과 신뢰가 태도 극화에 미치는 영향을 살펴보자. 우선 연결망 변수는 정치인이나 정당, 그리고 이념 극화에 아무런 영향을 끼치지 않았다. 즉, 많은 단체나 조직, 친목회 등에 참가한다고 해서 이 사람들의 정치적 태도가 극단화되거나 아니면 좀더 유연해진다는 증거는 찾을 수 없었다. 하지만 두 번째 사회자본 변수인 신뢰는 정당선호극화나 이념극화에는 큰 변화를 가져 오지 않았지만, 정치인선호극화를 어느 정도 낮추는 효과가 발견되었다.

개인은 소속된 집단의 태도를 내면화하는 경향이 있다. 그리고 그 집단이 폐쇄적이라면, 혹은 퍼트냄(2000)이 이야기한 결속적 사회자본(*bonding social capital*)에 가깝다면 그 집단에 소속된 개인의 태도도 극화되면서 다른 집단의 견해에 대해 배타적이 될 것이라고 예측할 수 있다. 그러나 개인이 한 집단이 아닌 여러 집단에 가입해서 적극적으로 활동한다면 여러 다양한 이견에 노출될 가능성이 커지며, 한 집단의 영향력이 절대적일 수 없을 것이다. 이런 면에서 연결망 변수가 태도 극화 변수에 상관관계로 얽혀 있지 않은 것은 이해될 수 있다.

한편 일반적 신뢰도가 높다는 것은 사회의 다른 구성원에게 좀더 개방적이고 여유 있는 태도를 취한다는 것을 뜻한다. 타인을 항상 잠재적 적으로 여기기보다, 같은 공동체의 동료이며 그와의 협력 가능성을 열어놓는 신뢰성 높은 개인들은 정치인에 대한 태도 또한 상대적으로 덜 극단적일 가능성이 높을 것이다. 앞의 회귀분석은 이러한 해석을 뒷받침한다.

3) 정치지식과 정치효능감

정치지식 변수가 응답자가 실제로 정치에 대해 어느 정도 알고 있는가를 객관적으로 평가하는 지표라면, 정치효능감은 응답자가 주관적으로 평가하는 자신의 정치지식의 정도와 정치에 대한 영향력의 지표이다. 정치지식과 정치효능감 사이에는 상당한 수준의 상관관계가 있을 것처럼 생각되지만, 실제 자료를 분석해보면 그렇지 않았다. 즉, 정치지식이 많은 사람은 자신들이 실제로 정치에 영향을 미칠 수 있다는 자신감이 높을 것처럼 보이지만, 실제 피어슨 상관계수를 계산해보면 -0.07 정도의 오히려 약한 역의 상관관계가 있었다($p<0.01$). 이는 정치지식이 많을수록 정치효능감이 오히려 살짝 낮아지는 경향이 있다는 것을 의미한다.

이 두 변수가 태도 극화에 미치는 영향은 그다지 크지 않았다. 정치지식은 정치인이나 정당에 대한 태도 극화에는 영향이 없었고, 이념 극화에만 어느 정도 영향을 주는 것으로 조사되었다. 반면 정치효능감은 정치인선호와 이념에는 영향이 없지만, 정당에 대한 태도의 극화에는 영향을 미치고 있었다. 정치효능감의 최솟값은 2, 최댓값은 10이므로,

다른 변수가 동일하다고 할 때 정치효능감의 변화는 정당선호극화를 4.8까지 변화시킬 수 있다.

이러한 결과가 의미하는 바는 우선, 정치지식이 많거나 적음이 태도의 극화와는 크게 관계가 없다는 것이다. 정치지식이 많은 이데올로그가 꼭 정당이나 정치인에 대해 강한 태도를 갖고 있는 것은 아니다. 반대로, 정치에 대해 잘 알지 못하지만, 그러한 무지함이 오히려 정치에 대한 막연한 태도를 강화시키는 효과 같은 것도 발견되지 않았다. 또, 자신이 정치에 대해 어느 정도 영향력을 행사할 수 있다는 자신감으로서의 정치효능감은 정당에 대한 태도를 좀 강화시키는 정도의 영향력은 있었지만, 기타 종속변수에 대한 영향력은 관찰되지 않았다.

앞의 분석에서 이념극화 모델은 통계적으로 유의미한 상관관계를 보인 독립변수의 숫자도 상대적으로 적고, 정치대화빈도나 사회자본 변수도 이념극화와 상관없는 것으로 나타났다. 아마도 그것은 이 연구에서 사용한 이념의 강도 측정 방식이 응답자의 자가 평가 방식이었기 때문이었을 것으로 추측된다. 실제로 매우 극단적인 보수 혹은 극단적인 진보 이념을 가진 사람도 자신을 극단주의자로 평가하지는 않을 수 있다. 응답자들이 자신의 이념 성향에 대해서 거짓말을 한다기보다는, 타인과의 비교를 통해 자신의 이념 성향이 어느 정도 극단적인지 혹은 중도에 가까운지를 확인할 기회가 없었다거나 등의 이유로 스스로를 중도에 가깝다고 평가하는 것이 아닐까 생각된다.

이러한 추정은 정치관심도와 정치지식의 수준이 이념극화 변수에 유의미한 설명력을 가지고 있다는 점에서 어느 정도 뒷받침된다. 정치에 관심이 많고 또 정치에 대해 상대적으로 높은 수준의 지식이 있는 사람들은 상대적으로 자산의 이념을 중간보다는 진보 혹은 보수에 가깝게 평가하는 경향이 있는 것으로 나타났다.

4) 정당선호

영향력의 강도 측면에서 태도 극화에 가장 설명력이 큰 변수는 정당선호였다. 우선 새누리당 선호와 민주통합당 선호는 정치인선호극화에는 상관관계가 발견되지 않았다. 그러나 정당선호극화에는 상당한 수준의 영향력을 발휘하는 것으로 조사되었는데, 특히 새누리당을 선호하는 사람들의 정당선호극화 현상이 두드러졌다. 새누리당을 선호하는 사람들은 그렇지 않은 사람들에 비해 정당선호극화 점수가 8.04점 높은 것으로 나타났다. 반면, 민주통합당 선호는 같은 조건에서 보았을 때 정당선호극화를 4.54점 높였다. 이는 새누리당 지지자들이 새누리당과 다른 정당을 비교할 때 그 태도의 격차가 상대적으로 더 크다는 것을 의미한다. 그러나 정당선호 변수는 어느 것도 이념극화에는 영향을 미치지 못했다.

한편, 무당파 변수는 다른 어떤 변수보다도 정치인 및 정당에 대한 태도의 강도에 큰 영향을 미치는 것으로 조사되었다. 선호하는 정당이 없다고 말한 응답자의 정치인선호극화와 정당선호극화 점수는, 선호하는 정당이 있는 응답자들보다 각각 10.69점 및 13.16점이 낮았다. 다시 말해 무당파 응답자들은 정치인과 정당에 대한 태도의 강도가 상대적으로 상당히 낮은 편이었다. 이는 선거 및 정치 일반에 대한 판단에서 정당일체감이 갖는 중요성을 드러내는 결과라고 할 것이다. 일반적으로 어떤 정당을 지지하는지는 후보에 대한 평가 및 정책, 이념 등에 대한 판단에 매우 중요한 영향을 미친다(Bartels, 2008). 따라서 선호하는 정당이 없다고 답한 무당파 응답자들의 경우 정치인과 정당을 평가할 중요한 기준이 없는 셈이 되기 때문에, 이것이 태도의 강도를 약화시키는 데 매우 중요한 원인이었을 것이다.

4. 나가며

박유정(2001: 106)은 하이데거의 언어의 의미를 논하면서, “타인의 말을 듣는다는 것은 공동존재로서 현존재가 타자에 대해 개방되어 있다는 것을 말하며, 이 개방되어 있음의 근거는 이해이다”라고 말한다. 따라서 듣는 것도 말하고 이해하는 행위의 일부이다. “이해하기 때문에 듣는 것이고 이미 이해하는 자만이 들을 수 있는 것”이기 때문이다. 그러나 현실의 대화에서 우리는 얼마만큼 열린 자세로 상대방의 말을 경청하는 것일까? 상대방과의 대화를 통해 내가 모르던 것을 배우고 나의 태도를 유연하게 변경할 수 있는 자세로 임하고 있는 것일까?

이번 연구를 통해 알 수 있는 것은, 숙의민주주의 이론에서 강조하는 토론의 과정이 타자에 대한 개방된 태도와 연계되지 않는다면 오히려 태도의 극단화를 가져올 수 있다는 사실이다. 따라서 정치참여를 촉구하고 더 많은 정치적 토론과 대화를 강조하는 것도 중요하지만, 그것보다도 어떠한 자세와 방법으로, 그리고 누구와 정치적 대화를 나누는가가 우리사회의 정치적 균열 및 갈등을 해소하는 데 더욱 중요하다.

2012년은 총선과 대선이 같은 해에 치러지는 최근 한국 정치사에서 매우 드문 1년이다. 선거란 곧 후보들이 국민들을 대상으로 대화와 토론, 설득을 통해 유권자들의 태도를 자신들에게 유리한 방향으로 바꾸는 과정이기도 하다. 앞에서도 인용한 바 있지만, 주요 대통령 후보들은 모두 한국 사회의 분열 수준이 심각하다는 인식을 공유하며, 이를 치유하자고 강조한다. 그러나 이 연구의 분석이 함의하는 바는 선거 과정을 통해 정치적 대화의 빈도가 늘고 국민들의 정치적 관심도가 높아지지만 그 역작용으로 태도 극화가 높아질 가능성도 늘어난다는 점이다.

2012년의 선거는 각 후보들의 바라는 바와는 달리 국민들의 정치적 태도를 좀더 극단화시키는 결과를 가져올 가능성이 있다. 이런 점에서, 선거가 끝나고 새로운 정부가 들어서는 내년의 중요한 과제는 치열한 선거 과정 때문에 더 벌어진 국민들 사이의 거리를 좁히는 일일 것이다. 그리고 좀더 근본적으로는 우리가 타자에 대해 열린 자세로 대화할 수 있는 방법과 환경이 무엇일지를 같이 고민하는 것이 민주주의의 심화를 위한 우리 모두의 과제일 것이다.

참고문헌

김동윤(2007), “가상공간에서의 정치토론과 시민적 태도의 형성: 사회자본 개념요소로서 대인간 신뢰와 호혜성을 중심으로”, 〈한국언론정보학보〉 39: 102~139.

김승수·김지현·안유림·함정현(2008), “온라인 토론의 집단극화현상의 시기별 분석: 한반도 대운하 찬반 토론을 중심으로”, 한국언론정보학회 학술대회 발표논문, 2008년 10월.

김은미·이준웅(2006), “읽기의 재발견: 인터넷 토론 공간에서 커뮤니케이션의 효과”, 〈한국언론학보〉 50(4): 65~94.

나은영(2006), “인터넷, 커뮤니케이션, 그리고 사회: 인터넷 커뮤니케이션: 익명성, 상호작용성 및 집단극화(極化)를 중심으로”, 〈커뮤니케이션 이론〉 2(1): 93~127.

______·차유리(2012), “인터넷 집단극화를 결정하는 요인들: 공론장 익명성과 네트워크 군중성 및 개인적, 문화적 요인을 중심으로”, 〈한국심리학회지: 사회 및 성격〉 26(1): 103~121.

노정규·민 영(2012), “정치 정보에 대한 선택적 노출이 태도 극화에 미치는 효과”, 〈한국언론학보〉 56(2): 226~248.

디지털뉴스팀(2012a), “문재인 ‘새 시대로 가는 문을 열겠습니다’… 대선후보 수락연설”, 〈경향신문〉 9월 16일.

______(2012b), "박근혜 대통령선거 후보수락 연설…'산업화, 민주화 넘어 국민대통합으로'", 〈경향신문〉 8월 20일.
______(2012c), "안철수 대선출마 기자회견문", 〈경향신문〉 9월 19일.
박유정(2001), "하이데거에 있어서 언어와 세계", 〈철학논총〉 24: 103~117.
이종혁·최윤정(2012), "인터넷 토론에서 이견(異見) 노출이 정치적 관용에 이르는 경로 분석", 〈한국언론학보〉 56(2): 301~330.
정효명(2011), "미디어와 대인토론의 정치적 태도변화에 대한 영향", 〈한국정치학회보〉 45(5): 243~272.

Baum, Matthew A. & Tim Groeling(2008), "New Media and the Polarization of American Political Discourse", *Political Communication* 25(4): 345~365.
Bandura, Albert(1997), *Self-Efficacy: The Exercise of Control*, New York: W. H. Freeman and Co.
Bartels, Larry M. (2008), "The Study of Electoral Behavior", In J. E. Leighley, ed., *The Oxford Handbook of American Elections and Political Behavior*.
Fazio, Russel H., Jeaw-mei Chen, Elizabeth C. McDonel & Steven J. Sherman(1982), "Attitude Accessibility, Attitude-Behavior Consistency, and the Strength of the Object-Evaluation Association", *Journal of Experimental Social Psychology* 18(4): 339~357.
Gamson, W. (1992), *Talking Politics*, NY: Cambridge Univ.
Holbert, R. L., R. Garrett, R. & L. Gleason(2010), "A New Era of Minimal Effects?: A Response to Bennett and Iyengar", *Journal of Communication* 60(1): 15~34.
Miller, Arthur G., John W. McHoskey, Cynthia M. Bane & Timothy G. Dowd(1993), "The Attitude Polarization Phenomenon: Role of Response Measure, Attitude Extremity, and Behavioral Consequences of Reported Attitude Change", *Journal of Personality and Social Psychology* 64(4): 561~574.
Muhlberger, Peter(2003), "Political Values, Political Attitudes, and Attitude Polarization in Internet Political Discussion: Political Transformation or Politics as Usual?", *Communications: The European Journal of Communication*

Research 28(2): 107~134.

Mullainathan, Sendhil & Ebonya Washington(2006), "Sticking with Your Vote: Cognitive Dissonance and Voting", *National Bureau of Economic Research Working Paper Series* No. 11910.

Petty, Richard E., Duane T. Wegener & Leandre R. Fabrigar(1997), "Attitudes and Attitude Change", *Annual Review of Psychology* 48(1): 609~647.

Putnam, Robert(2000), *Bowling Alone: The Collapse and Revival of American Community*, New York: Simon and Schuster.

Sivacek, John & William D. Crano(1982), "Vested Interest as a Moderator of Attitude-Behavior Consistency", *Journal of Personality and Social Psychology* 43(2): 210.

Stroud, Natalie Jomini(2007), "Media Effects, Selective Exposure, and Fahrenheit 9/11", *Political Communication* 24(4): 415~432.

______(2010), "Polarization and Partisan Selective Exposure", *Journal of Communication* 60(3): 556~576.

Wojcieszak, Magdalena(2011), "Deliberation and Attitude Polarization", *Journal of Communication* 61(4): 596~617.

10 제 19대 총선과 분할투표

유권자의 특성 및 야권연대의 효과를 중심으로

송정민 · 노환희 · 하헌주 · 길정아

1. 들어가며

선거제도는 유권자의 투표선택에 영향을 미칠 수 있고, 나아가 정치시스템의 운영을 결정하는 기제가 된다(Farrell, 2011: 2~3). 한국의 선거제도를 살펴보면, 민주화 이후 2000년 제 16대 총선에 이르기까지 1인 1표제 소선거구 단순다수제를 통해 지역구 의석을 배분하고 전국구 의석을 별도로 배분하였는데, 2004년 제 17대 국회의원선거에 이르러 기존의 선거제도에 대해 위헌 판결이 내려지면서 선거법 개정을 통해 2표병립제를 도입하였다. 구체적으로, 기존의 전국구 비례대표제는 각 정당의 지역구 후보에게 투표한 것을 그 후보가 속한 정당에 대한 투표로 간주하여, 그 투표를 합산한 비율에 따라서 전국구 의석을 배분하는 방식을 취했다. 그러나 이러한 비례대표 의석 배분방식에 대해 위헌 판결이 내려졌고, 이에 따라 후보자와 정당에 대해 별도로 투표할 수 있

는 2표병립제로 선거법이 개정되었다.[1]

이러한 2표병립제의 도입이 유권자에게 미치는 가장 즉각적인 효과는 유권자가 정당과 지역구 후보를 별도로 선택하는 분할투표가 가능하게 되었다는 것이다. 유권자의 분할투표는 선거 결과에 크게 영향을 미칠 수 있고, 나아가 정당체계에 변화를 초래하는 등 거시적인 차원에서 중요한 정치적 효과를 나타낼 수 있다는 점에서 중요한 연구주제라고 할 수 있다. 2표병립제가 도입된 지 얼마 되지 않았다는 이유로 이에 대한 연구가 활발하게 이루어지지 못하고 있는 실정임에도, 2표병립제가 처음으로 적용된 제 17대 국회의원선거에서부터 한국에서도 유권자의 분할투표행태에 관한 일군의 연구를 발견할 수 있다. 이러한 연구들은 주로 유권자들의 분할투표행태를 결정짓는 사회경제적, 정치적 요인에 대한 검증을 실시하는 동시에, 유권자의 분할투표 유형을 분류하고 각각의 유형의 투표행태를 보인 원인을 탐색하는 것을 주된 내용으로 한다. 이러한 기존의 연구들은 유권자가 분할투표행태를 보이는 원인을 유권자 개인적 차원의 속성에 한정지어 추론하고 있어, 유권자의 투표행태에 영향을 미칠 수 있는 구조적 환경의 영향을 간과한다. 구체

---

1 헌법재판소 전원재판부(주심 김효종 재판관)는, 2001년 7월 19일 선거법의 전국구 관련 조항이 민주주의와 직접선거의 원칙 등에 위배된다며 민주당 유재건 의원과 민주노동당 등이 낸 헌법소원사건에서 재판관 전원일치의견으로 비례대표의석 배분방식(선거법 189조)에 대해 위헌결정을, '1인 1표제'(선거법 146조 2항)에 대해서는 한정위헌 결정을 각각 내렸다. 재판부는 "후보자와 정당을 분리시키지 않고 한꺼번에 투표를 해야 하는 1인 1표제 하에서 지역구 정당 후보자들의 득표 비율을 기준으로 전국구 의원을 배분하는 비례대표 배분방식은 유권자의 정당 지지와 후보자 지지가 엇갈릴 경우 절반의 선택권을 박탈하는 결과를 초래한다"고 밝혔다. 재판부는 또 "유권자가 무소속 후보자에게 투표할 경우 그 유권자는 비례대표 선출에서 배제되는 결과가 돼 정당후보를 선택한 유권자에 비해 투표가치가 떨어지게 되므로 평등선거의 원칙에도 어긋난다"고 밝혔다(〈동아일보〉 2001. 07. 19 "전국구의원 선출방식 위헌").

적으로, 유권자의 투표선택에 영향을 미칠 수 있는 지역구선거의 경합도, 그리고 지지하는 정당의 후보가 지역구에 출마하지 않아 유권자의 선택의 범위가 제한된 경우가 고려되지 않고 있다는 것이다. 특히, 이번 19대 총선의 경우, 야당인 민주통합당과 통합진보당은 이른바 '야권연대'를 결성하여 대다수의 지역구에 단일한 후보를 출마시켰는데, 이 경우 유권자는 그들의 개인적 속성을 통해서만 투표결정을 내렸다고 볼 수 없어, 기존의 연구들이 취한 접근방식을 그대로 적용하는 데 문제가 있다는 것이 이 연구의 판단이다.

이에 이 연구는 이번 제 19대 국회의원선거에서, 유권자들의 분할투표행태에 영향을 미치는 요인들과 그 유형을 밝히고, 그러한 분할투표가 총선의 결과에 미친 영향력을 검증하는 것을 그 목적으로 한다. 특히, 이 연구는 유권자의 분할투표행태를 분석하면서 유권자의 속성과 구조적 환경인 지역구 특성을 함께 고려할 때 다양한 정당조합이 가능해지고, 그러한 정당조합에 따라 유권자 집단별로 인식 가능한 차이를 나타낼 것이라는 판단하에 보다 정밀한 분석을 시도하고자 한다.

2. 기존 연구의 검토

미국 선거연구에서는 대통령선거와 의회선거가 동시에 치러지는 경우, 유권자들이 같은 정당의 후보에게 투표하는 경우를 일관투표로, 서로 다른 정당의 후보에게 투표하는 경우를 분할투표로 정의한다. 이에 비하여, 1인 2표제[2]를 취하는 의회선거에서의 분할투표는 지역구선거와 정당선거에서 서로 다른 정당을 선택하는 것으로 정의된다(박찬욱·홍지연, 2009: 2). 이러한 분할투표는 유권자의 정당일체감에 의해 영향을 받는데, 구체적으로, 유권자의 정당일체감이 낮을수록 분할투표가 발생할 확률이 높아진다는 것이다(Karp et al., 2002: 16; McAllister & White, 2000: 574). 그렇다면 분할투표가 일어나는 경우, 정당 투표와 지역구 투표 중에서 유권자는 어느 경우에 본래의 정당선호와 보다 일치한 투표행태를 보이게 되는가? 다수의 연구들은 정당선거의 경우, 정당의 득표율에 따라 비례적으로 의석을 배분받기 때문에 유권자의 정당선호가 그대로 반영된 선택인 반면, 지역구선거는 다수제적 선거제도가 지닌 특성 때문에 유권자의 선호가 왜곡되어 표출될 수 있음을 지적한다(Johnston & Pattie, 2002: 339~341; Karp et al., 2002: 5). 궁극적으로, 유권자의 정당투표가 그의 정당선호와 보다 일치한다는 것이다.

한편, 의회선거에서 유권자들이 분할투표행태를 보이는 원인은 다음과 같이 대별될 수 있다. 첫째, 군소정당을 지지하는 유권자들은 사표방지심리에 의해서 분할투표를 하게 된다. 구체적으로, 단순다수제 선거방식은 그 제도적 특성상 대정당의 후보가 당선되기에 보다 유리한

---

2 두 표가 연동되어 의석을 배분하는 독일식 선거제도(MMP: *Mixed-Member Proportional*)와, 소선거구제와 비례대표제가 따로 작동하도록 두 표가 병립하여 결합된 선거제도(MMM: *Mixed-Member Majoritarian*)를 포괄하여 의미한다.

데, 이에 따라 군소정당의 후보를 선택한 표는 사표가 될 가능성이 높아 군소정당을 지지하는 유권자가 이들에게 투표하는 것을 기피하게 된다(Duverger, 1954: 226).[3] 반면, 앞서 살펴본 바와 같이 정당투표에는 유권자의 정당선호가 그대로 반영될 가능성이 높다. 정리하면, 군소정당을 선호하는 유권자들을 중심으로 분할투표가 발생할 수 있다는 것이다. 둘째, 특히 의원내각제의 경우, 유권자들은 가장 선호하는 대정당이 선거에서 승리하는 것 외에도, 그 대정당과 연합을 형성할 수 있는 군소정당이 원내에 진출할 수 있도록 하기 위해 분할투표를 할 수 있다(Jesse, 1988: 121; Gschwend, 2007: 5). 다시 말하면, 대정당을 지지하는 유권자는 지역구 선거에서 대정당에 속한 후보를 선택하고, 연합형성을 가능하게 할 군소정당이 의석획득 진입장벽(*threshold*)을 넘어 비례대표의석을 배분받을 수 있게 하기 위해 정당투표에서 군소정당을 선택한다는 것이다. 마지막으로, 유권자는 정책적으로 양극화되는 것을 막고 견제와 균형을 가능하게 하기 위해서 서로 다른 정당을 선택하게 된다. 피오리나(Fiorina, 1992; 1996)는 미국의 유권자들이 대통령과 의회 간 견제와 균형을 유지하게 하고, 극단적인 정책이 입안되는 것을 방지하려는 목적으로 두 선거에서 서로 다른 정당을 선택하며, 그 결과 분점정부가 출현한다는 것을 주장한다. 한편, 히라노(Hirano, 2004: 10~11)는 일본 선거에서 유권자들이 지역구 선거에서는 자민당 소속 후보를 선택하고, 비례대표 선거에서 가장 큰 야당을 선택하는 분할투표행태를 보인다는 것을 밝혀낸 바 있다.

3 이렇듯, 듀베르제(Duverger, 1954)가 제시하는 단순다수제 선거방식의 제도적 효과는 2가지 차원에서 이해될 수 있다. 이 중, 대정당에게 유리한 단순다수제의 특성은 기계적 효과(*mechanical effect*)에 해당하고, 군소정당을 지지하는 유권자가 사표방지심리로 인해 이들에게 투표하는 것을 기피하는 것은 심리적 효과(*psychological effect*)에 해당한다(Farrell, 2011: 159).

앞서 언급했듯이, 한국에서도 선거법 개정을 통해 2004년 제 17대 국회의원선거부터 2표병립제가 실시된 이래로 한국의 유권자들은 정당과 지역구 후보자를 별도로 선택해서 투표할 수 있게 되었으며, 이에 분할투표 또한 가능해졌다. 이러한 선거제도를 채택한 이후 아직까지 세 번의 선거를 치렀을 뿐이기에 현재 분할투표와 관련된 연구는 소수에 그치고 있다. 집합자료를 활용하여 2표병립제의 정치적 효과를 분석하는 일부 연구들은 분할투표로 인해 군소정당의 원내진입이 가능했음을 주장한다. 김영래 · 박상신(2009: 186~189)은 지역구 득표율과 비례대표 득표율의 차이가 분할투표로 인해 발생했음을 언급하며, 17대 총선에서 군소정당인 민주노동당의 원내진입이 가능했던 사실과 18대 총선에서 친박연대가 상당수의 비례대표 의석을 획득했음을 지적한다. 정준표 · 정영재(2005: 27) 또한 집합자료 분석을 통해 선거제도 변화의 정치적 효과를 설명하는데, 이 중 17대 국회의원선거에서 정당득표율과 지역구 득표율의 차이를 분할투표의 존재 때문이라고 주장한다. 장훈(2006: 193; 203)은 2표병립제 혼합형 선거제도는 선거제도의 비례성 강화, 지역할거체제의 완화, 군소정당에 대한 진입장벽의 완화, 선거제도의 중용효과라는 4가지 목표를 추구하기 위해 도입된 것인데, 민주노동당의 최초 원내진입으로 대표되는 군소정당에 대한 문호개방 효과만이 뚜렷하게 나타났을 뿐, 다른 효과들은 그다지 명확하게 표출되지 않았음을 주장한다. 그런데 이러한 민주노동당의 원내진입은 유권자들의 분할투표에 근거한다는 것이다. 강원택(2004: 146~147)은 민주노동당에 대한 지지를 분석하였는데, 민주노동당의 지역구 득표율은 평균 4.3%에 불과한데 정당 득표율은 13%에 달한다는 점을 지적하며, 17대 국회의원선거에서 유권자의 분할투표로 인해 민주노동당이 최초로 원내에 진출할 수 있었다는 점에서 민주노동당이 가장 큰 수혜자였음을 밝힌다.

한편, 서베이 데이터를 활용하여 유권자의 분할투표행태를 분석하는 일군의 연구들을 발견할 수 있다. 이 연구들은 대체로 분할투표자들의 사회경제적 특성과 정치적 성향을 경험적으로 검증하는 동시에, 분할투표의 유형을 분류하여 각 유형의 빈도를 제시하고 그러한 유형의 투표행태를 보인 원인을 추론한다. 먼저, 박찬욱(2004: 77)은 17대 총선 사례를 중심으로 대학생, 진보적 성향의 유권자, 그리고 민주노동당 지지자들 사이에서 높은 비율의 분할투표가 발생하였음을 밝혔다. 그리고 분할투표자들의 다양한 정당조합들이 지니는 의미를 사표방지 전략, 연합보장 전략, 견제균형 의도 등으로 분류하여 해석한 바 있다. 조진만·최준영(2006: 84~85) 또한 17대 총선에서의 분할투표를 분석하여, 유권자들이 어떠한 요인들의 영향을 받아 분할투표를 하였는지 그 결정요인을 검증하였다. 분석의 결과, 유권자의 정치적인 선호와 연관된 변수인 정당지지의 강도 및 쟁점에 대한 평가, 지지하는 정당에 속한 후보자의 당선가능성, 그리고 군소정당 지지여부가 유권자의 전략적 분할투표 가능성에 영향을 미치고 있음을 확인하였다. 박찬욱·홍지연(2009: 6)은 18대 총선에서 25~35%가량의 유권자들이 분할투표를 한 것으로 추정하였다. 이 연구에 따르면, 가장 많은 빈도수를 기록한 유형은 한나라당의 지역구 후보를 선택하고, 비례대표 선거에서 친박연대를 선택한 사례였는데, 이 유형에 해당하는 유권자들은 사표방지심리 및 연합보장의도에 따라 투표선택을 한 것이었다. 한편, 통합민주당과 한나라당을 동시에 선택한 유권자들은 정책균형 분할투표를 행한 것으로 해석되었다.

위와 같은 연구들은 분할투표자들의 사회경제적, 정치적 성향을 밝힘으로써 유권자의 어떠한 속성이 투표행태를 결정짓는지에 대해 경험적으로 검증하려는 시도를 한다. 이렇듯, 분할투표에 관한 연구는 선거제도의 변화와 유권자의 투표행태, 나아가 선거 결과 사이의 정치적 동학을 포착하려는 시도라는 점에서 반드시 분석되어야 할 중요한 연구주제라고 할 수 있다. 그런데 이러한 기존의 연구들은 유권자가 분할투표행태를 보이는 원인을 유권자의 개인적 속성에 한정지어 추론하는 경향을 나타낸다. 다시 말하면, 이러한 연구들은 유권자의 투표행태에 영향을 미칠 수 있는 구조적 환경으로서의 선거 경합도, 그리고 지지하는 정당의 후보가 지역구에 출마하지 않은 경우를 간과하고 있다. 앞서 박찬욱·홍지연(2009: 11)의 연구는 군소정당의 경우 모든 지역구에서 후보를 출마시키지는 않기 때문에, 군소정당을 지지하는 유권자들은 '강제적 분할투표'를 할 수밖에 없는 경우를 지적한다. 이에 더하여, 이번 19대 국회의원선거와 같이 야당들 사이에서 연대를 결성하여 지역구에 단일한 후보를 출마시키기로 한 경우, 유권자들은 그들의 개인적 속성을 통해서만 분할투표행태를 보였다고 판단하기는 어렵다. 따라서 보다 엄밀한 분석을 위해서는 이러한 분할투표가 유권자의 자발적 선택에 의한 것인지, 아니면 선택지상의 문제로 인한 것인지를 분류해야 할 것이며, 궁극적으로 지역구 특성을 통제해야 할 필요성을 제기할 수 있다. 물론 기존의 연구들이 이러한 선거의 구조적 특성을 고려하지 못했던 것은 일차적으로 데이터 부족에 기인한다고 볼 수 있다. 이에 이 연구는 서베이 데이터상에 나타난 유권자들의 투표소 자료와, 선거관리위원회의 지역구 데이터의 결합을 시도한다. 이를 통해, 해당 지역구에 출마한 정당 및 선거경쟁도를 통제하여, 유권자의 분할투표행태의 분석에 대해 보다 엄정성을 가하고자 한다. 다음 절에서 데이터 및 변수의 조작화 과정을 간략하게 설명하고, 이 연구의 문제의식에 비추어 경험적 분석을 실시한다.

3. 제19대 총선 분할투표 개괄과 변수의 조작화

1) 제19대 총선 분할투표

제19대 국회의원선거에서 분할투표가 차지하는 비중을 알아보기 위해, 이 연구는 서울대학교 한국정치연구소에서 실시한 〈정치와 민주주의에 관한 의식 조사〉를 통해 수집된 데이터를 사용하여 유권자들이 지역구 투표와 비례대표 투표에서 어떤 선택을 했는지 분석하고자 한다.

우선 19대 총선의 분할투표 연구에 앞서, 분할투표의 비율 변화에 대해 살펴본다. 〈표 10-1〉은 제17대(2004년)와 제18대(2008년), 제19대 국회의원선거(2012년)의 분할투표 비율의 변화를 보여준다.

2표병립제가 처음 도입된 2004년 총선에서는, 투표에 참가하고 자신의 투표선택에 대하여 응답한 1,100명 가운데 20.8%가 분할투표자였음이 나타났다. 투표자 10명 중 2명 정도가 분할투표를 행했다는 것이다(박찬욱, 2004: 48). 다음으로 2008년 총선에서는 27.3%가 분할투표를 했음이 나타났는데, 17대 총선에 비해 18대 총선에서 분할투표의 비율이 증가했다는 것을 알 수 있었다. 이에 대해, 박찬욱・홍지연(2009: 7)은 17대 총선에서는 주요 정당의 수가 열린우리당, 한나라당, 민주노동당, 새천년민주당, 자유민주연합의 5개였던 반면, 18대 총선에서는 통합민주당, 한나라당, 민주노동당, 자유선진당, 창조한국당, 진보신당, 친박연대의 7개로 증가한 만큼 비례대표 투표에서 유권자들의 선택의 폭이 넓어졌기 때문에 분할투표의 비율이 증가한 것으로 분석한 바 있다.

그러나 이번 19대 총선에서는 분할투표자의 비율이 17.5%로, 이는 2표병립제가 실시된 이후 가장 낮은 비율이다. 19대 총선의 경우, 야당

〈표 10-1〉 분할투표 비율의 변화

선거연도	2004 총선[4]	2008 총선[5]	2012 총선
분할투표 비율 (사례 수)	20.8% (229/1,110)	27.3% (165/604)	17.5% (246/1,403)

인 민주통합당과 통합진보당이 야권연대를 결성하여 대다수의 지역구에 단일 후보를 출마시켰고 이로 인해 분할투표가 높은 비율을 나타낼 것이라는 예상과 달리, 분할투표자의 비율은 이전보다 더 낮아졌다. 이와 같은 결과에 대해서는 몇 가지 가설이 존재할 수 있으나, 가장 유력한 가설은 2008년 총선에서의 친박연대와 같은 보수성향의 군소정당의 부재가 분할투표 비율의 감소에 큰 영향을 미쳤다는 것이다. 2008년 18대 총선에서 친박연대는 제 1야당이라고 할 수 있는 통합민주당의 비례대표 득표(431만 표)의 반수가 넘는 225만 표를 획득, 13.2%의 득표율로 8명의 비례대표 당선자를 배출하였다. 이 외에도 자유선진당 또한 2008년 총선에서는 6.8%의 득표율로 4명의 비례대표 당선자를 배출하였는데, 이번 19대 총선에서는 친박연대가 다시 새누리당 내부로 흡수되고, 자유선진당이 유의미한 군소 보수정당으로서의 지위를 상실하게 되면서 '보수성향 대정당-보수성향 군소정당' 유형의 분할투표 비율이 크게 감소한 것이다. 2008년 총선 때 지역구에서 한나라당에 투표했다고 응답한 305명 중 34명이 비례대표 투표에서는 친박연대(28명), 자유선진당(8명)에 투표했던 반면, 2012년 총선에서는 새누리당에 투표했다고 응답한 543명 중 단 8명만이 비례대표 투표에서 자유선진당

4 2004년 한국사회과학데이터센터(KSDC)와 한국선거학회가 공동 실시한 "제 17대 국회의원선거 유권자 조사"에 의하여 수집된 데이터를 사용.

5 2008년 한국사회과학데이터센터(KSDC)에서 실시한 설문조사를 통해 수집된 데이터를 사용.

에 투표한 것으로 나타났다.

〈표 10-2〉는 19대 총선에서 나타난 분할투표의 규모와 분포를 보여준다. 굵은 글씨는 지역구와 비례대표에서 같은 정당에 투표한 일관투표자의 수를 나타낸다. 〈표 10-2〉에서 볼 수 있듯이, 지역구 투표와 비례대표 투표에서 분할투표를 한 응답자들의 수는 총 246명으로 그 비율은 17.5%에 해당한다.[6] 이러한 결과를 바탕으로 분할투표 분포에서 나타난 특징들을 도출해보면 다음과 같다. 첫째, 민주통합당-통합진보당(지역구-비례)의 형태로 나타난 분할투표는 38명으로 가장 높은 비율을 보였다. 이는 야권연대라는 특수한 상황에서 민주통합당과 통합진보당에 투표한 분할투표의 비율이 큰 비중을 차지한 것으로 판단된다. 그러나 동시에, 이 수치에는 야권연대로 인하여 '강요된 분할투표'의 경우도 상당 부분 포함되어 있다고 판단된다. 즉, 비례대표에서 민주통합당에 투표한 유권자가 지역구에서도 민주통합당에 투표하는 일관투표를 하고자 했으나, 그 유권자가 소속된 지역구에서는 야권연대로 인해 통합진보당 후보만이 출마하여 통합진보당에 투표를 할 수밖에 없는 상황이 나타났을 수 있다는 것이다. 둘째, 17대 총선에서 유권자들의 분할투표로 인해 민주노동당의 비례대표 의석수 확보에 큰 도움이 되었던 것(강원택, 2004)과 마찬가지로, 이번 19대 총선에서도 군소정당인 통합진보당이 유권자들의 분할투표로 인해 비례대표 의석수 확보에서 어느 정도 이득을 본 것으로 나타났다. 이와 같은 추정들에 대한 구체적인 논의는 뒤이은 5절에서 수행한다.

〈표 10-3〉은 19대 총선의 분할투표에 가장 중요한 '구조적 환경'을 제공한 야권연대 지역구에 관한 내용이다. 〈표 10-3〉은 19대 총선에서

6 이 논문에서는 전체 투표 참여자 중 일관투표자의 수와 '모름/무응답'의 수를 뺀 값을 분할투표자의 수로 정의하였다.

각 지역구별 야권연대 후보들의 출마 여부를 보여주는데, 야권연대의 결과 전체 246개의 지역구 중에서 민주통합당과 통합진보당 후보가 단일후보로서 출마한 지역구는 총 224개였으며, 이 중 민주통합당만 출마한 지역구가 191개, 통합진보당만 출마한 지역구가 33개였다. 두 정당 모두 출마한 지역구는 대부분 새누리당 후보의 약세로 인해 야권 후보의 연대가 굳이 필요하지 않은 전라도 지역(17개 선거구)이었고, 덧붙여 충청남도 당진시에서도 두 정당의 후보가 모두 출마하였다.[7] 민주

〈표 10-2〉 분할투표자 수

단위: 명

지역구 투표	비례대표 투표						
	새누리당	민주통합당	통합진보당	자유선진당	다른 정당	모름/무응답	Total
새누리당	**627**	26	4	9	9	0	675
민주통합당	29	**457**	38	8	11	0	543
통합진보당	1	14	**54**	0	3	0	72
자유선진당	11	3	1	**19**	0	2	36
다른 정당	0	2	0	0	15	0	17
무소속	21	16	5	2	18	1	63
모름/무응답	7	6	0	0	4	23	40
Total	696	524	102	38	60	26	1,446

주: 굵은 글씨는 일관투표자의 수.

〈표 10-3〉 지역구별 야권연대 정당 출마 여부

단위: 개

전체지역구	야권연대		두 정당 모두 출마	모두 불출마
	민주통합당 출마지역구	통합진보당 출마지역구		
246	191	33	18	4

7 충청남도 당진시 지역구의 경우 야권연대 합의를 통해 경선 없이 민주통합당 단일후보가 출마하기로 하였으나, 통합진보당 후보가 경선을 요구하고 이에 불복하여 결국 두 정당의 후보가 모두 출마하였다. 결과적으로 새누리당 후보가 당선되었고, 민주통합당 후보가 3위, 통합진보당 후보가 4위를 기록하였다.

통합당과 통합진보당이 모두 출마하지 않은 지역구는 경상남도 거제시, 경상남도 진주시 을, 경상남도 창원시 진해구, 경기도 파주시 을 등 총 4개이다. 이는 야권연대로 인해 대다수 지역구에서 단일한 후보를 출마시켰다는 경험적 증거로서 유권자가 개인적 속성에 의해서만 투표결정을 내릴 수 없다는 사실을 보여준다.

2) 주요 변수의 조작화 및 정의

다음의 〈표 10-4〉는 이 연구에서 사용된 변수들의 조작화 및 정의를 정리한 것이다.

몇 가지 주요 변수들을 살펴보면, '지역구 선거경쟁도' 변수는 이 연구에서 사용된 서베이 데이터와 중앙선거관리위원회의 데이터를 '매칭'(*matching*) 하여 만든 데이터이다. 이 연구에서 실시한 서베이 문항 중에는 유권자가 속한 지역(읍/면/동 단위)을 묻는 문항이 있는데, 이 문항의 정보를 바탕으로 각 응답자가 속한 지역구 정보를 변수로 삽입하였다. 즉, 본래의 설문조사상에 응답자가 속한 지역구에 대한 응답은 "○○시 ○○구 ○○동"의 형태였으나, 이를 중앙선거관리위원회가 제공하는 지역구 형식인 "○○시 ○○구 갑/을/병"의 형태로 변환한 것이다. 그리고 변환된 '지역구 정보'를 연결점으로 삼아, 응답자가 속한 지역구의 중앙선거관리위원회 데이터를 변수로서 삽입하였다. 예컨대 응답자가 소속된 각 지역구별 투표율, 1~2위 간의 득표율 격차, 각 정당의 승리 여부, 각 정당의 순위, 각 지역구의 야권연대 후보 출마 여부 등의 변수를 연구의 독립변수로서 활용할 수 있게 된다. 이 연구는 이와 같은 작업을 통해 그간의 분할투표 연구에서 간과되었던, 분할투표라는 전략적 선택에 영향을 미치는 정치적, 제도적 환경을 독립변수로

〈표 10-4〉 주요 변수 조작화 및 정의

성 별	1 = 남성, 0 = 여성
연 령	연속 변수
교육수준	1 = 중졸 이하, 2 = 고졸, 3 = 전문대 재학 이상
소 득	1에서 6까지 6단계로 구성
지역주의	1 = 경상 · 전라 지역, 0 = 타 지역
지역(전라)	1 = 전라 지역, 0 = 타 지역
지역(경상)	1 = 경상 지역, 0 = 타 지역
정치효능감	4가지 문항의 값을 합산, 4에서 20까지, 높을수록 효능감 높음
이 념	0에서 10까지 11단계로 구성, 0 = 매우 진보, 5 = 중도, 10 = 매우 보수
무당파	1 = 무당파(지지 정당 없음), 0 = 당파(특정 정당 지지)
새누리당 호감도	0~100까지 감정 온도계(*feeling thermometer*) 지수
민주통합당 호감도	
통합진보당 호감도	
자유선진당 호감도	
선거 관심도	1에서 4까지 4단계로 구성. 높을수록 관심도 높음.
새누리당 지지자	정당일체감 기준. 1 = 새누리당 지지자, 0 = 타정당 지지자 혹은 무당파층
민주통합당 지지자	정당일체감 기준. 1 = 민주통합당 지지자, 0 = 타정당 지지자 혹은 무당파층
통합진보당 지지자	정당일체감 기준. 1 = 통합진보당 지지자, 0 = 타정당 지지자 혹은 무당파층
지역구 선거경쟁도	응답자가 속한 지역구의 1~2위 후보 간 득표율 격차
소속 지역구 투표율	응답자가 속한 지역구의 투표율
민주통합당 단일후보 지역구(야권연대 변수)	1 = 응답자가 속한 지역구에 통합진보당 후보는 출마하지 않고 민주통합당 후보만 출마한 경우 0 = 응답자가 속한 지역구에 통합진보당 후보만 출마하거나, 민주통합당 · 통합진보당 후보가 동시에 출마하거나, 두 정당 후보가 모두 출마하지 않은 경우
통합진보당 단일후보 지역구(야권연대 변수)	1 = 응답자가 속한 지역구에 민주통합당 후보는 출마하지 않고 통합진보당 후보만 출마한 경우 0 = 응답자가 속한 지역구에 민주통합당 후보만 출마하거나, 민주통합당 · 통합진보당 후보가 동시에 출마하거나, 두 정당 후보가 모두 출마하지 않은 경우
야권연대 두 정당 모두 출마한 지역구	1 = 두 정당 모두 출마한 지역구, 0 = 그 외의 지역구
야권연대 두 정당 모두 불출마한 지역구	1 = 두 정당 모두 불출마한 지역구, 0 = 그 외의 지역구
새누리당 후보 순위	응답자가 속한 지역구의 새누리당 후보자 순위
민주통합당 후보 순위	응답자가 속한 지역구의 민주통합당 후보자 순위

서 고려하고자 한다.

보다 구체적으로 살펴보면, 이 연구에서는 19대 총선에서 중요한 변수로 작용했을 것으로 추정되는 야권연대 변수를 다음과 같이 조작화하였다. 야권연대 변수로서 '민주통합당 단일후보 지역구' 변수는 "응답자가 속한 지역구에 통합진보당 후보는 출마하지 않고 민주통합당 후보만 출마한 경우"를 1로, "응답자가 속한 지역구에 통합진보당 후보만 출마하거나, 민주통합당・통합진보당 후보가 동시에 출마하거나, 또는 두 정당 후보가 모두 출마하지 않은 경우"를 0으로 코딩하였다. '통합진보당 단일후보 지역구' 변수 또한 동일한 방법으로 1과 0으로 코딩하였다. 또 다른 야권연대 변수는 '두 정당 모두 출마한 지역구' 변수인데, 두 정당 모두 출마한 지역구는 1, 그 외의 지역구는 0으로 코딩하였다. 마지막으로 '두 정당 모두 불출마한 지역구' 변수는 두 정당 모두 불출마한 지역구의 경우를 1로, 그 외의 지역구는 0으로 코딩하였다. 이를 통해 이 연구에서는 자신이 속한 지역구에 야권연대로 인해 자신이 지지하는 정당의 후보가 출마하지 않음으로써 발생할 수 있는 '강제된 분할투표'의 가능성을 통제할 수 있게 되었다.

또 다른 주요 변수는 '새누리당 후보 순위' 변수인데, 이는 설문조사의 응답자가 속한 지역구에서 새누리당 후보의 순위가 얼마인지를 나타내주는 변수이며, '민주통합당 후보 순위'는 응답자의 지역구에서 민주통합당 후보의 순위가 얼마인지를 나타내주는 변수이다. 이처럼 26개의 변수들을 사용하여 이 연구에서는 먼저 누가, 어떻게 분할투표를 했는지 분할투표자의 비율 및 유형을 살펴보고, 로지스틱 회귀분석(*Logistic regression*)을 실시한 이후, 일관투표자와 분할투표자 집단 내부의 특성에 대해 분석한다. 이어서 정당별 일관투표자-분할투표자의 특성을 비교하고, 분할투표가 각 정당의 득표에 어떤 영향을 미쳤는지 알아본다.

4. 분할투표자 집단과 일관투표자 집단 내부에 대한 분석

1) 분할투표자 분석: 누가, 어떻게 분할투표하는가

이 절에서는 어떤 성향의 유권자들이 주로 분할투표를 행하는지 밝히고, 어떤 유형의 분할투표가 가장 일반적으로 나타났는지 알아본다. 구체적으로, 이 연구는 응답자들의 정당일체감 및 그들이 속한 지역구의 경쟁도, 야권연대 상황 등에 따라 분할투표가 어떻게 나타나는지 분석한다. 〈표 10-5〉는 분할투표자들에 대해 로지스틱 회귀분석을 실시한 것인데, 사회경제적 변수로는 성별, 연령, 소득, 교육수준을 포함하였고, 정당일체감 변수로 새누리당 지지자를 독립변수로 포함하였다. 지역주의 변수로 경상도와 전라도 지역 거주자와 타지역 거주자를 더미 변수로 포함하였다. 이 외에도 무당파, 이념, 응답자들이 거주하는 선거구 경쟁도, 그리고 야권연대 변수로 통합진보당 단일후보 지역구가 포함되었다.

17대 총선에서는 성별, 연령, 학력, 지역, 직업 등과 같은 유권자들의 사회경제적 배경과 분할투표의 관계에 대해 연구했는데, 연령만이 분할투표와 통계적으로 유의미한 관계가 있음이 나타났다(박찬욱, 2004: 54). 18대 총선에서도 역시 통계적으로 유의미한 수준에서 연령 변수에 따라 유권자들의 분할투표 여부가 달라졌음이 밝혀진 바 있다(박찬욱·홍지연, 2009: 9). 그렇다면 이번 19대 총선에서 분할투표를 한 이들의 사회경제적 배경은 어떠할까. 그 결과는 다음의 〈표 10-5〉와 같다.

우선 무당파, 새누리당 지지자, 이념, 성별, 교육수준이 분할투표 여부에 통계적으로 유의미한 영향력을 갖는 것으로 나타났다. 흥미로

〈표 10-5〉 분할투표에 대한 로지스틱 회귀분석 결과

분할투표	β	표준오차	p-value	marginal effects
무당파	0.87***	0.18	0.000	0.03
새누리당 지지자	-0.53**	0.20	0.008	0.02
이 념	-0.13**	0.04	0.002	0.01
지역주의	0.26	0.17	0.132	0.02
선거구 경쟁도	0.42	0.61	0.490	0.08
통합진보당 단일후보 지역구	-0.20	0.22	0.369	0.03
성 별	0.31*	0.16	0.045	0.02
연 령	0.00	0.01	0.818	0.00
소 득	0.00	0.06	0.969	0.01
교육수준	0.28*	0.14	0.047	0.02
선거 관심도	0.12	0.11	0.280	0.01
cons	-2.35	0.67	0.000	

주: N = 1399, Pseudo R^2 = 0.0796, * $p<0.05$, ** $p<0.01$, *** $p<0.001$

운 점은 첫 번째로, 무당파일수록 분할투표를 많이 할 확률이 높아진다는 것인데, 특별히 지지하는 정당이 없는 유권자일수록 특정 선거의 이슈나 지역구 상황, 후보자에 따라 분할투표를 많이 하는 것으로 해석할 수 있다. 두 번째로는, 새누리당 지지자들의 경우 다른 정당의 지지자들에 비해서 분할투표를 할 확률이 낮다는 점이다. 이는 새누리당과 같이 보수 정당 지지자들을 확보했던 자유선진당이 이번 19대 총선에서는 유의미한 득표율을 기록하지 못한 것에서 그 원인을 찾아볼 수 있을 것이다. 또는 새누리당 지지자들이 다른 정당의 지지자들보다 정당에 대한 충성도가 강하다고도 해석할 수 있을 것이다. 이 외에도 이념 성향이 진보적일수록, 여성에 비해서 남성이, 교육수준이 높을수록 분할투표를 하는 경향이 높게 나타났다.

그러나 분할투표자 및 일관투표자 집단의 내부에는 다양한 유형들이 존재할 수 있다. 따라서 다음으로는 이번 19대 총선에서 나타났던 분할

투표의 유형과 사례 수를 다음의 〈표 10-6〉, 일관투표의 유형과 사례 수를 〈표 10-7〉에 정리하여 제시한다. 이 연구는 분할투표 및 일관투표를 분류할 때, 정당 규모를 고려하여 새누리당, 민주통합당, 통합진보당, 자유선진당 총 4개의 정당을 포함하였는데, 이에 정당의 이념성향까지 포함시키면 분할투표는 12개, 일관투표는 4개의 유형으로 분류할 수 있다.

〈표 10-6〉 분할투표의 유형별 사례 수

정당의 규모		정당의 규모와 이념성향	정당조합	
유 형	사례 수	하위유형	투표행태	사례 수
대정당/대정당	55	대정당(보수)/대정당(진보)	새누리당/민주통합당	26
		대정당(진보)/대정당(보수)	민주통합당/새누리당	29
대정당/군소정당	59	대정당(보수)/군소정당(보수)	새누리당/자유선진당	9
		대정당(진보)/군소정당(진보)	민주통합당/통합진보당	38
		대정당(보수)/군소정당(진보)	새누리당/통합진보당	4
		대정당(진보)/군소정당(보수)	민주통합당/자유선진당	8
군소정당/대정당	29	군소정당(보수)/대정당(보수)	자유선진당/새누리당	11
		군소정당(진보)/대정당(진보)	통합진보당/민주통합당	14
		군소정당(보수)/대정당(진보)	자유선진당/민주통합당	3
		군소정당(진보)/대정당(보수)	통합진보당/새누리당	1
군소정당/군소정당	1	군소정당(보수)/군소정당(진보)	자유선진당/통합진보당	1
		군소정당(진보)/군소정당(보수)	통합진보당/자유선진당	0
합 계	144		합 계	144

〈표 10-7〉 일관투표의 유형별 사례 수

정당의 규모		정당의 규모와 이념성향	정당조합	
유 형	사례 수	하위유형	투표행태	사례 수
대정당/대정당	1,084	대정당(보수)/대정당(보수)	새누리당/새누리당	627
		대정당(진보)/대정당(진보)	민주통합당/민주통합당	457
군소정당/군소정당	73	군소정당(보수)/군소정당(보수)	자유선진당/자유선진당	19
		군소정당(진보)/군소정당(진보)	통합진보당/통합진보당	54
합 계	1,157		합 계	1,157

이처럼 〈표 10-6〉과 〈표 10-7〉을 통해 분할투표 및 일관투표의 유형을 비교해 볼 수 있다. 그러나 보다 중요한 것은 분할투표와 일관투표의 구성 상황을 보여주는 것이 아니라, 서로 다른 정당의 짝으로 구성된 집단들 간에 존재하는 정치적 특성의 차이이다. 특히, 기존 연구들은 분할투표 집단의 경우에는 이념성향과 정당의 크기에 따라 유형을 나누고 집단 간 정치적 특성의 차이를 비교하기도 하였지만, 정작 분할투표자보다 훨씬 더 많은 수를 차지하는 일관투표자 내부의 다양성에는 주목하지 않았다. 일관투표 집단 내부의 다양성을 살펴보지 않고서, 분할투표 집단과의 이분법 하에서 일관투표자들을 하나의 동일한 형태와 성격을 가진 집단으로 전제해버린 것이다. 그러나 한국의 정치적 맥락에서, 새누리당(지역구)-새누리당(비례), 민주통합당(지역구)-민주통합당(비례)이라는 2개의 일관투표자 집단이 유사한 정치적 특성을 공유할 가능성은 매우 낮은 것이 사실이다. 따라서 이 연구는 이전 연구와는 달리 분할투표자들뿐만 아니라 일관투표자들 간의 차이에도 주목하여, 일관투표 집단과 분할투표 집단 내부의 다양성을 밝히는 분석을 수행하고자 한다.

2) 일관투표자와 분할투표자 내부에 대한 분석

이 절에서는 일관투표자 집단, 분할투표자 집단을 정당조합별로 나누어 살펴보고, 각 집단들이 어떤 특성을 갖고 있는지 검토하고자 한다.

먼저, 같은 일관투표자에 속한 집단이라 하더라도 그 집단에 속한 유권자들 사이에 다른 특성을 보일 수 있으며, 따라서 각기 다른 이유에서 일관투표를 행했을 수 있다. 이를 위해 이 연구는 〈표 10-8〉과 〈표 10-9〉를 통해 다음과 같이 두 일관투표자 집단, 새누리당(지역구)-새누리당(비례), 민주통합당(지역구)-민주통합당(비례) 간의 정치사회학적 특성을 비교하였다. 물론 이 과정에는 개인들의 정치적 속성뿐만 아니라 응답자들이 속한 지역구의 정치적 상황 또한 고려되었다. 이 연구는 2개 집단의 성별, 연령, 교육수준, 소득, 지역주의(경상/전라 지역 소속 여부), 정치효능감, 선거관심도, 이념, 무당파, 새누리당 호감도, 민주통합당 호감도, 통합진보당 호감도, 지역구 선거경쟁도 등 14개 변수들의 평균값을 차이 검증(T-test)을 통해 통계적으로 비교분석하였다.

분석 결과 통계적으로 유의미한 값을 나타낸 변수들만 살펴보면, 첫째, 새누리당 일관투표자들의 평균 연령이 민주통합당 일관투표자들의 평균 연령보다 6.75세 더 높은 것으로 나타났다. 이는 19대 총선에서도

〈표 10-8〉 새누리당 일관투표자-민주통합당 일관투표자 비교 (1)

		성별	연령	교육수준	소득	지역주의	효능감	선거 관심도	N
새누리당 일관투표자	평균 (표준편차)	0.47 (0.50)	52.31 (14.02)	2.06 (0.77)	2.94 (1.44)	0.38 (0.48)	10.77 (2.26)	2.91 (0.70)	627
민주통합당 일관투표자	평균 (표준편차)	0.50 (0.50)	45.56 (14.20)	2.27 (0.75)	3.06 (1.38)	0.35 (0.48)	10.69 (2.33)	3.01 (0.71)	457
전체		0.48	49.47	2.15	2.99	0.37	10.74	2.95	1,084
차이검증		t = -0.94 n.s.	t = 7.78 p<.001	t = -4.53 p<.001	t = -1.34 n.s.	t = 0.74 n.s.	t = 0.60 n.s.	t = -2.15 p<.05	

〈표 10-9〉 새누리당 일관투표자-민주통합당 일관투표자 비교 (2)

		이념	무당파	새누리당 호오도	민주통합당 호오도	통합진보당 호오도	자유선진당 호오도	지역구 선거경쟁도	N
새누리당 일관투표자	평균 (표준편차)	5.88 (1.76)	0.15 (0.36)	71.24 (15.36)	41.08 (18.71)	31.24 (19.84)	32.01 (19.04)	0.15 (0.14)	627
민주통합당 일관투표자	평균 (표준편차)	4.41 (1.68)	0.20 (0.40)	38.22 (21.29)	65.29 (17.58)	40.81 (18.87)	33.17 (20.04)	0.14 (0.13)	457
전체		5.26	0.17	57.32	51.29	35.28	32.50	0.15	1,084
차이검증		t = 13.84 p<.001	t = -2.02 n.s.	t = 28.23 p<.001	t = -21.58 p<.001	t = -8.07 p<.001	t = -0.97 n.s.	t = 0.84 n.s.	

연령과 정당 지지와의 관계가 기존 선거들과 동일하게 이어져오고 있다는 것을 보여준다. 즉, 연령이 높을수록 보수 성향의 정당을 일관되게 지지한다는 것이다. 또한 교육수준 변수를 살펴보면, 민주통합당 일관투표자들의 교육수준이 새누리당 일관투표자들의 경우보다 더 높다는 것을 알 수 있다. 선거 관심도의 경우, 민주통합당 일관투표자들이 새누리당 일관투표자들보다 선거에 대한 관심도가 높은 것으로 나타났는데, 평균값의 차이는 0.1 정도이나 이 또한 통계적으로 유의미한 차이인 것으로 밝혀졌다.

다음으로 이념 성향 평균을 비교해보면 새누리당 일관투표자들은 5.88, 민주통합당 일관투표자들은 4.41로, 새누리당 일관투표자들의 평균이 민주통합당 일관투표자들보다 보수적인 것으로 나타났는데, 이는 전체 평균이 5.26이라는 것을 감안하면 유의미한 차이를 보인 것으로 판단된다. 또한 이 연구는 무당파 유권자일수록 분할투표를 할 확률이 높아진다는 것으로 밝힌 바 있는데, 무당파 변수가 새누리당 일관투표자와 민주통합당 일관투표자 사이에서 유의미한 차이를 나타내지 못한다는 결과는 이를 재확인시켜 준다고 볼 수 있다.

마지막으로 새누리당 호감도와 민주통합당 호감도, 통합진보당 호감도에 대해 일관투표자 집단 내부에서도 차이를 보이는 것을 확인할 수 있다. 새누리당 일관투표자들의 새누리당 호감도 평균은 민주통합당 일관투표자들보다 높았으며, 민주통합당 일관투표자들의 민주통합당 호감도 평균은 새누리당 일관투표자들보다 높았다. 이는 특정 정당에 일관투표하는 유권자들은 그 정당에 대한 높은 호감도를 나타낸다는 것을 19대 총선에서도 확인했다고 볼 수 있다. 이와 더불어 주목해야 할 점은, 새누리당 일관투표자들의 새누리당 호감도 평균은 71.24, 민주통합당 일관투표자들의 민주통합당 호감도 평균은 65.29로 나타났으며 새누리당 일관투표자들이 민주통합당 일관투표자들보다 각 정당에 대한 높은 호감도를 보이며 일관투표를 했다는 것을 알 수 있다. 마지막으로 민주통합당 일관투표자들의 통합진보당 호감도를 살펴보면 40.81로 나타났는데, 이는 19대 총선에서 나타난 야권연대로 인해 상호간의 호감도가 높았던 것으로 해석할 수 있다.

그렇다면 야권연대 조합을 바탕으로 한 일관투표, 분할투표자들의 특성은 어떠할까? 이 연구는 이를 위해 (지역구-비례 순으로) 민주통합당-민주통합당, 통합진보당-통합진보당, 민주통합당-통합진보당, 통합진보당-민주통합당 이상 4개의 집단을 분류하고, 4개 집단의 특성을 일원배치(One-way ANOVA) 분산분석을 통해 분석하였다. 분석의 결과는 다음의 〈표 10-10〉과 〈표 10-11〉에 제시되어 있다.

분석 결과, 첫째, 야권연대 지지자 집단 조합에 따라 다양성이 발견되었다. 성별, 연령, 교육수준, 지역주의(1 = 경상, 전라지역, 0 = 타지역), 지역(전라), 이념, 새누리당 호감도, 민주통합당 호감도, 통합진보당 호감도, 선거 관심도 등의 변수의 평균값에서 4개 집단은 유의미한 차이를 보였다. 이는 단순히 '새누리당-야권지지자'라는 이분법적인 구도로는 야권지지자 내부의 다양성을 충분히 설명할 수 없다는 것을 의미한다.

둘째, 성별 변수와 선거관심도 변수에서 일관투표집단-분할투표집단 간의 유의미한 차이가 발견되었다. 평균적으로 분할투표자 집단에서 남성 응답자의 비율이 0.2 정도 높은 것으로 나타났는데, '남성 유권자가 여성 유권자에 비해 전략적 선택을 한다 혹은 균형적 선택을 한다'고 말할 수 있는 경험적 근거가 아직 제시된 바 없는 만큼, 이후의 추가적인 연구가 필요하다 하겠다. 선거관심도에서 분할투표자 집단의 평균값은 0.3 정도 높았는데, 이는 선거관심도가 높고 선거의 정치적 맥략을 잘 이해하는 유권자들이 분할투표라는 전략적 선택을 했을 가능성을 제기하는 것이다.

셋째, 일관투표집단-분할투표집단 간의 차이도 발견되었지만, 보다 중요하게 일관투표자 내부, 분할투표자 내부의 집단 간 차이가 발견되

〈표 10-10〉 야권연대 조합 집단 간 비교 (1)

지역구	비례		성별	연령	교육수준	소득	지역주의	지역(전라)	효능감	N
민주통합당	민주통합당	평균 (표준편차)	0.50 (0.50)	45.56 (14.20)	2.27 (0.75)	3.06 (1.38)	0.35 (0.48)	0.20 (0.40)	10.69 (2.33)	457
통합진보당	통합진보당	평균 (표준편차)	0.56 (0.50)	38.22 (10.10)	2.65 (0.56)	3.52 (1.24)	0.33 (0.48)	0.20 (0.41)	10.96 (2.58)	54
민주통합당	통합진보당	평균 (표준편차)	0.71 (0.46)	43.05 (11.11)	2.55 (0.60)	3.26 (1.33)	0.42 (0.50)	0.21 (0.41)	11.29 (2.34)	38
통합진보당	민주통합당	평균 (표준편차)	0.71 (0.47)	42.43 (14.12)	2.43 (0.65)	3.00 (1.18)	0.71 (0.47)	0.57 (0.51)	10.00 (1.62)	14
전체			0.53	44.61	2.33	3.11	0.37	0.21	10.74	563
차이검증			F = 2.86 p<.05	F = 4.95 p<.01	F = 5.79 p<.01	F = 2.05 n.s.	F = 2.80 p<.05	F = 3.84 p<.05	F = 1.40 n.s.	

〈표 10-11〉 야권연대 조합 집단 간 비교 (2)

지역구	비례	이념	무당파	새누리당 호감도	민주통합당 호감도	통합진보당 호감도	자유선진당 호감도	지역구 선거경쟁도	선거 관심도	N
민주통합당	민주통합당	4.41 (1.68)	0.20 (0.40)	38.22 (21.29)	65.29 (17.58)	40.81 (18.87)	33.17 (20.04)	0.14 (0.13)	3.01 (0.71)	457
통합진보당	통합진보당	3.80 (1.78)	0.31 (0.47)	30.15 (20.36)	51.48 (19.25)	63.19 (16.49)	33.89 (21.07)	0.13 (0.13)	3.07 (0.58)	54
민주통합당	통합진보당	3.79 (1.83)	0.26 (0.45)	26.84 (20.32)	57.24 (14.18)	55.53 (21.90)	28.03 (19.37)	0.14 (0.15)	3.53 (0.65)	38
통합진보당	민주통합당	3.79 (1.85)	0.36 (0.50)	33.25 (22.67)	53.93 (19.63)	49.29 (21.65)	27.50 (19.49)	0.19 (0.12)	3.29 (0.73)	14
전체		4.29	0.22	36.56	63.14	44.16	32.75	0.14	3.06	563
차이검증		F = 3.73 p<.05	F = 1.99 n.s.	F = 5.38 p<.01	F = 12.89 p<.001	F = 27.81 p<.001	F = 1.15 n.s.	F = 0.64 n.s.	F = 7.16 p<.001	

었다. 분석 결과, 이념과 정당 호감도에서 일관투표자 집단 내부, 분할투표자 집단 내부의 유의미한 차이가 있음이 발견되었다. 민주통합당 일관투표자는 통합진보당 일관투표자에 비해 평균적으로 0.6 정도 더 보수적인 성향을 갖고 있는 것으로 나타났으며, 통합진보당 일관투표자들의 이념 정도는 분할투표자 집단의 경우와 거의 유사하였다. 마찬가지로 새누리당 호감도와 민주통합당 호감도에서도, 민주통합당 일관투표자들은 새누리당, 민주통합당 모두에서 가장 높은 호감도를 보인 반면, 통합진보당 일관투표자들은 민주통합당 일관투표자들과는 큰 차이를 보이며 민주-진보, 진보-민주 분할투표 집단과 유사하게 낮은 호감도를 보였다. 민주통합당 일관투표자들은 지역구, 비례 모두에서 통합진보당이라는 선택지를 거부한 만큼 통합진보당에 대해 가장 낮은 호감도를 보였고, 통합진보당 일관투표자들도 마찬가지로 민주통합당에 대해 가장 낮은 호감도를 보였다.

이와 같은 분석 결과는 일관투표자 집단 내부, 분할투표자 집단 내부의 다양성을 간과했던 종래의 분할투표 연구들의 한계를 보여준다. 일관투표, 분할투표는 어떤 '분할하기 좋아하는' 개인의 특성에 기인하는 것이 아니라, 유권자가 속한 정치적 맥락과 전략적 선택에 따라 다양한 형태로 나타날 수 있다는 것이다. 같은 일관투표라 할지라도, 새누리-새누리, 민주통합-민주통합, 통합진보-통합진보 3개 집단의 일관투표가 의미하는 바는 각자 상이하고, 분할투표의 경우도 이와 마찬가지이다. 다음 절에서 이 연구는 유권자들의 일관투표와 분할투표의 선택의 결과, 19대 총선에서는 어떠한 정치적 결과가 나타났는지 밝히고자 한다.

5. 분할투표와 총선결과

이상의 논의를 통해 이 연구는 일관투표 집단, 분할투표 집단을 정당 조합별로 나누어 살펴보고, 각 집단들이 어떤 특성을 갖고 있는지 검토해 보았다. 다음으로 제기할 수 있는 질문은, 유권자들의 일관투표-분할투표행태가 이번 19대 총선의 선거결과에 어떠한 영향을 미쳤는가 하는 점이다. 이 논문은 먼저 각 정당별로 자신들의 지지자(비례대표 투표자)를 얼마나 일관되게 지역구 투표에서도 '흡수'하였는지 살펴보고, 지역구 투표에서 성공적으로 '전환된' 유권자들의 특성과 '전환되지 못하고' 타 정당의 후보를 택한 분할투표자들의 특성을 비교분석한다. 이어서 각 정당별 지역구 득표, 비례대표 득표 여부를 종속변수로 하여, 과연 분할투표가 각 정당의 득표에 어떠한 영향을 미쳤는지 로지스틱 회귀분석을 통해 검증하고자 한다.

1) 정당별 일관투표자-분할투표자 비교

(1) 새누리당

비례대표 투표에서 새누리당에 투표한 유권자의 수는 총 689명이었다. 그중 약 90%인 627명이 지역구 투표에서도 새누리당에 투표하였으며, 62명은 이탈하여 다른 정당 후보에게 투표하였다. 유권자들이 정당일체감에 기반을 두어 투표한다는 가정을 수용한다면, 새누리당은 자신들을 지지하는 유권자의 대부분을 지역구 투표에서의 득표로 성공적으로 전환시켰음을 알 수 있다. 표의 내용을 살펴보면, 비례대표 투표에서 새누리당을 선택하였으나 지역구에서는 새누리당이 아닌 다른 정당을 선택한 분할투표자들은 일관투표자들과 비교하여 다음과 같은 변수에서 통계적으로 유의미한 차이를 나타냈다. 먼저 이념에서, 두 집단 모두 중도적인 이념 성향을 갖고 있으나 분할투표자들이 일관투표자들보다 상대적으로 진보적인 성향을 보인다. 또한 분할투표자들은 일관투표자들에 비해 훨씬 무당파적인 성향을 보이며, 새누리당에 대한 호감도에서도 상대적으로 낮은 수치를 보인다(물론 타 정당에 대한 호감도와 비교하면 가장 높은 수치이다). 마지막으로 흥미로운 변수는 응답자가 속한 지역구의 새누리당 후보의 선거 결과인데, 분할투표자가 속한 지역구의 새누리당 후보의 순위가 평균적으로 더 낮은 것으로 나타났다. 이는 유권자가 사표방지심리에 따라 새누리당 후보의 당선 가능성을 염두에 두고 분할투표행태를 보였을 가능성을 의미한다.

〈표 10-12〉 새누리당 일관투표자-분할투표자 비교 (1)

		성별	연령	교육수준	소득	지역주의	지역 (경상)	정치 효능감	이념	N
일관 투표	평균 (표준편차)	0.47 (0.50)	52.31 (14.02)	2.06 (0.77)	2.94 (1.44)	0.37 (0.49)	0.37 (0.48)	10.77 (2.26)	5.88 (1.76)	627
분할 투표	평균 (표준편차)	0.52 (0.50)	49.68 (13.25)	2.23 (0.84)	3.13 (1.34)	0.45 (0.50)	0.34 (0.48)	10.79 (2.28)	5.05 (2.03)	62
전체		0.48	52.08	2.08	2.96	0.37	0.37	10.77	5.80	689
차이 검증		t = −0.66 n.s.	t = 1.42 n.s.	t = −1.48 n.s.	t = −0.99 n.s.	t = −1.16 n.s.	t = 0.51 n.s.	t = −0.06 n.s.	t = 3.49 p<.01	

〈표 10-13〉 새누리당 일관투표자-분할투표자 비교 (2)

	무당파	새누리당 호감도	민주통합당 호감도	통합진보당 호감도	자유선진당 호감도	지역구 선거 경쟁도	선거 관심도	소속 지역구 투표율	새누리당 후보순위	N
일관 투표	0.15 (0.36)	71.24 (15.36)	41.08 (18.71)	31.24 (19.84)	32.01 (19.04)	0.15 (0.14)	2.91 (0.70)	0.55 (0.04)	1.34 (0.52)	627
분할 투표	0.37 (0.49)	61.18 (19.67)	45.92 (18.51)	29.44 (19.63)	34.76 (19.72)	0.17 (0.15)	2.91 (0.75)	0.54 (0.04)	1.70 (0.87)	62
전체	0.17	70.34	41.51	31.08	32.26	0.15	2.91	0.55	1.37	689
차이 검증	t = −3.46 p<.01	t = 3.91 p<.001	t = −1.95 n.s.	t = 0.69 n.s.	t = −1.08 n.s.	t = −0.87 n.s.	t = −0.06 n.s.	t = 1.66 n.s.	t = −2.97 p<.01	

(2) 민주통합당

그러나 19대 총선에서 비례대표 투표자의 일관투표/분할투표 여부를 논할 때 보다 주목해야 할 사례는 민주통합당과 통합진보당의 사례이다. 앞서 수차례 언급한 바와 같이, 19대 총선을 앞두고 두 정당(일부 지역에서는 진보신당 혹은 무소속 후보와도 선거 연대가 이루어지기도 하였다)은 선거 연대, 정책 연대를 결의하였고, 그 결과 총 246개 지역구 중 18개 지역구에서만 두 정당의 후보들이 모두 출마하였을 뿐, 나머지 지역구에서는 한 정당의 후보만 출마하거나 두 정당 모두 후보를 내지 않았다. 애초 야권연대는 연대 파트너 정당의 지지자들을 지역구 투표에서 흡수함으로써 지역구에서의 당선 가능성을 높이고자 하는 목적에서 이루어졌다. 따라서 야권연대의 성패는 야권정당 지지자들이 지역구 투표에서 야권연대 바깥의 타 정당 후보에게로 이탈하는 것을 최대한 방지하는 데 있었다.

두 정당 모두 후보를 낸 18개 지역구에 속해 있는 응답자의 사례를 제거하고 보면, 비례대표 투표에서 민주통합당을 선택한 437명의 응답자 중 28명, 약 5%만이 민주통합당 혹은 통합진보당 후보가 아닌 야권연대 바깥에 있는 정당의 후보를 선택한 것으로 나타났다. 민주통합당-야권연대 후보 일관투표자와 분할투표자 집단 사이에서 유의미한 차이를 나타내는 변수는 소득, 무당파, 새누리당 호감도, 민주통합당 호감도, 민주통합당 후보 순위이다. 분할투표자 집단은 일관투표자 집단에 비해 상대적으로 높은 평균 소득을 보였으며, 앞서 새누리당 분할투표자 집단과 마찬가지로 높은 무당파 성향을 보였다. 또한 분할투표자들은 일관투표자들보다 훨씬 높게 새누리당에 대한 호감을 표시하였으며, 민주통합당에 대한 호감은 상대적으로 낮았다. 주목할 만한 부분은 분할투표자들의 새누리당에 대한 평균 호감도가 통합진보당에 대한 평균 호감도보다 약 10점 정도(50.36 - 40.36) 높게 나타난다는 점인데, 분할투표자 중 상당수가 해당 지역구에 야권연대 후보로서 출마한 통합진보당 후보에게 불만족하여 새누리당 후보에게 투표한 유권자일 가능성이 높다는 점을 보여준다. 마지막으로 민주통합당 분할투표자가 속한 지역구에서의 민주통합당 후보의 순위는 일관투표자가 속한 지역구에서보다 통계적으로 유의미하게 낮은 것으로 나타났다.

〈표 10-14〉 민주통합당-야권연대 일관투표자-분할투표자 비교 (1)

		성별	연령	교육수준	소득	지역주의	지역(전라)	정치 효능감	이념	N
일관투표	평균 (표준편차)	0.52 (0.50)	44.52 (14.32)	2.33 (0.73)	3.13 (1.35)	0.27 (0.44)	0.09 (0.29)	10.72 (2.33)	4.33 (1.70)	409
분할투표	평균 (표준편차)	0.50 (0.51)	44.25 (11.21)	2.43 (0.63)	3.68 (1.16)	0.25 (0.44)	0.04 (0.19)	10.71 (2.24)	4.68 (1.89)	28
전체		0.52	44.50	2.34	3.16	0.27	0.09	10.72	4.35	437
차이 검증		t = 0.19 n.s.	t = 0.10 n.s.	t = −0.70 n.s.	t = −2.12 p<.05	t = 0.22 n.s.	t = 1.43 n.s.	t = 0.01 n.s.	t = −1.04 n.s.	

〈표 10-15〉 민주통합당-야권연대 일관투표자-분할투표자 비교 (2)

	무당파	새누리당 호감도	민주통합당 호감도	통합진보당 호감도	자유선진당 호감도	지역구 선거 경쟁도	선거 관심도	소속 지역구 투표율	민주통합당 후보순위	N
일관투표	0.20 (0.40)	38.87 (21.34)	64.55 (17.93)	40.59 (19.36)	31.98 (20.48)	0.12 (0.10)	3.01 (0.72)	0.55 (0.04)	1.44 (0.52)	409
분할투표	0.43 (0.50)	50.36 (17.69)	54.82 (19.55)	40.36 (19.10)	38.75 (20.40)	0.12 (0.13)	2.79 (0.83)	0.54 (0.04)	1.73 (0.55)	28
전체	0.22	39.61	63.92	40.57	32.41	0.12	3.00	0.55	1.46	437
차이 검증	t = −2.32 p<.05	t = −2.78 p<.01	t = 2.76 p<.01	t = 0.06 n.s.	t = −1.69 n.s.	t = −0.32 n.s.	t = 1.59 n.s.	t = 1.07 n.s.	t = −2.50 p<.05	

(3) 통합진보당

통합진보당의 경우, 비례대표 투표에서 통합진보당에 투표한 89명의 응답자 중 약 10%라고 할 수 있는 9명의 응답자가 지역구 투표에서 야권연대 후보가 아닌 다른 정당의 후보를 선택한 것으로 나타났다. 일관투표자 집단과 분할투표자 집단 사이에서 유의미한 차이를 나타내는 변수는 지역주의, 지역(경상), 새누리당 호감도 변수였는데, 분할투표 집단의 경우 영남, 호남 지역 거주자의 비율이 더 높았으며, 특히 경상도 지역 거주자의 비율이 더 높았다. 또한 분할투표 집단의 경우 새누리당 호감도에서 민주통합당에 대한 호감도, 통합진보당에 대한 호감도와 큰 차이가 없을 만큼 높은 수치를 나타내었다.

〈표 10-16〉 통합진보당-야권연대 일관투표자-분할투표자 비교 (1)

		성별	연령	교육수준	소득	지역주의	지역(전라)	지역(경상)	정치 효능감	이념	N
일관투표	평균	0.65	40.56	2.61	3.46	0.28	0.09	0.19	11.15	3.80	80
	(표준편차)	(0.48)	(10.55)	(0.59)	(1.24)	(0.45)	(0.28)	(0.39)	(2.39)	(1.81)	
분할투표	평균	0.56	43.33	2.56	3.44	0.67	0.11	0.56	11.67	3.78	9
	(표준편차)	(0.53)	(12.72)	(0.88)	(0.88)	(0.50)	(0.33)	(0.53)	(2.83)	(2.22)	
전체		0.64	40.84	2.61	3.46	0.31	0.09	0.22	11.20	3.80	89
차이검증		t = 0.55	t = −0.73	t = 0.26	t = 0.04	t = −2.45	t = −0.23	t = −2.03	t = −0.60	t = 0.03	
		n.s.	n.s.	n.s.	n.s.	p<.05	n.s.	p<.05	n.s.	n.s.	

〈표 10-17〉 통합진보당-야권연대 일관투표자-분할투표자 비교 (2)

	무당파	새누리당 호감도	민주통합당 호감도	통합진보당 호감도	자유선진당 호감도	지역구 선거 경쟁도	선거 관심도	소속 지역구 투표율	N
일관투표	0.28	28.16	53.12	59.40	30.19	0.11	3.26	0.54	80
	(0.45)	(20.71)	(18.03)	(19.80)	(21.15)	(0.10)	(0.65)	(0.05)	
분할투표	0.44	50.22	52.11	52.22	38.33	0.17	3.33	0.56	9
	(0.53)	(23.78)	(21.65)	(25.01)	(29.16)	(0.11)	(1.00)	(0.04)	
전체	0.29	30.39	53.02	58.67	31.01	0.12	3.27	0.54	89
차이검증	t = −1.06	t = −2.99	t = 0.16	t = 1.00	t = −1.05	t = −1.60	t = −0.29	t = −1.52	
	n.s.	p<.01	n.s.	n.s.	n.s.	n.s.	n.s.	n.s.	

2) 분할투표는 각 정당의 득표에 어떤 영향을 미쳤는가?

앞에서 이 연구는, 각 정당의 지지자(정당명부 투표자)들 중 본래의 지지 정당을 이탈한 유권자의 비율을 살펴보고, 그와 같이 분할투표를 선택한 유권자들의 특성과 일관투표행태를 보인 유권자들의 특성을 비교 분석하였다. 그렇다면 분할투표로 인한 각 정당의 이해득실은 어떠했을까? 앞서 강원택(2004: 147)은 2004년 총선에서 민주노동당이 유권자들의 분할투표의 가장 큰 수혜자였음을 밝힌 바 있고, 지병근(2011: 64)은 2010년 지방선거에서 민주당이 '대정당-군소정당 사이의 분할투표'의 최대수혜자였음을 주장한 바 있다. 과연 이번 19대 총선에서는 어떤 정당이 분할투표의 수혜자였고, 어떤 정당이 상대적인 피해자였을까?

이 연구는 분할투표 여부를 더미변수로서 독립변수로 포함하는 투표결정요인 모델을 구성하고, 각 정당별로 지역구 투표 모델, 비례대표 투표 모델을 분석하였다. 각 모델에는 응답자가 소속된 지역구의 유형변수를 삽입하였는데, 그 이유는 야권연대로 인한 '강제적 분할투표'의 가능성을 통제하기 위함이다. 예컨대, 한 명의 통합진보당 지지자가 있다고 할 때, 그가 속한 지역구에 야권연대가 이루어져 민주통합당 후보가 단일후보로서 출마하였고, 결과적으로 그가 민주통합당 후보를 선택하였다면, 이는 보통의 분할투표와 다른, 자신이 지지하는 정당의 후보가 출마하지 않음에 따라 강제된 분할투표일 수 있기 때문이다. 따라서 본 모델에서는 민주통합당 단일후보 출마 지역구, 통합진보당 단일후보 출마 지역구, 민통-통진 두 정당 후보가 모두 출마한 지역구, 두 정당 후보 모두가 출마하지 않은 지역구를 변수로서 삽입하여 보다 정확한 분할투표의 영향력을 측정하고자 하였다.

(1) 새누리당

새누리당의 경우, 지역구와 비례대표 모두에서 분할투표 여부가 유의미한 설명력을 가지는 것으로 나타났다. 즉, 다른 변수의 영향력을 통제한 상태에서, 분할투표한 유권자일수록 지역구와 비례대표 투표에서 새누리당 후보를 혹은 새누리당을 지지하지 않을 가능성이 높은 것으로 나타난 것이다. 한계효과에 비추어 설명해보면, 다른 변수들의 값을 평균값에 고정하였을 때, 분할투표자가 새누리당 후보에 투표할 확률은 일관투표자에 비해 37% 낮으며, 정당명부 투표의 경우에도 24%나 낮다. 하지만 앞선 내용에서 살펴본 바와 같이 이번 선거에서의 분할투표 비율은 이전 17대, 18대 총선에 비해 낮은 것으로 나타났기 때문에, 결과적으로 이와 같은 '분할투표의 불리함'은 새누리당의 선거에서의 성패에 큰 영향을 미치지는 못했다고 보아야 할 것이다.

〈표 10-18〉 지역구-새누리당 투표 결정요인에 대한 로지스틱 회귀분석 결과

지역구-새누리당	β	표준오차	p-value	marginal effects
분할투표	-1.67***	0.27	0.000	-0.37
민주통합당 단일후보 지역구	1.36*	0.62	0.027	0.32
통합진보당 단일후보 지역구	1.51*	0.65	0.019	0.34
민통, 통진 모두 출마 지역구	-0.31	0.78	0.695	-0.08
지역(경상 지역)	0.81***	0.21	0.000	0.20
새누리당 지지자	3.93***	0.21	0.000	0.74
이념	0.32***	0.05	0.000	0.08
연령	0.01	0.01	0.212	0.00
성별	-0.10	0.19	0.578	-0.03
소득	0.14	0.07	0.060	0.03
교육	-0.08	0.17	0.631	-0.02
선거 관심도	-0.23	0.13	0.068	-0.06
cons	-4.40	1.01	0.000	

주: N = 1399, Pseudo $R^2 = 0.5452$, * $p<0.05$, ** $p<0.01$, *** $p<0.001$

〈표 10-19〉 비례-새누리당 투표 결정요인에 대한 로지스틱 회귀분석 결과

비례-새누리당	β	표준오차	p-value	marginal effects
분할투표	-0.97***	0.25	0.000	-0.24
민주통합당 단일후보 지역구	0.27	0.59	0.647	0.07
통합진보당 단일후보 지역구	0.13	0.62	0.840	0.03
민통, 통진 모두 출마 지역구	-1.36	0.76	0.074	-0.32
지역(경상 지역)	1.06***	0.22	0.000	0.25
새누리당 지지자	4.14***	0.22	0.000	0.75
이 념	0.32***	0.06	0.000	0.08
연 령	0.01	0.01	0.107	0.00
성 별	-0.17	0.19	0.380	-0.04
소 득	0.13	0.08	0.084	0.03
교 육	-0.13	0.17	0.427	-0.03
선거 관심도	-0.26*	0.13	0.042	-0.06
cons	-3.31	0.97	0.001	

주: N=1399, Pseudo R^2=0.5587, * $p<0.05$, ** $p<0.01$, *** $p<0.001$

(2) 민주통합당

분석 결과, 민주통합당 역시도 새누리당과 마찬가지로 지역구와 비례대표 모두에서 분할투표 여부가 유의미한 설명력을 갖고 있는 것으로 나타났다. 분할투표의 영향력은 그 방향성에서도 같았는데, 두 거대정당이라고 할 수 있는 민주통합당과 새누리당 모두 분할투표자일수록 지역구와 비례대표에서 해당 정당에 투표할 확률이 감소하는 경향성을 보였다. 다른 변수들의 값을 평균에 고정하였을 때(다른 변수들의 종속변수에 미치는 영향력을 통제), 분할투표자일수록 지역구에 출마한 민주통합당 후보에 투표할 확률은 약 10% 감소하였으며, 정당명부투표에서 민주통합당에 투표할 확률은 26% 정도 감소하는 것으로 나타났다. 이처럼 민주통합당의 사례에서는 비례대표투표(정당명부투표)에서 민주통합당에 투표할 확률이 보다 많이 감소하는 것으로 나타났는데, 이는 자신이 속한 지역구에 단일후보로 출마한 민주통합당 후보를 지지하고, 비례대표

투표에서는 원래 자신이 지지하는 정당(예: 통합진보당)에 투표하는 유권자들의 분할투표행태가 상당부분 존재하기 때문이라 추정된다.

〈표 10-20〉 지역구-민주통합당 투표 결정요인에 대한 로지스틱 회귀분석 결과

지역구-민주통합당	β	표준오차	p-value	marginal effects
분할투표	-0.43*	0.21	0.040	-0.10
민주통합당 단일후보 지역구	0.17	0.53	0.754	0.04
통합진보당 단일후보 지역구	-0.31	0.57	0.581	-0.07
민통, 통진 모두 출마 지역구	-0.30	0.70	0.670	-0.07
지역(전라 지역)	1.33**	0.41	0.001	0.32
민주통합당 지지자	3.47***	0.18	0.000	0.70
이 념	-0.15**	0.05	0.001	-0.04
연 령	-0.01	0.01	0.054	-0.00
성 별	-0.11	0.16	0.513	-0.03
소 득	-0.11	0.06	0.073	-0.03
교 육	0.27	0.15	0.076	-0.06
선거 관심도	-0.07	0.11	0.519	0.02
cons	-0.26	0.88	0.770	

주: N = 1399, Pseudo R^2 = 0.4025, * $p < 0.05$, ** $p < 0.01$, *** $p < 0.001$

〈표 10-21〉 비례-민주통합당 투표 결정요인에 대한 로지스틱 회귀분석 결과

비례-민주통합당	β	표준오차	p-value	marginal effects
분할투표	-1.49***	0.24	0.000	-0.26
민주통합당 단일후보 지역구	-0.56	0.55	0.309	-0.13
통합진보당 단일후보 지역구	-0.55	0.58	0.341	-0.11
민통, 통진 모두 출마 지역구	-0.68	0.75	0.364	-0.13
지역(전라 지역)	2.06***	0.45	0.000	0.47
민주통합당 지지자	3.74***	0.20	0.000	0.73
이 념	-0.12*	0.05	0.013	-0.03
연 령	-0.02**	0.01	0.009	-0.01
성 별	-0.22	0.17	0.204	-0.05
소 득	-0.07	0.07	0.298	-0.02
교 육	0.17	0.16	0.270	0.04
선거 관심도	-0.30*	0.12	0.014	-0.07
cons	1.16	0.91	0.204	

주: N = 1399, Pseudo R^2 = 0.4509, * $p < 0.05$, ** $p < 0.01$, *** $p < 0.001$

(3) 통합진보당

2004년 총선의 민주노동당, 2008년 총선의 친박연대는 유권자들의 분할투표행태로 인한 주된 수혜자들이었다. 상당수의 유권자들은 지역구에 출마한 군소정당 후보에게는 많은 지지를 보내지 않았지만, 대신 비례대표 투표용지에는 군소 정당의 이름에 기꺼이 도장을 찍었다. 실제로 2004년 총선에서 민주노동당은 지역구 투표에서 1.5%로 가장 낮은 지지율을 보인 대전에서도 11.8%의 정당투표율을 보여주었는데, 이는 생태적 오류의 가능성을 고려하더라도 당시의 민주노동당이 유권자들의 분할투표행태로 큰 수혜를 입었음을 시사한다(강원택, 2010: 150). 마찬가지로 2012년 총선을 앞두고서도, 통합진보당은 야권연대를 통한 지역구 당선자 배출에도 많은 기대를 하였지만, 그보다는 비례대표 투표에서 전국적으로 13%의 득표를 기록하면서 8석의 비례대표 의석을 획득했던 17대 총선과 같은 비례대표 투표에서의 약진을 기대하고 있었다.[8]

분석 결과, 분할투표의 여부는 통합진보당의 비례대표 득표에 유의미한 영향력을 갖는 것으로 나타났다. 또한 그 효과의 방향은 통합진보당이 기대한 그대로였는데, 다른 변수들의 값을 평균에 고정하였을 때, 분할투표자일수록 비례대표 투표에서 통합진보당에게 투표할 확률은 약 8% 상승하는 것으로 나타났다. 실제 선거 결과 통합진보당은 비례대표 득표에서 총 219만 표를 획득, 10.30%의 득표율로 6명의 당선자

8 한국사회과학데이터센터의 2004년 17대 총선 설문조사 자료에 따르면, 지역구에서 민주노동당 후보에게 투표하고, 비례대표에서 민주노동당에게 투표한 '일관투표' 응답자의 수는 42명이었다. 그러나 그보다 20명이나 많은 62명의 응답자가, 지역구에서 열린우리당 후보에게 투표하고 비례대표에서 민주노동당에 투표하였다. 즉 일관투표를 통해 얻은 정당지지보다, 분할투표를 통해 얻은 정당지지의 비율이 훨씬 더 높았던 것이다.

를 배출하였다(지역구에서는 7명의 당선자). 총 5석의 의석을 획득하는 데 그쳤던 2008년과 비교하면 큰 성과라고 말할 수도 있겠으나, 선거 당시의 정권심판론과 야권연대 요인들을 고려해보면 기대한 만큼의 비례대표 득표율을 보이지는 못했다고 할 수 있다. 정리하자면, 통합진보당은 2012년 19대 총선에서도 유권자들의 분할투표의 주된 수혜자였으나, 그 수혜 정도는 2004년의 그것에 비해 상대적으로 작았으며, 결정적으로 이번 총선에서는 전체 유권자 중 분할투표자가 차지하는 비중이 그다지 높지 않았기 때문에 분할투표로 인한 득표 효과가 상대적으로 반감되었다고 볼 수 있다.9

〈표 10-22〉 비례-통합진보당 투표 결정요인에 대한 로지스틱 회귀분석 결과

비례-통합진보당	β	표준오차	p-value	marginal effects
분할투표	1.57***	0.27	0.000	0.08
민주통합당 단일후보 지역구	-0.10	0.98	0.919	-0.00
통합진보당 단일후보 지역구	0.52	0.99	0.604	0.01
민통, 통진 모두 출마 지역구	0.73	1.03	0.476	0.03
지역주의(0 = 타지역, 1 = 경상+전라)	-0.09	0.31	0.764	-0.00
통합진보당 지지자	4.35***	0.42	0.000	0.65
이 념	-0.26***	0.07	0.000	-0.01
연 령	-0.02	0.01	0.241	0.00
성 별	0.04	0.28	0.889	0.00
소 득	0.16	0.11	0.124	0.01
교 육	0.24	0.27	0.359	0.01
선거 관심도	0.52**	0.20	0.009	0.02
cons	-4.50	1.57	0.004	

주: N = 1399, Pseudo R^2 = 0.3652, * $p<0.05$, ** $p<0.01$, *** $p<0.001$

9 지역구-통합진보당 투표 결정요인에 대한 분석은, 사례 수가 지나치게 적어 다중공선성(*Multicollinearity*) 문제가 제기되어 본문에서 생략한다.

6. 나가며

이 연구는 2표병립제를 취하는 한국의 제 19대 국회의원선거를 사례로 하여, 분할투표의 빈도, 유형, 분할투표자의 특성 및 분할투표가 총선의 결과에 미친 영향력을 다각도에서 검토하였다. 특히, 이 연구는 기존의 분할투표 연구에서 다루었던 유권자 특성뿐만 아니라, 유권자가 속한 지역구의 특성 또한 고려하여 변수에 포함시킴으로써, 유권자의 투표행태가 주어진 제도, 그리고 주어진 구조적 조건 내에서 어떻게 달라질 수 있는지를 분석하였다. 또한, 기존의 연구에서 분할투표자 집단과 일관투표자 집단을 내적 응집성을 지닌 2개의 집단으로 대별하여 인식하였던 것에 반해, 이 연구는 다양한 정당조합에 따라서 분할투표자 집단과 일관투표자 집단 사이에, 그리고 일관투표자 집단과 분할투표자 집단의 내부에도 인식 가능한 차이가 있을 것이라는 판단 아래 보다 엄밀한 분석을 수행하였다. 분석의 주요 결과를 요약하면 다음과 같다.

첫째, 이번 19대 총선에서 분할투표자의 비율은 17.5%로 추정되는데, 이 수치는 2표병립제도로 선거제도를 변화한 이후 실시한 3번의 선거 중 가장 낮은 것이었다. 이전의 선거에서 분할투표의 유형 중 지역구 선거에서 대정당을 선택하고, 비례대표선거에서 유사한 이념의 군소정당을 선택하는 경우가 상당했던 반면, 이번 선거에서 군소정당의 쇠퇴가 확연했던 것으로 미루어 보아, 분할투표 비율의 감소는 유의미한 군소정당이 부재했던 선거구도에 기인했다고 평가할 수 있다.

둘째, 먼저 이 연구는 유권자 속성과 지역구 특성을 포함하여, 분할투표 여부에 영향을 미치는 요인을 로지스틱 회귀분석을 통해 검증하였다. 검증의 결과, 특정한 정당을 지지하지 않아 선거의 이슈 및 지역구 상황, 그리고 후보자에 보다 큰 영향을 받을 수 있는 무당파 유권자일수록 분할투표를 할 확률이 높게 나타났으며, 정당에 대한 유권자의 지지가 보다 확고한 동시에 유의미한 보수 군소정당의 부재로 인하여 새누리당 지지자들이 일관투표를 하는 경향이 높게 나타났음을 확인하였다. 이 외에도 이념, 성별, 교육수준이 분할투표 여부에 영향을 미치는 것으로 나타났다.

셋째, 이 연구는 다양한 정당조합에 따라 유권자 집단 사이에 차이점을 노정할 것이라고 가정하였다. 이에 따라 두 거대정당인 새누리당에 대한 일관투표자와 민주통합당에 대한 일관투표자 사이에도 유의미한 차이가 발견될 수 있을 것이라는 판단 하에, 두 집단에 속한 유권자들의 여러 속성을 평균 비교하였다. 분석 결과, 두 집단 사이에서 연령, 교육수준, 선거관심도, 이념, 각 정당에 대한 호감도에서 차이가 발견되었고, 이는 통계적으로 유의미하였다. 또한, 야권연대의 상황을 고려하여, 일관투표자 집단과 분할투표자 집단을 4개로 구분한 후 그 특성을 살펴보았다. 분석의 결과, 야권연대 지지자 집단의 조합에 따라서 성별, 연령, 교육수준, 지역주의, 지역, 이념, 정당에 대한 호감도, 선거 관심도에서 평균값의 차이가 나타났고, 이는 통계적으로 유의미하였다. 이러한 결과는 야권연대를 단순히 하나의 정당으로 의제하거나, 혹은 야권연대의 상황을 고려하지 않은 상태에서 민주통합당과 통합진보당을 별개의 정당으로 상정하여 유권자의 투표행태를 추정할 수 없음을 함의한다. 다시 말하면, 유권자의 투표행태는 개인적 속성뿐만 아니라, 유권자가 속해 있는 지역구의 구조적 환경에도 영향을 받는다는 것을 나타낸다.

넷째, 이 연구는 비례대표선거에서 유권자의 정당선택을 중심으로, 각 정당에 대한 일관투표자와 분할투표자의 여러 속성을 평균 비교하였다. 구체적으로, 비례대표선거에서 특정한 정당을 선택한 이후, 지역구선거에서 다른 정당 후보를 선택함으로써 그 정당으로부터 이탈한 유권자들의 특성을 분석하였다. 분석 결과, 새누리당의 경우, 이념적으로 진보적일수록, 무당파적 성향을 띨수록, 새누리당에 대한 호감도가 낮을수록, 그리고 그가 속한 지역구에서 새누리당 후보의 순위가 낮을수록 지역구선거에서 새누리당으로부터 이탈하여 분할투표를 하였다. 다음으로, 민주통합당-야권연대 후보 조합의 경우, 소득이 높을수록, 무당파적 성향을 띨수록, 새누리당에 대한 호감도가 높을수록, 민주통합당에 대한 호감도가 낮을수록, 그리고 그가 속한 지역구에서 민주통합당 후보의 순위가 낮을수록, 유권자는 비례대표선거에서 민주통합당을 선택하고, 지역구 선거에서 야권연대가 아닌 다른 정당의 후보를 선택하는 경향을 보였다. 끝으로 통합진보당-야권연대 후보 조합의 경우, 유권자가 경상도 지역에 거주할수록, 새누리당에 대한 호감도가 높을수록, 유권자는 비례대표선거에서 통합진보당을 선택하고, 지역구 선거에서 야권연대가 아닌 다른 정당에 소속된 후보를 선택할 가능성이 높았음을 확인하였다.

마지막으로, 이 연구는 유권자의 분할투표 여부가 각 정당의 득표율에 미친 영향을 로지스틱 회귀분석을 통해 검증하였다. 분석 결과, 분할투표행태를 보인 유권자들이 지역구선거와 비례대표선거에서 모두 새누리당에 대해 투표할 가능성이 낮게 나타났다. 그러나 분할투표의 빈도 자체가 높지 않았던 이번 19대 총선에서, 새누리당은 분할투표로 인한 손해를 크게 입지 않은 것으로 보인다. 민주통합당의 경우에도 마찬가지로, 분할투표자들은 지역구선거와 비례대표선거에서 민주통합당을 선택하지 않는 경향을 보였다. 그런데 특히 분할투표자가 비례대표선거에서 민주통합당을 선택할 확률이 보다 낮게 나타났는데, 이는 지역구선거에서 야권연대를 통해 단일후보로 출마한 민주통합당 후보를 선택하고, 비례대표선거에서 유권자가 본래 지지하던 통합진보당을 선택한 행태가 다수 존재했기 때문으로 판단된다. 끝으로, 분할투표행태를 보인 유권자일수록 비례대표선거에서 통합진보당을 선택할 확률이 높게 나타났다. 다만, 이번 선거에서 분할투표의 빈도 자체가 높지 않았기에, 분할투표로 인한 통합진보당의 이득은 상대적으로 감소했다고 평가할 수 있다.

이렇듯, 이 연구는 유권자의 투표행태를 분석할 때 유권자의 속성 및 지역구의 특성을 함께 고려함으로써, 선거제도, 유권자의 투표선택, 선거의 결과 사이의 다양한 정치적 동학을 보다 다각도에서 분석하고 평가하였다. 유권자의 정치적 선택 과정에서 유권자의 속성 및 그러한 선택이 이루어지는 정치적·구조적 맥락에도 초점을 맞춤으로써, 이 연구는 행태와 제도, 그리고 정치적 구조가 형성하는 영향력의 중요성을 인식하고, 유권자의 투표행태에 대해 보다 적실하게 이해하려는 시도였다는 점에서 그 함의를 찾고자 한다. 나아가, 이 연구는 이러한 분석을 통해 추후 보다 비례적이고 대표성을 담보할 수 있는 선거제도 및 정치적 환경을 끊임없이 모색해야 할 필요성을 제시하고자 한다.

참고문헌

강원택(2004), "제17대 총선에서 민주노동당 지지에 대한 분석", 〈한국정치연구〉 13(2): 143~165.

______(2010), 《한국 선거정치의 변화와 지속》, 나남.

김영래·박상신(2009), "한국의 혼합선거제도와 정당체제의 변화 연구", *OUGHTOPIA* 24(1): 171~205.

박찬욱(2004), "제17대 총선에서 2표병립제와 유권자의 분할투표: 선거제도의 미시적 효과 분석", 〈한국정치연구〉 13(2): 39~85.

______·홍지연(2009), "제18대 국회의원 총선거에서 한국유권자들의 분할투표 행태에 관한 분석", 〈한국정치연구〉 18(1): 1~28.

장 훈(2006), "혼합형 선거제도의 정치적 효과", 〈한국정치학회보〉 40(5): 191~213.

정영재·정준표(2005), "선거제도의 정치적 효과: 제6대~제17대 국회의원선거를 중심으로", 〈한국정당학회보〉 4(2): 5~44.

조진만·최준영(2006), "1인 2표 병립제의 도입과 유권자의 투표행태: 일관투표와 분할투표의 결정요인 분석", 〈한국정치학회보〉 40(1): 71~90.

지병근(2011), "6·2 지방선거에서 나타난 분할투표의 유형과 원인", 이내영·임성학 공편, 《변화하는 한국유권자 4: 패널조사를 통해 본 2010 지방선거》, 55~72쪽, 동아시아연구원.

한국사회과학데이터센터(2004), 제17대 국회의원선거 유권자 조사 데이터.

______(2008), 제18대 국회의원선거 유권자 조사 데이터.

Duverger, Maurice(1954), *Political Parties: Their Organization and Activity in the Modern State*, New York: John Wiley and Sons, Inc.

Farrell, David(2011), *Electoral Systems: A Comparative Introduction*, Basingstoke: Palgrave Macmillan.

Fiorina, Morris(1992), "An Era of Divided Government", *Political Science Quarterly* 107(3): 387~410.

______(1996), *Divided Government*, 2nd ed., Boston: Allyn and Bacon.

Gschwend, Thomas(2007), "Ticket Splitting and Strategic Voting under Mixed Electoral Rules: Evidence from Germany", *European Journal of*

Political Research: 1~23.

Hirano, Hiroshi (2004), "Split-Ticket Voting under the Mixed Electoral System in Japan", 〈日本選擧學會 紀要〉 제 2호.

Jesse, Eckhard (1988), "Split-voting in the Federal Republic of Germany: An Analysis of the Federal Elections from 1953 to 1987", *Electoral Studies* 7(2): 109~124.

Johnston, R. J. & D. J. Pattie (2002), "Campaigning and Split-Ticket Voting in New Electoral Systems: The First MMP Elections in New Zealand, Scotland, and Wales", *Electoral Studies* 21: 583~600.

Karp, Jeffrey A., Jack Vowles, Susan A. Banducci & Todd Donovan (2002), "Strategic Voting, Party Activity, and Candidate Effects: Testing Explanations for Split Voting in New Zealand's New Mixed System", *Electoral Studies* 21: 1~22.

McAllister, Ian & Stephen White (2000), "Split Ticket Voting in the 1995 Russian Duma Elections", *Electoral Studies* 19: 563~576.

11 유권자 투표선택에 대한 종합적 분석

박찬욱

1. 들어가며

2012년 4월 11일에 실시된 제 19대 국회의원 총선거에서 유권자들의 투표선택에 주목할 만한 영향을 미친 중요 요인들은 무엇인가? 유권자가 지역구 선거에서 특정 후보, 그리고 비례대표 선거에서 특정 정당을 지지하는 선택을 설명할 때 그 유권자가 그 후보의 소속정당이나 해당 정당에 대하여 갖는 일체감 또는 긍정적인 호감도라는 당파적 태도 이외에 다른 어떤 요인을 고려해야 할 것인가? 이번 총선에서 지역, 세대와 이념 요인은 유권자의 투표선택 행위에 어떻게 투영되었는가? 이명박 대통령의 임기 5년 중 마지막 해의 초반에 치러진 이 선거에서 현직 대통령의 국정수행에 대한 평가는 투표선택에 어떤 영향을 주었는가? 선거운동 기간에 제기된 이슈의 영향력은 어떠했는가? 유권자의 사회경제적 지위나 유권자가 선거정보 획득을 위해 주로 활용하는 미디어는 그의 투표선택에 대하여 독립변수적 효과를 창출하였는가? 차기 대선을 8개월여 앞두고 치러진 총선에서 대선의 유력한 후보자로 거론되는 지도적 인물에 대한 호의적 평가는 총선의 투표선택을 위한 결정요인으로서 의미 있는 영향을 끼쳤는가? 이 글에서는 이와 같은 일련의 질문들에 대한 해답을 모색하고자 한다.

2. 19대 총선에서의 유권자 투표선택에 관한 선행연구

4·11 총선 이후 이 글을 작성하는 시점까지 이 선거에서의 유권자 투표선택에 관한 연구논문이 여러 편 발표되었다. 투표선택에 대한 분석은 유권자 개인 수준에서 수행되는 미시적 성격의 것으로서 유권자 개인의 특성, 태도 및 행위에 관련한 자료가 필수적이고 이러한 자료는 통상 질문지를 활용한 조사를 통해 수집된다. 필자가 아는 바에 의하면 19대 총선일 직후 학술적 연구의 목적에 부합하는 질문지 조사는 네 군데 연구기관이 주관하여 이루어졌다. 동아시아연구원은 총선 직전과 직후에 전화 패널조사를 수행하였는데 선거 후 조사에서 표본규모는 1,666명이었다. 아산정책연구원도 총선을 전후로 전화 패널조사를 실시하였는데 선거 후 조사의 표본규모는 2,512명이었다. 한국선거학회는 총선 직후 제주지역을 제외한 전국의 유권자 1,000명을 면접 조사하였다. 그리고 이 글에서 활용되는 자료는 서울대 한국정치연구소의 주관 아래 2,047명을 대상으로 면접하여 실시한 〈정치와 민주주의에 관한 의식 조사〉를 통해 수집되었다.

이 글은 중요 투표결정 요인에 초점을 맞추어 19대 총선 직후 위와 같은 조사 작업으로 얻어진 자료를 바탕으로 수행한 선행연구를 참고하여 유권자 행태를 분석한다. 이제 경험적 연구의 결과를 개관하면서 투표선택에 영향을 주는 주요 요인에 대하여 각각 논의하기로 한다. 이 글에서 주목하는 유권자 투표선택의 결정요인은 당파적 태도, 지역, 연령, 이념, 선거 이슈, 정치인 호감도, 사회경제적 지위, 선거정보 획득의 주 미디어를 포함한다.

1) 당파적 태도

선행연구에서 투표선택의 독립변수로서 고려된 당파적 태도(*partisanship*) 또는 당파심은 정당일체감(*party identification*)과 정당호감도(*favorable feeling toward a party*)이다. 주지하는 바와 같이 정당일체감 개념은 투표행태에 관한 사회심리학적 분석을 수행한 '미시간 학파'에 의하여 개발되었다. 정당일체감은 특정 정당에 대하여 상당한 기간 동안 내면적으로 간직하는 애착심 또는 귀속의식을 말한다. 캠벨, 밀러 등의 학자가 이 개념을 투표행태 설명에 처음으로 원용하였다(Campbell, Gurin & Miller, 1954; Campbell, Converse, Miller & Stokes, 1960). 정당의 빈번한 이합집산과 당명변경 등에서 드러나는 바와 같이 제도화 수준이 낮은 한국 정당정치의 맥락에서 과연 유권자 수준에서 특정 정당에 대하여 비교적 오랜 기간에 걸쳐 내면화된 안정적인 정당일체감이 존재하는가는 논란의 여지가 적지 않다. 그럼에도 불구하고 정당일체감 개념이 전혀 무의미하다고 말하기도 어렵다. 이를테면 새누리당 당명은 불과 총선일 약 4개월 전 시점에 새로 정해졌지만 새누리당은 그 전신인 한나라당은 물론 과거로 거슬러 올라가 적어도 신한국당, 민자당, 민정당의 이미지를 부분적으로나마 간직한 보수정당이다. 민주통합당 역시 민주화 이후 시기에서 뿌리를 따지면 김대중의 평화민주당으로부터 시작하여 새천년민주당과 노무현의 열린우리당으로 연결된다. 통합진보당은 당명 자체로만 따지면 총선일 기준으로 수개월 정도만 지속된 존재였지만 그 핵심세력의 일부는 이미 17대 국회부터 제도권 정치에 진출하였고 노동자 계급을 기반으로 한다는 점이 유권자들에게 널리 인식되어 있다. 즉 미국의 정당정치와 사정은 사뭇 다르더라도 정당일체감 개념을 적용하려는 시도가 불가능하지는 않다.

아산정책연구원 조사자료를 분석한 조원빈의 양변수 분석(2012)에 따르면, 새누리당 일체감을 갖는 유권자들의 88.2%가 지역구 선거에서 새누리당 후보를, 88.0%가 비례대표 선거에서 새누리당을 선택하였다. 민주통합당 일체감을 갖는 유권자 집단의 경우 77.9%가 지역구 선거에서 민주통합당 후보를, 77.0%가 비례대표선거에서 민주통합당을 뽑았다. 정당일체감이 실제로 비례대표 또는 지역구 선거에서 해당 정당이나 그 소속 후보를 선택하는 행위로 연결되는 경향을 보인다.

아산정책연구원 자료를 토대로 한 필자의 다변수 종합분석(박찬욱, 2012)에서는 정당일체감 이외에 주요 대선주자 호감도, 연령대, 이념성향, 출신지, 선거 이슈(한미 FTA, 민간인 사찰, 이명박정부 심판 대 거야 견제)가 독립변수로 고려되었다. 비례대표와 지역구 선거에서 새누리당 일체감을 가진 유권자는 그렇지 않은 유권자에 비하여 다른 조건들이 동일하다면 민주통합당이나 야권연대 후보보다는 새누리당이나 그 후보를 선택할 확률이 높았다. 거꾸로, 민주통합당 일체감을 가진 유권자는 민주통합당이나 야권연대 후보를 선택할 확률이 높았다.

정당일체감과 함께 정당호감도가 투표선택에 미치는 당파적 태도로서 흔히 고려된다. 이는 특정 정당에 대하여 싫거나 좋다고 느끼는 감정의 정도를 말한다. 정당 호오도나 정당 선호도라고도 표현되는데, 통상 매우 싫다는 0점부터 매우 좋다는 10점에 이르는 11점 척도로써 측정되었다. 동아시아연구원 자료를 활용한 강원택(2012)과 한국선거학회 자료를 토대로 하는 황아란(2012)은 여러 독립변수를 포함하는 이항 로지스틱 분석을 수행하였다. 이 두 연구에서 분석결과의 내용은 동일하다. 새누리당이나 민주통합당 각각에 대한 호감도가 강할수록 해당 정당이나 그 정당소속의 후보에 투표할 확률이 높아진다는 것이다.

한국정치연구소 자료를 이용하는 이 글에서도 선행연구와 거의 동일한 내용으로 정당일체감이나 정당호감도가 투표선택에 미치는 영향을 분석한다. 변수 측정이나 분석 기법의 방식에 관해서는 뒤에서 상세히 언급하기로 한다.

2) 지역

민주화 이후 선거 결과에서는 특정 정당이 호남, 영남 또는 충청지역에서 배타적이거나 압도적인 지지를 받는 정당의 지역할거와 유권자의 지역주의 투표가 많은 주목을 받았다. 유권자의 지역주의 투표는 거주지, 출생지, 고향이나 주 성장지를 연고로 하여 확인되었다.

19대 총선에서 충청권에서는 새누리당, 민주통합당과 자유선진당 3당이 치열하게 경합하였고 선거결과의 공식적 집계를 보면 종전과 같은 유권자의 지역주의 투표 현상은 나타나지 않았다. 충남에서의 정당별 비례대표 득표율을 예로 들면 새누리당 36.57%, 민주통합당 30.40%, 자유선진당 20.39%이었다. 예상대로 새누리당은 영남, 민주통합당은 호남이 강력한 지지기반이라는 점은 여전했다. 다만, 비례대표 선거의 경우 민주통합당은 대구와 경북에서 각각 16.37%와 13.42%를 기록했는데, 부산에서 31.78%, 울산에서 25.22%와 경남에서 25.61%를 얻어 영남의 남부에서는 지지를 상당히 확대했다(박찬욱, 2012). 물론 영남 유권자의 지지 정당이 남북으로 확연히 구분된다고까지는 말할 수 없지만 영남을 둘로 나누어 분석하는 것은 의미가 있다.

김영태(2012)는 한국선거학회 자료를 활용하여 19대 총선에서의 유권자 투표선택을 분석하였는데 그 결과는 다음과 같다. 우선 양변수 분석에서 호남 거주는 지역구와 비례대표 선거에서 모두 민주통합당이나 통합진보당의 후보와 그 정당에 대한 지지행위에 정의 효과를 보였다. 반대로, 대구/경북과 부산/울산/경남 거주는 민주통합당이나 통합진보당의 후보와 그 정당에 대한 지지에는 부의 효과를 나타냈다. 충청 거주는 .10의 유의 수준에서조차 통계적 의미를 갖지 못했다. 그런데 이명박 대통령 평가, 박근혜 호감도 등을 독립변수로 포함하는 다변수 분석에서는 호남거주 변수만이 통계적 유의성을 갖게 되었다. 19대 총선에서 영남과 호남을 가르는 지역주의 투표가 온존하고는 있지만 과거와 같은 선명한 위력을 발휘하지 못함을 말해준다. 한편, 황아란의 다변수 분석(2012)에서는 동일한 한국선거학회 자료에 의존했는데 종속변수의 부호화를 달리하고 영남거주 변수는 남북으로 나누지 않았다. 분석 결과, 지역구 선거에서 새누리당 후보를 선택할 확률은 수도권을 비롯하여 강원, 충청 거주자에 비하여 영남 거주자가 더 높고, 호남 거주자는 훨씬 낮다는 점이 확인되었다.

필자는 아산정책연구원 자료를 가지고 다변수 분석을 행한 결과(박찬욱, 2012) 지역구 선거에서 호남출신 변수나 영남출신 변수가 모두 새누리당과 야권연대 후보 간의 선택 확률에 통계적으로 의미 있는 영향을 미쳤다. 그런데 비례대표 선거에서는 호남출신 변수만이 새누리당 대 민주통합당의 선택 확률에 의미 있는 영향을 보여주었다. 선행연구 전반을 통해 지역변수의 독립변수적 효과는 호남 변수가 가장 크고, 영남(특히 대구와 경북) 변수는 그 다음이라고 말할 수 있다.

3) 연령 및 세대

정치의식과 행태에 관한 연구에서 연령 및 세대는 간과할 수 없는 요인이다. 투표선택에서도 나이가 들면서 점차 보수적인 정당이나 후보를 선호하는 경향이 있는 생애주기효과(*life-cycle effect*)가 언급된다. 특정 연령층이나 세대에 속한 사람들이 대체로 10대 후반에서 20대 후반 사이에 공통된 사회적 경험을 겪으면서 일정 형태의 정치적 태도를 형성하고 그 결과 일정 형태의 정치 행태를 보이는 경향이 있을 수 있다. 이것은 세대효과(*generational effect*)라고 할 수 있다.

19대 총선에서 유권자의 연령 및 그가 속한 세대여부가 투표선택에 미친 영향을 다룬 선행연구를 보면, 양변수 단순분석에서 연령 및 세대의 영향은 쉽게 확인되는데 다른 독립변수를 통제하는 다변수 분석으로 가면 연령 및 세대의 직접 내지 순수 효과는 대체로 불분명하게 나타난다. 김영태(2012)의 양변수 단순분석에서 나이 많은 유권자일수록 지역구와 비례대표 선거에서 새누리당 또는 자유선진당 대신에 민주통합당이나 통합진보당의 후보와 그 정당을 선택할 가능성은 적게 된다. 하지만 다변수 종합분석에서 연령의 그러한 효과는 통계적으로 유의미하지 않다. 연령이 그 자체의 효과보다는 상관관계가 강한 다른 독립변수의 효과로 말미암아 투표선택에 영향을 준다는 것이다. 황아란(2012)은 지역구 선거에서 연령과 새누리당 후보의 선택이 정의 관계, 연령과 민주통합당 후보선택은 부의 관계를 갖고 있음을 확인하였다. 그러나 다변수 분석에서 연령은 새누리당 후보선택에 부의 효과, 민주통합당 후보선택에 정의 효과를 보여 오히려 당초 예상과 상반되는 결과를 얻었다.

박원호(2012)는 아산정책연구원 자료를 활용하여 유권자를 19~20세, 21~25세, 26~30세로부터 61~65세, 66~70세, 71세 이상에 이르는 여러 연령집단으로 범주화하고 정치의식과 행태에 대하여 주로 양변수 분석을 시도했다. 투표선택과 관련된 분석결과는 다음과 같이 집약될 수 있다. 즉 지역구나 비례대표 선거에서 새누리당에 표를 준 비율은 2030세대에서 상당히 낮고 40대부터 60세 이상의 세대에 이르기까지 단선적으로 급격히 증가한다. 대조적으로, 민주통합당이나 통합진보당의 소속 후보나 그 정당을 선택한 비율은 2030세대에서 가장 높고 40대부터 단선적으로 급감한다.

필자의 다변수 종합 분석(박찬욱, 2012)에서는 19~29세, 30~39세, 40~49세, 50~59세, 60세 이상으로 연령대를 구분하였는데 이 독립변수의 효과는 통계적으로 유의미하지 않았다.

4) 이념

19대 총선의 지역구 선거에서는 진보 성향의 민주통합당과 통합진보당이 연대하여 보수정당인 새누리당과의 양자 구도가 형성되었다. 비례대표 선거에서도 보수정당인 새누리당은 진보정당인 민주통합당이나 통합진보당과 팽팽한 경쟁을 벌였다. 비례대표 득표율은 새누리당이 42.80%, 민주통합당이 36.45%, 통합진보당이 10.30%이었다. 민주화 이후 특히 최근선거에서 유권자와 정당의 이념성향(*ideological orientation*)은 투표선택을 설명할 때 무시할 수 없는 요인이다.

한국선거학회 조사에서는 가장 진보적인 입장인 0으로부터 중도인 5점을 거쳐 가장 보수적 입장인 10점에 이르는 11점 척도를 활용해 주요 정당과 유권자 본인의 이념성향에 대한 주관적 인식을 측정하였다. 이 자료를 사용한 김영태(2012)는 지역구 선거에서나 비례대표 선거에서 유권자의 이념성향이 진보에서 보수로 갈수록 민주통합당이나 통합진보당보다는 새누리당 또는 자유선진당을 선택할 확률이 커진다는 점을 양변수와 다변수 분석의 맥락에서 입증하였다. 황아란(2012)은 동일한 조사 자료를 토대로 하여 지역구 후보의 선택에 대한 다변수 분석을 수행하였는데, 여기서의 이념 변수는 유권자 자신의 이념성향 인식이 아니라 유권자가 인식하는 각 주요 정당과 자신 간의 이념성향 차이였다. 이러한 분석은 다운즈(Downs, 1957)와 같은 선구적 연구자가 주장한 바와 같이 유권자는 이념적으로 자신의 입장에 보다 근접한 정당을 선택한다는 것을 전제로 한다. 실제로, 지역구 선거에서 유권자가 자신과 새누리당의 이념성향 차이를 작게 인식할수록, 민주통합당보다는 새누리당 후보를 선택할 확률이 높다는 점이 확인되었다.

5) 선거 이슈

선거 이슈는 선거일을 앞두고 중요하게 부각되는 투표선택의 결정 요인이다. 특히 집권세력의 업적 등에 대한 회고적 평가와 논쟁은 많은 선거에서 중요 이슈로 우선적으로 제기되고 투표선택에 영향을 준다(Fiorina, 1981). 19대 총선이 이명박 대통령의 임기 만료 약 8개월을 앞두고 실시된 만큼 이 선거에서 현직 대통령의 국정운영 실적에 대한 회고적 평가는 자명하게 중요성을 갖는다. 야당인 민주통합당은 19대 국회에서 제1당으로 부상하기 위한 선거 전략의 일환으로 이명박정부 심판론을 강력하게 제기하였다. 총선일 전후하여 이명박정부의 국정운영에 대한 일반유권자들의 평가는 압도적으로 부정적이었기에 선거 전에는 민주통합당이 이러한 선거 전략을 바탕으로 승리할 것이라는 예측이 지배적이었다. 한국정치연구소의 선거 후 조사에서는 “지난 4년간 이명박 대통령이 대통령으로서 국정운영을 얼마나 잘했다고 생각하십니까?”라는 질문이 포함되었는데, 이에 대한 응답 비율을 보면 긍정적 반응 29.0%(매우 잘했다 1.4%, 대체로 잘했다 27.6%) 대 부정적 반응 70.9%(대체로 잘 못했다 50.5%, 매우 잘 못했다 20.4%)이었다(모름/무응답은 0.1%). 하지만 선거결과 새누리당이 승리함으로써 이명박정부 심판론은 당초의 예상과 달리 영향력이 제한적이었다고 해석되었다. 박근혜 비상대책위원장의 주도 아래에 한나라당은 새누리당으로 당명을 변경하였고 새누리당은 이명박정부와의 차별화를 시도하였다. 또한 박근혜 위원장은 거대 야당의 출현을 견제해야 한다고 맞불을 놓았다. 19대 총선에서는 이명박정부 심판론 이외에 한미 FTA, 청와대의 민간인 불법사찰, 김용민 막말, 언론사 파업 등에 대한 여야의 공방이 펼쳐졌다.

김영태(2012)와 황아란(2012)은 모두 한국선거학회 자료를 활용했으나 이명박 대통령의 국정운영에 대한 평가가 투표선택에 미친 영향을 분석한 결과는 서로 엇갈린다. 앞에서 언급된 바 있듯이 양자는 모두 여러 독립변수를 포함하는 이항 로지스틱 회귀분석을 실행하였는데 종속변수의 부호화를 다르게 했다는 점 등 분석방법에는 차이가 있다. 전자의 연구는 지역구 선거와 비례대표 선거 각각에서 보수정당(새누리당 또는 자유선진당=0) 대 진보정당(민주통합당이나 통합진보당=1)의 선택을 종속변수로 하였다. 한편, 후자의 연구는 지역구 선거에서 새누리당 후보선택의 가변수(*dummy variable*: 새누리당=1, 다른 정당/무소속=0)와 민주통합당 후보선택의 가변수(민주통합당=1, 다른 정당/무소속=0)를 각각 종속변수로 하였다. 전자 김영태의 종합분석 모델에서 현직 대통령 평가는 지역구와 비례대표 선거 모두에서 통계적으로 유의미한 영향을 보여주지 않았다. 이는 이명박정부 심판론이 거의 효과가 없었음을 시사한다. 하지만 후자 황아란의 연구는 지역구 선거에서 유권자가 이 대통령의 업무수행을 긍정적으로 평가할수록 새누리당 후보를 선택할 확률이 높아지고, 민주통합당 후보를 선택할 확률은 낮아진다는 점을 확인하였다. 이 결과는 적어도 지역구 선거에서 이명박정부 심판론이 유권자의 투표선택에 영향을 주었다는 것이다. 한편, 동아시아연구원 자료를 분석한 강원택(2012)은 19대 총선에서 회고적 평가의 영향이 별로 없었다는 쪽의 해석에 무게를 두고 있다. 결국, 19대 총선에서 이명박정부 심판론의 효과와 관련하여 여전히 논쟁의 여지가 있다.

다른 선거 이슈가 투표선택에 미친 영향에 관한 선행연구를 보기로 한다. 황아란(2012)은 민간인 불법사찰이 선거결과에 미친 영향을 크게 인식할수록 새누리당 후보선택의 확률은 낮아지고 민주통합당 후보선택의 확률은 높아진다고 주장한다. 아산정책연구원 자료를 활용한 우정엽과 강충구(2012)에 의하면, 민주통합당이 통합진보당과의 연대를 위해 이미 효력이 발생한 한미 FTA에 대해 폐기를 불사하는 부정적 입장을 취한 것은 새누리당에 유리하게, 그리고 민간인 불법사찰은 새누리당에 불리하게 작용하였다. 필자 역시 아산정책연구원 자료를 이용한 이항 로지스틱 분석(박찬욱, 2012)에서 한미 FTA, 민간인 사찰, 이명박정부 심판 대 거야 견제라는 세 이슈가 다른 독립변수들이 통제된 가운데 투표선택에 어떻게 영향을 주었는지를 검토하였다. 한미 FTA 이슈는 지역구 선거, 민간인 불법사찰 이슈는 비례대표 선거의 투표선택에서 통계적으로 유의미한 독립변수적 효과를 보여주었다.

6) 정치인 호감도

정치무대에서 지도적 인물이 유권자의 투표행태에 미치는 '지도자 효과'(*leader effect*)는 학문적 관심사가 아닐 수 없다(McAllister, 1996; Bittner, 2011; King, 2002). 정치지도자에 대한 태도는 당파적 태도나 이념성향과 같이 투표결정에 이르는 지름길로서 작용한다. 비트너(Bittner, 2011: 113)는 서구 민주주의 국가에서의 선거에 대한 비교연구를 통해서 지도자에 대한 유권자의 태도는 사회인구학적 특성이나 정책이슈에 대한 태도보다 투표선택에 미치는 영향력이 크고, 당파적 태도나 이념성향과는 엇비슷한 정도로 영향을 미친다고 결론 내렸다.

대통령제를 채택하는 한국의 국가선거에서 지도자 충원의 기제로서 총선보다 대선이 더 중요하게 인식되고 유권자가 더 많은 관심을 경주하는 것은 정상적인 일이다. 이번 총선처럼 대선과 약 8개월의 시차를 두고 먼저 치러지는 총선이 대선의 전초전이 되는 것은 이상한 일이 아니다. 총선 직전의 시점에서 차기 대선의 주자로서 미디어 보도의 관심 대상으로 부상하고 또한 대중적 지지를 많이 받고 있는 정치인에 대한 유권자의 인식이 투표선택에 영향을 미칠 것이라고 쉽게 예상할 수 있다.

여당 쪽에서는 이미 2011년 말부터 박근혜 전 대표가 비상대책위원장으로 전권을 장악하고 총선을 치렀다. 박근혜 위원장은 총선에서 승리하면서 당내에서는 그녀의 대선가도를 가로막는 다른 인물이 없다. 민주통합당의 문재인 노무현재단 이사장은 19대 총선에서 지역구의원으로 당선되었다. 그는 부산과 경남 지역에서 의도하던 바대로 지지기반을 크게 확장하지는 못했지만 대중적 지지로 보아 민주통합당의 대선주자로서는 가장 유리한 입장이다. 대선주자로서 제외할 수 없는 인물은 서울대 안철수 교수이다. 그는 직업정치인이 아니고 대선일 3개월

전에 이르러서야 대선출마 의사를 공식적으로 선언했다. 하지만 안 교수는 2011년 가을 서울시장 보궐선거를 전후로 사실상 정치인으로 돌연히 등장하고 정치권 밖에서 정치적 메시지를 대중에게 전달하였다. 20대, 30대와 40대 초반 유권자들로부터 열렬한 지지를 받으며 한때 박근혜대세론을 무너뜨리기도 하였다. 이명박정부와 새누리당에 비판적인 안 교수가 대선주자로서 본격적인 행보를 하게 되어 지지 기반이 상당한 정도로 중첩되는 민주통합당과 안 교수는 정권교체의 목표를 실현하기 위해 대선일 전에 어떤 방식이든 후보단일화를 성사시켜야 할 필요성을 인식하게 되었다. 요컨대, 18대 대선이 깃들어 있는 19대 총선에서는 대선주자로 예상되는 박근혜, 문재인, 안철수 3인의 지도적 인물 각각에 대한 유권자의 인식이 투표선택에 영향을 주었을 것이다.

동아시아연구원 자료를 분석한 강원택(2012)은 박근혜 당시 비상대책위원장을 호의적으로 인식할수록 새누리당에 투표할 확률이 높아지는 반면 문재인 당시 이사장에 호감을 가질수록 새누리당에 투표할 확률은 낮아진다는 점을 확인하였다. 한국선거학회 자료를 활용한 김영태(2012)와 황아란(2012)은 박근혜 호감도가 다변수 맥락에서 투표선택에 영향을 주었다고 결론지었다. 김영태는 박근혜 호감도의 강한 영향력을 두고 "이번 선거는 박근혜 호감도를 묻는 선거에 다름이 아니었다"고까지 논평하였다. 필자는 아산정책연구원 자료에 대한 다변수 종합분석을 통해 대선주자 박근혜, 문재인, 안철수의 호감도가 총선의 지역구와 비례대표 선거 모두에서 유권자의 투표선택에 영향을 끼쳤음을 확인할 수 있었다. 즉 박근혜 호감도가 강할수록 새누리당 지지의 확률은 올라가고, 문재인이나 안철수 호감도가 강할수록 새누리당 지지의 확률은 떨어진다. 특히 박근혜 호감도는 계수의 절댓값에 비추어 그 효과가 상대적으로 가장 크다.

7) 사회경제적 지위

유권자의 사회경제적 지위는 투표선택을 분석할 때 통제변수로 고려된다. 유권자의 사회경제적 지위는 통상 학력, 가구소득 수준이나 직업 유형에 의하여 측정된다. 이 가운데 학력을 제외하고 가구소득 수준이나 직업유형은 한국 유권자의 투표선택 연구에서 중요 요인으로 부각되지 못했다. 학력의 경우에도 양변수 분석에서는 그 효과가 나타나지만 다변수 분석에서 그 효과의 방향이나 크기는 불분명하다. 학력은 연령과 아주 강한 부의 상관관계를 갖고 있기 때문에 다변수 분석에서 두 변수를 동시에 포함하게 되면 다중공선성(多重共線性) 문제를 초래하고 각각의 상대적 영향력을 제대로 검증하기가 용이하지 않다.

8) 선거정보 획득을 위한 미디어 활용

유권자가 선거운동 기간에 정당이나 후보에 관한 정보를 얻는 주된 미디어가 무엇인가는 투표선택에 영향을 줄 수 있다. 이제 텔레비전이나 종이신문은 선거정보 획득의 통로로서 전통적 미디어가 되었고 인터넷 포털사이트나 SNS(소셜 네트워크 서비스)와 같은 첨단 미디어가 특히 젊은 세대의 유권자들에게는 대안이 되었다.

아산정책연구원 자료를 분석한 이상신(2012)은 19대 총선에서 선거정보를 얻기 위해 텔레비전이나 종이신문을 주로 활용하는 유권자들 사이에서는 새누리당을 선택하여 지지한 비율이 민주통합당 또는 통합진보당 지지자 비율보다 훨씬 높았음을 보여주었다. 이와 반대로, 인터넷 포털사이트와 SNS를 주로 이용하는 유권자들 가운데는 민주통합당 또는 통합진보당 지지자 비율이 새누리당 지지율을 크게 상회하였다.

3. 자료와 분석방법

앞서 언급된 바와 같이 이 글은 서울대 한국정치연구소가 주관하여 총선 이후 면접을 통해 실시한 조사로부터 수집된 자료를 활용한다. 이 면접조사는 총선일이 20여 일이 지난 5월 3일부터 5월 21일 사이에 여론조사 기관인 한국리서치가 전국의 만 19세 이상 성인남녀 2,047명을 대상으로 하여 실시되었다. 표본추출은 2011년 2월 주민등록인구현황에 따라 성별, 연령별, 지역별 비례할당 후 무작위로 이루어졌다. 표집오차는 95% 신뢰수준에서 최대 ±2.2%이다.

자료 분석은 종속변수와 하나의 독립변수 간의 관계를 살펴보는 양변수(*bivariate*) 단순분석을 하고 이 예비적 검토를 통해 통계적 유의성이 드러난 독립변수들을 포함하는 다변수(*multivariate*) 종합분석의 순으로 진행된다.[10] 양변수, 다변수 분석 모두에서 종속변수와 독립변수 간 관계의 방향과 강도는 이항 로지스틱 회귀분석(*binary logistic regression*) 기법에 의하여 추정된다. 종속변수는 유권자가 2개 정당 가운데 어느 하나를 선택하는가를 말하는 이분형(*dichotomous*)으로 측정되는데, 로지스틱 회귀분석의 결과는 독립변수가 해당 투표선택의 확률에[11] 미치

10 이 글에서 어떤 하나의 독립변수를 2개 이상의 가변수(예를 들어 동일한 정당일체감 개념과 관련하여 새누리당, 민주통합당, 통합진보당에 해당되는 3개의 가변수)로 만들어 분석하는 경우, 형식상으로는 다변수 분석이 되겠으나 여기서는 내용적으로 보아 양변수 분석에 포함된다.

11 이 글에서 로지스틱 분석모델의 종속변수는 좀더 정확하게 말하면 '투표선택 승산'(*odds of vote choice*)의 로그값(*logarithm*)을 취한 로짓(*logit*)이다. 투표선택 승산은 해당 투표선택을 하지 않을 확률에 대한 그 투표선택 확률의 비, 즉 p/(1-p)이다. 투표선택 확률이 0에 가까우면 그 투표선택 승산도 0에 근접하고, 전자가 1/2일 경우 후자는 1이 되며, 1이면 값은 무한대로 커진다. 투표선택 승산의 로짓은 상한값뿐만 아니라 하한값도 무한대가 된다. 여하튼 확률과 승산의

는 효과를 확인할 수 있게 해준다.

양변수 및 다변수 맥락에서 다음 4개의 종속변수 각각에 대한 이항 로지스틱 회귀분석이 실행된다. ① 지역구 선거에서 민주통합당과 통합진보당의 야권 연대 후보를 선택하는 행위(=0)와 대비되는 새누리당 후보 선택(=1), ② 비례대표 선거에서 새누리당(=1) 대 민주통합당(=0) 선택, ③ 비례대표 선거에서 새누리당(=1) 대 통합진보당(=0) 선택 및 ④ 비례대표 선거에서 민주통합당(=1) 대 통합진보당(=0) 선택이다. 2개 정당에 대한 선택을 대비시키는 방식으로 종속변수를 측정함으로써 양자 간의 선택행위에 이르는 독립변수의 효과를 효율적으로 보여줄 수 있을 것이다. 각 분석모델에는 해당되는 투표선택을 한 유권자들만이 포함되기 때문에 종속변수에 따라 사례 수의 차이가 있다.

분석 결과를 해석할 때 각 독립변수의 회귀계수가 .01, .05 또는 .10의 수준에서 통계적 유의성을 갖는가의 여부와 그 계수의 정(正, +)과 부(負, -) 부호에 주목한다. 로지스틱 회귀분석에서는 측정의 수준, 단위와 범위가 동일한 독립변수 간에만 회귀계수의 절댓값을 비교하여 그 변수의 효과에 대한 판단을 할 수 있다. 다변수 종합분석에서는 독립변수 값의 단위당 변화가 종속변수 발생의 확률을 어느 정도 증가 내지 축소하는가를 보여주는 승산비(乘算比, *odds ratio*)[12]를 제시한다. 승산비는 독립변수별로 자연대수(*e*)를 밑으로 하고 회귀계수로 거듭제곱하여, 즉 exp(B)로써 구해지고 독립변수의 단위당 변화가 종속변수 발생의 확률을 몇 배로 증가시키는가를 말해준다. 승산비가 1보다 크면 종속변수 발생의 확률이 증가하고, 1보다 작으면 그 확률이 감소함

전반적인 변화 방향은 동일하다.

12 승산비는 독립변수 값의 변화 이후 종속변수 발생의 승산을, 그 변화 이전 종속변수 발생의 승산으로 나눈 수치이다.

을 의미한다. 독립변수 내지 독립변수군이 종속변수를 어느 정도 설명하는가를 말하는 분석모델의 경험적 적합도는 Cox & Snell R^2와 Nagelkerke R^2, 2가지 (중)결정계수에 의존하여 판단한다. 각 독립변수의 측정과 부호화는 뒤에서 다시 논의하기로 한다.

4. 양변수 분석

1) 당파적 태도

한국정치연구소 조사에서는 응답자의 정당일체감을 측정하기 위하여 "귀하께서는 평소 다음 중 어느 정당을 지지하십니까?"라는 질문을 포함하였다. 이에 대한 응답 항목은 새누리당, 민주통합당, 통합진보당과 기타로 구분되었고, 앞의 3개 정당 각각의 일체감 여부(1 또는 0의 값을 갖는)에 관련된 가변수를 구성하였다. 〈표 11-1〉은 투표선택을 종속변수로 하고 세 정당에 대한 일체감을 독립변수로 하는 4개 이항 로지스틱 회귀방정식의 회귀계수와 표준편차 등을 제시한다.

지역구 선거에서 새누리당 후보 대 야권연대 후보의 선택에 주요 3당 각각에 대한 일체감은 .01의 수준에서 통계적으로 유의미한 영향을 미쳤다. 당초의 예상과 같이 새누리당 일체감은 야권연대 후보 대신에 새누리당 후보를 선택할 확률을 높이고, 민주통합당 일체감이나 통합진보당 일체감은 그러한 투표선택의 확률을 낮추었다. 중결정계수의 크기(Cox & Snell R^2 = .618, Nagelkerke R^2 = .824)에 비추어 볼 때, 3개 정당일체감 변수는 총체적으로 새누리당 후보의 선택에 대한 설명력 수준이 대단히 높다. 즉 분석 모델의 적합도가 매우 높은 수준이다.

비례대표 선거의 경우를 보자. 민주통합당 대신 새누리당을 지지하는 선택에서 새누리당 일체감은 정의 효과, 민주통합당 일체감은 부의 효과를 갖는 것으로 확인된다. 통합진보당 일체감은 통계적 유의성이 없다. 여기서도 분석 모델의 적합도는 아주 높은 수준이다. 새누리당 대 통합진보당 선택에서도 새누리당 일체감과 민주통합당 일체감은 예상되는 방향의 효과가 나타나지만 통합진보당 일체감은 통계적으로 유의미한 효과가 없다. 민주통합당 대 통합진보당 선택에서는 새누리당 일체감이 유의미한 영향을 미치지 않았다. 민주통합당 일체감은 통합진보당 대신 민주통합당을 선택할 확률을 높이고 통합진보당 선택의 확률은 낮추었다. 이 4번째 분석모델은 적합도가 상대적으로 가장 낮

〈표 11-1〉 정당일체감과 투표선택: 이항 로지스틱 회귀분석

구 분	지역구선거	비례대표선거		
	새누리(1) 대 야권연대(0)	새누리(1) 대 민주통합(0)	새누리(1) 대 통합진보(0)	민주통합(1) 대 통합진보(0)
	계 수 (표준오차)	계 수 (표준오차)	계 수 (표준오차)	계 수 (표준오차)
정당일체감(1,0; 기타 기준)				
새누리당	3.421*** (.277)	3.983*** (.326)	3.850*** (.587)	-.134 (.636)
민주통합당	-2.879*** (.298)	-2.945*** (.309)	-1.904*** (.420)	1.041*** (.344)
통합진보당	-3.806*** (1.026)	-20.959 (11,602.711)	-22.414 (5,801.356)	-2.842*** (.438)
상수항	-.272 (.192)	-.244** (.195)	1.211*** (.304)	1.455*** (.297)
사례 수	1,290	1,220	798	626
χ^2	1239.806***	1226.112***;	427.048***	150.508***
Cox & Snell R^2	.618	.634	.414	.214
Nagelkerke R^2	.824	.851	.775	.363
예측적중률	92.6%	93.4%	95.5%	89.5%

주: * p<.10, ** p<.05, *** p<.01

은 수준이다.

민주통합당 일체감은 4개의 분석모델 모두에서 통계적으로 유의미하고, 새누리당 일체감과 통합진보당 일체감은 각각 3개의 분석모델에서 통계적으로 유의미하다. 전체적으로 정당일체감 변수의 투표선택에 대하여 강한 설명력을 갖고 있다.

한국정치연구소 조사에서는 매우 싫다(0)부터 매우 좋다(100)까지의 101점 척도를 토대로 유권자가 주요 정당에 대한 호감도를 말해달라고 요구하였다. 〈부록 11-1〉에서 나타난 바와 같이 정당호감도가 투표선택에 미치는 영향은 정당일체감의 경우와 내용적으로 대동소이하다. 사실, 각 당에 대한 일체감 여부와 호감도는 강한 상관관계를 갖고 있다(예를 들어, 새누리당 일체감과 새누리당 호감도의 피어슨 계수는 .618이다). 그런데 주요 3개 정당 가운데는 새누리당 호감도가 4개 분석모델을 통하여 모두 .01 이하의 수준에서 통계적으로 의미 있는 독립변수적 효과를 보여준다.

투표선택의 대상이 되는 2개 정당 간의 호감도 차이를 독립변수로 하여 투표선택에 미치는 영향을 살펴볼 수도 있을 것이다. 〈부록 11-2〉에서 보면 지역구 선거에서 야권연대 후보를 제치고 새누리당 후보를 선택하는 확률은 민주통합당이나 통합진보당 가운데 상대적으로 더 좋아하는 정당의 호감도보다도 새누리당 호감도가 좀더 강하여 그 차이가 클수록 높아진다. 비례대표 선거의 투표선택도 당초 예상과 부합하게 선택대상이 되는 두 정당 간의 호감도차에 영향을 입었다. 예를 들어, 새누리당 호감도가 민주통합당 호감도보다 강하고 그 차이가 클수록 민주통합당보다는 새누리당에 투표할 확률이 증가한다. 새누리당 호감도가 강할수록 민주통합당 호감도는 약해지는 경향이 있고 새누리당 호감도와 민주통합당 호감도 간의 차이는 커질 것이기 때문에 이와 같은 분석결과는 당초부터 예상된 것이다.

2) 지역

한국정치연구소 조사에서는 응답자의 거주지와 주로 성장한 지역을 물었다. 서울, 인천, 경기를 포함하는 수도권 거주자 50.9%의 주성장지는 수도권이다. 그런데 기타 지역의 경우 충청 거주자의 79.3%에서 호남 거주자 91.6%에 이르기까지 각 지역 거주자의 대략 80~90%는 해당 지역에서 주로 성장하였다. 거주지와 주성장지의 상관관계가 높으며 주성장지 문항은 무응답도 있어서 결측치 없는 거주지를 지역변수로 삼는다.

〈표 11-2〉 지역과 투표선택: 이항 로지스틱 회귀분석

구 분	지역구선거	비례대표선거		
	새누리(1) 대 야권연대(0)	새누리(1) 대 민주통합(0)	새누리(1) 대 통합진보(0)	민주통합(1) 대 통합진보(0)
	계 수 (표준오차)	계 수 (표준오차)	계 수 (표준오차)	계 수 (표준오차)
거주지역(1,0; 기타 기준)				
호남	−2.961*** (.395)	−2.703*** (.338)	−2.699*** (.408)	.004 (.276)
대구/경북	1.384*** (.247)	1.503*** (.272)	1.048** (.478)	−.455 (.528)
부산/울산/경남	.588*** (.157)	.547*** (.164)	.365 (.303)	−.182 (.318)
상수항	.079 (.070)	.278*** (.073)	1.958*** (.137)	1.679*** (.139)
사례 수	1,290	1,220	798	626
χ^2	199.707***	192.217***	60.586***	.974
Cox & Snell R^2	.143	.146	.073	.002
Nagelkerke R^2	.191	.196	.137	.003
예측적중률	61.5%	65.5%	88.6%	83.7%

주: * p<.10, ** p<.05, *** p<.01

〈표 11-2〉에서 보면, 호남 변수와 대구/경북 변수의 효과에 주목하게 된다. 호남 거주는 지역구선거에서 새누리당 후보의 선택 확률, 비례대표 선거에서도 민주통합당이나 통합진보당 대신 새누리당을 선택하는 확률에도 부의 효과가 역력하다. 호남 가변수가 갖는 회귀계수의 절댓값이 상대적으로 크다. 예상과 다르지 않게 대구와 경북 거주는 지역구와 비례대표 선거에서 새누리당 후보 또는 그 정당의 선택 확률에 정의 효과를 갖는다. 여기서의 분석에서는 대구/경북 거주와 별도로 부산/울산/경남 거주를 독립변수로 고려하였는데 후자는 지역구 선거에서의 새누리당 후보 선택과 비례대표 선거에서 민주통합당 대신 새누리당의 선택에 전자와 같이 정의 효과를 보여준다. 다만 그 계수의 크기는 대구/경북 가변수가 부산/울산/경남 가변수보다 크다. 유권자의 투표선택에 반영된 호남과 영남의 지역균열은 근본적으로 변하지 않았다. 그렇지만 부산, 울산과 경남의 지역구 선거에 출마한 야권연대 후보나 비례대표 선거에서 민주통합당이 상대적으로 선전했음을 알 수 있다.

3) 연령 및 세대

조사일 기준으로 응답자의 연령을 1년 단위로 측정하였다. 지역구와 비례대표 선거의 모든 투표선택에 걸쳐 나이가 들수록 진보성향의 정당보다는 보수정당을 지지할 확률이 커진다(〈표 11-3〉). 민주통합당 대 통합진보당의 선택에서조차 연령이 높으면 민주통합당 쪽으로 기우는 경향이 있다. 생애주기효과가 존재한다는 것을 쉽게 알 수 있다.

그런데 세대효과의 존재를 확인하려면 응답자들을 정치적으로 의미 있는 세대 범주로 구분할 필요가 있을 것이다. 한국에서 정치세대를 구분하는 방식과 관련하여 정론은 없다. 이 주제와 관련하여 정진민의 연구(2012)에서 사용한 구분 방식을 우선 고려해 볼 수 있다. 그 연구에서는 출생년도를 기준으로 하여 1960년 이전 출생은 민주화이전세대, 1960년대 출생은 민주화세대, 1970년대 출생은 민주화이후세대, 1980

〈표 11-3〉 연령과 투표선택: 이항 로지스틱 회귀분석

구 분	지역구선거	비례대표선거		
	새누리(1) 대 야권연대(0)	새누리(1) 대 민주통합(0)	새누리(1) 대 통합진보(0)	민주통합(1) 대 통합진보(0)
	계 수 (표준오차)	계 수 (표준오차)	계 수 (표준오차)	계 수 (표준오차)
연령(세)	.038*** (.004)	.034*** (.004)	.061*** (.008)	.026*** (.008)
상수항	-1.738*** (.212)	-1.377*** (.215)	-.920*** (.372)	.505 (.360)
사례 수	1,290	1,220	798	626
χ^2	87.229***	67.598***	60.840***	10.552***
Cox & Snell R^2	.065	.054	.073	.017
Nagelkerke R^2	.087	.072	.137	.028
예측적중률	61.7%	62.0%	87.2%	83.7%
연령대 (40대 기준)				
20대	-.640*** (.208)	-.601*** (.216)	-.463*** (.337)	.138 (.327)
30대	-.681*** (.185)	-.540*** (.191)	-.670** (.286)	-.130 (.280)
50대	.476*** (.167)	.464*** (.173)	1.146*** (.347)	.682* (.355)
60대 이상	.813*** (.165)	.774*** (.171)	2.189*** (.457)	1.415*** (.465)
상수항	-.033 (.115)	.126 (.122)	1.504*** (.195)	1.378*** (.198)
사례 수	1,290	1,220	798	626
χ^2	100.017***	78.144***	77.985***	18.469***
Cox & Snell R^2	.075	.062	.093	.029
Nagelkerke R^2	.100	.083	.174	.049
예측적중률	62.2%	62.8%	87.2%	83.7%

주: * p<.10, ** p<.05, *** p<.01

년대 이후 출생은 신세대로 나누었다. 각 세대마다 형성기의 시대적 특징과 그로 인한 사회화 경험이 상이하다. 이를테면 신세대는 글로벌화된 디지털 시대에 살면서 이념적 틀로부터 가장 자유롭고 아주 타산적인 안목으로 정치를 본다는 것이다.

이와 같은 네 범주의 정치세대 구분은 수용할 만하다. 그런데 10년 단위로 연령대를 나누는 통상적 구분보다 분석 결과에서 경험적 적합도가 현저히 향상될지는 의문이다. 왜냐하면 2012년을 기준으로 신세대는 20대, 민주화이후세대는 30대, 민주화세대는 40대, 민주화이전세대는 50대와 60대 이상이 주축을 이루기 때문이다. 실제로 정진민 방식의 정치세대 구분과 통상적인 연령대 구분은 거의 동일하다(감마 상관계수는 1이고 피어슨 상관계수는 .944이다). 요컨대, 이 글에서는 유권자 연령을 10년 단위로 묶고, 각 연령대별 가변수를 만들었다. 로지스틱 회귀분석에서는 40대를 기준으로 삼고 다른 연령대별로 투표선택의 차이를 살펴보았다. 1년 단위 측정의 연령에 비하여 연령대 변수의 설명력이 현저히 증가되지는 않았다. 다만, 각 연령대별로 투표선택의 특징을 파악할 수 있는 장점이 있다.

비례대표 선거에서의 민주통합당 대 통합진보당 선택을 제외하고 지역구와 비례대표 선거의 투표선택에서 2030세대와 5060세대가 현저한 대조를 보여준다. 2030세대로 갈수록 새누리당 후보 또는 그 정당에 대한 지지의 확률은 낮아지고, 5060세대로 갈수록 그러한 지지의 확률은 높아진다. 그런데 보수적인 투표성향은 50대보다 60대 이상에서 더 강하다는 점이 분명하지만 20대와 30대 가운데 어느 연령대가 덜 보수적인 투표성향이 두드러질 것인가는 확연하지 않다. 통계적 의미를 갖는 회귀계수의 방향과 절댓값에 비추어, 20대보다는 30대 가변수가 지역구 선거에서 새누리당 후보의 선택, 비례대표 선거에서 새누리당 대 통합진보당의 선택에서 좀더 강한 부의 효과를 갖는다. 하지만 비례대표 선거의 새누리당 대 민주통합당 선택과 관련해서는 30대보다는 20대 가변수가 갖는 부의 효과가 좀더 강하다.

4) 이념

유권자 자신과 정당의 이념성향에 대한 주관적 인식이 투표선택에 주는 영향을 검토한다. 여기서 이념성향을 측정하기 위해 통상적 방식대로 매우 진보적인 입장(0)으로부터 중도(5)를 거쳐 매우 보수적 입장(10)에 이르는 11점 척도가 활용되었다. 〈표 11-4〉의 분석결과에 의하면, 유권자가 자신의 이념성향을 보수적으로 인식할수록 모든 투표선택에서 상대적으로 좀더 보수적인 행위로 옮겨질 확률이 커진다.

유권자가 인식하는 자신의 이념성향과, 선택 대상이 되는 정당의 이념성향 간의 차이 또는 거리 역시 통계적으로 의미 있는 독립변수적 효과를 보여준다. 자신의 이념성향과 새누리당 이념성향의 차이가 크다고 인식할수록 새누리당 후보 선택의 확률은 낮아지고, 민주통합당이나 통합진보당보다 새누리당을 지지할 확률도 감소한다. 민주통합당이나 통합진보당의 경우에도 그 정당과 자신의 이념성향 차이를 크게 인식하는 만큼 그 정당에 표를 줄 확률이 낮아진다. 분석모델의 적합도를 전반적으로 파악하면, 유권자 자신의 이념성향 자체보다는 정당과 유권자의 이념성향 차이가 투표선택에 대한 보다 높은 수준의 설명력을 갖는다.

유권자가 진보-보수의 이념적 연속선상의 어디에 위치하는가를 객관적으로 측정할 수 있다. 이념성향은 주요 정책에 대한 입장에 반영되기 때문에 조사에서 응답자의 정책적 입장이 확인된다면 이념지수 구

〈표 11-4〉 이념성향과 투표선택: 이항 로지스틱 회귀분석

구 분	지역구선거	비례대표선거		
	새누리(1) 대 야권연대(0)	새누리(1) 대 민주통합(0)	새누리(1) 대 통합진보(0)	민주통합(1) 대 통합진보(0)
	계 수 (표준오차)	계 수 (표준오차)	계 수 (표준오차)	계 수 (표준오차)
자신의 이념성향 인식 (진보-보수; 0-11)	.503*** (.039)	.461*** (.039)	.612*** (.068)	.202*** (.062)
상수항	-2.451*** (.205)	-2.065*** (.204)	-1.023*** (.312)	.813*** (.266)
사례 수	1,290	1,220	798	626
χ^2	221.884***	178.599***	102.761***	10.571***
Cox & Snell R^2	.158	.136	.121	.017
Nagelkerke R^2	.211	.183	.226	.028
예측적중률	66.0%	66.0%	87.7%	83.7%
자신과 정당 간의 이념차 인식(절댓값)				
새누리	-.446*** (.035)	-.436*** (.037)	-.557*** (.058)	비해당
민주통합	.240*** (.050)	.375*** (.043)	비해당	-.210*** (.077)
통합진보	.153*** (.044)	비해당	.319*** (.076)	.136* (.082)
상수항	.334*** (.116)	.543*** (.116)	2.707*** (.239)	1.758*** (.177)
사례 수	1,287	1,220	796	625
χ^2	299.271***	261.514***	147.113***	7.677**
Cox & Snell R^2	.207	.193	.169	.012
Nagelkerke R^2	.277	.259	.315	.021
예측적중률	68.1%	69.8%	89.4%	83.7%
객관적 이념지수 (진보-보수; 1-4)	2.152*** (.202)	2.127*** (.211)	3.784*** (.432)	1.142*** (.333)
상수항	-5.589*** (.536)	-2.065*** (.561)	-7.869*** (1.086)	-1.207 (.823)
사례 수	1,290	1,220	798	626
χ^2	133.424***	118.784***	99.057***	11.930***
Cox & Snell R^2	.098	.093	.117	.019
Nagelkerke R^2	.131	.125	.218	.032
예측적중률	62.5%	64.0%	88.0%	83.7%

주: * $p<.10$, ** $p<.05$, *** $p<.01$

성을 시도할 만하다. 한국정치연구소 조사에서는 대북한과 대외관계 영역의 3개 정책이슈(한미동맹 강화, 한미 FTA의 폐기, 국가보안법 폐지), 경제 영역에서 국가와 시장의 관계에 관련된 3개 정책이슈(복지 대 경제성장, 기업 자율에 의한 비정규직 노동자 문제의 해결, 유가 등 특정 생필품 값에 대한 정부의 직접 관리)와 사회질서 영역의 3개 정책이슈(학교에서 체벌허용, 종교적 신념에 따른 병역거부 인정과 대체복무제 허용, 사형제 폐지)에 대한 응답자의 태도를 묻고 매우 찬성, 찬성, 반대, 매우 반대로 나누었다(모름/무응답은 제외). 한미동맹 강화에 찬성하고, 한미 FTA의 폐기와 국가보안법 폐지에는 반대할수록 보수성향이 강한 것으로 해석된다. 복지보다는 경제성장 목표를 중시하고 기업의 자율성에 찬성하며 정부 개입에는 반대할수록 보수성향이 강하다고 볼 수 있다. 그리고 체벌허용에 찬성하고, 대체복무제 허용이나 사형제 폐지에는 반대할수록 보수성향이 강하다고 할 것이다. 9개 이슈에 대한 입장을 4점 척도로 각각 평가하고 그 평균을 객관적 이념점수로 삼았다. 객관적 이념지수 역시 4가지 투표선택에 모두 의미 있는 영향을 미쳤다. 정책에 대한 입장을 측정한 이념성향이 보수적일수록 투표선택에서 좀더 보수적인 방향으로 기울게 되는 확률이 커진다는 것이다.

5) 선거 이슈

한국정치연구소 조사에서도 지난 4년간의 이명박 대통령의 국정운영을 평가하는 질문이 포함되었다. 응답은 매우 부정적인 태도에서 매우 긍정적인 태도까지 4점 척도로 측정되었다. 〈표 11-5〉에서 알 수 있듯이, 현직 대통령의 국정수행을 호의적으로 볼수록 지역구 선거에서나 비례대표 선거에서 새누리당에 대한 지지의 확률은 제고되었다. 이는 현직 대통령의 국정운영이 선거 이슈로 중요성을 잃지 않았다는 점을 시사하는바 19대 총선에서 야권의 이명박정부 심판론과 유권자의 회고적 평가는 영향력이 전혀 없었다고 말할 수 없다. 그런데 비례대표 선거의 민주통합당 대 통합진보당 선택에서도 현직 대통령 국정운영에 대한 긍정적 평가는 진보성향의 두 정당 가운데 좀더 보수적인 쪽에 위

〈표 11-5〉 선거 이슈와 투표선택: 이항 로지스틱 회귀분석

구 분	지역구선거	비례대표선거		
	새누리(1) 대 야권연대(0)	새누리(1) 대 민주통합(0)	새누리(1) 대 통합진보(0)	민주통합(1) 대 통합진보(0)
	계 수 (표준오차)	계 수 (표준오차)	계 수 (표준오차)	계 수 (표준오차)
이명박 대통령 국정운영 평가 (부정-긍정; 1-4)	1.384*** (.099)	1.392*** (.104)	1.956*** (.200)	.601*** (.185)
최대 중요이슈(1,0; 기타 기준)				
한미 FTA	-.103 (.262)	-.461 (.284)	-.237 (.524)	.347 (.506)
언론사 파업	-.412 (.328)	-.824** (.347)	.071 (.659)	.458 (.610)
민간인 불법사찰	-.553* (.289)	-.891*** (.311)	-1.041* (.546)	-.152 (.511)
북한 미사일 위협	.465 (.294)	-.001 (.313)	.826 (.616)	.440 (.593)
제주 해군기지	.230 (.403)	.408 (.470)	-.706 (.686)	-.903 (.693)
김용민 막말	.750** (.311)	.388 (.334)	.894 (.671)	.289 (.664)
4대강 사업	-.237 (.275)	-.549* (.295)	-.050 (.543)	.384 (.515)
상수항	-2.808*** (.316)	-2.335*** (.334)	-1.920*** (.598)	.415 (.561)
사례 수	1,289	1,219	797	626
χ^2	312.074***	294.568***	160.112***	19.610**
Cox & Snell R^2	.215	.215	.182	.031
Nagelkerke R^2	.287	.288	.340	.052
예측적중률	69.4%	70.5%	88.5%	83.7%

주: * p<.10, ** p<.05, *** p<.01

치하는 민주통합당 쪽으로 선택을 유도한 셈이다. 이명박정부 심판론이 폭넓게 영향을 미쳤다면 이 대목에서 현직 대통령의 국정운영 평가는 통계적 유의성을 갖지 않아야 하는데 분석결과는 이러한 예상에 부합하지 않는다. 이명박정부 심판론의 영향력은 무시할 수 없었지만 광범한 위력은 발휘하지 못했다고 판단된다.

19대 총선의 선거운동 기간 동안 불거진 선거 이슈는 한미 FTA, 언론사 파업, 민간인 불법사찰, 북한의 미사일발사 위협, 제주 해군기지 건설, 고리원전 사고 은폐, 김용민 막말, 4대강 사업 등이었다. 한국정치연구소 자료의 분석에서 유권자의 투표선택에 유의미한 영향을 미친 선거 이슈는 언론사 파업, 민간인 불법사찰, 김용민 막말과 4대강 사업이었다. 이 가운데는 사실상 청와대 직원에 의한 민간인 불법사찰이 유권자의 투표선택과의 상관관계를 비교적 폭넓게 드러낸다. 물론 새누리당에 불리한 이 이슈는 새누리당 후보나 그 정당에 대한 지지의 확률을 낮추는 방향으로 작용하였다. 언론사 파업과 4대강 이슈는 비례대표 선거의 투표선택 일부에서 새누리당에 불리한 방향으로, 김용민 막말은 지역구 선거에서 새누리당 후보에 유리한 방향으로 효과가 있었다.

6) 정치인 호감도

앞서 강조했듯이 19대 총선의 투표선택을 분석하면서 지역, 세대, 이념, 이슈 등에 못지않게 지도적 인물의 효과를 염두에 두어야 할 것이다. 대선 전초전으로서의 성격을 갖는 이 총선에서 유권자의 투표선택이 특히 유력하다고 전망되는 대선 후보 간의 인물중심 경쟁에 영향을 받지 않을 수 없었을 것이다. 따라서 주요 정치인에 대한 유권자의 호감도와 투표선택을 결부시키는 것은 실질적인 의미를 갖는다.

대선 후보와 관련해서 직업정치인이 아닌 안철수 교수는 높은 대중적 지지를 받는 만큼, 박근혜, 문재인과 함께 지도적 정치인에 포함시켜야 할 것이다. 그리고 이명박 대통령도 분석에 포함하였다. 각 지도적 인물에 대한 호감도는 0에서 100에 이르는 척도로써 측정되었다.

지역구 선거의 새누리당 대 야권연대 후보 선택, 비례대표 선거에서 새누리당 대 민주통합당, 새누리당 대 통합진보당의 선택에서 이명박, 박근혜, 문재인, 안철수 호감도에 해당하는 회귀계수는 모두 .01 이하의 엄격한 수준에서 통계적으로 유의미하다. 이명박과 박근혜 호감

〈표 11-6〉 정치인 호감도와 투표선택: 이항 로지스틱 회귀분석

구 분	지역구선거	비례대표선거		
	새누리(1) 대 야권연대(0)	새누리(1) 대 민주통합(0)	새누리(1) 대 통합진보(0)	민주통합(1) 대 통합진보(0)
	계 수 (표준오차)	계 수 (표준오차)	계 수 (표준오차)	계 수 (표준오차)
정치인 호감도(0-100)				
이명박	.027*** (.004)	.029*** (.004)	.039*** (.008)	.011* (.006)
박근혜	.060*** (.005)	.070*** (.006)	.058*** (.009)	.012* (.006)
문재인	-.035*** (.005)	-.051*** (.006)	-.043*** (.011)	-.004 (.006)
안철수	-.025*** (.004)	-.029*** (.005)	-.034*** (.009)	-.020*** (.006)
상수항	-1.659*** (.321)	-1.208*** (.327)	.956 (.598)	2.338*** (.455)
사례 수	1,289	1,219	798	625
χ^2	730.789***	745.158***	326.449***	35.466***
Cox & Snell R^2	.433	.457	.336	.055
Nagelkerke R^2	.577	.614	.628	.094
예측적중률	82.9%	84.2%	93.6%	83.7%

주: * p<.10, ** p<.05, *** p<.01

도는 새누리당이나 그 후보의 선택 확률을 높이는 효과가 있고, 문재인과 안철수 호감도는 그 반대의 효과가 있다. 정치권 밖의 안철수 교수가 야권의 지도적 인물로 인식되고 있음이 분명하다. 그런데 인물 호감도 변수의 회귀계수를 그 절댓값 크기에 비추어 보면 박근혜 호감도의 경우가 가장 크다. 19대 총선에서 새누리당의 당시 박근혜 비상대책위원장이 다른 어느 인물보다도 총선 정국의 중심에 있었음도 알 수 있다. 새누리당의 총선 승리는 박근혜 대세론의 강화로 이어지기 마련이었다. 비례대표 선거의 민주통합당 대 통합진보당 선택에서 안철수 호감도만이 .01 이하의 수준에서 통계적으로 유의미하였다. 안 교수에 호의적인 유권자일수록 통합진보당을 마다하고 민주통합당을 선택하는 행위의 확률이 감소되었다.

7) 사회경제적 지위

정치의식이나 행태를 분석할 때 사회경제적 지위의 독립변수적 효과를 고려하는 것이 통상적이다. 학력, 소득, 직업 변수가 사회경제적 지위와 관련이 된다. 이 연구에서 학력은 중졸 이하, 고졸, 전문대 재학 이상의 3점 척도로, 월평균 가구소득은 199만 원 이하, 200~299만 원, 300~399만 원, 400~499만 원, 500만 원 이상의 5점 척도로 측정되었다. 직업유형은 조사의 해당 질문에 대해서 응답자 전체의 거의 3분의 1이 기타/무직/무응답 항목에 해당되어 분석에서 제외되었다.

〈표 11-7〉에서 보면 소득 변수는 4가지 투표선택 가운데 어느 하나의 경우에도 의미 있는 영향을 보여주지 않았다. 반대로, 학력의 효과는 주목받을 만하다. 유권자의 교육수준이 높을수록 지역구나 비례대표 선거에서 새누리당 후보나 그 정당에 표를 줄 확률은 줄었다. 비례대표

〈표 11-7〉 사회경제적 지위와 투표선택: 이항 로지스틱 회귀분석

구 분	지역구선거	비례대표선거		
	새누리(1) 대 야권연대(0)	새누리(1) 대 민주통합(0)	새누리(1) 대 통합진보(0)	민주통합(1) 대 통합진보(0)
	계 수 (표준오차)	계 수 (표준오차)	계 수 (표준오차)	계 수 (표준오차)
학력(3점 척도)	-.509*** (.086)	-.401*** (.089)	-1.057*** (.189)	-.658*** (.188)
월평균 가구소득(5점 척도)	.064 (.046)	.047 (.049)	-.010 (.088)	-.089 (.090)
상수항	1.030*** (.186)	1.019*** (.186)	4.445*** (.472)	4.445*** (.472)
사례 수	1,283	1,213	795	622
χ^2	38.529***	22.848***	46.552***	19.848***
Cox & Snell R^2	.030	.019	.057	.031
Nagelkerke R^2	.039	.025	.106	.053
예측적중률	58.1%	59.0%	87.2%	83.6%

주: * p<.10, ** p<.05, *** p<.01

선거의 민주통합당 대 통합진보당 선택에서 학력의 효과는 덜 진보적인 민주통합당에 대한 지지의 가능성을 위축시켰다. 다시 말하면, 학력은 진보적인 투표성향을 강화하는 경향이 있다.

8) 선거정보 획득을 위한 미디어 활용

한국정치연구소의 조사에서는 "귀하께서는 선거운동 기간 동안 투표할 후보 및 정당을 결정하기 위한 정보를 어느 매체를 통해 가장 많이 얻으셨습니까? 만일 해당하는 매체가 둘 이상이라면 귀하의 결정에 가장 큰 영향을 끼친 매체를 선택해주십시오"라는 질문이 주어졌다. 선거정보를 획득하기 위한 중추적 통로가 되는 미디어가 무엇인가를 묻는 이 질문에 대하여 응답자의 66.4%가 텔레비전이나 종이신문을 포함한

〈표 11-8〉 선거정보 주 미디어와 투표선택: 이항 로지스틱 회귀분석

구 분	지역구선거	비례대표선거		
	새누리(1) 대 야권연대(0)	새누리(1) 대 민주통합(0)	새누리(1) 대 통합진보(0)	민주통합(1) 대 통합진보(0)
	계 수 (표준오차)	계 수 (표준오차)	계 수 (표준오차)	계 수 (표준오차)
선거정보 주 미디어 (1,0; 선거홍보물등 기타 기준)				
TV/종이신문	.267 (.167)	.158 (.175)	.384 (.343)	.226 (.350)
인터넷/SNS	-.901*** (.209)	-.836*** (.217)	-1.481*** (.362)	-.645* (.360)
상수항	.070 (.153)	.317** (.161)	2.037*** (.307)	1.720*** (.313)
사례 수	1,287	1,218	798	624
χ^2	59.126***	39.139***	55.226***	13.479***
Cox & Snell R^2	.045	.032	.067	.021
Nagelkerke R^2	.060	.042	.125	.036
예측적중률	59.5%	61.3%	87.2%	83.7%

주: * p<.10, ** p<.05, *** p<.01

전통적 미디어를, 20.6%는 인터넷과 SNS(페이스북, 트위터 등), 나머지 13.0%는 정당 및 후보자의 선거홍보물 등 기타를 지적하였다.

주로 텔레비전이나 종이신문을 통해 선거에서 정당이나 후보에 대한 정보를 얻는다는 것은 유권자의 투표선택에 어떤 영향을 미치는가? 또한 인터넷 포털사이트나 소셜 네트워크 서비스가 선거정보의 주된 원천이라면 투표선택은 어떤 영향을 받게 되는 것인가? 최근에 와서, 특히 후자의 질문이 중요하게 부각되고 있다. 〈표 11-8〉의 분석결과는 텔레비전이나 종이신문이 투표선택에 미치는 효과는 통계적 유의미성이 없지만 인터넷과 SNS는 보수적인 방향으로의 투표선택을 억제하는 유의미한 효과를 말해준다. 인터넷 및 SNS의 활용은 새누리당이나 그 후보에 대한 지지의 확률을 낮추는 것이다. 새롭게 확산된 이러한 미디

어의 활용은 비례대표 선거의 민주통합당 대 통합진보당 선택에서 민주통합당 지지의 확률을 축소한다.

5. 다변수 종합 분석

선행한 양변수 분석을 통해 유권자 투표선택과 통계적으로 유의미한 상관관계가 있는 독립변수들이 확인되었다. 다변수 종합분석에서 투입될 수 있는 독립변수의 수는 20개를 훨씬 상회한다. 정당일체감은 3개의 가변수, 거주지 역시 3개의 가변수를 포함하고 이념은 주관적 인식과 함께 객관적으로도 규정될 수 있는 등 하나의 동일한 개념과 관련해서도 실제로 투입되는 변수는 2개 이상으로 누증될 수 있기 때문이다.

다변수 분석이라도 특히 로지스틱 회귀분석에서는 적정수의 독립변수를 모델에 포함시키는 것이 바람직하다. 따라서 복수의 독립변수가 실질적으로 동일한 개념과 관련되는 경우 간편한 형태의 것을 다변수 분석에서 우선하여 고려하였다. 당파적 태도는 정당호감도 대신 정당일체감, 연령 변수로는 1년 단위로 측정된 나이, 이념 변수는 자신의 이념성향 인식을 골라 분석을 수행한 것이 그 예이다. 또한 변수 간의 강한 상관관계 때문에 다중공선성의 문제를 초래할 수 있는 경우 하나의 변수만을 분석에 포함시켰다. 이명박 대통령의 국정운영에 대한 평가와 이명박 호감도(피어슨 계수=.708), 학력과 연령(피어슨 계수=-.635)이 그러한데 여기서는 이명박 호감도와 연령을 선택하여 분석에 포함하였다. 지역 가변수의 수를 줄이기 위해 독립변수적 효과의 방향이 동일한 대구/경북, 부산/울산/경남은 영남으로 통합하였다. 결국, 유권자의 투표선택에 관한 다변수 이항 로지스틱 분석모델에서 16개의 독립변수가 포함된다. 3개의 정당일체감 가변수(새누리당, 민주통합당, 통합진보당), 2개의 거주지 가변수(호남, 영남), 연령, 자신의 이념성향 인식, 이명박 대통령 국정운영 평가, 4개의 선거 이슈 가변수(언론사 파업, 민간인 불법사찰, 김용민 막말, 4대강 사업), 3인의 정치인 호감도(박근혜, 문재인, 안철수), 선거정보 주 미디어로서의 인터넷/SNS이다.

1) 정당일체감 포함한 분석모델

다른 독립변수들을 통제하는 경우(즉 다른 조건들이 동일하다면), 어떤 독립변수가 지역구 선거에서 야권연대 후보 대신 새누리당 후보 선택의 확률을 증가 또는 감소시키는가? 〈표 11-9〉가 제시하는 바를 보면, 정당일체감은 투표선택에 영향을 주는 매우 중요한 요인이다. 새누리당 일체감은 새누리당 후보의 선택에 정의 효과, 민주통합당 일체감과 통합진보당 일체감은 새누리당 후보의 선택에 부의 효과를 보여준다. 새누리당 일체감을 갖는 유권자가 새누리당 후보를 지지할 확률은 그렇지 않은 유권자가 새누리당 후보를 지지할 확률의 11.298배이다. 민주통합당에 일체감을 느끼는 유권자가 새누리당 후보를 선택할 확률은 민주통합당 일체감을 갖지 않은 유권자가 새누리당 후보를 선택할 확률의 .059배이다. 민주통합당 일체감은 새누리당 후보의 선택 확률을 대폭 축소하는 것이다. 통합진보당 일체감의 유권자가 새누리당 후보를 선택할 확률은 통합진보당 일체감이 없는 유권자가 새누리당 후보를 선택할 확률의 .028배이다. 통합진보당 일체감 역시 새누리당 후보 선택의 확률을 크게 감소시킨다.

이 다변수 분석모델에서는 호남거주 가변수의 계수가 통계적으로 유의미하고 영남거주 가변수의 경우는 유의미하지 않다. 호남거주는 새누리당 후보의 선택 확률을 감소시킨다. 호남거주 유권자가 새누리당 후보를 지지할 확률은 다른 지역에 사는 유권자가 동일하게 선택하는

〈표 11-9〉 지역구선거의 투표선택 종합모형(이항 로지스틱 회귀분석): 새누리(1) 대 야권연대(0)

구 분	정당일체감 포함		정당일체감 비포함	
	계수(표준오차)	승산비	계수(표준오차)	승산비
정당일체감(1,0; 기타 기준)				
새누리당	2.425***(.320)	11.298	비해당	
민주통합당	−2.831***(.326)	.059	비해당	
통합진보당	−3.586***(1.041)	.028	비해당	
거주지역(1,0; 기타 기준)				
호남	−1.542***(.561)	.214	−2.010***(.430)	.134
영남	.099(.297)	1.104	.805***(.190)	2.237
연령(세)	.003(.011)	1.003	.008(.007)	1.008
자신의 이념성향 인식 (진보-보수; 0~11)	.162**(.080)	1.176	.271***(.053)	1.311
이명박 대통령 국정운영 평가 (부정-긍정; 1~4)	.212(.202)	1.236	.544***(.135)	1.724
최대 중요이슈(1,0; 기타 기준)				
언론사 파업	−.829*(.466)	.437	−.392(.322)	.675
민간인 불법사찰	−.384(.397)	.681	−.251(.252)	.778
김용민 막말	.083(.426)	1.087	.485*(.280)	1.623
4대강 사업	−.244(.340)	.784	−.278(.222)	.757
정치인 호감도(0~100)				
박근혜	.023***(.007)	1.023	.057***(.005)	1.059
문재인	−.011(.008)	.989	−.029***(.006)	.972
안철수	−.005(.007)	.995	−.017***(.005)	.983
선거정보 주 미디어: 인터넷/SNS (1,0; 기타 기준)	−.089(.349)	.915	−.033(.237)	.968
상수항	−1.605*(.890)	.201	−3.912***(.590)	.020
사례 수	1,285		1,285	
χ^2	1289.168***		812.801***	
Cox & Snell R^2	.633		.469	
Nagelkerke R^2	.845		.625	
예측적중률	94.2%		84.2%	

주: * p<.10, ** p<.05, *** p<.01

확률의 약 5분의 1(.214배)이다. 다른 자료를 토대로 한 선행 연구의 결과와 마찬가지로, 지역요인으로서는 호남 가변수의 효과가 다른 지역의 경우보다 크고 주목을 받는다.

유권자의 이념성향이 진보에서 보수로 갈수록 지역구 선거에서 새누리당 후보를 선택하는 확률이 증가한다. 이념성향 변수의 승산비에 비추어 볼 때, 11점 척도의 이념적 연속선상에서 한 단위의 변화는 새누리당 후보의 선택 확률을 1.176배 증가시킨다.

선거 이슈로서는 .10의 유의 수준에서 언론사 파업 이슈만이 통계적 유의성을 보여준다. 이는 물론 새누리당 후보가 지지를 얻는 데 불리한 선거 이슈였다.

대선 후보로 예상되는 인물의 대중적 호감도가 창출하는 효과는 박근혜의 경우만 통계적으로 유의미하다. 자명하게, 박근혜 호감도는 새누리당 후보의 선택에 정의 효과를 갖는다. 정치인 호감도는 101점 척도로써 측정되었는데, 박근혜에 대한 호의적 태도가 한 단위 변화하게 되면 새누리당 후보를 지지하는 확률은 그 전의 확률에 비하여 1.023배가 된다. 승산비가 1에 가깝지만 척도의 성격상 박근혜 호감도가 갖는 효과는 자못 크다고 할 것이다.

이 다변수 분석모델에서 연령, 현직 대통령의 국정운영 평가, 선거정보 획득을 위한 인터넷 및 SNS 활용은 통계적 유의성을 보이지 않는다. 양변수 분석에서 나타난 이 변수들의 효과는 대체로 그 자체의 순수한 것이라기보다는 다른 변수와의 상관관계를 통해 투표선택에 미치게 된다고 볼 수 있다.

그리고 이 다변수 분석모델의 적합도는 중결정계수의 크기로 보아 대단히 높은 수준이다. Cox & Snell 중결정계수가 .633이고 Nagelkerke 중결정계수는 .845에 이르고 있다.

2) 정당일체감을 제외한 분석모델

정당일체감 가변수들을 제외하고 이항 로지스틱 분석을 다시 실행하였다. 19대 총선일이 오래 지나지 않은 시점에서 조사를 실시했기 때문에 응답자는 이미 행해진 투표선택과 동일한 내용으로 정당일체감에 대하여 밝혔을 여지가 적지 않다. 이 경우 인과관계의 방향은 분석 이전에 전제했던 바와는 정반대가 되고 정당일체감의 독립변수적 효과가 과장될 수 있다. 그리고 투표선택과 강한 상관관계를 보이는 정당일체감은 블랙홀처럼 다른 독립변수의 효과를 강하게 끌어들이는 작용을 통해서 다른 독립변수의 의미를 위축시킬 수도 있다.

〈표 11-9〉에 의하면, 정당일체감을 배제한 다변수 분석에서 새누리당 후보의 선택에 미치는 호남 가변수의 부정적 효과가 더욱 부각되고 영남 가변수의 통계적 유의성이 살아난다. 호남거주 유권자가 새누리당 후보를 지지할 확률은 다른 지역에 사는 유권자가 동일하게 선택하는 확률의 7분의 1에도 미치지 못한다(.134배). 영남 거주자의 새누리당 후보 선택의 확률은 다른 지역 거주자가 동일한 선택을 하는 확률의 2.237배이다. 이 분석모델은 유권자 수준의 영·호남 균열을 좀더 분명히 말해준다.

독립변수군에서 정당일체감을 제외한 대안적 모델은 이전의 모델에서 정당일체감이 억제하고 있었던 회고적 평가의 효과도 되살리고 있다. 이명박 대통령의 국정운영을 긍정적으로 평가할수록 새누리당 후보를 선택하여 투표할 확률이 증가한다. 4점 평가척도에서 긍정적 방향으로의 한 단위 변화는 그러한 투표선택의 확률을 1.724배 크게 한다. 19대 총선에서 현직 대통령의 직무수행에 대한 회고적 평가는 전혀 이루어지지 않았다든가 이명박정부 심판론을 둘러싼 여야공방이 주목할 만한 효력을 보이지 않았다는 주장은 지나치게 단순하다고 볼 수 있다. 이번 총선에도 유권자의 투표선택에서 회고적 평가는 일정 부분 작동했지만 다른 결정요인들을 압도할 수준은 아니었다고 보아야 무리가 없을 것이다.

선거 이슈를 보면 언론사 파업 이슈가 아니라 김용민 막말을 둘러싼 정치적 논쟁의 파장이 지역구 선거에서의 투표선택에 영향을 준 것으로 드러난다. 이 변수는 정당일체감을 포함한 분석모델에서 통계적 유의성 판단의 수준에 관련되는 p값이 .12이었는데 대안적 분석모델에서는 .10의 수준에서 통계적 유의성을 갖게 되었다. 물론 이 이슈는 새누리당에 유리하게 작용하였다. 김용민 막말이 선거 이슈 가운데 가장 중요한 것이었다고 인식한 유권자가 지역구 선거에서 새누리당 후보를 지지한 확률은 다른 이슈가 중요했다고 인식한 유권자의 그러한 선택 확률의 1.623배였다.

문재인과 안철수 호감도가 모두 .01 이하의 수준에서 통계적 유의성을 회복하였다. 이들에 대한 호감도가 강할수록 새누리당 후보에 표를 준 확률은 그만큼 낮았다. 차기 대권후보로 유력시되는 박근혜, 문재인, 안철수 3인의 주요 인물에 대한 유권자의 정서적 반응을 도외시하고 19대 총선에서의 유권자 선택을 설명하기 어려운 것이다.

정당일체감을 제외한 다변수 분석에서 연령, 김용민 막말 이외의 선거 이슈, 인터넷/SNS 변수의 효과는 통계적으로 유의미하게 나타나지 않는다.

투표선택과 상관관계가 강한 정당일체감을 제외했음에도 불구하고 대안적인 분석모델은 별로 손색없을 정도의 적합도를 보인다(Cox & Snell 중결정계수 = .469, Nagelkerke 중결정계수 = .625).

정당일체감을 포함하지 않는 분석모델을 비례대표 선거의 투표선택에 적용한 결과가 〈표 11-10〉에 제시된다. 지역요인으로서는 역시 호남거주가 가장 강한 영향을 미쳤고 그 다음은 영남거주이다. 전형적으

〈표 11-10〉 비례대표선거의 투표선택 종합모형 (정당일체감 비포함, 이항 로지스틱 회귀분석)

구분	새누리(1) 대 민주통합(0)		새누리(1) 대 통합진보(0)		민주통합(1) 대 통합진보(0)	
	계수(표준오차)	승산비	계수(표준오차)	승산비	계수(표준오차)	승산비
거주지역 (1,0; 기타 기준)						
호남	-1.871***(.396)	.154	-2.109***(.601)	.121	-.111(.297)	.895
영남	.770***(.205)	2.159	.568(.398)	1.765	-.264(.304)	.768
연령(세)	.009(.007)	1.009	.014(.015)	1.015	.013(.010)	1.014
자신의 이념성향 인식 (진보-보수; 0~11)	.239***(.057)	1.271	.244**(.111)	1.276	.080(.068)	1.083
이명박 대통령 국정운영 평가 (부정-긍정; 1~4)	.665***(.145)	1.945	1.362***(.297)	3.904	.247(.207)	1.280
최대 중요이슈 (1,0; 기타 기준)						
언론사 파업	-.628*(.339)	.534	.555(.770)	1.741	.371(.454)	1.450
민간인 불법사찰	-.203(.275)	.816	-.012(.491)	.988	-.111(.302)	.895
김용민 막말	.465(.299)	1.592	.896(.644)	2.450	.006(.527)	1.006
4대강 사업	-.235(.234)	.790	.135(.458)	1.145	.292(.301)	1.339
정치인 호감도(0~100)						
박근혜	.069***(.006)	1.071	.056***(.009)	1.058	.014***(.006)	1.014
문재인	-.044***(.006)	.957	-.035***(.012)	.965	-.003(.006)	.997
안철수	-.021***(.005)	.979	-.021**(.010)	.979	-.015**(.006)	.985
선거정보 주 미디어: 인터넷/SNS(1,0; 기타 기준)	.026(.256)	1.026	-.437(.423)	.646	-.361(.269)	.697
상수항	-3.603***(.629)	.027	-3.008**(1.235)	.049	1.011(.818)	2.749
사례 수	1,216		797		623	
χ^2	816.900***		357.912***		46.830***	
Cox & Snell R^2	.489		.362		.072	
Nagelkerke R^2	.657		.677		.123	
예측적중률	85.8%		95.0%		83.1%	

주: * p<.10, ** p<.05, *** p<.01

로, 새누리당 대 민주통합당의 투표선택에서 호남거주는 새누리당 지지에 부의 효과, 영남거주는 정의 효과가 드러난다. 자신의 이념성향 인식도 보수적일수록 새누리당 선택의 확률이 높아진다. 이명박 대통령의 국정운영에 대한 긍정적 평가 역시 새누리당 지지와 정의 관계를 노정한다. 선거 이슈 가운데는 언론사 파업 이슈만이 통계적 유의성이 확인되고 새누리당 지지에 불리하게 작용하였다. 박근혜, 문재인과 안철수 호감도는 각각 비례대표 선거의 선택에서도 예상되는 방향의 효과를 낳았다.

6. 나가며

이 연구에서는 19대 총선 후 서울대 한국정치연구소의 주관 아래 실시된 면접조사의 자료를 활용하여 유권자의 투표선택을 분석하였다. 지역구 선거에서 유권자가 새누리당 후보와 야권연대 후보 중 누구에게 표를 던질 것인가를 결정할 때에 영향을 준 중요 요인은 무엇인가? 비례대표 선거에서 새누리당과 민주통합당 가운데 어느 한 정당을 지지하는 결정은 어떤 요인의 영향을 받아 이루어졌는가? 이들은 이 연구에서 제기된 주된 질문이다.

예비적으로 실행된 양변수 분석을 통해 다음과 같은 결론에 이르게 된다. 첫째, 정당일체감과 정당호감도와 같은 당파적 태도가 지역구나 비례대표 선거에서 해당 정당을 지지하는 투표선택에 미친 강한 정의 효과가 있다. 둘째, 영남거주는 새누리당과 그 후보에 대한 지지를 강화하고 호남거주는 그 반대로 작용하는 점이 경험적 분석을 통해 확인되었다. 셋째, 지역구와 비례대표 선거에서 나이가 많은 유권자일수록 진보성향의 정당보다는 보수정당을 지지할 확률이 높아진다. 또한 40대를 기준으로 2030세대로 갈수록 새누리당 후보 또는 그 정당에 대한 지지의 확률은 낮아지고, 5060세대로 갈수록 그러한 지지의 확률은 높아진다. 넷째, 유권자가 자신의 이념성향을 보수적으로 인식할수록 좀더 보수적인 투표선택 행위의 확률이 커진다. 자신의 이념성향과 어떤 정당의 이념성향 간 차이가 크다고 인식할수록 그 정당에 표를 줄 확률이 낮아진다. 정책에 대한 입장을 바탕으로 측정한 이념성향의 경우에도 보수적 이념성향일수록 실제로 투표선택이 좀더 보수적인 방향으로 기울 확률이 크게 된다. 다섯째, 현직 대통령의 국정수행을 호의적으로 평가할수록 여당이나 여당 후보에 대한 지지의 확률이 제고된다. 여섯째, 투표선택에 유의미한 영향을 미친 선거 이슈는 언론사 파업, 민간인 불법사찰, 김용민 막말, 4대강 사업이다. 이 가운데 민간인 불법사찰이 여당에 불리하게 작용한 점이 두드러진다. 일곱째, 박근혜 호감도는 새누리당이나 그 소속후보의 선택 확률을 높이는 효과가, 문재인과 안철수 호감도는 그 반대의 효과가 나타난다. 여덟째, 유권자의 학력은 진보적 성향의 정당을 지지하는 투표성향을 강화한다. 아홉째, 주로 인터넷과 SNS와 같은 첨단 미디어를 통해 선거정보를 획득하는 유권자가 텔레비전과 종이신문과 같은 미디어 활용자보다 보수정당 지지의 투표선택 확률이 낮다.

결국, 19대 총선에서 유권자의 투표선택에 영향을 준 중요 결정요인은 정당일체감 또는 정당호감도, 호남이나 영남 거주, 연령 및 세대, 이념성향, 현직 대통령의 국정운영 평가, 민간인 불법사찰과 김용민 막말과 같은 선거 이슈, 3인의 지도적 인물(박근혜, 문재인, 안철수)에 대한 호감도, 유권자의 학력, 인터넷과 SNS 활용을 들 수 있다.

그런데 앞에서 열거된 어떤 변수가 다른 변수들을 통제한 경우에도 투표선택에 순수한 직접 효과를 미치는지를 검토하고, 상대적으로 좀 더 영향이 큰 변수를 가려내기 위해 다변수 분석을 수행하였다. 우선, 정당일체감의 독립변수적 효과가 가장 두드러진다. 하지만 선거 직후에 조사된 정당일체감은 역으로 이미 이루어진 투표선택의 영향을 받았을 수 있으며, 그로 인해 정당일체감의 독립변수적 효과가 비선거 시기보다 과장되고 다른 독립변수의 효과를 억제할 우려가 있다.

정당일체감을 제외한 다변수 분석모델에서 유권자 수준의 영・호남 지역요인의 영향이 좀더 분명히 드러났다. 과거 선거보다는 약화되었지만 온존하는 지역균열이 다시 확인되었다. 이명박 대통령의 국정운영에 대한 회고적 평가의 영향도 무시할 수 없는 것으로 나타났다. 19대 총선에서는 회고적 평가에 의해 좌우되는 투표선택이 지배적인 현상은 아니었을지라도 회고적 투표가 전혀 의미가 없지 않았다. 선거 이슈가 투표선택에 미친 영향은 다변수 분석에서 선명히 드러나지 않았지만 도외시되어서는 안 된다. 이를테면, 김용민 막말이 선거 이슈 가운데 가장 중요한 것이었다고 인식한 유권자는 그렇지 않은 유권자에 비하여 지역구 선거에서 새누리당 후보를 지지한 확률이 높았다.

무엇보다도, 차기 대권후보로 유력시되는 박근혜, 문재인, 안철수 3인의 주요 인물에 대한 유권자의 정서적 반응을 차치하고는 19대 총선에서의 유권자 선택을 설명하기 어렵다. 정치인 호감도는 다변수 분석에서도 내용이 일관되게 투표선택에 작용한다. 유권자가 다가올 대선을 전망하면서 총선에서 어느 정당을 지지할 것인가를 결정하는 모습이 역력하다. 19대 총선이 18대 대선의 전초전이었음은 유력한 대선 주자에 대한 호감도와 투표선택을 결부시킨 유권자의 행태를 통해서도 암시된다.

참고문헌

강원택(2012), "왜 회고적 평가가 이뤄지지 않았을까: 2012년 국회의원선거 분석", 한국정당학회 하계학술대회, 제주, 6월.

강충구·우정엽(2012), "선거 이슈와 유권자의 선택", 박찬욱·우정엽·김지윤 편, 《한국 유권자의 선택 1: 19대 총선》, 아산정책연구원.

김영태(2012), "19대 총선 평가와 18대 대선 전망", 한국정치학회 하계학술회의, 서울, 6월.

박원호(2012), "세대균열의 진화: '386세대'의 소멸과 30대 유권자의 부상", 박찬욱·우정엽·김지윤 편, 《한국 유권자의 선택 1: 19대 총선》, 아산정책연구원.

박찬욱(1993), "제 14대 국회의원 총선거에서의 정당지지 분석", 이남영 편, 《한국의 선거 ①》, 67~114쪽, 나남.

______(2012), "대선 전초전으로서의 19대 총선", 박찬욱·우정엽·김지윤 편, 《한국 유권자의 선택 1: 19대 총선》, 아산정책연구원.

이상신(2012), "웹 2.0에서 소셜 네크워크 서비스로", 박찬욱·우정엽·김지윤 편, 《한국 유권자의 선택 1: 19대 총선》, 아산정책연구원.

정진민(2012), "한국유권자의 투표행태와 세대", 〈한국정치연구〉 21(2): 1~20.

조원빈(2012), "무당파의 선택은?", 박찬욱·우정엽·김지윤 편, 《한국 유권자의 선택 1: 19대 총선》, 아산정책연구원.

한정훈(2012), "한국 유권자의 정당호감도 결정요인과 그 효과", 박찬욱·우정엽·김지윤 편, 《한국 유권자의 선택 1: 19대 총선》, 아산정책연구원.

황아란(2012), "제 19대 국회의원선거와 투표행태: 긍정적·부정적 투표선택고가 회고적·전망적 투표선택", 한국정치학회 중앙선거관리위원회 연구용역 중간발표회, 서울, 6월.

Bittner, Amanda(2011), *Platform or Personality? The Role of Party Leaders in Elections*, Oxford: Oxford University Press.

Campbell, Angus, Gerald Gurin & Warren E. Miller(1954), *The Voter Decides*, Evanston: Row, Peterson.

Campbell, A., Philip E. Converse, W. E. Miller & Donald E. Stokes (1960), *The American Voter*, New York: Wiley.

Downs, Anthony(1957), *An Economic Theory of Democracy*, New York: Harper and Row.

Fiorina, Morris P.(1981), *Retrospective Voting in American National Elections*, New Haven: Yale University Press.

King, Anthony(ed.)(2002), *Leaders' Personalities and the Outcomes of Democratic Elections*, Oxford: Oxford University Press.

McAllister, Ian(1996), "Leaders", In Lawrence LeDuc, Richard G. Niemi & Pippa Norris, eds., *Comparing Democracies: Elections and Voting in Global Perspective*, pp.278~296, Thousand Oaks: Sage Publications.

부록 11-1

정당호감도와 투표선택: 이항 로지스틱 회귀분석

구 분	지역구선거	비례대표선거		
	새누리(1) 대 야권연대(0)	새누리(1) 대 민주통합(0)	새누리(1) 대 통합진보(0)	민주통합(1) 대 통합진보(0)
	계 수 (표준오차)	계 수 (표준오차)	계 수 (표준오차)	계 수 (표준오차)
정당호감도(0~100)				
새누리당	.144*** (.009)	.155*** (.010)	.148*** (.017)	.013** (.006)
민주통합당	-.123*** (.009)	-.141*** (.010)	-.035** (.017)	.072*** (.010)
통합진보당	-.001*** (.006)	-.004 (.007)	-.108*** (.016)	-.097*** (.011)
상수항	-1.332*** (.388)	-.691* (.412)	.590 (.642)	1.297*** (.511)
사례 수	1,290	1,220	798	626
χ^2	1140.267***	1117.354***	430.811***	172.480***
Cox & Snell R^2	.587	.600	.417	.241
Nagelkerke R^2	.783	.805	.781	.409
예측적중률	91.2%	92.0%	96.9%	88.5%

주: * p<.10, ** p<.05, *** p<.01

부록 11-2

정당호감도차와 투표선택: 이항 로지스틱 회귀분석

구분	지역구선거	비례대표선거		
	새누리(1) 대 야권연대(0)	새누리(1) 대 민주통합(0)	새누리(1) 대 통합진보(0)	민주통합(1) 대 통합진보(0)
	계 수 (표준오차)	계 수 (표준오차)	계 수 (표준오차)	계 수 (표준오차)
정당호감도차				
새누리당-Max(민주통합당, 통합진보당)	.143*** (.009)	-	-	-
새누리당-민주통합당	-	.149*** (.009)	-	-
새누리당-통합진보당	-	-	.130*** (.014)	-
민주통합당-통합진보당	-	-	-	.085*** (.009)
상수항	-.087 (.104)	-.089 (.110)	.896*** (.197)	.911*** (.133)
사례 수	1,290	1,220	798	626
χ^2	1177.946***	1114.208***	424.188***	161.927***
Cox & Snell R^2	.599	.599	.412	.228
Nagelkerke R^2	.799	.804	.772	.387
예측적중률	91.3%	91.9%	97.0%	86.4%

주: * p<.10, ** p<.05, *** p<.01

부록

정치와 민주주의에 관한 의식 조사(2012년)

정치와 민주주의에 관한 의식 조사(2012년)

ID				

안녕하십니까? 서울대학교 한국정치연구소에서는 19대 총선을 맞아 정치와 민주주의에 관한 의식 조사를 실시하고 있습니다. 선생님께서 해 주신 응답 내용은 이런 의견을 갖고 있는 사람이 몇 %라는 식으로 통계를 내는 데에만 사용되며, 그 외의 목적에는 절대로 사용되는 일이 없으니 느끼시는 대로 말씀해 주시기 바랍니다. 바쁘시더라도 잠시만 시간을 내어 응답해 주시면 대단히 감사하겠습니다.

■ 조사기관 : Hankook Research
■ 문 의 처 : 서울대학교 정치외교학부 강원택 교수
한국리서치 여론조사본부 오승호 차장(02-3014-0167)

응답자 이름		응답자 연락처	- -
응답자 성별	① 남 ② 여	응답자 연령	만 세 (만 19세 미만 중단)
지 역	① 서울 ② 부산 ③ 대구 ④ 인천 ⑤ 광주 ⑥ 대전 ⑦ 울산 ⑧ 경기 ⑨ 강원 ⑩ 충북 ⑪ 충남 ⑫ 전북 ⑬ 전남 ⑭ 경북 ⑮ 경남 ⑯ 제주		
세부 지역	( )시/군/구 ( )읍/면/동		
면접일시	월 일 시 분	면접 소요시간	
면접원 성명		검증결과	

※ 면접원 지시사항
- 모든 질문에 모름/무응답은 재질문 후 9 혹은 99를 기입하시오.

1. 전반적으로 볼 때, 귀하는 우리나라에서 민주주의가 어느 정도 잘 실현되고 있다고 생각하십니까? "거의 실현되고 있지 않다"에 0점을 주고, "매우 잘 실현되고 있다"에 10점을 준다면 몇 점을 주시겠습니까?

거의 실현되고 있지 않다										매우 잘 실현되고 있다
___0점	___1점	___2점	___3점	___4점	___5점	___6점	___7점	___8점	___9점	__10점

2. 귀하는 다음에 대해서 어느 정도 동의하시는지를 말씀하여 주십시오.

	매우 그렇다	다소 그렇다	보통이다	다소 그렇지 않다	매우 그렇지 않다
1) 나 같은 사람들은 정부가 하는 일에 대해 어떤 영향도 주기 어렵다	①	②	③	④	⑤
2) 정부는 나 같은 사람들의 의견에 관심이 없다	①	②	③	④	⑤
3) 나는 한국이 당면하고 있는 중요한 정치 문제를 잘 이해하고 있다	①	②	③	④	⑤
4) 대부분의 한국 사람은 정치나 행정에 대해 나보다 잘 알고 있다	①	②	③	④	⑤

3. 사람들은 때로는 여러 종류의 집단이나 모임 또는 단체에 소속되어 있습니다. 귀하는 다음과 같은 집단이나 모임 또는 단체에 소속되어 있습니까? 소속되어 있다면 어느 정도 적극적으로 활동하시는지를, 소속되어 있지 않다면 과거에는 소속되었던 적이 있는지를 말씀하여 주십시오. 그리고 소속되지 않았더라도 가까운 친구가 있는 경우, "소속된 적은 없지만 친한 친구 있음" 란에 체크표시(√) 해 주십시오.

	소속되어서 적극적으로 활동한다	소속되어 있지만 활동은 안 한다	과거에 소속된 적이 있다	소속된 적 없다	소속된 적은 없지만, 친한 친구 있음
1) 시민운동단체	①	②	③	④	⑤
2) 노조, 사업자 단체 또는 직업 조합	①	②	③	④	⑤
3) 교회, 절 등 종교모임이나 단체	①	②	③	④	⑤
4) 스포츠, 레저 모임 등 문화 단체	①	②	③	④	⑤
5) 동창모임	①	②	③	④	⑤
6) 향우회	①	②	③	④	⑤
7) 친목단체	①	②	③	④	⑤
8) 기타 모임이나 단체	①	②	③	④	⑤

4. 귀하께서는 일반적으로 사람들을 신뢰할 수 있다고 생각하십니까, 아니면 조심해야 한다고 생각하십니까?

① 항상 신뢰할 수 있다　② 대체로 신뢰할 수 있다

③ 대체로 조심해야 한다　④ 항상 조심해야 한다

5. 귀하께서는 지난 4월 11일의 제 19대 국회의원선거에 얼마나 관심이 있었습니까?

① 전혀 없었다　　② 별로 없었다

③ 조금 있었다　　④ 매우 많았다

6. 귀하께서는 일반적으로 선거나 정치적 사안에 대해 주위 사람들과 얼마나 자주 이야기 하십니까?

① 거의 매일　　② 일주일에 3~4번　　③ 일주일에 1~2번

④ 일주일에 한 번 미만　　⑤ 전혀 하지 않는다

7. 귀하께서는 지난 4월 11일의 제 19대 국회의원선거에서 투표하셨습니까?

① 투표하지 않았다 ⇒ 문 7-1로

② 이번에는 투표하려 했지만 하지 못했다 ⇒ 문 7-1로

③ 늘 투표하지만 이번에는 사정상 하지 못했다 ⇒ 문 7-1로

④ 투표했다 ⇒ 문 7-2로

7-1. (투표를 하지 않은 사람만) 귀하께서 지난 4월 11일 제19대 국회의원선거에서 투표하지 않으신 이유는 무엇입니까? ⇒응답 후 문 8로

① 개인적인 일/출근 등으로　　② 마음에 드는 후보가 없어서

③ 정치에 별로 관심이 없어서　　④ 마음에 드는 정당이 없어서

⑤ 후보자에 대해 잘 몰라서　　⑥ 투표를 해도 바뀌는 것이 없어서

⑦ 누가 당선될지 뻔해서　　⑧ 기타 (적을 것 :　　　　)

7-2. (투표한 사람만) 귀하께서는 지역구 의원투표에서 어느 정당의 후보자에게 투표하셨습니까?

① 새누리당 후보 ② 민주통합당 후보 ③ 통합진보당 후보
④ 자유선진당 후보 ⑤ 다른 정당 후보 ⑥ 무소속 후보

7-3. (투표한 사람만) 그렇다면 귀하께서는 찍을 후보자를 언제 결정하셨습니까?

① 투표 당일 ② 투표 1~3일 전 ③ 투표 1주일 전
④ 투표 2~4주 전 ⑤ 투표 1달 이상 전

7-4. (투표한 사람만) 그렇다면 귀하께서는 투표한 후보자를 결정할 때 어떤 점을 가장 많이 고려하셨습니까?

① 소속정당 ② 후보의 도덕성
③ 후보의 능력/경력 ④ 정책/공약
⑤ 출신지역, 학교 등 개인적 연고 ⑥ 기타 ( )

7-5. (투표한 사람만) 귀하께서는 비례대표의원을 뽑는 정당 투표에서는 어느 정당에게 투표하셨습니까?

① 새누리당 ② 민주통합당 ③ 통합진보당
④ 자유선진당 ⑤ 다른 정당

7-6. (투표한 사람만) 그렇다면 귀하께서 투표한 정당을 결정할 때 다음의 사항들이 얼마나 영향을 주었습니까?

	전혀 영향을 주지 않았다 ◀									▶ 매우 큰 영향을 주었다
1) 정당 지도부의 능력과 자질	⓪	①	②	③	④	⑤	⑥	⑦	⑧	⑨	⑩
2) 지역구 후보 및 소속 정당원의 능력과 자질	⓪	①	②	③	④	⑤	⑥	⑦	⑧	⑨	⑩
3) 정당의 정책과 정강	⓪	①	②	③	④	⑤	⑥	⑦	⑧	⑨	⑩
4) 집권여당 지지 혹은 집권여당에 대한 심판	⓪	①	②	③	④	⑤	⑥	⑦	⑧	⑨	⑩

8. 귀하께서는 평소 다음 중 어느 정당을 지지하십니까?

① 새누리당 ⇒ 문 9로　　② 민주통합당 ⇒ 문 9로
③ 통합진보당 ⇒ 문 9로　　④ 자유선진당 ⇒ 문 9로
⑤ 다른 정당 ⇒ 문 9로　　⑥ 지지하는 정당이 없다 ⇒ 문 8-1로

(지지 정당이 없다고 대답한 사람만)

8-1. 그렇다면 귀하께서는 다음 정당 중 조금이라도 더 선호하는 정당이 있습니까?

① 새누리당　② 민주통합당　③ 통합진보당
④ 자유선진당　⑤ 다른 정당　⑥ 선호하는 정당이 없다

9. 귀하께서 우리나라의 주요 정당들에 대해 어떻게 생각하시는지 알고 싶습니다. 다음 각 정당에 대해 얼마나 좋아하거나 싫어하는지 점수 평가 예를 참조하여 0에서 100까지의 숫자로 말씀해주십시오.

<table>
<tr><th>정 당</th><th>점 수</th><th>점수 평가 예</th></tr>
<tr><td>1) 새누리당</td><td>(　　)점</td><td rowspan="4">100점 - 대단히 호의적인 느낌
85점 - 상당히 호의적인 느낌
70점 - 어느 정도 호의적인 느낌
60점 - 약간 호의적인 느낌
50점 - 호의적이지도 부정적이지도 않음
40점 - 약간 부정적인 느낌
30점 - 어느 정도 부정적인 느낌
15점 - 상당히 부정적인 느낌
0점 - 대단히 부정적인 느낌</td></tr>
<tr><td>2) 민주통합당</td><td>(　　)점</td></tr>
<tr><td>3) 통합진보당</td><td>(　　)점</td></tr>
<tr><td>4) 자유선진당</td><td>(　　)점</td></tr>
</table>

10. 이번에는 귀하께서 우리나라의 주요 정치인들에 대해 어떻게 생각하시는지 알고 싶습니다. 다음 각 정치인에 대해 얼마나 좋아하거나 싫어하는지 점수 평가 예를 참조하여 0에서 100까지의 숫자로 말씀해주십시오.

<table>
<tr><th>정 당</th><th>점 수</th><th>점수 평가 예</th></tr>
<tr><td>1) 이명박</td><td>(　　)점</td><td rowspan="4">100점 - 대단히 호의적인 느낌
85점 - 상당히 호의적인 느낌
70점 - 어느 정도 호의적인 느낌
60점 - 약간 호의적인 느낌
50점 - 호의적이지도 부정적이지도 않음
40점 - 약간 부정적인 느낌
30점 - 어느 정도 부정적인 느낌
15점 - 상당히 부정적인 느낌
0점 - 대단히 부정적인 느낌</td></tr>
<tr><td>2) 박근혜</td><td>(　　)점</td></tr>
<tr><td>3) 문재인</td><td>(　　)점</td></tr>
<tr><td>4) 안철수</td><td>(　　)점</td></tr>
</table>

11. 지난 4년간 이명박 대통령이 대통령으로서 국정운영을 얼마나 잘했다고 생각하십니까?

① 매우 잘했다　　② 대체로 잘했다
③ 대체로 잘 못했다　　④ 매우 잘 못했다

12. 귀하께서는 선거운동 기간 동안 불거진 다음의 주요 이슈들 중에서 귀하의 선택에 가장 중요한 영향을 끼친 것은 무엇이었다고 생각하십니까?

① 한미 FTA　　② 언론사 파업
③ 청와대 민간인 불법사찰　　④ 북한의 미사일 발사 위협
⑤ 강정마을 해군기지 건설　　⑥ 고리 원전 사고 은폐
⑦ 김용민 막말　　⑧ 4대강 사업
⑨ 기타 (　　　　　　)

13. 정치에서 사람들은 보통 진보와 보수를 구분합니다. 0부터 10까지 눈금 중에서 귀하께서는 다음의 정당, 정치인들 및 선생님 자신이 어디에 속한다고 생각하십니까? 0은 매우 진보를 나타내며, 10 은 매우 보수를 나타냅니다.

	매우 진보	◀				중도				▶	매우 보수
1) 새누리당	⓪	①	②	③	④	⑤	⑥	⑦	⑧	⑨	⑩
2) 민주통합당	⓪	①	②	③	④	⑤	⑥	⑦	⑧	⑨	⑩
3) 통합진보당	⓪	①	②	③	④	⑤	⑥	⑦	⑧	⑨	⑩
4) 자유선진당	⓪	①	②	③	④	⑤	⑥	⑦	⑧	⑨	⑩
5) 이명박	⓪	①	②	③	④	⑤	⑥	⑦	⑧	⑨	⑩
6) 박근혜	⓪	①	②	③	④	⑤	⑥	⑦	⑧	⑨	⑩
7) 문재인	⓪	①	②	③	④	⑤	⑥	⑦	⑧	⑨	⑩
8) 안철수	⓪	①	②	③	④	⑤	⑥	⑦	⑧	⑨	⑩
9) 본인	⓪	①	②	③	④	⑤	⑥	⑦	⑧	⑨	⑩

14. 다음의 각 정책에 대해서 귀하께서 얼마나 찬성 또는 반대하시는지 말씀해 주십시오.

	매우 찬성	찬성	반대	매우 반대
1) 한미 동맹관계를 더욱 강화해야 한다	①	②	③	④
2) 국가보안법을 폐지해야 한다	①	②	③	④
3) 한미 FTA를 폐기해야 한다	①	②	③	④
4) 복지보다는 경제성장에 더욱 힘을 기울여야 한다	①	②	③	④
5) 비정규직 노동자 문제는 기업에게 자율적으로 맡겨야 한다	①	②	③	④
6) 정부가 유가(油價) 등 특정 생필품값을 직접 관리하여야 한다	①	②	③	④
7) 학교에서 체벌이 허용되어야 한다	①	②	③	④
8) 종교적 신념 등에 따른 병역거부를 인정하고 대체복무제를 허용해야 한다	①	②	③	④
9) 사형제를 폐지해야 한다	①	②	③	④

15. 대북정책에 대한 다음 네 가지 주장에 대해 얼마나 동의하시는지를 표시하여 주십시오. 각 주장에 가까운 수치일수록 강하게 동의함을 의미합니다.

1) 정부의 통일정책은 …

평화공존을 지향해야 한다									흡수통일을 지향해야 한다
①	②	③	④	⑤	⑥	⑦	⑧	⑨	⑩

2) 정부는 북한과 …

교류, 협력해야 한다									단절, 압박해야 한다
①	②	③	④	⑤	⑥	⑦	⑧	⑨	⑩

3) 정부는 통일을 위해 …

남북주도의 직접협상을 시도해야 한다									주변국과 다자협상을 시도해야 한다
①	②	③	④	⑤	⑥	⑦	⑧	⑨	⑩

4) 정부는 통일을 위해 …

조건 없이 지원을 계속해야 한다									북한의 태도에 따라 대북지원을 조절해야 한다
①	②	③	④	⑤	⑥	⑦	⑧	⑨	⑩

16. 지난 4년간 귀하의 가정 형편이 좋아졌다고 생각하십니까 아니면 나빠졌다고 생각하십니까?

① 매우 좋아졌다　② 다소 좋아졌다
③ 특별히 좋아지거나 나빠지지 않았다　④ 다소 나빠졌다
⑤ 매우 나빠졌다

17. 지난 4년간 우리나라의 경제 상태가 좋아졌다고 생각하십니까 아니면 나빠졌다고 생각하십니까?

① 매우 좋아졌다　② 다소 좋아졌다
③ 특별히 좋아지거나 나빠지지 않았다　④ 다소 나빠졌다
⑤ 매우 나빠졌다

18. 앞으로 4년 후 귀하의 가정 형편이 지금보다 좋아질 것이라고 생각하십니까 아니면 나빠질 것이라고 생각하십니까?

① 매우 좋아질 것이다 ② 다소 좋아질 것이다
③ 특별히 좋아지거나 나빠지지 않을 것이다
④ 다소 나빠질 것이다 ⑤ 매우 나빠질 것이다

19. 앞으로 4년 후 우리나라의 경제 상태가 지금보다 좋아질 것이라고 생각하십니까 아니면 나빠질 것이라고 생각하십니까?

① 매우 좋아질 것이다 ② 다소 좋아질 것이다
③ 특별히 좋아지거나 나빠지지 않을 것이다
④ 다소 나빠질 것이다 ⑤ 매우 나빠질 것이다

20. 어떤 사람들은 투표하는 것이 민주시민의 당연한 의무이며, 투표는 꼭 해야 한다고 믿습니다. 다른 사람들은 투표하는 것은 선택이며, 투표를 해도 되고 안 해도 된다고 믿습니다. 귀하의 의견은 어느 쪽에 더 가깝습니까?

① 투표는 의무이다 ② 투표는 선택이다

21. 귀하께서는 2007년 대통령 선거에서 어느 후보에게 투표하셨습니까?

① 정동영 ② 이명박 ③ 권영길
④ 문국현 ⑤ 이회창 ⑥ 다른 후보
⑦ 투표하지 않았다 ⑧ 기억나지 않는다

22. 귀하께서는 2008년 국회의원선거에서 다음 중 어느 정당의 후보에게 투표를 하셨습니까?

① 통합민주당 후보 ② 한나라당 후보 ③ 자유선진당 후보
④ 민주노동당 후보 ⑤ 창조한국당 후보 ⑥ 친박연대 후보
⑦ 진보신당 후보 ⑧ 다른 정당 후보 ⑨ 무소속 후보
⑩ 투표를 하지 않았다 ⑪ 기억나지 않는다

23. 만일 내일이 대통령 선거일이라면 귀하께서는 다음 중 누구에게 투표하실 생각입니까? 확신이 없더라도 만일 출마한다면 투표할 가능성이 가장 높은 후보를 한 사람 선택해 주십시오.

① 박근혜 ② 안철수 ③ 문재인
④ 정몽준 ⑤ 손학규 ⑥ 김문수
⑦ 김두관 ⑧ 한명숙 ⑨ 유시민
⑩ 기타 ( ) ⑪ 투표의향 없음

24. 귀하는 지난 제 19대 국회의원선거 기간 중에 다음의 사람 혹은 사람들로부터 특정 후보나 정당을 지지해달라는 권유를 개인적으로 받으신 적이 있습니까?

	있다	없다
1) 가족 및 친척	①	②
2) 이웃사람 혹은 친구	①	②
3) 직장의 동료나 상사	①	②
4) 소속 단체(시민운동단체, 종교단체, 노조, 직업조합, 동창모임, 친목단체, 문화단체 등)의 임원이나 동료	①	②
5) 공무원(통장, 이장 포함)	①	②
6) 후보자 혹은 후보자의 선거운동원	①	②

25. 귀하께서 생각할 때 귀하가 아닌 다른 사람들은 특정 후보자로부터 금품이나 향응을 제공받을 경우 대개 어떻게 할 것 같습니까?

① 관계당국에 신고할 것이다

② 단순히 거부할 것이다

③ 일단 받지만, 금품/향응을 제공한 후보에게는 투표하지 않을 것이다

④ 일단 받지만, 투표는 원래 자기가 지지하는 후보에게 할 것이다

⑤ 받고 이 금품/향응을 제공한 후보에게 투표할 것이다

⑥ 기타 (적을 것 :   )

26. 한국의 대통령 임기는 몇 년입니까?

(   )년

27. 현재 우리나라 국무총리의 이름은 무엇입니까?

(   )

28. 현재 우리나라 기획재정부 장관은 누구입니까?

① 한승수	② 이헌재	③ 권오규
④ 박재완	⑤ 모름	

29. 귀하께서는 선거운동 기간 동안 투표할 후보 및 정당을 결정하기 위한 정보를 어느 매체를 통해 가장 많이 얻으셨습니까? 만일 해당하는 매체가 둘 이상이라면 귀하의 결정에 가장 큰 영향을 끼친 매체를 선택해주십시오.

① TV ② 종이신문
③ 인터넷 ④ 페이스북, 트위터 등 SNS
⑤ 정당 및 후보자의 선거홍보물 ⑥ 기타 (   )

30. 귀하의 혼인상태는 다음 중 어디에 해당합니까?

① 미혼 ② 기혼 ③ 이혼
④ 사별 ⑤ 기타(   )

31. 귀하가 주로 성장하신 곳은 어느 도입니까?

① 서울 ② 경기, 인천 ③ 강원 ④ 충북 ⑤ 충남, 대전 ⑥ 전북
⑦ 전남, 광주 ⑧ 경북, 대구 ⑨ 경남, 부산, 울산 ⑩ 제주 ⑪ 기타

32. 귀하의 배우자가 주로 성장하신 곳은 어디입니까?

⓪ 비해당 (미혼)
① 서울 ② 경기, 인천 ③ 강원 ④ 충북 ⑤ 충남, 대전 ⑥ 전북
⑦ 전남, 광주 ⑧ 경북, 대구 ⑨ 경남, 부산, 울산 ⑩ 제주 ⑪ 기타

33. 귀하의 종교는 무엇입니까?

⓪ 없다　　① 개신교　　② 천주교　　③ 불교

④ 기타(무엇:　　　　　　　　)

34. 귀하는 직업을 가지고 계십니까?

① 있다 ⇒ 문 35-1로　　　　　　② 없다 ⇒ 문 36으로

(직업이 있다면)

35-1. 귀하는 현재 어떤 일을 합니까? 아래의 〈보기〉에서 하나만 골라 주십시오.

(　　　　　　)

35-2. 귀하의 배우자는 현재 어떤 일을 합니까? 아래의 〈보기〉에서 하나만 골라 주십시오.

(　　　　　　)

보 기
① 서비스 종사자(관광가이드, 음식점 종업원, 간병인 등)
② 판매 종사자(가게운영, 세일즈맨, 보험설계사 등)
③ 농림어업 종사자
④ 기능 종사자(기능 · 숙련공)
⑤ 기계조작 및 조립 종사자
⑥ 가사 관련 단순 노무자(가정부, 파출부, 보육사 등)
⑦ 기타 단순 노무자(미숙련 공장노동자, 건설노동자 등 육체노동자)
⑧ 사무 종사자(일반 행정사무 등)
⑨ 전문가 및 관련종사자(대학교수, 변호사, 의사, 약사, 간호사, 엔지니어, 유치원 · 학교 교사, 학원 강사, 통 · 번역사, 컴퓨터 프로그래머 등)
⑩ 임직원 및 관리자(고급공무원, 교장, 기업체 임원 등)
⑪ 기타

36. 귀하는 학교를 어디까지 다니셨습니까?

<table>
<tr><td>⓪ 무학
⑧ 서당, 한학</td><td colspan="3">① 초등(국민)학교　　　　④ 전문대학 (2 · 3년제)
② 중학교　　　　　　　⑤ 대학교 (4년제)
③ 고등학교　　　　　　⑥ 대학원 (석사과정)
　　　　　　　　　　　⑦ 대학원 (박사과정)
⬇</td></tr>
<tr><td rowspan="3"></td><td colspan="3">61-1. (위 보기 ① ~ ⑦ 응답자) 이 학교를 졸업하셨습니까?</td></tr>
<tr><td>① 졸업했다</td><td>② 중퇴했다 ⬇</td><td>③ 재학 중이다 ⬇</td></tr>
<tr><td></td><td>61-2. 몇 학년 때 중퇴 하셨습니까?
(　　　　)학년</td><td>61-3. 현재 몇 학년 입니까?
(　　　　)학년</td></tr>
</table>

37. 귀하와 귀하의 배우자를 포함하여 귀댁에서 함께 동거 중이신 가족들의 소득을 모두 합하면 총 얼마 정도 됩니까?

① 100만 원 미만　② 100~199만 원　③ 200~299만 원
④ 300~399만 원　⑤ 400~499만 원　⑥ 500~599만 원
⑦ 600~699만 원　⑧ 700~799만 원　⑨ 800만 원 이상

38. 귀하가 살고 있는 집은 주거 전용입니까, 영업 겸용입니까?

① 주거 전용　② 영업 겸용

39. 귀하가 살고 있는 집은 자기 집입니까, 셋집입니까?

① 자기 집　② 전세(월세 없음)
③ 보증금 있는 월세　④ 보증금 없는 월세
⑤ 사글세　⑥ 무상(관사, 사택, 친척집 등)

40. 모든 상황을 고려해볼 때, 요즈음 귀하의 생활 전반에 대해 어느 정도 만족 또는 불만족하십니까?

① 매우 만족　　② 다소 만족　　③ 보통

④ 다소 불만족　　⑤ 매우 불만족

찾아보기

ㅊ · ㅋ

ㅌ · ㅍ

ㅎ

편저자 약력

(게재순)

박찬욱 朴贊郁

미국 아이오와대학교 정치학 박사

현재 서울대학교 정치외교학부 교수

주요 논저 《민주정치와 균형외교》(공저), 《제 17대 대통령선거를 분석한다》(편저), 《한국 유권자의 선택 1: 2012 총선》(편저).

강원택 康元澤

영국 런던정경대학교(LSE) 정치학 박사

현재 서울대학교 정치외교학부 교수

주요 논저 《통일 이후의 한국 민주주의》, 《한국 선거정치의 변화와 지속》, 《한국 정치 웹 2.0에 접속하다》 등.

박원호 朴元浩

미국 미시간대학교 정치학 박사

현재 서울대학교 정치외교학부 교수

주요 논저 "부동산 가격 변동과 2000년대의 한국 선거: 지역주의 '이후'의 경제투표에 대한 방법론적 탐색", "세대균열의 진화: '386세대'의 소멸과 30대 유권자의 부상", "Preference Heterogeneity, Electoral Rules, and Party Systems: A Theoretical Simulation".

윤광일 尹光一

미국 미시간대학교 정치학 박사

현재 숙명여자대학교 정치외교학과 교수

주요 논저 "매스미디어의 정치적 효과 분석: 제 5회 전국 동시 지방선거 사례를 중심으로", "선거주기에 대한 이론적 고찰: 미국 사례를 중심으로", "Neighborhood Effects on Racial-Ethnic Identity: The Undermining Role of Segregation"(공저).

김석호 金碩鎬

미국 시카고대학교 사회학 박사

현재 성균관대학교 사회학과 교수

주요 논저 《노동이주 추이와 사회통합정책의 과제》(공저), "응답자의 성격특성과 응답스타일", "Social Distance between Foreign Workers and Koreans: From a Foreign Workers' Viewpoint", "Voluntary Associations, Social Inequality, and Participatory Democracy in the United States and Korea".

한정훈 韓定勳

미국 로체스터대학교 정치학 박사

현재 숭실대학교 정치외교학과 교수

주요 논저 "국회의원별 불참률의 차이에 관한 요인분석: 제 18대 국회전반기를 중심으로", "Analysing Roll Calls of the European Parliament: A Bayesian Application", "Factional Party Politics in the Korean National Assembly".

장승진 張丞鎭

미국 컬럼비아대학교 정치학 박사

현재 국민대학교 정치외교학과 교수

주요 논저 "경선제도에 따른 유권자 선택의 변화: 2008년 미국 대선 경선의 함의", "Are Diverse Political Networks Always Bad for the Participatory Democracy? Indifference, Alienation, and Political Disagreements", "Get Out on Behalf of Your Group: Electoral Participation of Latinos and Asian Americans", "Why the Giant Sleeps So Deeply: Political Consequences of Individual-Level Latino Demographics"(공저).

류재성 柳載成

미국 텍사스 주립대학교(오스틴) 정치학 박사

현재 계명대학교 미국학과 교수

주요 논저 《미국의 선거와 또 다른 변화》(공저), 《정치학이해의 길잡이: 정치이론과 방법론》(공저), "중도 및 무당파 유권자 특성: 무태도(*non-attitudes*) 인가 부정적 태도(*negativity*) 인가?", "한국 유권자의 정치 지식(*Political Knowledge*) 연구를 위한 시론".

이상신 李相信

미국 아이오와대학교 정치학 박사

현재 서울대학교 정치외교학부 BK21사업단 연구원

주요 논저 "정부 신뢰의 위기: 천안함 사건을 중심으로", "정치의 사인화(私人化)와 대선후보자의 인지적 평가", "친중(親中)과 반미(反美)의 경계: 중국 국가이미지의 결정요인 연구"(공저).

길정아 吉貞兒
서울대학교 정치외교학부 정치학 전공 박사과정

노환희 魯歡喜
서울대학교 정치외교학부 정치학 전공 석사과정

박바름 朴바름
성균관대학교 사회학과 석사

송정민 宋淨民
서울대학교 정치외교학부 정치학 전공 석사과정

하헌주 河憲珠
성균관대학교 사회학과 박사과정